COLLECTION
FOLIO HISTOIRE

Pierre Rosanvallon

La démocratie inachevée

Histoire de la souveraineté du peuple en France

Gallimard

Dans la même collection

LE PEUPLE INTROUVABLE. Histoire de la représentation démocratique en France, *n° 118.*

LE SACRE DU CITOYEN. Histoire du suffrage universel en France, *n° 100.*

Pierre Rosanvallon est professeur au Collège de France.

INTRODUCTION

Évidences et équivoques

Les équivoques fondatrices
du gouvernement représentatif
La souveraineté floue
La panne des mots
Les peurs et les impatiences
La spécificité française
Une histoire philosophique du politique
Les formes de l'histoire

La démocratie représentative s'est imposée dans son principe au moment où elle s'est fragilisée dans son fonctionnement. La chute du communisme a sonné la retraite de ses ennemis ou de ses critiques les plus virulents, et elle constitue désormais le seul horizon reconnu du bien politique. Mais alors qu'elle a ainsi triomphé comme régime, elle se trouve déstabilisée comme forme politique. Si la démocratie peut être banalement définie comme la mise en œuvre de la souveraineté du peuple, le contenu même de cette dernière semble en effet aujourd'hui se dissiper. Progression de la mondialisation économique, accélération de la construction européenne, croissance du rôle du droit, montée en puissance des instances de régulation non élues, rôle plus actif du Conseil constitutionnel : de multiples évolutions convergent pour ébranler les objets et les modes d'expression acquis de la volonté générale. Alors que certains se réjouissent de ce qui leur paraît témoigner d'un progrès de l'État de droit et d'une autonomie accrue de la société civile, d'autres s'alarment de ce qui marque à leurs yeux un déclin préoccupant de la volonté et pronostiquent même sombrement « la fin de la démocratie ». Une foule d'ouvrages se sont attelés depuis une dizaine d'années à décrire ce trouble et à formuler ces interrogations. Ils composent déjà une imposante bibliothèque. Le but de ce travail n'est pas de la grossir. Le temps n'est d'ailleurs peut-être pas encore arrivé de pouvoir procéder à une analyse globale d'un mouvement qui ne fait que s'amorcer. Tandis que sont également nombreuses les publications plus largement consacrées au dernier demi-siècle politique, c'est surtout une perspective plus ample qui fait aujourd'hui cruellement défaut pour interpréter et resituer les problèmes contemporains. Le lecteur ne trouvera donc ici ni une histoire de la Ve République ni un prolongement de tous les débats récents sur l'avenir du référendum, le gouvernement des juges, la démocratie d'opinion ou les pouvoirs accrus des marchés. L'objectif est autre. Il est de reprendre les choses à la racine et d'éclairer ces questions en les resituant dans le cadre d'une *histoire longue et élargie* du problème de la souveraineté du peuple.

Partons pour cela d'un constat élémentaire : les interrogations sur le sens et les formes adéquates de cette souveraineté ne datent pas d'aujourd'hui. Si elle apparaît depuis plus de deux siècles comme l'incontournable principe organisateur de tout ordre politique moderne, l'impératif que traduit cette évidence fondatrice a toujours été aussi ardent qu'imprécis. La démocratie n'a cessé de constituer un problème et une solution pour instituer une cité d'hommes libres. En elle se superposent depuis longtemps le bien et le flou. Cette coexistence a ceci de particulier qu'elle ne tient pas principalement au fait qu'elle serait un idéal lointain sur lequel tout le monde s'accorderait, les divergences sur sa définition renvoyant à l'ordre des moyens à employer pour le réaliser. Bien loin de correspondre à une simple indétermination pratique des voies de sa mise en œuvre, le sens flottant du mot démocratie participe plus fondamentalement de son essence. Il évoque un type de régime qui n'a cessé de résister à une catégorisation indiscutable. C'est de là que procède d'ailleurs la particularité du désenchantement qui sous-tend son histoire. Le cortège des déceptions et le sentiment des trahisons qui l'ont toujours accompagné ont été d'autant plus vifs que n'a cessé d'être inaccomplie sa définition. Si cette imprécision produit ces effets délétères, elle est parfois aussi acceptée et même désirée. Comme l'a bien souligné George Orwell, elle permet en effet à des visions concurrentes du monde de s'en prétendre chacune la plus fidèle servante, nul ne se trouvant privé de faire usage du mot démocratie en raison même de ses définitions variables [1]. Mais un tel flottement reste surtout subi, constituant le ressort d'une quête et d'une insatisfaction qui peinent du même coup à s'expliciter. Il faut partir de ce fait pour comprendre la démocratie : en elle s'enchevêtrent l'histoire d'un désenchantement et l'histoire d'une indétermination.

Cette indétermination s'enracine dans un système complexe d'équivoques et de tensions qui structurent dès son origine la modernité politique. Tout est déjà lisible au début de la période révolutionnaire en France. L'équivoque première est celle qui concerne le sens à donner aux procédures représentatives. Si tous les constituants de 1789 s'accordent pour en reconnaître la nécessité technique, ils l'inscrivent dans des visions parfois opposées du politique. Certains considèrent le gouvernement représentatif conforme à l'esprit démocratique, alors que d'autres y voient un type de régime en rupture avec lui. Cette équivoque se retrouve dans la façon de penser le sens et les formes de la souveraineté du peuple : cette dernière peut faire voisiner dans un même principe général la perspective radicale d'un pouvoir populaire immédiatement et continûment actif avec la conception beaucoup plus restrictive d'un simple consentement donné à l'exercice de l'autorité par les gouvernants. L'indétermination démocratique est ensuite marquée par la dualité de l'idée moderne d'émancipation, qui renvoie à un désir d'autonomie des individus en même temps qu'à un projet de participation à l'exercice d'une puissance sociale. Elle est enfin alimentée par la superposition permanente d'une vie sociale de la démocratie, sous-tendue par une opposition entre ceux « d'en haut » et ceux « d'en bas », pour dire les choses rapidement, et d'une histoire que l'on pourrait qualifier de philosophique, dérivée de l'imprécision proprement intellectuelle de la définition de cette démocratie. Cet ouvrage se propose de penser la question de la souveraineté du peuple à partir d'une histoire de ces équivoques et de ces tensions. Aussi est-il nécessaire, dès l'abord, de préciser les termes de celles-ci avant d'en suivre le travail dans le temps. Mais où les saisir ? En retournant à l'origine, si l'on peut dire. L'historien peut en effet constater sans peine que le flottement qu'il s'agit d'appréhender ne date pas de ce siècle ni du précédent. Il faut bien ainsi commencer l'enquête en 1789, au moment où tentent de s'ébaucher pour la première fois les institutions organisant la vie d'une société maîtresse d'elle-même.

Les équivoques fondatrices du gouvernement représentatif

La France de 1789 et l'Amérique de 1787 partagent une même certitude pratique : qu'il s'agisse d'organiser constitutionnellement une indépendance fraîchement acquise ou d'inventer les formes politiques de la rupture avec un ordre absolutiste, nul ne songe à instaurer un régime de démocratie directe. La mise en place d'un système représentatif s'impose dans les deux cas comme une sorte d'évidence pratique. Mais cette évidence recouvre une ambiguïté majeure. La démocratie est en effet susceptible d'être acceptée pour des raisons presque diamétralement opposées, et de renvoyer du même coup à des conceptions contradictoires du gouvernement moderne. Le système représentatif peut, dans un cas, être appréhendé comme un simple *artifice technique* résultant d'une contrainte purement matérielle (organiser le pouvoir dans une société de grande dimension). Approche qui suggère implicitement qu'un tel système n'est qu'un pis-aller, le substitut forcé à un impossible gouvernement direct des citoyens, ce dernier constituant dans l'absolu le système politique idéal. Mais l'instauration de procédures représentatives peut aussi être liée à une *vision philosophique positive* de leurs vertus propres. Le gouvernement représentatif est alors considéré comme une forme politique originale et spécifique : il définit un régime inédit, élargissant la typologie ternaire classique. Ces deux approches sont contradictoires dans la mesure où le gouvernement représentatif est appréhendé, dans le premier cas, comme un *équivalent* de la démocratie, alors qu'il constitue plutôt, dans le second, un *dépassement* de celle-ci. Le problème est que cette équivoque conceptuelle n'est jamais vraiment exposée et théorisée, étant masquée par la commune reconnaissance de la nécessité pratique d'adopter des *techniques* représentatives. D'où l'ambiguïté fondatrice des régimes politiques modernes. Il faut partir de la constitution de cette ambiguïté et de ses modes d'expression pour comprendre l'histoire cahoteuse de la démocratie.

Le cas de Sieyès peut servir de guide, tant il est exemplaire, pour illustrer cette ambiguïté : il est celui des constituants français qui a formulé de la façon la plus profonde et la plus originale la spécificité du gouvernement représentatif, mais tout en s'avérant pourtant incapable de rompre vraiment avec la thématique rousseauiste. Sieyès a d'abord élargi la compréhension du mécanisme représentatif en l'inscrivant dans une perspective inédite : celle de l'insertion des activités politiques dans le mécanisme général de la division du travail. Dès les années 1770, il envisage ainsi les « travaux politiques » comme une simple activité sociale parmi d'autres [2]. La société moderne peut être conçue de cette façon comme une sorte d'« ordre représentatif [3] » généralisé dans lequel chacun limite son activité à des tâches bien précises, acceptant de confier à d'autres celles pour lesquelles il n'a pas de savoir-faire particulier. « La séparation des travaux appartient aux travaux politiques comme à tous les genres du travail productif, écrit-il en 1789. L'intérêt commun, l'amélioration de l'état social lui-même nous crient de faire du gouvernement une profession particulière [4]. » Au-delà du dispositif technique qui le constitue, le système représentatif introduit donc une innovation de portée plus générale. « Ainsi, poursuit Sieyès, la constitution purement démocratique ne devient pas seulement impossible dans une grande société ; mais même dans l'État le moins étendu, elle est beaucoup moins appropriée aux besoins de la société que la constitution représentative [5]. » « Un des effets du système représentatif dans l'ordre politique, précisera-t-il, est de mettre chaque fonction dans les mains d'experts [6]. » Comprise dans ces termes, la notion de gouvernement représentatif déborde la seule question institutionnelle. Elle s'inscrit dans le cadre d'une reconsidération complète des rapports entre la société civile et la sphère politique.

La référence au mécanisme de la division du travail ne s'arrête d'ailleurs pas à cet éloge de l'activité économique. Un argument sociologique de capacité se superpose, en effet, aux considérations sur les bienfaits de la division du travail appliquée au domaine politique. Pour Sieyès, le processus représentatif permet ainsi de faire aller de pair un accès très large à la citoyenneté et une conception nettement capacitaire du pouvoir législatif. « C'est pour l'utilité commune, estime-t-il, qu'ils [les citoyens] se nomment des représentants bien plus capables qu'eux-mêmes de connaître l'intérêt général et d'interpréter à cet égard leur propre volonté [...]. La très grande pluralité de nos concitoyens n'a ni assez d'instruction, ni assez de loisir pour vouloir s'occuper directement des lois qui doivent gouverner la France[7]. » Le système représentatif permet, dans cette perspective, de lier le principe de souveraineté populaire à une forme de distinction sociale, de concilier égalité politique et inégalité sociale, pour dire les choses autrement.

Les notions de division du travail et de sélection sociale fondent de la sorte une vision originale du gouvernement représentatif, qui apparaît clairement dissociée des « authentiques » principes démocratiques. Les arguments pratiques et philosophiques se superposent ainsi pour faire affirmer que « la France n'est point, ne peut pas être une démocratie[8] ». Elle ne peut l'être matériellement, puisqu'une gestion démocratique impliquerait que, sur un mode fédéral développé, elle se segmente en une multitude d'unités de petites dimensions (impossibilité qui est là d'ailleurs aussi bien historique que technique[9]). Elle ne saurait l'être constitutionnellement, le modèle représentatif à construire se proposant d'articuler gouvernement élitiste et légitimité populaire. Sieyès peut donc logiquement conclure de ces réflexions et de ces positions que la différence entre démocratie et gouvernement représentatif est « énorme[10] ». Pour être le plus radical et le plus argumenté, il n'est cependant pas le seul à penser dans ces termes. Lors du grand débat sur la révision de la Constitution, à l'été 1791, Barnave considère pareillement que la confusion entre les deux notions constitue « l'erreur fondamentale » de ceux qui s'opposent au projet[11]. Le gouvernement représentatif devient même à la limite compris comme un antidote à la démocratie. Clermont-Tonnerre va ainsi jusqu'à écrire à propos de la Constitution de 1791 : « C'est peut-être la plus ingénieuse invention politique que celle d'avoir déclaré souveraine une nation, en lui interdisant tout usage de sa souveraineté. Voilà l'effet de l'adoption d'une constitution représentative[12]. » Si les constituants reconnaissent dans leur ensemble avec les membres du comité de constitution que « la nation française ne pouvant être individuellement réunie pour exercer tous ses droits, elle doit être représentée[13] », nombre d'entre eux attendent obscurément d'un gouvernement représentatif qu'il puisse résoudre la tension entre l'évidence acceptée de la souveraineté de la nation et la crainte suscitée par le possible avènement d'un « despotisme populaire », pour reprendre une expression que l'on retrouve alors sous de nombreuses plumes.

Mais, et c'est tout le problème, les constituants n'en restent pas à cette distinction relativement tranchée dont ils maîtriseraient pleinement le sens et qu'ils utiliseraient donc en toute clarté. L'ombre de Rousseau continue à les dominer et à les marquer secrètement. Sieyès lui-même se garde toujours, par exemple, *in fine* d'absolutiser son argumentation sur la supériorité principielle du gouvernement représentatif. « Toute législature, concède-t-il ainsi, a continuellement besoin d'être rafraîchie par l'esprit démocratique ; il ne faut donc pas qu'elle soit placée à un trop grand éloignement des premiers commettants[14]. » Même les plus modérés des hommes de 1789 pensent dans ces termes. « La représentation, explique par exemple Mounier, est défectueuse et même chimérique si elle s'éloigne de son principe, c'est-à-dire de ceux qui doivent être représentés[15]. » Et l'auteur de *Qu'est-ce que le tiers état ?* finit même par noter en un curieux renversement qu'« il faut sans doute de la démocratie dans un bon système social », raillant « l'ignorance crasse » de ceux qui « croient le système représentatif incompatible avec la démocratie. Comme si un édifice était incompatible avec sa base »[16]. On ne peut comprendre le sens et les problèmes de la Révolution française si l'on se contente de considérer que ce sont des facteurs purement contingents (changements de conjoncture, incohérences internes, etc.) qui expliquent d'aussi brutales variations. Elles expriment, au contraire, une tension souterraine de la pensée des constituants. Les termes de ce qu'on pourrait appeler le paradoxe de la représentation ne sont du même coup jamais nettement exposés, brouillant ainsi le fondement de l'entreprise révolutionnaire. L'ambiguïté, il faut le souligner, est aussi forte, même si elle se formule d'une autre façon, dans l'expression des membres les plus à gauche de l'Assemblée qui voient dans la représentation un simple instrument de la souveraineté du peuple. Pétion a bien exprimé à la Constituante cette conception purement instrumentale. « Tous les individus qui composent l'association ont le droit inaliénable de concourir à la formation de la loi, disait-il ; et si chacun pouvait faire entendre sa volonté particulière, la réunion de toutes ces volontés formerait véritablement la volonté générale[17]. » Lui aussi évite de poser vraiment la question du sens du gouvernement représentatif, en présupposant qu'elle n'a pas d'objet.

La notion de gouvernement représentatif oscille donc entre la perspective d'un accomplissement de l'idéal démocratique et sa négation pure et simple. La représentation est tour à tour considérée comme un substitut de la démocratie directe ou une alternative à celle-ci. Partagés entre ces deux approches, nombre de constituants souhaitent en fait, de façon plus ou moins confuse, que le nouveau régime réalise une certaine combinaison d'aristocratie et de démocratie, renouant de cette manière avec les formules anciennes du gouvernement mixte. Le problème, encore une fois, est que cette différence, ou cette combinaison, ne sont jamais clairement exposées ni élucidées. Les deux points de vue, il est important de le souligner, n'opposent pas deux camps ou deux écoles : ils traversent les mêmes esprits et se retrouvent mêlés dans les mêmes œuvres. Il en découle du même coup logiquement un flottement de l'autre concept politique clef, celui de souveraineté.

La souveraineté floue

Un consensus s'instaure dès l'été 1789 pour estimer que « la souveraineté ne réside que dans le tout réuni [18] ». Cette notion prend rapidement un air d'évidence philosophique, de telle sorte que personne ne songe vraiment à l'approfondir ; comme si elle ne faisait que traduire, dans la langue du droit public, les fondements les plus indiscutables de la lutte contre les privilèges et le despotisme. Cette évidence recouvre pourtant une profonde ambiguïté concernant indissociablement les formes et le sens de cette souveraineté nouvelle que tous semblent appeler de leurs vœux. Les hommes de 1789 oscillent en effet en permanence entre la vision d'une *souveraineté-principe*, relativement passive, qui ne s'inscrit aucunement dans une perspective de gouvernement populaire, et la vision plus audacieuse d'une *souveraineté-exercice*. S'ils célèbrent Rousseau, ils restent par ailleurs marqués par un cortège d'images et de notions issues du droit public de l'Ancien Régime. Assurément, les acteurs ont conscience du problème. On voit ainsi un Mounier noter : « Je sais que le principe de la souveraineté réside dans la nation [...]. Mais être le principe de la souveraineté et exercer la souveraineté sont deux choses très différentes[19]. » Le problème est cependant que la clarification des liens entre une vision restrictive (dont il est partisan) et une vision élargie de l'intervention populaire ne s'opère jamais ; de même que n'est jamais explicitée la formulation elliptique de la Déclaration des droits affirmant que la souveraineté réside « essentiellement » dans le peuple.

Ces équivoques apparaissent en pleine lumière dès le premier grand débat de fond à l'Assemblée constituante, celui qui a lieu à l'été 1789 sur le veto royal. Le terme d'*appel au peuple* qui fleurit dans tous les discours, à droite comme à gauche, renvoie à des conceptions presque opposées de l'intervention populaire. Le veto royal comme équivalent d'un appel au peuple ? Les partisans du système y insistent : « Ce droit conserve au peuple sa souveraineté sans aucun inconvénient[20]. » Le veto suspensif entraîne en effet techniquement des conséquences équivalentes à celles d'un droit de dissolution : il institue les électeurs en arbitres et réintroduit au profit du peuple une sorte de pouvoir du dernier mot. Mais aucun de ces apôtres du veto ne songe pourtant à instaurer, grâce à ce dispositif, une quelconque forme de démocratie directe. « La démocratie dans un grand État est une absurde chimère », dit Mounier en résumant le sentiment général[21]. Le pouvoir du peuple dont il est question est ici renvoyé à des cas exceptionnels. On souligne que les cas d'appel au peuple ne sauraient être que très rares[22] et on se hâte de convenir que « dans toutes les *circonstances ordinaires,* on doit remettre aux représentants des pouvoirs illimités[23] ». La sanction royale comme forme de l'appel au peuple a en fait une portée essentiellement symbolique. Elle consiste, d'une certaine manière, à laisser simplement ouvert l'espace de la souveraineté immédiate du peuple, à lui donner une existence virtuelle. La possibilité d'un appel ultime aux électeurs est seulement fondée sur la reconnaissance que le « pouvoir originaire et unique » appartient à la nation[24] ; il apparaît comme la mise en œuvre de ce qu'un constituant qualifie de « souveraineté primitive de la société[25] ». Il s'agit donc, dans ce cas, de la manifestation d'une sorte de souveraineté limite. Mais le même terme a dans d'autres bouches et sous d'autres plumes un tout autre sens. Un Peuchet invite, par exemple, à considérer l'appel au peuple comme « moyen de législation politique[26] », les lois devant à ses yeux être discutées et adoptées par des assemblées populaires après avoir été préparées par des magistrats spécialisés. De telles propositions restent certes très minoritaires en 1789, même si la formule est approuvée et relayée par quelques gazettes. Le flou de la rédaction de l'article VI de la Déclaration des droits (« La loi est l'expression de la volonté générale ; tous les citoyens ont le droit de concourir personnellement ou par ses représentants à sa formation ») laisse cependant la porte ouverte à des énoncés de cette nature.

L'insistance avec laquelle de nombreuses voix soulignent le caractère rare et exceptionnel de l'appel au peuple transpose cette même ambiguïté dans l'ordre du temps. S'opposent ainsi une *souveraineté extraordinaire,* liée aux moments fondateurs et aux périodes de crise, que l'on exalte volontiers à droite comme à gauche, et une *souveraineté ordinaire,* renvoyant à un pouvoir de type populaire, dont on se défie plus souvent. L'équivoque vient du fait qu'en 1789 le pouvoir constituant se confond avec le mouvement même de l'action révolutionnaire. Il est à la fois force impérieuse de rupture et invitation à la création d'institutions nouvelles. Impossible du même coup de séparer la question de la démocratie de celle du pouvoir constituant pendant la Révolution[27]. Mais ce pouvoir démiurgique n'existe que comme pouvoir mythique des origines, sorte de « parole du créateur[28] ». L'idée de *souveraineté-instituante* autour de laquelle s'organise le *Contrat social* est donc mal distinguée de la conception plus ancienne, médiévale en fait, d'une simple *souveraineté-autorisation*[29]. Les hommes de 1789 confondent de la sorte en permanence Jurieu et Rousseau[30]. L'appel au peuple est lui-même souvent justifié dans des termes qui semblent directement empruntés aux justifications médiévales du droit de résistance à la tyrannie. Dans les années qui précèdent la Révolution, il est d'ailleurs frappant de constater que l'invitation à rédiger une constitution est surtout comprise comme un moyen de limitation du pouvoir des gouvernants. L'instauration d'un pouvoir proprement populaire n'est nulle part revendiquée. En France, comme en Angleterre ou en Amérique, l'antique doctrine du consentement populaire se superpose ainsi à la vision nouvelle d'un peuple maître de l'ordre social et créateur de ses normes politiques, donnant un caractère flou aux évidences les plus assurées.

La confusion permanente du vieux et du neuf des formes de la souveraineté se prolonge dans la manière dont les acteurs de 1789 pensent spontanément le cadre et le champ de celle-ci. On constate, par exemple à Paris, que les districts les plus radicaux font spontanément référence aux anciennes franchises municipales pour justifier leurs aspirations à la démocratie directe. Un district évoque dans cet esprit les communes médiévales établies « pour affranchir le peuple de l'autorité arbitraire des grands et des gens puissants » et des « principes oubliés depuis trop longtemps » dans le but de légitimer sa revendication d'autonomie. Les citoyens de Paris, argumente-t-il, n'ont fait que reprendre « les droits imprescriptibles d'hommes libres, vivant en commune », c'est-à-dire ceux de « faire ses lois, nommer ses magistrats, avoir sa milice »[31]. La revendication démocratique moderne s'exprime ainsi sans réflexion dans un langage spontanément archaïque. Le terme même de « commune », qui est central à Paris, renvoie largement au passé. Ce vocabulaire se trouve d'une certaine façon à la fois au-delà (par son caractère démocratique) et en deçà (par sa dimension archaïque) des formulations constitutionnelles élaborées par les constituants. C'est d'ailleurs ce qui explique que même les districts les plus modérés affirment le droit de la commune à faire ses propres lois, en rupture donc avec les définitions « officielles » de la souveraineté populaire[32].

L'imaginaire politique du radicalisme révolutionnaire renoue par là étrangement avec une caractéristique notable des théories politiques médiévales. Le propre de celles-ci, on le sait, est de dissocier l'univers des principes de celui des procédures. Alors que la plupart des auteurs du Moyen Âge accordent une place centrale à la notion de consentement populaire, ils ne pensent aucunement à définir les dispositions précises qui permettraient de lui donner une consistance pratique. Il y a une relative indifférence de leur part au problème de l'institutionnalisation des concepts et des valeurs[33]. La politique est principalement pour eux affaire de moralité et de limites. Ils se préoccupent surtout de définir le bien, présupposant que sa réalisation dépend des vertus du Prince, en même temps qu'ils pensent la question politique à partir de ses débordements (la question de la liberté est ainsi appréhendée à partir d'une réflexion sur le tyrannicide). On retrouve encore de cela dans les écrits de 1789. Le bon régime à mettre en place est essentiellement compris comme la négation de l'univers aristocratique et absolutiste, de même que voisinent la vigueur des principes et l'indétermination des moyens.

Des juristes du XIXe siècle tenteront de sortir de ce flou en distinguant souveraineté du peuple et souveraineté de la nation, la première ayant une dimension activement démocratique, alors que la seconde revêt un caractère libéral, visant à fonder un véritable État de droit dans lequel aucun groupe ne peut pleinement s'approprier le pouvoir (la nation étant indissociablement figure de la totalité sociale et désignation d'un lieu vide de pouvoir). Mais les deux termes restent synonymes en 1789. Les catégories sociologiques et juridiques de peuple et de nation se superposent en effet pratiquement dans le rejet de l'Ancien Régime. La nation comme totalité abstraite est aussi un personnage collectif bien vivant pour les hommes de 1789. Le peuple de la rue et les acteurs des événements se vivent comme la nation effective. « Il ne faut pas se laisser abuser par les mots, fait alors remarquer Pétion : le peuple est la nation, et la nation est la collection de tous les individus [34]. » À Paris, certains parlent d'ailleurs significativement de « souverain debout » pour qualifier l'assemblée de district [35]. Pour la grande majorité des hommes de 1789, la notion de souveraineté de la nation se confond ainsi avec celle de souveraineté du peuple, chère à Rousseau. La possible différence entre ces deux formes de souveraineté n'est jamais envisagée. Cela tient essentiellement au fait que les constituants sont loin d'avoir thématisé la question des rapports entre le libéralisme et la démocratie. La contradiction entre les deux visions modernes de l'émancipation — réalisation de l'autonomie des individus, d'un côté, et affirmation d'une puissance collective, de l'autre — n'est pas clairement perçue. Il n'y a pas encore en 1789, répétons-le, d'opposition entre deux points de vue qui seraient déjà nettement constitués, chacun étant défendu par une tendance politique, une école de pensée ou un groupe social : les libéraux contre les démocrates, les bourgeois contre le peuple, Sieyès contre Robespierre, par exemple. C'est bien d'une équivoque fondatrice qu'il convient donc de parler à propos de la vision révolutionnaire de la souveraineté du peuple.

La panne des mots

L'imprécision des idées se prolonge en 1789 dans le flottement du langage. Si la stigmatisation du despotisme et de l'aristocratie suffit à dire le sens de la rupture avec l'ordre ancien, les mots pour qualifier le nouveau régime à édifier sont plus hésitants. Nombreux sont ceux qui peuvent déplorer « la pauvreté de notre langue pour exprimer les idées politiques, idées absolument neuves pour la masse de la nation[36] ». L'expérience semble alors de fait constamment en avance sur sa formulation. « Gardons-nous, citoyens, de nous laisser abuser par les mots » : l'avertissement correspond à un constat et marque une hantise[37]. Constat d'une difficulté à exprimer une ambition radicalement neuve et hantise d'une récupération ou d'un dévoiement[38]. Rien ne traduit mieux cette position pendant la Révolution que le rapport ambigu au terme de « démocratie ». Ce dernier est à la fois repoussé comme inadéquat et ressenti comme indépassable.

Si tout s'organise autour du principe de souveraineté du peuple, on ne parle d'abord guère de démocratie pour caractériser le régime politique qui lui est associé. Le mot n'appartient pas à la langue de 1789. Cela s'explique aisément : il évoque alors principalement le monde antique, en référence à Athènes, ou bien renvoie à des expériences fort marginales (le *Dictionnaire de l'Académie* note en 1762 que « quelques cantons suisses sont de véritables démocraties »). Il conserve surtout son sens étymologique radical. Dans sa *Lettre à d'Alembert sur les spectacles,* Rousseau mentionne comme une évidence que dans une démocratie « les sujets et les souverains ne sont que les mêmes hommes considérés sous différents rapports[39] ». Pour Jean-Jacques comme pour tous les hommes de son temps, un régime démocratique se caractérise par le fait que le peuple est lui-même *législateur* et *magistrat,* qu'il exerce donc à la fois le pouvoir exécutif et le pouvoir législatif. La démocratie se fonde sur les deux principes d'autogouvernement et de législation directe du peuple. « C'est une loi fondamentale de la démocratie que le peuple seul fasse les lois », remarque Montesquieu[40] en une formule que ne renierait pas Jean-Jacques.

Ainsi définie, la démocratie de Montesquieu et de Rousseau est à la fois un idéal-type qui peut entrer dans une typologie des régimes politiques et un modèle historique mis en œuvre dans des sociétés de petite dimension ou de rares républiques antiques aux mœurs sévères. En même temps qu'il est rattaché à l'Antiquité ou, du moins, à certains de ses moments et de ses lieux mythiques, le régime démocratique est alors aussi presque toujours associé à des images de désordre et d'anarchie. D'Argenson est, dans ces conditions, bien isolé au XVIIIe siècle pour considérer qu'il y a « fausse et légitime démocratie », la première étant lourde de menaces, tandis que la seconde désigne positivement le gouvernement représentatif. « La fausse démocratie, écrit-il, tombe bientôt dans l'anarchie, c'est le gouvernement de la multitude ; tel est un peuple révolté : alors le peuple insolent méprise les lois et la raison ; son despotisme tyrannique se remarque par la violence de ses mouvements et par l'incertitude de ses délibérations. Dans la *véritable démocratie,* on agit par députés, et ces députés sont autorisés par l'élection ; la mission des élus du peuple et l'autorité qui les appuie constituent la puissance publique[41]. »

D'Argenson est le premier auteur à couper le mot démocratie de ses référents antiques et archaïques et à en inverser le sens technique (passage de la notion d'autogouvernement à celle de gouvernement représentatif). Mais cette inversion décisive, fondée sur la claire dissociation du pouvoir-souveraineté et du pouvoir-gouvernement, est alors loin d'être réfléchie et acceptée. Il faudra près d'un siècle pour qu'elle passe en France dans le sens commun.

La connotation « antiquisante » et presque technique du mot démocratie au XVIIIe siècle permet de comprendre qu'il ait été à ce point absent du vocabulaire de 1789. L'idée d'un régime dans lequel le peuple soit directement législateur et magistrat ne mobilise alors personne, tant elle semble renvoyer à un héritage lointain et révolu, correspondre à un stade dépassé de la vie politique. Pour un homme de 1789, le mot démocratie sonne comme celui d'autogestion le fera peut-être quelques siècles plus tard : il renvoie à un passé dans lequel se mêlent une théorie utopique et une pratique marquée par les échecs et les débordements. La connotation péjorative du mot est en outre presque aussi forte que sa dimension utopique et archaïque. Au printemps 1789, certains grands seigneurs parlent ainsi avec dédain de « démocratie » pour qualifier l'état qui résulterait, selon eux, d'un vote par tête aux États généraux. Brissot note alors : « Le mot démocratie est un épouvantail dont les fripons se servent pour tromper les ignorants[42]. » Dans la masse des journaux révolutionnaires, fait significatif, on n'en rencontre aucun, de 1789 à l'an IV, qui mentionne dans son titre le mot démocratie ou l'adjectif démocratique. Ce sont les adjectifs « national », « patriotique » ou « républicain » (à partir de 1792) qui reviennent le plus souvent au fronton des gazettes. On note aussi de façon particulièrement significative que le mot démocratie n'est pas prononcé une seule fois dans les débats de 1789 à 1791 sur le droit de suffrage. Cette relative absence dans la langue révolutionnaire est confirmée par l'examen des dictionnaires de la période. De 1789 à 1801 paraissent dix dictionnaires sociopolitiques. Un seul consacre une entrée à « démocratie »[43] ! À droite comme à gauche, on semble largement l'ignorer. Cela apparaît très clairement à l'été 1791, lors du grand débat sur la révision constitutionnelle qui résume et cristallise toutes les interrogations de théorie politique et d'organisation institutionnelle qui ont marqué la première phase de la Révolution. C'est le terme de « gouvernement représentatif » qui est mis en avant pour définir le nouveau régime français. La référence à la démocratie ne sert dans ce cadre qu'à en souligner la spécificité et à suggérer le sens d'une distance et d'une innovation. Mais cette distance n'est jamais complètement assurée et assumée. En même temps qu'elle est renvoyée dans le passé, la démocratie semble conserver une irréductible capacité à informer l'avenir. Le langage des constituants témoigne bien de cette hésitation. Ils ressentent par exemple le besoin de qualifier la démocratie de « pure » ou de « brute » pour marquer leurs distances, comme s'il fallait la précision d'un adjectif pour conjurer les équivoques dans la définition du régime moderne. Mais cela signifie en retour qu'ils n'arrivent pas vraiment à s'en débarrasser.

Les peurs et les impatiences

L'indétermination démocratique ne procède pas seulement des flottements conceptuels et des équivoques que nous venons d'examiner. Elle revêt également une dimension que l'on peut qualifier de *sociale*. Elle résulte en effet également du choc des peurs et des impatiences qui sous-tendent les questions de la souveraineté du peuple et du gouvernement représentatif. Peur d'une démocratie dangereuse qui exacerberait son principe jusqu'à l'inverser en une tyrannie d'un type inédit. Impatience de voir abolies les formes de confiscation de l'expression populaire. Il est impossible de comprendre l'histoire cahoteuse de la démocratie si on ne la relie pas à ces phobies et aux dénégations qui ont hanté l'imaginaire politique des acteurs.

Le double spectre de l'aristocratie et de l'anarchie pèse ainsi en permanence sur les hommes de 1789. La simple évocation du possible avènement d'une « nouvelle aristocratie » suffit par exemple à rendre suspect à certains le processus représentatif. Sieyès lui-même partage cette crainte. « La représentation, note-t-il, est faite pour les représentés ; il faut donc éviter que la volonté générale ne se perde à travers un grand nombre d'intermédiaires dans un funeste aristocratisme[44]. » Les hommes de 1789 anticipent de cette façon les constats désabusés sur la nature du gouvernement représentatif que les pionniers de la sociologie des organisations, comme Michels et Ostrogorski, populariseront un siècle plus tard. L'abbé Fauchet, qui deviendra une des grandes figures du club des Cordeliers, donne sur ce point le ton : « L'aristocratie, avertit-il, est une maladie si contagieuse qu'elle gagne presque inévitablement les meilleurs citoyens, dès le moment que les suffrages du peuple les ont placés en représentation[45]. » Il multiplie les formules saisissantes pour dénoncer dans l'assemblée communale une « caste de représentants » ou une « compagnie de conquérants de la représentation », concluant de façon désabusée : « Ce ne sont plus les anciens aristocrates, ce sont leurs adversaires qui, sans s'en apercevoir, deviennent leurs successeurs[46]. »Ces expressions se retrouvent alors sous de nombreuses plumes[47]. La séparation fonctionnelle du représentant et du représenté devient de la sorte possiblement assimilée à une distance sociale et à une différence hiérarchique. On parle même couramment dans cette veine du danger pour les députés de « s'aristocratiser[48] », et certains vont jusqu'à considérer que « cette aristocratie est bien plus formidable que celle des nobles[49] ». Il en découle une certaine confusion des mots, les termes de mandataires et de représentants étant tout à tour considérés comme synonymes ou opposés. Se télescopent du même coup continuellement une *approche sociale* de la représentation, essentiellement négative (critique de l'aristocratie), et une *approche institutionnelle,* plus positive. À l'inverse, le spectre constamment agité de l'anarchie engendre une sorte de rejet instinctif. Presque toujours associé à des images de scènes de rue et de foules incontrôlées, il contribue à entourer d'un halo négatif toute référence à la démocratie directe[50]. Certains évoquent dans ce cadre le spectre d'une « démocratie tumultueuse[51] ». La hantise du fédéralisme contribue symétriquement à déclencher les mêmes réactions. Deux grandes répulsions sociales, presque viscérales, conjuguent ainsi leurs effets pendant la Révolution pour brouiller la compréhension du phénomène représentatif et du sens de la souveraineté du peuple.

L'histoire sociale de la démocratie est de ce fait indissociable de son histoire philosophique. Mais les deux histoires ne font pas que se superposer. Elles s'enchevêtrent aussi profondément. Si la peur de la démocratie dangereuse est par exemple directement liée à une méfiance de classe, elle exprime en même temps d'incontournables problèmes de fond : celui des limites d'un pouvoir qui repose sur de simples majorités, comme celui du rapport des passions et de la raison. Parallèlement, la crainte de la démocratie confisquée ne correspond pas seulement à la hantise de voir renaître un rapport social de domination à travers la procédure électorale de délégation. Elle prend aussi sa source dans le constat du caractère entropique du système représentatif. D'où la complexité du sentiment de déception qui n'a cessé d'accompagner l'histoire de la politique moderne depuis la fin du XVIIIe siècle. Le désenchantement de la démocratie est à la fois la manifestation de la prégnance d'une division de la société et l'expression d'une perplexité sur la nature, le sens et les formes adéquates de l'émancipation.

La spécificité française

Les termes de l'indétermination démocratique que nous venons de caractériser à grands traits ne sont nullement particuliers au cas français. L'histoire américaine, pour ne mentionner qu'elle, est structurée par des tensions de même nature. Le grand débat de 1787-1788 entre fédéralistes et antifédéralistes sur le sens du gouvernement représentatif anticipe même sur bien des points la formulation des problèmes donnée en 1789. Malgré la vivacité rémanente des controverses, on est pourtant loin, dans le cas américain, des oppositions radicales qui ont marqué le processus français, philosophiquement et socialement. Il y a d'abord une première différence d'ordre historique et culturel : nul ne craint aux États-Unis, comme c'est le cas en France, que le rapport de délégation puisse être assimilé à une pure forme de domination. Le spectre de l'aristocratie qui domine toute la scène française joue un rôle beaucoup moins central aux États-Unis. Les mêmes mots ne renvoient pas sur ce point à des expériences identiques ni à un même imaginaire politique des deux côtés de l'Atlantique[52]. La notion d'*aristocratie naturelle,* qui est continuellement mise en avant par les fédéralistes pour justifier un régime qui cherche à articuler légitimation populaire et gouvernement des élites, n'est pas, par exemple, récusée par leurs opposants. Madison et ses amis prennent d'ailleurs soin de l'opposer à la définition historique classique de l'aristocratie comme caste autolégitimée et autoproclamée ; de même qu'ils récusent la notion d'oligarchie[53]. Un gouvernement des meilleurs ne saurait de la sorte être confondu, à leurs yeux, avec un gouvernement aristocratique. Et ils n'ont cessé de dénoncer, précédant les analyses sociologiques de la fin du XIXe siècle, les dérives oligarchiques qui menacent des gouvernements d'apparence extérieure plus démocratique[54]. Le terme d'aristocratie naturelle ne charrie pour cela aux États-Unis aucune des connotations répulsives qu'il pouvait susciter automatiquement en France à la même époque. Les antifédéralistes eux-mêmes ne le rejettent d'ailleurs pas, pas plus qu'ils ne contestent que cette aristocratie naturelle puisse jouer un rôle politique. Ils la considèrent seulement comme ne formant qu'une des parties de la société. Si elle doit avoir toute sa place dans la représentation, il est nécessaire pour eux que les autres classes jouent également un rôle[55]. Ce sont, au fond, deux visions sociologiques distinctes qui déterminent les sensibilités fédéraliste et antifédéraliste. Les premiers considèrent une société d'individus, aux intérêts relativement homogènes, structurée autour de deux pôles, les élites et la masse, alors que les seconds la conçoivent implicitement comme un corps plus diversifié, constitué de classes à la fois distinctes et complémentaires. La mise en garde contre le danger d'une dérive aristocratique et les plaidoyers « populistes » des antifédéralistes s'inscrivent pour cette raison bien plutôt dans le cadre d'une philosophie traditionnelle du gouvernement mixte que dans la vision moderne du gouvernement populaire[56].

On ne peut certes nier le caractère clairement élitiste des propositions fédéralistes. Hamilton et Madison n'hésitent pas, par exemple, à écrire que le gouvernement qu'ils appellent de leurs vœux se caractérise par « l'exclusion totale du peuple en sa capacité collective de toute participation au gouvernement[57] », la coupure entre représentants et représentés étant implicitement assimilée à une distinction de compétence et de capacité. Mais ce point de vue peut *coexister en tension* avec la sensibilité antifédéraliste. Le débat américain est à cet égard un *débat interne* à la modernité politique. Il a été d'autant moins menacé de s'envenimer jusqu'à prendre la forme d'un combat montant aux extrêmes qu'il s'est, de par la force des choses, cantonné sur le terrain constitutionnel au seul niveau de l'Union. C'est la seconde différence majeure, d'ordre institutionnel, avec la France. L'interrogation sur la nature du gouvernement représentatif dans ses rapports à la démocratie a pu être diffractée et décomposée aux États-Unis. Elle s'est développée sur des scènes fortement différenciées entre le niveau local et l'étage fédéral, celui des États ou des municipalités. La « demande démocratique » a pu ainsi s'exprimer et trouver satisfaction sous des formes démultipliées : elle s'est déclinée spatialement. De fortes traditions communautaires locales, de type « démocratique », ont pu voisiner avec une conception beaucoup plus élitiste du fonctionnement fédéral. Cela marque une différence essentielle avec les conditions de l'expérience française. Outre la distinction également fondamentale des contextes (simple débat constitutionnel dans un cas, révolution globale, indissociablement politique et sociale, dans l'autre), toute la question politique se trouve en effet projetée en France en un seul point central, dans le foyer duquel les contradictions s'aiguisent du même coup au maximum. Le système américain a également trouvé rapidement une forme d'équilibre pratique. Le point de vue fédéraliste ne l'a d'abord emporté que de peu dans le processus de ratification de 1788, conduisant à l'adoption d'une culture politique ouverte. Dès 1791, l'adoption, à la demande des jeffersonniens, des dix premiers amendements à la Constitution modifie aussi sensiblement la perception première du dispositif institutionnel. Mais la pratique des institutions a surtout contribué à désarmer les préventions des uns et à réduire les espérances des autres. Si les fédéralistes ont obtenu institutionnellement gain de cause, le système a été loin de fonctionner comme ils l'entendaient : l'élite compétente uniquement soucieuse de l'intérêt national ne s'est pas formée et la prégnance des intérêts locaux est restée forte. À l'inverse, les antifédéralistes n'ont pas vu se réaliser leurs pronostics pessimistes concernant la création d'une oligarchie nationale d'un nouveau type ; ils ont aussi mesuré la centralité rémanente de la politique locale. Les interrogations sur les formes d'un bon gouvernement représentatif ont pu de la sorte continuer à se déployer librement et normalement, sans trop verser dans l'illusion qu'un camp serait le détenteur d'une solution simple et évidente.

La troisième différence entre les deux expériences révolutionnaires fondatrices de la politique moderne est d'ordre sémantique. Alors que les Français n'arrivent pas à forger un langage correspondant à leur expérience, les Américains trouvent un mot — celui de *République* — qui leur permet de croire qu'ils ont résolu de façon originale les apories politiques modernes. Assurément, « République » et « gouvernement représentatif » sont certes pour eux synonymes [58]. Le premier terme a cependant l'avantage d'un certain prestige historique, il a une connotation moins technique qui le rend plus attrayant. Il convient surtout à presque tout le monde : à ceux qui haïssent viscéralement la monarchie de George III ou qui vouent aux gémonies l'aristocratie (sous les espèces du Parlement britannique ou des hauts fonctionnaires royaux) comme à ceux qui redoutent le despotisme des masses. Il satisfait ainsi la droite et la gauche en donnant une *solution positive* à la mise à distance du terme de démocratie. L'histoire américaine du XIXᵉ siècle montre que la question des formes de la souveraineté populaire n'est pas résolue pour autant et le terme de démocratie resurgit dans les années 1830 comme une référence définitivement incontournable[59]. Mais les Américains n'en ont pas moins eu l'idée que leur République avait introduit une innovation historique heureuse dans la forme des régimes politiques. Ils en ont été également fiers et conscients, au-delà de toutes leurs divergences. Ces conditions historiques soulignent la particularité de l'expérience américaine. Elles ont conduit à moduler et à diffracter les tensions constitutives de la démocratie moderne, alors que la France en a radicalisé les apories. Là où l'Amérique essayait à tâtons de trouver la voie d'une originale démocratie représentative, la France oscillait entre l'exacerbation de l'ordre bourgeois et les vertiges de la Terreur. Mais c'est du même coup pour cette raison que le cas français mérite spécialement de retenir l'attention : en lui s'expriment dans toute leur ampleur les virtualités et les fragilités de l'impératif démocratique.

Une histoire philosophique du politique

L'ambition de ce travail est ainsi de penser la démocratie en reprenant le fil de son histoire. Mais il est tout de suite nécessaire de préciser qu'il ne s'agit pas seulement de dire que la démocratie *a* une histoire. Il faut considérer plus radicalement que la démocratie *est* une histoire. Elle est indissociable d'un travail d'exploration et d'expérimentation, de compréhension et d'élaboration d'elle-même. Si les questions de la souveraineté du peuple et du gouvernement représentatif sont inscrites dans un système d'indéterminations fondatrices, on ne saurait en effet concevoir leur histoire sur le mode d'un simple développement, en décrivant le triomphe progressif d'un régime qui n'aurait dû son inachèvement qu'à la force des préjugés ou à la puissance de ses adversaires. C'est pour cette raison que l'histoire philosophique doit nécessairement venir relayer et élargir l'histoire sociale. Le but est même d'arriver à ne plus séparer histoire politique et philosophie politique, de trouver le point où les deux démarches finissent par fusionner. La justification de cet objectif tient au fait que l'histoire est à la fois la *matière* et la *forme* de la philosophie politique. Les concepts politiques (qu'il s'agisse de la démocratie, de la liberté, de la nationalité, etc.) ne peuvent être compris que dans le travail historique de leur élucidation et dans la tentative conséquente de leur mise en œuvre. Cette histoire philosophique du politique à laquelle nous tâchons de donner vie implique donc en permanence de retracer les apories constitutives de l'expérience moderne. Elle invite à reprendre le fil historique de perplexités, d'interrogations et de tâtonnements pour saisir, de façon compréhensive, l'histoire en train de se faire comme poursuite d'une expérience.

À rebours de toute opposition de principe à l'histoire sociale, cette approche en poursuit d'une certaine façon le programme tout en le dépassant. Elle considère que les représentations sociales ne peuvent pas simplement être assimilées à un ordre de l'idéologie, renvoyer à des formes de préjugés reflétant un état donné des rapports sociaux, ou constituer de simples « idées ». Le propre de l'histoire philosophique du politique est de souligner qu'au-delà de l'idéologie et des préjugés existent des représentations positives qui organisent le cadre intellectuel et mental à l'intérieur duquel se structure un certain champ des possibles dans un moment historique déterminé. Il s'agit de prendre au sérieux ces représentations : elles constituent de réelles et puissantes « infrastructures » dans la vie des sociétés. À distance d'une vision idéaliste qui s'affranchirait de la prise en compte des forces qui structurent le cadre de l'action des hommes, le but est au contraire d'enrichir et de complexifier la notion de « détermination ». À côté de représentations « passives », il est ainsi nécessaire de tenir compte de toutes ces représentations « actives » qui orientent l'action, bornent le champ des possibles par celui du pensable et maintiennent des problèmes ouverts. Ces représentations constituent une matière absolument structurante de l'expérience sociale. Il ne s'agit donc nullement ici de repousser la démarche traditionnelle de l'histoire, en préférant le commerce des grands auteurs ou des orateurs parlementaires à celui du peuple silencieux et souffrant. Mais les données matérielles de cette histoire n'ont de sens que resituées, insérées dans une histoire plus conceptuelle, qui ne se réduit pas de son côté à l'analyse des grands auteurs, même si ceux-ci constituent souvent une voie d'accès privilégiée à la culture politique de leur temps. L'histoire sociale et l'histoire philosophique ont entre elles, d'une certaine manière, les rapports que les temps ordinaires entretiennent avec les périodes de révolution. Les conflits entre les forces de progrès et de réaction, le peuple et les élites, les gens d'en bas et les détenteurs du pouvoir, le choc des intérêts et des préjugés font en quelque sorte le quotidien de l'histoire, quotidien inlassablement répété et repris à travers la succession des figures de l'obéissance et de la domination, de la liberté et de l'oppression. Cet ordinaire ne prend cependant un sens spécifique que resitué dans la transformation des institutions et des modes de pensée. Sinon, l'anachronisme menace en permanence de s'insinuer pour perturber le jugement. L'histoire philosophique du politique se propose de « tenir les deux bouts de la chaîne ». En cherchant en permanence à saisir le point d'intersection de la lutte des hommes avec leur représentation du monde, elle invite à comprendre le politique comme le lieu d'un travail de la société sur elle-même.

On doit enfin souligner, pour dire encore un mot avant de clore ces brèves considérations de méthode, que cette visée implique de rompre avec les approches normatives. Il faut partir du caractère indéterminé et problématique de la politique moderne pour la penser, et non pas chercher à dissiper cette indétermination par une imposition de normativité, comme si une science pure du langage ou du droit pouvait donner aux hommes une solution raisonnable à laquelle ils n'auraient plus qu'à se conformer. C'est faire fausse route, également, que de tenter d'exorciser par un exercice typologique la complexité mouvante de la quête démocratique. L'intéressant n'est pas de distinguer plusieurs sortes de gouvernement représentatif ou de chercher à faire rentrer dans des cases bien définies les positions des acteurs ou les caractéristiques des institutions. Il est, au contraire, de prendre comme objet le caractère toujours composite et sous tension de l'expérience démocratique.

Les formes de l'histoire

Deux grands moments structurent cette histoire dans le cas français. Ce sont eux que nous allons principalement étudier. Dans un premier temps se construit, à partir d'un tracé de ses limites et de ses points de retournement, le cadre même de l'expérience démocratique. Dès lors que la Révolution échoue à accoucher d'une forme institutionnelle — celle de la démocratie représentative — qui aurait pu constituer une structure souple et évolutive, quatre tentatives radicales de dissiper l'indétermination démocratique vont se présenter comme des propositions ou s'incarner dans des institutions. En chacune d'entre elles la démocratie finit par se dissoudre en prétendant s'accomplir. On peut les décrire très succinctement :

— *Le libéralisme doctrinaire*. Il poursuit la tentative thermidorienne de refroidir les passions et d'organiser le retour à l'ordre. Guizot radicalise ainsi la perspective de Benjamin Constant en s'efforçant de cantonner la démocratie dans les mœurs et dans la vie de la société civile. C'est au prix d'une négation absolue de la souveraineté du peuple et d'une appréhension très particulière de l'idée de gouvernement représentatif comme pouvoir social. La vision d'un « ordre capacitaire » dissout, dans ce cas, le projet politique moderne dans une sociologie.

— *La culture politique de l'insurrection*. Si elle trouve en Blanqui son théoricien et son martyr, elle commence à prendre forme dès la période de la Terreur, au moment où la perspective d'une désinstitutionnalisation radicale de la politique apparaît à certains, de Sade à Hébert, comme la condition d'un accomplissement de l'émancipation des hommes. En célébrant la barricade et le feu salvateur d'une action immédiate menée par des minorités actives, ce culte de la « souveraineté foudroyante » aboutit aussi *in fine* à une négation de l'impératif démocratique, érigeant la dictature révolutionnaire en valeur politique cardinale.

— *L'absolutisation et la généralisation de la procédure électorale* représentent une troisième manière de penser la question de la démocratie. Envisagée pendant la Révolution par quelques apôtres de la ratification populaire des lois, elle constitue le mot d'ordre central de la gauche avancée en 1850-1851, lorsqu'il faut donner un nouvel élan à l'ambition républicaine. Les adeptes du « gouvernement direct », de Considerant à Ledru-Rollin, vont alors suggérer d'achever de cette façon l'universalisation du suffrage. En finissant par dissoudre la démocratie dans une négation de l'essence du politique.

— *Le césarisme* va enfin proposer, quant à lui, de sortir des apories premières de la démocratie par une sorte de *polarisation du politique* articulée à une représentation-incarnation. La politique est dans ce cas simplifiée en un face-à-face du peuple unifié et de son chef qui exclut toutes les autres formules d'organisation et d'expression légitimes. S'affirme là le projet d'une « démocratie illibérale », dans laquelle la restriction de certaines libertés publiques est théorisée comme la condition d'une véritable souveraineté du peuple.

Ce sont ces quatre « bords » du politique qui tracent le premier cadre de l'expérience démocratique en France, indiquant ses limites à partir du tracé de ses caricatures et de ses pathologies. Quoique toujours menaçantes et prêtes à resurgir, elles seront dominées avec l'avènement de la IIIe République. Hantée par les spectres du césarisme et de la Commune, cette dernière se pense d'abord sur le mode restrictif d'une *République absolue.* Elle célèbre plus volontiers la démocratie comme institution de la nation que la souveraineté commandante du peuple, et elle voit dans la légitimation d'une aristocratie élective la consécration rassurante du gouvernement représentatif. Mais cette vision des pères fondateurs doit céder la place à des réalités plus exigeantes à partir de la fin du XIXe siècle. Sous la pression des faits se dessinent ainsi progressivement les traits d'une *démocratie moyenne.* Sans que la Constitution ait formellement changé, ce n'est plus le régime rêvé par les Ferry, les Grévy ou les Gambetta qui gouverne dorénavant les Français. Les principes du pur gouvernement représentatif sont d'abord altérés avec le développement des partis, et le contrôle indirect accru de l'électeur sur les députés avec l'adoption de programmes. Le champ de la vie politique s'accroît parallèlement, avec la montée en puissance de l'opinion autant qu'avec la multiplication des formes d'expression extra-parlementaires, et ne se limite plus à l'activité des Chambres. L'impératif démocratique se répand enfin dans les diverses sphères de la vie sociale, comme en témoigne tout particulièrement la montée en puissance du mot d'ordre de démocratie industrielle après 1918. Même si l'intervention plus directe des citoyens sous la forme du référendum est repoussée de façon répétée, se met ainsi en place ce nouveau *régime sans nom*, parfois qualifié par les contemporains de « démocratie semi-directe » ou de « gouvernement semi-représentatif ».

Les désenchantements, les peurs et les impatiences n'ont certes pas disparu. Pas plus que n'ont été définitivement mis à distance les bords menaçants. Les gouffres du totalitarisme en ont même constitué une version brutalement aggravée au XXe siècle. Mais la démocratie moyenne s'est affirmée en surmontant cette épreuve, même si elle s'est désormais plus volontiers liée à la perspective d'une *démocratie négative*. Sous la forme d'un équilibre précaire et modeste à la fois, la dernière moitié du XXe siècle a ainsi fini par constituer un cadre assez stable à l'expérience démocratique, prolongeant sur certains points (avec l'adoption du référendum notamment) les adaptations mises en œuvre à partir de la fin du XIXe siècle.

Mais n'a pourtant cessé de subsister le sentiment que la démocratie restait inachevée, comme en ont témoigné avec éclat l'irruption du mot d'ordre d'autogestion dans les années 1970 ou, de façon plus diffuse, la désaffection vis-à-vis du politique remarquée dans les années 1980. Au-delà de la rémanence de ces déceptions, un tournant de plus grande ampleur semble cependant s'amorcer à l'aube du XXIe siècle, marquant peut-être l'entrée dans un « troisième moment » de l'expérience démocratique. Alors qu'il s'agissait précédemment de lutter pour que la volonté générale ne soit pas confisquée, c'est l'objet même de la souveraineté qui fait dorénavant aussi problème. La question du déclin d'une « démocratie de la volonté[60] » est de plus en plus au centre des inquiétudes, dessinant une nouvelle carte des peurs et des impatiences, et donnant un sens renouvelé à l'interrogation sur les formes pertinentes de la souveraineté du peuple. Nous sommes maintenant pleinement immergés dans ce nouveau moment de l'expérience démocratique. C'est pourquoi, en retraçant l'histoire tumultueuse et problématique de la souveraineté du peuple, les préoccupations de l'historien peuvent recouper les curiosités et les attentes du citoyen. Si l'implication civique se définit comme la capacité de maîtriser lucidement, en les comprenant mieux, les situations complexes dans lesquelles les hommes se trouvent, le travail de l'historien et du philosophe politiques est alors partie prenante de cette attitude. La connaissance devient dans ce cas une des formes de l'action. Ce sont donc à la fois des instruments de compréhension et des outils d'intervention que peut forger cette histoire philosophique du politique que nous nous efforçons d'entreprendre. À une époque où se multiplient les considérations inquiètes ou désabusées sur la démocratie, ce livre voudrait indiquer la voie d'une lucidité positive et constructive. À distance des démissions ou des simplifications contemporaines, il entend montrer que le projet d'une souveraineté plus active du peuple reste toujours pertinent et qu'il peut dorénavant être compris en des termes qui renforcent la liberté au lieu de la menacer.

PREMIÈRE PARTIE

Les bords de la démocratie

I

L'IMPOSSIBLE DÉMOCRATIE REPRÉSENTATIVE

Les nouvelles voies de la souveraineté du peuple

L'invention de la démocratie représentative : la souveraineté complexe

La Terreur ou la désinstitutionnalisation de la politique

L'œuvre manquée de Thermidor

Les nouvelles voies
de la souveraineté du peuple

Comment dépasser les équivoques originaires sur la souveraineté et la représentation ? La lancinante question est dans toutes les têtes depuis 1789, même si elle n'arrive presque jamais à se formuler en des termes clairs. Dès 1790, des voies nouvelles et des formules inédites sont pourtant cherchées à tâtons pour tenter de concilier les impératifs contradictoires de la gestion technique du nombre et du respect de la force commandante du peuple. Ce sont, bien sûr, les milieux les plus radicaux qui se sentent contraints d'avancer et de sortir du piège. Un François Robert, rédacteur du *Mercure national*, formule ainsi en 1790 un programme audacieux : « Introduire une autre espèce de gouvernement représentatif qui soit tout à fait cohérente avec les principes de la liberté[1]. » Lavicomterie forge même l'expression, auparavant impensable, de « démocratie représentée[2] » pour qualifier le sens d'une telle quête. Plusieurs pistes vont alors être explorées dans cette direction pour tenter de donner chair à cette ambition à l'hiver 1790 et au printemps 1791. La première est celle de la *démocratie d'opinion*, pensée à partir du concept de *surveillance*. Il va s'agir, dans ce cas, d'essayer de dépasser les équivoques originaires du gouvernement représentatif en désinstitutionnalisant la souveraineté, l'exercice diffus de la surveillance du peuple surplombant et enveloppant de façon permanente l'action de toutes les autorités constituées. La deuxième s'appuie sur la distinction de l'initiative et de la sanction dans la production législative, offrant ainsi la possibilité de réserver complètement et directement aux citoyens un *pouvoir de ratification*. La troisième thématise la séparation du « moment constituant », plus facilement soumis aux principes démocratiques, et du « gouvernement ordinaire », exercé par des instances représentatives. C'est, dans ce cas, une gestion différenciée des temporalités du politique qui fonde la recherche d'un au-delà de Rousseau. Reprenons brièvement chacune de ces tentatives de reconceptualisation des formes de la souveraineté du peuple.

À Paris, même au plus fort de la bataille contre l'assemblée municipale, personne ne revendique dans les districts un gouvernement direct du peuple. Un mot résume alors la forme de souveraineté à laquelle on aspire : celui de surveillance[3]. C'est de cette façon que l'on entend faire pièce à l'aristocratie représentative qui est dénoncée avec violence. *La Bouche de fer* fait ainsi figurer au-dessous de son titre un œil souligné par la formule « Surveillance du peuple » (voir *ill. 1, 2, 3*). Nicolas Bonneville, qui est avec François Robert l'un des principaux porte-parole des sociétés patriotiques sur la scène parisienne du printemps 1791, a explicité cet impératif en des termes extraordinairement suggestifs : « Le pouvoir de surveillance et d'opinion (quatrième pouvoir censorial, dont on ne parle point), note-t-il, en ce qu'il appartient *également* à tous les individus, en ce que *tous* les individus peuvent l'exercer par eux-mêmes, *sans représentation*, et sans danger pour le corps politique, constitue essentiellement la souveraineté nationale[4]. » Bonneville n'est certes pas une des grandes figures intellectuelles de la Révolution, mais il a pourtant réussi à condenser dans cette définition tous les éléments d'une vision originale de la souveraineté. Autour de l'idée de surveillance se cherche en effet une formule originale de dépassement de la contradiction entre gouvernement représentatif et démocratie directe.

Les moyens de cette surveillance ? Ils sont évidemment multiformes. Certains l'imaginent — et la pratiquent — sous la forme directement active d'une présence physique dans la rue, dans les clubs et dans les tribunes du public à l'Assemblée. Mais le plus grand nombre de ceux qui célèbrent ce mot d'ordre de surveillance voit surtout dans la puissance de l'opinion la condition de son exercice. Les sectionnaires les plus radicaux des Cordeliers rejoignent sur ce point les libéraux avancés du Cercle social, comme Condorcet ou Brissot. Ce dernier a expliqué dans cette perspective que la liberté de la presse ne constituait pas seulement une garantie individuelle, mais qu'elle conduisait à transformer la notion même de représentation. Un rapport interactif et permanent entre élus et électeurs peut se superposer, grâce à elle, à la procédure mécanique et ponctuelle de la délégation. La liberté de la presse permet donc pour Brissot de mettre en forme la volonté générale, à la manière de ces multiples traits de pinceau qui finissent par composer une forme reconnaissable. Elle est même, dit-il, « le seul moyen » qu'ont les sociétés de s'organiser par la volonté générale. Cette conception très novatrice de l'opinion comme figure de la généralité sociale sera au centre des réflexions qui animent le petit milieu intellectuel qui gravite autour du Cercle social. Outre Brissot ou Condorcet, Lanthenas est aussi de ceux qui contribuent à théoriser le rapport du système représentatif à l'opinion, la notion de « sentiment général de la société » remplaçant chez lui le concept rousseauiste de volonté générale[5]. Avec l'indépendance de la communication des pensées, explique-t-il, la loi ne sera réellement, en tout, que l'expression de la volonté générale. Une démocratie de vigilance critique se met ainsi en place à l'intérieur même du système représentatif.

Le gouvernement représentatif « formel » se double, à travers le pouvoir de l'opinion, d'une démocratie « informelle ». Cette dernière instaure une veille permanente qui constitue un palliatif d'une impossible intervention directe des citoyens. La reconnaissance d'un tel « quatrième pouvoir » conduit ainsi à poser en termes neufs le problème de la souveraineté et d'envisager une résolution des équivoques originaires du gouvernement représentatif. Il y conduit d'autant plus que l'opinion publique n'est pas seulement conçue par ces auteurs comme *le contenu* enfin trouvé de la généralité sociale (et donnant du même coup la solution au problème rousseauiste de la différence de la volonté de tous à la volonté générale). Elle est aussi comprise, de façon très éclairante, comme *une forme* parfaitement correspondante à son concept, puisque détachée de toute institution. Son propre, souligne par exemple dans cet esprit Bergasse, « est de n'avoir aucun tribunal visible, dont cependant la puissance existe et se reproduit partout[6] ». L'opinion est une puissance absolument générale et totalement efficace, puisqu'elle n'est contrainte par aucune règle ni limitée par aucune procédure. Bergasse permet bien de comprendre sur cette base la correspondance « naturelle » entre ce concept et celui de souveraineté. « Je voudrais beaucoup que vous examinassiez si ce n'est pas dans l'exercice de l'opinion publique que consiste la souveraineté d'un grand peuple », lance-t-il en conséquence, de façon fort suggestive, à tous les dévots de Jean-Jacques[7].

Associée à l'idée de surveillance, celle de sanction joue également un rôle important dans les débats parisiens du printemps et de l'été 1791. La vraie souveraineté, entend-on alors souvent répéter, ne réside pas dans un chimérique projet de gouvernement populaire, mais dans la possibilité de sanctionner les lois. Au pouvoir de l'aristocratie représentative que certains ne cessent de brocarder et de dénoncer, on oppose cette capacité d'intervention directe d'un autre type[8]. C'est autour de ce thème que se rassemblent significativement à cette époque les premiers cercles républicains et les milieux parisiens radicaux. L'idée de « ratification de la loi par la volonté générale » sert alors d'étendard à tous ceux qui se définissent comme d'ardents disciples de Rousseau, tout en reconnaissant les contraintes dérivant des conditions d'organisation d'une société nombreuse. C'est d'ailleurs Girardin, l'un des grands amis de Jean-Jacques (ce dernier fit retraite dans sa propriété d'Ermenonville), qui est l'un des premiers à populariser l'expression et à la théoriser dans son *Discours sur la nécessité de la ratification de la loi par la volonté générale*[9]. Girardin, qui n'a pas de mots assez durs pour stigmatiser le « prétendu gouvernement représentatif qui dégénère de jour en jour » et ne cesse de dénoncer à coup de citations du *Contrat social* sa « monstruosité », voit dans la ratification populaire de la loi le moyen de faire concourir tous les citoyens à sa formation[10]. Ce principe, proclame-t-il fièrement, est le « ça ira de la Déclaration des droits de l'homme et du citoyen ». Même si elle ne mobilise vraiment que les milieux les plus radicaux, l'idée fait pourtant son chemin. On le mesure à l'été 1791, quand de multiples voix s'élèvent pour demander que la Constitution, loi des lois, soit soumise aux assemblées primaires. À distance d'un régime représentatif classique et de la démocratie pure, le modèle d'une *démocratie de sanction* ou d'une *démocratie de ratification* fait ainsi son chemin pour esquisser une voie nouvelle de la souveraineté du peuple. Si le terme de référendum législatif n'est pas encore forgé, c'est bien de cela qu'il s'agit pourtant.

Une troisième façon d'envisager le dénouement de la contradiction fondatrice va consister à distinguer nettement pouvoir constituant et pouvoir constitué, en faisant porter prioritairement sur le premier l'impératif démocratique. Brissot est l'un des premiers à proposer d'apporter sur cette base une réponse au dilemme constitutionnel français. La vigoureuse défense des principes représentatifs pour l'organisation des pouvoirs constitués se double chez lui d'une invitation à laisser toujours ouverte la porte au pouvoir constituant, mémoire et actualisation de la souveraineté originaire du peuple. Il peut, du même coup, se faire à la fois le défenseur intransigeant de la souveraineté du peuple et le rigoureux théoricien du gouvernement représentatif. Il s'en explique très longuement dans une brochure d'août 1791, *Discours sur les conventions*[11]. La souveraineté du peuple, insiste-t-il dans ce texte, n'est qu'un « vain mot » si elle n'implique pas une « suprématie active sur tous les pouvoirs délégués ». Brissot emprunte là les formules les plus radicales des districts parisiens pour dénoncer « l'artifice des Tartufes politiques » qui trompent le peuple. Ce qu'il refuse ? Suivre ceux qui, comme Barnave ou Sieyès, finissent par effacer la souveraineté du peuple en absolutisant la représentation. Ce qu'il appelle de ses vœux ? La mise en place d'un « pouvoir conservateur » de cette souveraineté. « Ce pouvoir existe ; vous le connaissez tous, plaide-t-il : c'est le pouvoir constituant. Le moyen de l'exercer existe ; vous le connaissez tous : ce sont les conventions[12]. » Maintenir vivante la souveraineté du peuple suppose ainsi, selon son extraordinaire formule, de « ressusciter à certaines époques le pouvoir constituant ». C'est de cette manière que Brissot propose de concilier la fidélité à l'inspiration rousseauiste avec la reconnaissance du caractère incontournable des procédures représentatives. « Si Rousseau avait dit que la démocratie pure d'un petit peuple offre plus de liberté qu'une démocratie représentée, il aurait dit une vérité, admet-il. Mais soutenir qu'on n'est plus libre du moment où on est représenté, c'est mettre Constantinople à côté de Londres, et pourtant il y a quelque distance entre leurs régimes. Rousseau n'aurait pas ainsi calomnié le système représentatif, s'il avait vu à côté, comme en Amérique, un frein aux entreprises des représentants, dans des conventions périodiques. Le système représentatif ne devient tyrannique que là où ce frein n'existe pas. Mais les conventions n'étaient pas bien connues au moment où Rousseau écrivait[13]. »

Brissot redéfinit de la sorte le cadre du problème révolutionnaire. Il cesse de l'appréhender en termes uniquement procéduraux (les formes d'intervention directe du peuple contrebalançant le détour représentatif) pour le resituer dans une économie générale du temps politique. La *politique ordinaire* (législative et exécutive) met en œuvre chez lui une souveraineté déléguée, alors que la *politique extraordinaire* (constitutionnelle) s'appuie plus directement sur la volonté populaire[14]. Il ouvre ainsi la voie aux théories de la démocratie que l'on qualifiera, deux siècles plus tard, de dualistes[15]. Brissot entrevoit de façon pionnière la centralité du rapport du pouvoir politique au temps. Le problème de la démocratie des Modernes est bien de donner forme institutionnelle à l'énorme intervalle séparant une simple *souveraineté-autorisation,* qui peut à la limite, comme chez Hobbes, être conçue comme un moment originaire (dans lequel fiction et histoire deviennent indissociables), et une *souverai-*

neté-permanente, qui serait celle d'un peuple constamment législateur et magistrat [16]. Le temps de la constitution marque dans ce cadre un repère fondamental. Avec l'organisation de conventions, Brissot apporte une solution à tous ceux qui, comme Fauchet, appellent de leurs vœux un « rassemblement périodique du souverain » [17]. La démocratie est bien perçue de cette façon comme une certaine mise en forme politique de la société dans le temps, mémorial et actualisation en même temps du contrat social.

Les réflexions et les suggestions du printemps et de l'été 1791 que nous venons d'évoquer trop brièvement ne forment évidemment pas un ensemble doctrinal cohérent. Brissot ou l'abbé Fauchet, comme tous ceux qui se retrouvent dans le milieu du Cercle social, s'opposent ainsi sur bien des points décisifs aux pamphlétaires radicaux qui gravitent autour du club des Cordeliers. Les perspectives des publicistes les plus avancés restent par ailleurs elles-mêmes fort confuses, oscillant entre le vieux et le neuf. Il est par exemple frappant de constater l'usage répété qu'ils font de l'ancien adage *Lex fit ex consensu populi*. La ratification populaire des lois est fréquemment présentée comme une bonne mise en application de cette formule. Un Girardin voit même dans les antiques assemblées du Champ-de-Mars la préfiguration des institutions révolutionnaires à mettre en place [18] ! La maxime Q.O.T. du droit romain *(Quod omnes tangit, ab omnibus tractari et approbari debet* [19]*)* est également souvent invoquée. Un certain flou subsiste ainsi entre une conception judiciaire de la souveraineté (comprise de façon restrictive comme une décision de dernière instance, une forme d'habilitation), qui sert de référence théorique implicite aux apôtres d'une redéfinition du pouvoir populaire, et une conception politique de celle-ci (correspondant davantage à une norme de commandement, donc à une forme d'autogouvernement), que supposent les revendications des sections parisiennes. On ne doit pas s'étonner de tout cela. Les antinomies que nous croyons percevoir clairement aujourd'hui — entre la politique des Anciens et la politique des Modernes, les institutions de participation et les règles de protection, le droit et la démocratie — sont encore loin d'être constituées sous la Révolution. Les points de vue ultra-démocratiques et passionnément monarchiques peuvent même parfois, pour cette raison, paraître se superposer ou, du moins, entrer en résonance[20]. Il est normal que ce soit dans de telles conditions, conflictuelles et équivoques, que se cherche à tâtons la mise en œuvre d'une souveraineté fraîchement proclamée. Mais les perspectives qui s'ébauchent dans ce contexte ne peinent pas seulement pour cela à s'éclaircir et à s'incarner dans des projets constitutionnels fiables. L'histoire sociale doit seconder là l'histoire intellectuelle pour appréhender le sens et les limites du bouillonnement intellectuel de la période. Le grand débat sur la révision constitutionnelle de l'été 1791 en témoigne avec éclat.

Les rapports de forces et les peurs sociales sont sous-jacents à toutes les prises de position de la période. Les constituants sont alors bien loin de mener un sage débat philosophique. Face à la suggestion émise par certains de donner aux assemblées primaires un pouvoir de pétition pour indiquer les articles constitutionnels qu'il conviendrait de réformer, la grande majorité des constituants s'insurgent ainsi : « Vous sortez du système représentatif et vous vous jetez dans le système démocratique », avertit, comme pris de vertige, l'un d'entre eux[21]. Il est d'ailleurs important de souligner que c'est à l'occasion de ce débat que se forgent les définitions les plus restrictives du gouvernement représentatif. Barnave emploie notamment dans ce cadre des formulations qui resteront mémorables. « Quand on vient parler de provocation d'assemblées primaires, de pétitions individuelles dont la majorité pourrait forcer le corps législatif, s'insurge-t-il, on remplace le pouvoir représentatif, le plus parfait des gouvernements, par tout ce qu'il y a dans la nature de plus odieux, de plus subversif, de plus nuisible au peuple lui-même, l'exercice immédiat de la souveraineté, la démocratie, prouvée par l'expérience le plus grand des fléaux, dans les plus petits États même où le peuple peut se réunir[22]. » Tout se passe pour ces hommes comme si le gouvernement représentatif ne pouvait exister que sous la forme la plus stricte. Ils n'acceptent pas, pour cette raison, que l'expression de la volonté générale puisse emprunter des canaux différenciés. « La volonté générale [...] ne peut être exprimée que par les représentants du peuple » : la formule dogmatique est répétée à l'envi[23]. On redoute la « subversion des principes du gouvernement représentatif[24] », comme s'il n'y avait aucune institution politique intermédiaire possible entre la démocratie qualifiée de « pure » et le gouvernement représentatif absolu. On reconnaît la nation pleinement souveraine, mais c'est pour ne lui autoriser d'expression que sous les strictes espèces de son organe délégué. Barnave l'exprime en des termes d'une vigueur sans équivoque. « Le peuple est souverain : mais dans le gouvernement représentatif, martèle-t-il, ses représentants sont ses tuteurs, ses représentants peuvent seuls agir pour lui, parce que son propre intérêt est presque toujours attaché à des vérités politiques dont il ne peut pas avoir la connaissance nette et profonde[25]. » Le préjugé social et la philosophie pratique de la souveraineté se rejoignent ainsi chez la majorité des constituants pour écarter tout compromis. Aussi ne peuvent-ils même concevoir cette « autre espèce de gouvernement représentatif » que certains cherchent à esquisser à la même époque.

Il faut attendre la crise de l'été 1792, qui provoque

la chute de la monarchie, pour que les événements fassent vraiment passer au premier plan l'impératif d'une souveraineté du peuple plus directement agissante. Les tensions proprement constitutionnelles (liées au veto mis par Louis XVI à certains décrets de l'Assemblée) se superposent alors au fait de l'entrée en guerre pour radicaliser les interrogations sur le sens et les formes désirables du gouvernement représentatif. Une deuxième étape politique et un nouveau cycle de réflexions et de propositions s'ouvrent alors.

L'invention de la démocratie représentative : la souveraineté complexe

Les pratiques politiques et la perception des institutions vont être complètement remodelées lorsque l'Assemblée proclame, le 11 juillet 1792, « la patrie en danger ». Quelques jours plus tôt, elle avait en effet décrété que si cette mesure s'imposait, tous les citoyens devaient se considérer « en état d'activité permanente ». Dans ce cadre, la vie ordinaire des institutions s'interrompt. Elle s'efface derrière un principe premier et suffisant : « la loi suprême du salut du peuple ». La grande discussion de juillet 1792 sur les mesures générales à prendre pour la sûreté de l'État a très clairement montré comment s'opérait cette sorte de retour à l'origine dans les circonstances exceptionnelles. « Le salut du peuple : la Constitution n'a pas d'autre base et d'autre essence », résume Brissot[26], tandis que le conseil général de la Commune de Paris note : « Le peuple, placé entre la mort et l'esclavage, [...] reprend une seconde fois ses droits[27]. »

La métallurgie de l'événement dissipe alors dans son creuset toutes les incertitudes antérieures sur les formes adéquates du pouvoir populaire. Une fois la patrie déclarée en danger, « le peuple se trouve naturellement ressaisi de l'exercice de la souveraine surveillance », proclame la section parisienne présidée par Danton[28]. La distance entre le peuple et ses représentants se trouve résorbée dans la crise[29], en même temps que s'abolit la tension entre la démocratie directe et le gouvernement représentatif. Les représentants s'éclipsent derrière le peuple directement actif, et toutes les lois s'effacent devant l'impératif commandant du salut public. Le pouvoir constituant, comme pouvoir originaire, retrouve une consistance immédiate et sensible dans ces circonstances extraordinaires. Dans un tel contexte, souligne Condorcet, « on ne doit pas s'étonner de voir les citoyens n'attendre leur salut que d'eux-mêmes, et chercher une dernière ressource dans l'exercice de la souveraineté inaliénable du peuple ; droit qu'il tient de la nature[30] ». Se trouve de la sorte affirmé le principe d'une *souveraineté permanente* du peuple, contrastant avec la reconnaissance antérieure, plus timide, d'une simple *souveraineté originaire*[31].

Les rapports du peuple à ses représentants s'en trouvent du même coup rappelés à leur ordre premier. « Tous les décrets de l'assemblée ne peuvent étouffer l'opinion publique ; nous n'en sommes que les organes et elle sait se faire entendre plus hautement », reconnaît alors modestement un député[32]. L'insurrection parisienne du 10 août 1792 donne toute son effectivité à cette inversion des rapports antérieurs de souveraineté. Dénonçant le despotisme municipal, les sections affichent leur aspiration à la démocratie directe, voulant transformer leurs représentants en simples mandataires. Dans un discours prononcé le 12 août au club des Jacobins, Anthoine, le maire de Metz, résume en des termes sans équivoque la philosophie implicite du mouvement. « Le peuple a repris sa souveraineté, note-t-il. La souveraineté une fois reprise par le peuple, il ne reste plus aucune autorité que celle des assemblées primaires ; l'Assemblée nationale elle-même ne continue à exercer quelque autorité qu'à raison de la confiance que lui accorde le peuple[33]. » Une désinstitutionnalisation affirmée du politique découle d'une telle perspective. La souveraineté du peuple devient alors action directe, pure immédiateté, absolument dégagée de toutes les contraintes que forment des règles stables. Il n'y a plus aucune mise en réflexion de la puissance. Cette désinstitutionnalisation ne conduit d'ailleurs pas seulement à invalider les procédures représentatives, elle précipite aussi une confusion complète des pouvoirs dans une seule main. Partout se mettent ainsi en place des « comités de surveillance », organes immédiats de la souveraineté, prêts à se substituer à un pouvoir exécutif jugé « en insurrection contre le peuple ». L'événement permet en quelque sorte de donner chair à l'utopie rousseauiste de voir superposés les pouvoirs. « Dans ces moments de crise, dit-on par exemple chez les sans-culottes, on n'a pas besoin de tribunaux, le peuple est souverain, il est bon pour juger et exécuter les coupables[34]. »

Mais la crise exalte et dissout paradoxalement en même temps la puissance du peuple. Les formes de démocratie directe qui sont expérimentées à l'été 1792 conduisent, en effet, à décomposer l'autorité en une multitude de pôles qui se revendiquent comme autonomes, les décisions se prenant et s'annulant au jour le jour, faisant perdre tout sens à la notion de loi commune ou à celle de pouvoir régulier. Dans son *Instruction sur l'exercice du droit de souveraineté*, Condorcet a bien souligné ce paradoxe. Mais comment concilier alors le respect de la souveraineté immédiate du peuple avec les réquisits d'une incontournable organisation du pouvoir ? Comment, en d'autres termes, articuler la puissance de l'événement, dans lequel s'incarne la souveraineté avec une évidence sensible, et la régularité d'une institution ? L'Assemblée répond à cette question en décidant de convoquer une Convention, fixant de la sorte un but unique d'activité à toutes les assemblées primaires, offrant dans le processus électoral la possibilité d'une mise en forme unifiée de la voix du peuple. Par cette convocation, l'Assemblée vise la coïncidence de l'action immédiate et de la puissance régulière. Le transfert au peuple de la souveraineté est ainsi affirmé et canalisé en même temps, pourrait-on dire. *L'Adresse aux Français* du 13 août le note clairement : « Pour sauver la France, l'Assemblée nationale [...] n'a vu qu'un seul moyen : c'était de recourir à la volonté suprême du peuple, et de l'inciter à exercer immédiatement ce droit inaliénable de souveraineté que la constitution a reconnu et qu'elle n'avait pu soumettre à aucune restriction. L'intérêt public exigeait que le peuple manifestât sa volonté par le vœu d'une convention nationale[35]. » L'abolition de la distinction entre citoyens actifs et passifs donne tout son effet à cette convocation qui permet de redonner une forme directement lisible au pouvoir constituant. Pour parachever cette reconnaissance, la Convention devait d'ailleurs affirmer dans un de ses premiers décrets qu'« il ne peut y avoir de constitution que celle qui est acceptée par le peuple[36] ».

Cette tentative d'encadrer la souveraineté du peuple échoue pour une large part : les assemblées primaires débordent dans bien des cas l'objet de leur convocation pour intervenir directement dans le champ administratif et politique. En même temps que se développent des pratiques contraignantes de mandat, on voit ainsi nombre d'assemblées primaires destituer certains fonctionnaires, nommer directement de nouveaux responsables, voire se substituer elles-mêmes aux instances administratives. La préoccupation majeure de la nouvelle Convention va donc être de trouver la voie d'une institutionnalisation, efficace et raisonnable à la fois, du pouvoir populaire. Comment conserver dans la durée le principe de la souveraineté du peuple ? Comment traduire en institutions et en règles ce principe quand l'événement s'est refroidi ? C'est la grande question à laquelle cherchent à répondre les constituants de 1793. Elle n'est pas neuve puisqu'elle forme dès 1789 l'arrière-fond de l'épopée révolutionnaire. Mais elle est posée en 1793 de manière radicale.

Pour les conventionnels de 1793, le caractère pratiquement incontournable d'un système représentatif est cependant aussi évident qu'il l'était pour les constituants de 1789. Saint-Just et Robespierre eux-mêmes le reconnaissent. Dans son *Essai de constitution pour la France*, le premier pose d'emblée comme une évidence : « La France est une république ; sa constitution est représentative [37]. » Quant à Robespierre, s'il n'hésite pas à flatter le mouvement parisien de l'été 1792 en dénonçant avec violence la situation d'esclavage dans laquelle se trouve la nation vis-à-vis de ses représentants, il prend soin de préciser que sa critique ne vise que le gouvernement représentatif « absolu [38] ». Le problème reste toujours de concilier Rousseau et la représentation. « Pourquoi Rousseau qui sera toujours, en législation et en politique, notre étoile polaire, a-t-il avancé qu'une véritable démocratie était incompatible avec un gouvernement représentatif ? » : la perplexité de ce député de 1793 [39] ne se distingue pas de celle des hommes de 1789. Si une partie des sectionnaires parisiens appellent de leurs vœux, dans le feu de l'action, une démocratie directe, ils ne sont guère suivis sur ce terrain par tous ceux qui réfléchissent à l'élaboration de la nouvelle constitution [40]. Comment continuer, dans ces conditions nouvelles, à s'inspirer de Rousseau tout en acceptant le mécanisme représentatif ? Un concept va ordonner et résumer cette recherche : celui de *démocratie représentative*. L'expression n'est pas complètement nouvelle : Condorcet avait été le premier à l'employer en 1788[41], tandis que Brissot et Paine l'avaient suggérée en 1791[42] et qu'elle avait été esquissée dans les milieux du club des Cordeliers ou du Cercle social. Mais la formule n'avait pas alors été particulièrement réfléchie ; elle était restée isolée.

En 1793, le terme de démocratie représentative va au contraire s'imposer comme une référence centrale dans la discussion constitutionnelle. À travers lui s'exprime la recherche d'une prise en compte plus tangible de la souveraineté du peuple. Il canalise ainsi les espérances d'un accomplissement du programme révolutionnaire. Il est d'ailleurs frappant de constater que l'expression et la préoccupation surgissent au même moment dans une foule de brochures. « Si notre masse nous empêche d'avoir la démocratie pure, ayons au moins la démocratie représentative, c'est-à-dire un véritable peuple de représentants, assemblés sans cesse pour veiller à nos intérêts qui seront les siens », dit-on par exemple[43]. L'objectif est bien de surmonter la contradiction ressentie dès 1789. Un conventionnel l'a très clairement formulé : « Nous ne pouvions pas décréter avant de l'avoir établi que notre gouvernement serait représentatif ou démocratique. Le sens ordinaire de ces mots est nul pour nous ; notre gouvernement sera l'un et l'autre[44]. » Si Robespierre admet lui-même, dans son célèbre discours du 10 mai 1793 sur la représentation, qu'il y a « un problème encore indécis de l'économie populaire », il indique aussi qu'il faut organiser la puissance du peuple « d'une manière également éloignée des tempêtes de la démocratie absolue et de la perfide tranquillité du despotisme représentatif[45] ». Il est d'ailleurs également intéressant de constater que tout un vocabulaire politique nouveau apparaît dans le même temps. Tandis que certains expriment leur perplexité — « Pourquoi s'occuper de donner un nom à une chose qui n'existe pas ? N'est-ce pas vouloir baptiser l'enfant avant qu'il soit né ? », s'interroge par exemple un conventionnel[46] — fleurissent des expressions inédites dans les discours et les brochures de la période. On entend ainsi parler pour la première fois de « République démocratique », de « République populaire », de « Constitution démocratique » et même de « souveraineté représentative »[47].

Mais comment donner forme à ces ambitions ? Dans le milieu sectionnaire parisien, beaucoup se limitent à suggérer un contrôle rigoureux des électeurs sur les élus. Réapparaît alors la thématique des mandats impératifs ou la revendication de révocabilité des représentants sous-jacente à l'aspiration à une certaine « démocratie mandataire[48] ». On attend aussi de l'élection directe ou de l'accroissement du nombre des représentants un dépassement de la contradiction inhérente au gouvernement représentatif, l'amélioration des procédures électorales conduisant à une représentation « plus rapprochée du peuple[49] ». Ces thèmes et ces propositions sont loin d'être originaux ; ils sont en fait, on l'a vu, esquissés précédemment dans les premières critiques du « despotisme représentatif ». La voie d'une démocratie représentative inédite qui se cherche à tâtons en 1793 se dessine cependant dans une perspective différente. C'est dans le fonctionnement même des institutions, et dans la structure de celles-ci, que l'on va essayer de donner sens et forme à une définition plus exigeante de la souveraineté du peuple. Le projet de constitution que Condorcet présente en février 1793 en témoigne de façon exemplaire.

L'objectif de Condorcet est de concevoir une forme de gouvernement représentatif qui ne conduise pas à limiter ou à restreindre la souveraineté du peuple. « Combiner les parties de la constitution de manière que la nécessité de l'obéissance aux lois, de la soumission des volontés individuelles à la volonté générale, laisse subsister dans toute leur étendue, et la souveraineté du peuple, et l'égalité entre les citoyens, et l'exercice de la liberté naturelle : tel est le problème que nous avons à résoudre », explique-t-il ainsi dans l'introduction de son célèbre rapport[50]. Si « l'étendue de la République ne permet de proposer qu'une constitution représentative[51] », il s'agit donc d'inventer les formes qui permettent d'accomplir l'ambition démocratique accrue par les événements. Comment arriver à ce résultat et concilier des objectifs potentiellement contradictoires ? Tout un ensemble de procédures visent d'abord à rendre le plus immédiatement sensible le pouvoir de l'électeur. Le système du suffrage à deux degrés, inscrit dans la Constitution de 1791 pour la nomination des représentants et des administrateurs, est par exemple écarté au profit de l'élection directe. La durée de presque tous les mandats se trouve également raccourcie (il est ainsi prévu que le Corps législatif, Chambre unique, soit renouvelé tous les ans). Le nombre des fonctions électives se voit par ailleurs multiplié : le Conseil exécutif de la République, composé de sept ministres, est élu immédiatement par les citoyens dans leurs assemblées primaires[52] ; les trois commissaires de la Trésorerie nationale sont également nommés dans les mêmes conditions. L'originalité du projet de Condorcet ne se situe cependant pas dans ces propositions, même si la distinction qu'il propose d'établir entre un *scrutin de présentation* et un *scrutin définitif* pose les premiers linéaments théoriques de ce qu'on appellera, deux siècles plus tard, la démocratie délibérative. Condorcet reconnaît d'ailleurs lui-même la portée limitée de ces mesures que l'on pourrait qualifier de « mécaniques » (même s'il pense qu'elles suffisent cependant à éviter les inconvénients qui pourraient dériver de l'adoption d'une assemblée unique). La définition d'une « démocratie représentative » requiert avant tout à ses yeux une sorte de *démultiplication* de la souveraineté du peuple.

La grande idée de Condorcet est de pluraliser les modalités d'exercice de la souveraineté du peuple, de façon à transformer en jeu à somme positive les rapports de la démocratie au gouvernement représentatif. Ce n'est pas par moins de représentation mais par davantage de complexité qu'il entend donner un rôle accru à l'intervention politique du peuple. Comme en 1791, Condorcet accorde d'abord dans son plan une place centrale à la « résurrection périodique du pouvoir constituant », pour réviser les textes constitutionnels. La notion même de souveraineté du peuple se trouve de la sorte redéfinie en s'inscrivant dans un système de temporalités politiques diversifiées. Elle peut sortir dans ces conditions du cadre moniste dans lequel elle était auparavant implicitement appréhendée. Avec les conventions, elle est d'une certaine manière conduite à se dédoubler. Elle existe désormais à la fois comme *souveraineté déléguée* (le pouvoir législatif représentatif) et comme *souveraineté de contrôle* (le pouvoir constituant ressuscité dans les conventions). Son effectivité dépend donc de sa complexité. Brissot l'a très bien expliqué en des termes qu'approuvait Condorcet. « Un État bien constitué, écrit-il, doit avoir un corps pour faire des lois, une ou plusieurs personnes pour représenter la nation dans l'exécution de ces lois, et *un pouvoir subsistant en lui-même*, pour résister aux usurpations de chacun des membres du gouvernement et les contenir tous dans les bornes du devoir. Un pouvoir délégué sans un autre qui le surveille et le contrôle, tend naturellement à violer le principe de sa délégation, et à transformer cette délégation en souveraineté[53]. » Une certaine division des pouvoirs est donc pour cette raison la condition d'une préservation effective de la souveraineté du peuple. Condorcet permet ainsi de penser le libéralisme, de façon très neuve, comme une forme de la démocratie, ouvrant la voie à une *souveraineté complexe*. C'est une sorte de « rousseauisme libéral » qui se trouve ainsi esquissée, la diversité des temporalités de la démocratie et la pluralité des modes d'expression devenant la double condition d'une souveraineté plus active.

Mais Condorcet va beaucoup plus loin. Il propose aussi de mettre en place un « moyen légal de réclamation » qui permette à l'opinion publique d'intervenir dans le processus législatif pour censurer un texte de loi. Par cette « censure du peuple sur les actes de la représentation nationale[54] », Condorcet entend arriver à « conserver dans une plus grande étendue la jouissance de ce droit de souveraineté dont, même sous une constitution représentative, il est utile, peut-être, qu'un exercice immédiat rappelle aux citoyens l'exercice et la réalité[55] ». Un simple citoyen peut en prendre l'initiative. Sa proposition doit seulement recueillir cinquante signatures, ce qui est fort peu, pour qu'elle soit prise en considération par le bureau de son assemblée primaire. Si cette dernière estime à la majorité, après avoir été convoquée, qu'il y a lieu d'en délibérer, toutes les assemblées primaires de la commune sont appelées à voter sur le texte de la proposition, un vote favorable entraînant l'organisation d'un scrutin au niveau départemental. Il suffit, selon des modalités différentes, qu'un ou deux départements le demandent pour qu'un décret du corps législatif puisse être soumis au peuple et éventuellement révoqué. Les citoyens se voient, d'autre part, reconnaître le droit de provoquer la mise en jugement des fonctionnaires publics, en cas d'abus de pouvoir et de violation de la loi, et une procédure de référendum est instituée « lorsque le corps législatif provoque, sur une question qui intéresse la République entière, l'émission du vœu de tous les citoyens[56] ». Un même mouvement relie ainsi dans cette procédure l'expression de l'individu-citoyen à la formation de la volonté générale. Mais l'apport le plus original de Condorcet est de comprendre dans des termes neufs cette dernière.

La volonté générale présente pour lui un caractère doublement complexe. Loin d'être une donnée préexistante à l'activité politique, elle résulte d'abord d'un processus continu d'interaction et de réflexion entre le peuple et les représentants. Les structures ordinaires du gouvernement représentatif et les procédures du référendum ou de la censure du peuple sont donc *complémentaires* : elles constituent *deux moments*, et deux formes à la fois, de la souveraineté du peuple. Cette approche est alors extraordinairement novatrice. Elle permet de dépasser l'opposition entre la vision de Sieyès, pour lequel la volonté de la collectivité ne peut exister qu'à travers un organe qui lui donne forme (le peuple n'étant constitué en sujet politique que par la représentation), et celle des sectionnaires parisiens qui imaginent le peuple comme acteur politique immédiat. Si elle dérive d'une interaction de type institutionnel, la souveraineté du peuple est aussi pour Condorcet une *construction historique*. Elle articule plusieurs temporalités : temps court du référendum ou de la censure; rythme institutionnel des élections; temps long de la constitution. Dans chacun des cas, l'expression du peuple met en place une volonté qui est à la fois complétée, surveillée et contrôlée par les autres procédures. Ce ne sont que des expressions différentes de lui-même qui entrent ainsi en jeu, et non des institutions qui seraient en opposition. Condorcet ouvre de cette façon la voie à un très profond renouvellement de la question de la division des pouvoirs. Loin d'appréhender cette dernière sur le mode d'une simple balance ou d'un partage équilibré des prérogatives, il la conçoit comme une condition de l'approfondissement démocratique, puisqu'elle seule permet de donner consistance au peuple réel qui est toujours un *peuple complexe*, sous ses deux espèces plurielles (comme construction historique et comme interaction). Le peuple, pour dire les choses autrement, est toujours double ou même triple ; il est trop complexe pour qu'une seule de ses manifestations puisse le résumer et le « représenter » de façon satisfaisante. La démocratie représentative telle qu'elle est pensée par Condorcet n'est donc pas de l'ordre de la synthèse ou de l'équilibre entre deux principes contradictoires. En permettant de démultiplier le peuple, elle se présente comme la solution trouvée au problème de la définition du régime des Modernes.

Condorcet n'est pas le seul à réfléchir en ces termes novateurs. On retrouve une partie des intuitions qui organisent sa vision dans l'extraordinaire floraison de projets constitutionnels qui sont publiés au printemps 1793. Il y a, à ce moment, un intense mouvement de réflexion politique et intellectuel qui a été injustement négligé par la plupart des historiens [57], comme si la violence des événements qui l'avaient suivi en avait éclipsé le sens. C'est pourtant peut-être pendant ces quelques mois de la Révolution que l'inventivité politique est la plus remarquable. Nombreux sont alors ceux qui pensent que les apories de 1789 sont enfin près de trouver leur résolution. Deux grandes catégories d'idées se trouvent dans cette vaste littérature. La première concerne le contrôle de constitutionnalité, tandis que la seconde vise les formes de l'intervention populaire.

Le problème du contrôle de constitutionnalité, on l'a vu précédemment, est mis à l'ordre du jour dès 1791. Mais c'est en 1793 qu'il est pleinement intégré à une vision du progrès démocratique. Fait significatif, l'expression de « Conseil constitutionnel » apparaît pour la première fois à cette occasion [58]. Son auteur voit dans l'instance ainsi dénommée une sorte de tribunal d'appel réglant les rapports entre le peuple et ses représentants ou les agents administratifs. Loin de concevoir ce conseil comme un organisme destiné à encadrer juridiquement la souveraineté, il est présenté, au contraire, comme « le meilleur mode de produire la volonté générale[59] ». Dans le même esprit, d'autres proposent d'instituer des « conservateurs de la Constitution » ayant le pouvoir d'en appeler directement aux assemblées primaires si le pouvoir législatif est accusé d'outrepasser ses droits[60].

La thématique esquissée en 1791 d'une démocratie de surveillance ou de sanction est également reprise et fortement enrichie. L'organisation d'une censure du peuple se retrouve ainsi dans de nombreux projets. Si beaucoup se contentent de suggérer l'usage du référendum ou la mise en place d'une procédure de ratification des textes législatifs[61], certains envisagent des modalités d'intervention plus sophistiquées dans le sillage de Condorcet. Mais bien d'autres procédures de mise en œuvre de la souveraineté du peuple sont aussi envisagées. On relance par exemple l'idée d'un « troisième pouvoir » qui puisse s'opposer au débordement du pouvoir législatif. Il s'agit, dans cette perspective, d'établir « un régulateur ou un surveillant qui ne soit pas aussi vague que l'opinion de 25 millions d'individus[62] ». L'expression est intéressante. Elle souligne le progrès accompli depuis 1791 : on se préoccupe désormais de donner une forme institutionnelle précise aux contre-pouvoirs. L'évocation précédente de la puissance de l'opinion s'accompagne de la proposition de procédures très méticuleusement décrites. Un Prunelle de Lierre suggère ainsi d'établir « un tribunal de la conscience du peuple[63] ». Conçu comme « une voix imposante pour avertir le Corps législatif, s'il dévie ; une force morale politique pour le ramener sur la ligne constitutionnelle de la liberté, de l'égalité et du bonheur du peuple », le fonctionnement de ce tribunal est très soigneusement décrit par son promoteur dans un long projet de décret[64]. Un « crime de lèse-souveraineté du peuple » est même significativement institué pour sanctionner les entraves qui seraient mises à son action. Dans une perspective voisine, Kersaint appelle de ses vœux la création d'un « tribunal de censeurs[65] ». Conçu comme une instance entre le pouvoir exécutif et le pouvoir législatif, il a pour tâche « de conserver les formes et les règles du gouvernement, avec le droit d'en appeler au peuple, si les pouvoirs délégués tentaient de sortir de leurs limites[66] ». On ne peut rentrer là dans le détail de cette foisonnante littérature. Mais il est important de bien en souligner l'esprit. À distance des visions libérales classiques de la division des pouvoirs et de leur limitation, toutes ces innovations ont en commun avec le projet de Condorcet de comprendre sur des bases neuves la souveraineté, en rupture avec les conceptions univoques du peuple. Appréhendée de cette façon, la démocratie représentative est bien une idée puissamment originale en 1793. Elle va pourtant échouer à s'inscrire dans les mœurs et dans les institutions.

L'ambition d'élargir le champ des typologies politiques usuelles en mettant en place une démocratie représentative finit par tourner court. En des sens évidemment fort différents, la Terreur puis Thermidor vont successivement illustrer cet échec. Comment ? La réponse à cette question constitue la clef de compréhension des contradictions historiques autour desquelles se sont noués les errements de la démocratie française.

Les deux moments se caractérisent d'abord par un même débordement des événements. Ce sont ces derniers qui commandent et non pas les institutions qui organisent alors la société ; mais de manière presque inverse. Pendant la Terreur, la politique est radicalement désinstitutionnalisée. Tout se passe dans le face-à-face instable d'un comité tout-puissant et de groupes incontrôlés. Dans une sorte de fuite en avant, c'est un *pouvoir sauvage de l'insurrection* qui s'impose pratiquement à la base, tandis que règne au sommet une dictature des comités. L'exaltation de la vertu se substitue au suivi des procédures formalisées pour garantir le sens positif de l'action publique. Avec Thermidor, c'est, en sens inverse, *l'obsession sociale de l'ordre* qui dicte prioritairement sa loi. Il s'agit de conjurer le retour des débordements populaires dans une vision gouvernée par les impératifs pratiques. Dans le premier cas, les circonstances conduisent à accélérer la politique, à la faire sortir de son lit ; dans le second, les événements la figent et la rétrécissent, au contraire. Il en résulte un même décalage par rapport aux objectifs premiers d'une réinvention de la démocratie. Les obsessions, les hantises, les dénégations et les peurs gangrènent à chaque fois la politique. Mais l'impossible institutionnalisation d'une démocratie représentative a une autre cause, que l'on peut qualifier d'intellectuelle. La difficulté de penser de manière complexe et plurielle la souveraineté plonge également ses racines dans ce qui apparaît comme un *insurmontable monisme révolutionnaire.*

La Terreur, Thermidor : une même impossibilité à faire exister des institutions démocratiques représentatives ; mais deux modèles opposés de cet échec. D'un côté, l'exaltation du pouvoir de la rue, de la force physique et des clameurs anonymes qui embrase en permanence la scène politique. De l'autre, un goût de l'ordre qui appauvrit et rétrécit la sphère publique. Avec une commune confiscation de la souveraineté : par le peuple anonyme exprimé par une poignée de chefs dans un cas ; par des petits groupes de notables autoproclamés gardiens des droits et de la propriété dans l'autre. Deux moments qui constituent donc aussi deux figures naissantes de la pathologie politique française.

La Terreur ou la désinstitutionnalisation de la politique

La recherche des voies d'une démocratie représentative, tout juste esquissée au printemps 1793, est vite abandonnée. Il est essentiel d'expliquer cet abandon. Se produit en effet à ce moment un échec qui va imprimer sa marque pendant près de deux siècles. Les événements, encore une fois, ont leur part dans cette situation. En fait, ce sont les données de la bataille politique au sein de la Convention qui expliquent pratiquement la mise à l'écart du projet de Condorcet[67]. Le débat constitutionnel s'en trouve du même coup suspendu. Il ne reprend qu'à la mi-avril, de plus en plus dominé par l'affrontement entre Girondins et Montagnards. Les premiers souhaitent qu'un texte soit voté le plus vite possible, car ils voient dans l'adoption d'une constitution le remède aux troubles et aux divisions qui déchirent le pays. Les seconds estiment au contraire qu'il n'y a aucune urgence et que l'heure n'est pas à la discussion, mais à l'action. La Convention a ainsi pratiquement délaissé ses travaux lorsque éclate le coup d'État populaire des 31 mai et 2 juin 1793, qui lance par contrecoup le signal de l'insurrection des départements contre Paris. Sortis vainqueurs de l'épreuve de force, les Montagnards sont amenés à mettre de côté leurs réticences. Le Comité de salut public estime ainsi, début juin, que la rédaction d'une constitution est le seul moyen susceptible de contenir le mouvement fédéraliste en rassurant les départements. Il est donc difficile dans ces conditions de confondre la discussion à la Convention avec celle d'une académie de philosophes politiques !

Les jugements et les propositions en matière constitutionnelle sont, pour cette raison, continuellement infléchis et parasités par les exigences tactiques pendant cette période. Les revirements spectaculaires de position de Robespierre en témoignent de façon exemplaire. Propose-t-on d'accorder aux assemblées primaires la possibilité de se réunir extraordinairement lorsque la majorité de leurs membres le souhaite ? Il entrevoit aussitôt l'avènement d'un contre-pouvoir menaçant et s'emporte contre « l'excès de démocratie [qui] renverse la souveraineté nationale », opposant une « démocratie pure » jugée dangereuse à une « démocratie qui, pour le bonheur général, est tempérée par les lois »[68]. Veut-il domestiquer le pouvoir exécutif ? Il formule alors, en sens inverse, les propositions les plus extrêmes de révocation des fonctionnaires par le peuple[69], allant jusqu'à soutenir que la volonté de ce dernier ne peut jamais être représentée[70]. Le génie politique et tacticien de Robespierre prouve alors sa formidable efficacité dans l'indifférence à tout souci de cohérence intellectuelle. Mais la difficulté à donner forme à l'idée de démocratie représentative ne s'explique évidemment pas seulement par des données circonstancielles de cet ordre. Malgré sa brièveté, le débat autour du nouveau projet montagnard, présenté par Hérault de Séchelles le 10 juin 1793, revêt à cet égard une importance capitale. Il donne en effet la clef proprement conceptuelle de cet échec, que l'on peut résumer d'une phrase : il résulte de la dissociation permanente entre un *hyperdémocratisme conceptuel*, qui ne voit à la limite de vraie souveraineté du peuple que dans le moment de l'insurrection, et un *hyperparlementarisme sociologique,* nostalgique d'une forme de représentation-incarnation. Il en découle une sorte d'incapacité permanente à institutionnaliser le champ politique.

Pour bien prendre la mesure de ce problème, partons du texte d'Hérault de Séchelles, en nous attachant uniquement aux éléments essentiels pour notre objet. Également fondé sur le principe de la souveraineté populaire s'exerçant par le suffrage universel, il diffère assez sensiblement sur la forme du projet présenté par Condorcet. Si Hérault reprend l'idée de référendum, conçu comme un droit de veto du peuple, il supprime la différence introduite par le philosophe entre le scrutin de présentation et le scrutin d'élection ; il rejette également sa suggestion de faire élire directement par le peuple réuni en assemblées primaires les membres du Conseil exécutif et les agents de la trésorerie et de la comptabilité. Les premiers sont nommés chez lui par le Corps législatif sur une liste établie par les assemblées électorales de département, et les seconds sont désignés par le conseil exécutif. Le nouveau projet restreint par ailleurs le champ des élections immédiates au choix des députés. La nomination des administrateurs, des arbitres publics et des juges criminels est déléguée à des électeurs de second degré et le référendum est organisé selon des modalités beaucoup plus restrictives que chez Condorcet. Il est, en ce sens, moins démocratique que le texte de ce dernier, qui faisait la plus grande place au système de l'élection directe [71]. Malgré ces divergences sensibles, Hérault de Séchelles s'inscrit dans une inspiration globale qui reste pourtant proche de celle de son prédécesseur. Il continue d'abord à vouloir pleinement exprimer l'idéal démocratique à l'intérieur des formes représentatives. « La constitution française ne peut pas être exclusivement *représentative* parce qu'elle n'est pas moins *démocratique* que représentative », note-t-il ainsi en préambule à son propos [72]. Il accorde aussi une place centrale à l'institution d'une instance de contrôle de la représentation, qu'il appelle le *grand jury national.*

Comme Condorcet, Hérault participe d'une vision réflexive de la souveraineté. En témoignent les deux articles du titre IV de son projet, « De la souveraineté du peuple » : « Article I. Le peuple exerce sa souveraineté dans les assemblées primaires. Article II. Il nomme immédiatement ses représentants et les membres du jury national. » Tout citoyen peut recourir à ce jury qui a pour but de « garantir les citoyens de l'oppression du corps législatif et du conseil ». Composé d'une personne élue dans chaque département, sa fonction est de renvoyer éventuellement les coupables devant les tribunaux et non d'appliquer directement les peines. La différence avec le projet de censure exposé par Condorcet est manifeste. Le but de Condorcet était de permettre une interaction entre le peuple et ses représentants dans la production des lois, donnant au premier une capacité d'initiative et de sanction. Le jury national, quant à lui, vise seulement la contestation des actes particuliers des pouvoirs constitués. L'objet des deux institutions diffère donc[73]. Mais elles dérivent d'une même vision dualiste de la souveraineté. Dans les deux cas, il y a une mise en place simultanée de pouvoirs parallèles qui dérivent immédiatement du peuple : la représentation et le contrôle de celle-ci. On peut donc parler aussi de souveraineté complexe ou de souveraineté plurielle à propos du jury. Hérault souligne d'ailleurs à son propos : « Cette grande institution dont la majesté du souverain a besoin, et qui, désormais, sera placée à côté de la représentation elle-même[74]. » C'est bien une instance démocratique qui participe de la souveraineté et pas seulement une protection libérale qui limiterait cette dernière pour protéger les droits des individus.

Lorsque Hérault présente son projet, il accompagne des qualificatifs les plus enthousiastes cette idée de jury qu'il place au centre du nouveau dispositif constitutionnel[75]. La proposition va pourtant être rejetée à la Convention. Cet épisode a longtemps pu paraître historiquement secondaire, uniquement rapporté qu'il était à la brève discussion, menée dans l'urgence, hachée par les nouvelles du front, d'une constitution montagnarde mort-née. Mais il revêt au contraire une importance capitale si on le resitue plus largement dans le cadre des tentatives faites pour donner forme au concept de démocratie représentative. Le rejet du jury national va en effet marquer une inflexion décisive dans l'histoire de la démocratie française, l'enfermant durablement dans ses apories originaires.

L'événement revêt une triple signification. Il marque, d'abord, l'impossible dépassement du monisme révolutionnaire : la souveraineté ne sait se définir que sous les espèces de l'Un. Il souligne, ensuite, la difficulté de penser l'institutionnalisation du pouvoir social : le peuple n'apparaît pleinement revêtu de sa puissance que dans le surgissement créateur de l'action. Il montre, enfin, combien est forte la tentation de ne concevoir le dépassement des contradictions du gouvernement moderne que sur le mode d'une représentation-incarnation, qui fait s'abîmer la figure du peuple dans celle de ses représentants. Le premier point est le plus évident. La mise en place d'une instance de contrôle, élue en même temps et dans les mêmes formes que le pouvoir législatif, est au premier chef accusée d'entraîner un dualisme qui porterait en lui les germes d'une confusion en même temps que d'une dépréciation de la souveraineté du peuple. « Vous avez décrété que la législature exercerait la souveraineté ; il est ridicule de vouloir élever à côté d'elle une autorité supérieure », résume en ce sens un contradicteur d'Hérault de Séchelles[76]. Peu de temps auparavant, Robespierre avait déjà mis en avant un raisonnement analogue pour s'opposer à la mise en place d'un tribunat. « Que nous importent, disait-il, les combinaisons qui balancent l'autorité des tyrans ! C'est la tyrannie qu'il faut extirper ; ce n'est pas dans les querelles de leurs maîtres que les peuples doivent chercher l'avantage de respirer quelques instants ; c'est dans leur propre force qu'il faut placer la garantie de leurs droits [...]. Il n'y a qu'un tribun du peuple que je puisse avouer ; c'est le peuple lui-même[77]. » Les arguments sont là très classiques. Ils renvoient à la vieille difficulté de penser dans le droit public français la souveraineté autrement que comme un pouvoir unique, toute décomposition ou démultiplication étant mécaniquement comprise comme le vecteur d'un affaiblissement.

Plus original, si l'on peut dire, est le second argument avancé pour repousser l'idée du jury ; il se fonde sur la déclaration de l'inutilité de l'institutionnalisation d'un contre-pouvoir. Qu'il faille contrôler et surveiller les représentants pour conjurer l'avènement d'un nouveau despotisme, tout le monde en convient. Mais c'est son organisation dans une figure parallèle à celle de la représentation qui fait problème. « Il existe un tribunal de ce genre, l'opinion publique », objecte significativement un des protagonistes du débat[78]. On en reste ainsi à la thématique vague de la démocratie de surveillance telle qu'elle était formulée au printemps 1791. C'est de l'opinion comme puissance générale et diffuse que l'on attend une sorte de correction permanente de l'entropie représentative. « Si ce n'est pas un tribunal semblable à celui qui vous est proposé, ce sera le peuple qui scrutera la conduite des mandataires », dit dans cet esprit Robespierre[79]. La force de conviction qu'entraînent ces deux arguments au sein de la Convention conduit au rejet du projet d'Hérault. Mais tous voient en même temps la nécessité de trouver une solution aux possibles errements des représentants. « Je demande l'ajournement car la Convention doit établir une mesure pour garantir le peuple des atteintes que peut porter à sa liberté la représentation nationale », explique Billaud-Varenne[80] en même temps que Robespierre avoue finalement sa perplexité[81].

Hérault de Séchelles va être amené dans ce contexte à présenter un nouveau projet, *De la censure du peuple contre ses députés et de sa garantie contre l'oppression du corps législatif*[82]. « Notre intention, dit-il, a été de donner à la section du peuple qui a élu un député le soin de juger sa conduite ; et nous avons ajouté qu'un député n'était rééligible qu'après que sa conduite aurait été approuvée par ses commettants[83]. » Il ne s'agit donc plus d'un pouvoir politique. C'est davantage une sorte de contrôle individuel et moral[84]. Le projet évite donc les objections précédentes. Mais la notion fondamentale d'une représentation nationale, élue dans les départements, s'en trouve en contrepartie mise en porte à faux. Si les députés peuvent être jugés par des sections particulières du peuple, on viole en effet le principe, affirmé depuis 1789, selon lequel chaque représentant appartient à la nation tout entière. L'argument porte et le nouveau projet est lui-même repoussé[85]. L'idée va encore continuer à être formulée ici ou là[86], mais la page est pourtant définitivement tournée. Le rejet successif des deux projets marque le tournant signalé. Les éléments de tactique ont eu une fois de plus leur importance dans ce débat. Avec la censure du peuple ou le jury national, c'est aussi le retour du pouvoir girondin que redoutent les Montagnards[87]. Ils se font en conséquence les défenseurs d'un strict système représentatif. On ne peut, cependant, en rester à ce type d'interprétation. Sans le dire, la Constitution de 1793 accomplit en fait paradoxalement, à travers ce double refus, le transfert de la souveraineté aux représentants qui avait si vivement été critiqué dans la doctrine de la Constituante[88].

Mais il faut revenir sur le problème de l'institutionnalisation. Derrière les suggestions de Condorcet ou d'Hérault de Séchelles, il n'y a pas seulement, en effet, un essai de pluralisation d'une souveraineté envisagée dans une perspective réflexive du pouvoir. Ils cherchent aussi à trouver une sorte de position intermédiaire entre ce qu'on pourrait appeler la souveraineté sauvage du peuple, qui s'exprime dans la spontanéité de l'émeute ou dans l'expression diffuse de l'opinion, et la souveraineté organisée qui est mise en œuvre dans la procédure électorale. Distinction des degrés d'institutionnalisation qui correspond également à une différenciation des temporalités politiques. Condorcet a très clairement inscrit dans ce cadre d'analyse son projet de censure du peuple. L'instauration de ce qu'il appelle un « moyen légal de réclamer » permet de sortir de l'alternative violence/passivité. Face à l'absence de plasticité des institutions politiques, le risque est grand à ses yeux de consacrer l'insurrection comme seule forme d'intervention populaire concrètement possible. À l'inverse des insurrections qui « entraînent presque nécessairement des malheurs particuliers », Condorcet estime que « la forme de réclamation proposée par le comité paraît prévenir tous ces inconvénients »[89]. Il appréhende de même dans cet esprit l'utilité des conventions périodiques de révision.

Le problème n'était pas inédit. Il avait déjà été posé en 1791 lors de la discussion finale sur le premier texte constitutionnel. Les défenseurs les plus intransigeants des principes représentatifs avaient ainsi été jusqu'à admettre qu'il n'y avait aucune situation intermédiaire pensable entre le strict gouvernement représentatif et l'insurrection. C'est pourquoi ils repoussaient toute idée de ratification populaire ou de révision périodique. « Lorsqu'une constitution nouvelle sera nécessaire, une insurrection la déterminera, n'hésitaient-ils pas à dire ; et comme ce remède est extrême, il sera par sa nature une garantie suffisante pour la nation, qu'elle n'aura jamais de convention que quand le plus impérieux besoin l'exigera[90]. » En partant du principe que « les pouvoirs constituants sont la cause éternelle des révolutions », un Barnave conduisait paradoxalement à légitimer celles-ci en refusant de donner une forme régulière à ceux-là[91]. C'est encore à partir de là, me semble-t-il, qu'il faut comprendre l'histoire cahoteuse de la démocratie française. Faute de trouver les voies d'un réformisme institutionnalisé, elle a fait se succéder les accès de fièvre révolutionnaire et les périodes de plat consentement à l'état donné du monde. L'obsession conservatrice de l'ordre a longtemps rendu les gouvernants aveugles aux conséquences désastreuses de cette disposition. Et c'est, au contraire, parce qu'ils en prennent pleinement la mesure que les partisans des conventions périodiques vantent la souplesse qu'elles permettent. « Ceux donc qui rejettent les conventions périodiques, résume Brissot, qui n'en veulent que d'irrégulières et sur la demande du peuple ou dans le fond n'en veulent point, ou ne cherchent qu'à mettre la perpétuité du désordre et de l'agitation parmi les bases de notre constitution[92]. » « Lorsqu'un peuple libre est bien constitué, souligne de son côté Salle, l'insurrection ne doit plus être permise parce que la loi a tout prévu. Un peuple qui a besoin d'une insurrection pour se constituer est esclave[93]. » Condorcet voulait aller au bout de cette question, pour éviter justement que la souveraineté du peuple soit condamnée à osciller entre le débordement révolutionnaire et l'expression institutionnelle rigide.

L'approfondissement de cette question est indissociablement pratique et théorique en 1793. Elle se confond d'une certaine façon avec la vie même de la Révolution. « Il faut que la constitution nouvelle convienne à un peuple chez qui un mouvement révolutionnaire s'achève, et que cependant elle soit bonne aussi pour un peuple paisible », note par exemple Condorcet[94]. Le problème de la démocratie représentative est dans ce cadre de dépasser la contradiction entre l'action révolutionnaire, comme pouvoir sans forme, expression d'un peuple instituant, et l'institué représentatif.

Hérault de Séchelles envisage son jury exactement dans les mêmes termes. Le problème est aussi pour lui de mettre en place un « moyen de résistance » alternatif à l'insurrection. « Lorsque le corps social est opprimé par le corps législatif, remarque-t-il en ce sens, le seul moyen de résistance est l'insurrection ; mais il serait absurde de l'organiser. Il est impossible de déterminer la nature et le caractère des insurrections ; il faut s'abandonner au génie du peuple et s'en rapporter à sa justice et à sa prudence. Mais il est un autre cas, celui où le corps législatif opprimerait quelques citoyens, alors il faut que ces citoyens trouvent dans le peuple un moyen de résistance[95]. » François Robert, dont nous avons déjà croisé, en 1791, l'ouvrage *Le Républicanisme adapté à la France,* trouve les mots les plus frappants pour situer la question. Reprenant l'idée d'un quatrième pouvoir, il tente, lui aussi, de trouver un mode d'action intermédiaire entre la rue et les urnes. Si le Corps législatif usurpe par exemple ses droits, « que faire ? demande-t-il. Le peuple n'est pas là en masse, il ne saurait y être ; il faut donc une insurrection ? Non, répond-il, il ne faut pas une insurrection ; *il faut une institution qui en tienne lieu,* qui tienne lieu du peuple, qui soit censé le peuple *(sic)*, et qui excite ou réprime l'action ou l'inaction de tous les pouvoirs constitués[96] ».Une institution qui tienne lieu de peuple et d'insurrection : cette extraordinaire formulation définit parfaitement en sa radicalité l'enjeu de la mise en forme de la démocratie.

L'opposition des Montagnards à cette approche apparaît très clairement dans le débat d'avril 1793 consacré à la Déclaration des droits. L'article XXIX prévoyait : « Les hommes réunis en société doivent avoir un moyen légal de résister à l'oppression. » C'était l'esprit des propositions de Condorcet ou des réflexions de Robert[97]. Robespierre et ses amis s'opposent à cette formulation. « Ce droit est dans la nature et vous l'anéantirez le jour où vous lui donnerez un mode légal », explique l'un d'entre eux, tandis qu'un autre avertit : « N'émoussons pas cette arme en la réglementant[98]. » On voit même célébré « l'art des insurrections » comme un mode inédit d'existence et d'action du peuple[99]. Le glissement de vocabulaire est significatif. Là où les uns cherchaient à instituer un nouveau pouvoir, les autres ne voient qu'une tentative de domestication du peuple, en réduisant sournoisement son droit le plus sacré. « Assujettir à des formes légales la résistance à l'oppression est le dernier raffinement de la tyrannie », résume Robespierre[100]. Autant dire que la politique n'est alors pensée qu'écartelée entre son centre ordinaire et son bord extrême. C'est estimer aussi, d'une autre façon, qu'il n'y a aucun espace d'intervention, de conflit ou de négociation entre la soumission à l'ordre établi et la révolte[101]. Il est vrai que le terme même d'insurrection finit par être banalisé à cette période. À force d'être invoquée comme un « devoir sacré[102] », l'insurrection devient presque une catégorie politique ordinaire. Albert Soboul a ainsi bien montré que l'insurrection telle qu'en parlent les sans-culottes de l'an II ne renvoie pas forcément à un coup de force armé, qualifiant de façon plus floue tout un ensemble d'actions de résistance, d'initiatives diverses et d'attitudes de surveillance ou de vigilance, certains allant même jusqu'à parler d'« insurrection pacifique[103] ».

Au-delà des variations sémantiques, c'est en tout cas une même désinstitutionnalisation du politique qui est à l'œuvre ; et c'est bien dans ces termes qu'il convient aussi de comprendre la période de la Terreur tout entière. Lorsque la Convention décrète, le 10 octobre 1793 (19 vendémiaire an II), que « le gouvernement de la France est révolutionnaire jusqu'à la paix », elle légalise, si l'on peut dire, cette entreprise. « Dans les circonstances où se trouve la République, la constitution ne peut être établie ; on l'immolerait par elle-même », résume Saint-Just[104]. La vie politique se trouve émancipée, dans ce cadre, de toute contrainte et de toute forme. Elle est pure action, expression non médiatisée d'une volonté directement sensible. Elle incarne alors de façon presque parfaite l'esprit de la Révolution au sens où Michelet dit, exalté, de cette dernière « qu'elle a ignoré l'espace et le temps », condensant à la manière d'un éclair l'énergie de l'univers tout entier et laissant apercevoir une dimension d'éternité dans l'instant fugace. C'est à une telle utopie que renvoie pendant ces années le culte de l'insurrection. Nul n'en a mieux souligné que Sade la brûlante exigence. Dans une métaphore inspirée et scandaleuse, l'écrivain a voulu montrer comment l'affranchissement radical des règles morales donne seul son sens à la liberté, rapprochant les effets de l'ébranlement des mœurs de celui des institutions. C'est *La Philosophie dans le boudoir*, et son annexe *Français, encore un effort si vous voulez être républicains*, qu'il faut lire pour comprendre au plus juste l'attrait qu'exerce et le sens que revêt alors une politique radicalement désinstitutionnalisée. Autant qu'Hébert et ses enragés, Sade est le grand penseur de l'insurrection. « L'insurrection, écrit-il, doit être l'état permanent d'une république ; il serait donc aussi absurde que dangereux d'exiger que ceux qui doivent maintenir le perpétuel ébranlement *immoral* de la machine fussent eux-mêmes des êtres très *moraux*, parce que l'état *moral* d'un homme est un état de paix et de tranquillité, au lieu que son état *immoral* est un état de mouvement perpétuel qui le rapproche de l'insurrection nécessaire dans laquelle il faut que le républicain tienne toujours le gouvernement dont il est membre[105]. » La Révolution est dans cette subversion prête à se dévorer elle-même, expirant d'une radicalité qui la consume.

La Terreur ne peut envisager de désinstitutionnaliser aussi radicalement le politique qu'en prétendant se fonder en contrepartie, *sociologiquement et moralement,* sur une fusion d'un type inédit entre le peuple et ses représentants, conduisant de la sorte au dépassement de la tension entre le gouvernement représentatif et la démocratie directe. C'est de cette troisième façon qu'est manquée l'invention d'une démocratie représentative. Pour les Montagnards, toute institution est, d'une certaine façon, perçue comme une interface menaçante. La stigmatisation de l'administration et de sa tendance naturelle à s'ériger en pouvoir autonome est, pour cette même raison, également essentielle dans la rhétorique montagnarde. Mais elle ne prend son vrai sens que lorsqu'on la rapporte au système d'ensemble dans lequel elle s'insère. La dénonciation du fonctionnaire, porteur de toutes les menaces de despotisme et de corruption, ne s'opère pas, comme sur le mode libéral traditionnel, dans l'opposition de deux termes seulement : la bureaucratie contre les citoyens, l'État contre la société[106]. Elle renvoie aux rapports qui s'établissent entre trois éléments : le représentant du peuple, le peuple lui-même et le fonctionnaire public. Ce que Robespierre et Saint-Just dénoncent fondamentalement dans la figure du fonctionnaire, c'est l'écran perturbateur qu'elle institue entre les citoyens et le pouvoir. Le gouvernement révolutionnaire implique pour eux l'identification du peuple et de la Convention, formant un bloc uni pour surveiller les actes de l'administration. La notion d'immédiateté ne se traduit donc pas par l'élaboration de dispositifs « techniques » permettant d'accroître la participation directe des citoyens en élargissant le champ des procédures d'élection : elle est d'abord affirmation d'un *idéal de fusion* entre le peuple et ses porte-parole.

La critique des dysfonctionnements du système représentatif conduit de la même façon à voir dans l'*identification* du peuple au pouvoir la condition du plein accomplissement de sa souveraineté. Si Robespierre instruisait en 1792 le procès du despotisme représentatif, en 1794 il légitime à l'inverse son action en partant du présupposé de la fusion entre le peuple et la Convention, cette dernière étant *a priori* définie comme un simple « abrégé du peuple ». Les Montagnards vont jusqu'à noter dans cet esprit qu'ils constituent en eux-mêmes le « corps vivant de l'opinion publique[107] ». Les métaphores de type organiciste seront d'ailleurs continuellement présentes dans les textes politiques de la période. Le Comité de salut public s'adresse par exemple aux comités révolutionnaires en écrivant : « Vous êtes comme les mains du corps politique dont la Convention est la tête et dont nous sommes les yeux[108]. » C'est donc grâce à une conception de la représentation-incarnation que se trouvent surmontées les apories originaires du gouvernement représentatif[109]. Robespierre, note justement en ce sens François Furet, « a mythiquement réconcilié la démocratie directe et le principe représentatif, en s'installant tout en haut d'une pyramide d'équivalences dont sa parole garantit, jour après jour, le maintien. Il est le peuple dans les sections, le peuple aux Jacobins, le peuple dans la représentation nationale ; et c'est cette transparence entre le peuple et tous les lieux où l'on parle en son nom [...] qu'il faut constamment instituer, contrôler, rétablir, comme la condition de légitimité du pouvoir[110] ». C'est ce qui lui permet de lancer à la veille du 31 mai 1793 : « J'invite le peuple à se mettre, *dans la Convention nationale*, en insurrection contre tous les députés corrompus[111] », comme si le peuple et la Convention ne devaient dorénavant plus faire qu'un. Au cours du débat constitutionnel de juin 1793, un ensemble de députés montagnards s'écrient dans cet esprit « le peuple est là », en désignant les bancs de l'Assemblée [112].

L'idée que Robespierre se fait alors de l'organisation matérielle souhaitable de la salle des séances du Corps législatif illustre de façon exemplaire cet idéal d'une fusion entre le peuple et ses représentants. « Il faudrait, s'il était possible, dit-il, que l'assemblée des délégués du peuple délibérât en présence du peuple entier [113]. » Il rêve, à défaut de cela, d'un édifice vaste et majestueux qui pourrait être ouvert à douze mille spectateurs. « Sous les yeux d'un si grand nombre de témoins, estime-t-il, ni la corruption, ni l'intrigue, ni la perfidie n'oseraient se montrer ; la volonté générale serait seule consultée, la voix de la raison et de l'intérêt public serait seule entendue. » Tout ce qui tend à séparer le peuple de la Convention est perçu comme une atteinte au gouvernement démocratique [114].

Le peuple ? Il est le souverain. Un et indivisible donc, comme l'est la souveraineté. Il n'existe pour les Montagnards que comme totalité agissante, parfaite adéquation du concept de volonté générale et de la pratique sociale. Il n'est ni une addition d'individus ni un conglomérat de corps ou de sections. Saint-Just va jusqu'à souhaiter que la représentation nationale puisse être élue par le peuple tout entier en corps, accusant le projet de Condorcet fondé sur l'électeur de n'exprimer qu'une « volonté générale spéculative [115] ». Le principe électif, obligatoirement fondé sur l'expression d'un choix ou d'une préférence par des individus, n'est donc pas central pour les Montagnards. Ils tendent à en transformer la nature par toute une série de dispositions — le vote à haute voix, l'organisation de grandes assemblées — qui ont pour fonction d'en socialiser l'organisation matérielle, de telle sorte que les opinions des individus s'effacent au maximum pour se fondre dans une seule et même voix d'ensemble. Ce qui résulte chez Condorcet d'un processus délibératif méticuleusement organisé est, pour Robespierre et Saint-Just, l'expression d'un état fusionnel. D'où l'impossibilité évidente pour les conventionnels de réduire le terme de peuple à une quelconque détermination sociologique. Il ne désigne ni un groupe ni une classe, mais un *principe moral.* La démocratie tire ainsi pour eux sa consistance et son effectivité d'un double mouvement de conversion morale des représentants et de régénération du peuple. « Si le corps représentatif n'est pas pur et presque identifié avec le peuple, la liberté est anéantie [116] » : pour Robespierre, la vertu des députés est à la fois la condition d'une ressemblance de ceux-ci avec le peuple (puisque ce dernier est naturellement vertueux [117]), et donc d'une représentation adéquate, et le facteur correctif des possibles dysfonctionnements mécaniques du système politique. Mais l'accomplissement démocratique présuppose d'un autre côté, pour les Montagnards, l'existence d'un peuple qui soit digne de sa nouvelle puissance. D'où la centralité dans leurs discours du thème de la régénération et l'appel à l'avènement d'un « homme nouveau [118] ». « Il faut, pour ainsi dire, recréer le peuple qu'on veut rendre à la liberté », résume alors Billaud-Varenne en une célèbre formule [119]. La Terreur va être ainsi comprise en même temps qu'exaltée comme le moyen de « créer un caractère national qui identifie de plus en plus le peuple à sa constitution [120] », modelant sans cesse le peuple dans un double travail d'exclusion politique de tout ce qui n'est pas lui et de régénération morale.

Le programme d'une démocratie représentative se trouve par conséquent triplement invalidé par les Montagnards. C'est donc la deuxième fois que la Révolution échoue dans cette voie. Ce n'est pas la dernière, car Thermidor va manifester la même incapacité.

L'œuvre manquée de Thermidor

La chute de Robespierre, le 9 thermidor de l'an II (27 juillet 1794), met fin à la période de la Terreur. En moins d'un mois, les deux principaux ressorts du gouvernement « provisoire » de l'an II — la centralisation à outrance des décisions et l'échafaud — sont brisés par la Convention. Tout change et pourtant rien n'est réglé. Si les conventionnels, dans leur grande majorité, sont satisfaits d'avoir fait sortir la Révolution de l'ornière dans laquelle elle s'était engagée, ils demeurent à la fois incertains et divisés sur le sens de la « normalité » révolutionnaire à restaurer. Quelle est en effet la bonne voie sur laquelle il s'agit de retourner pour mener la Révolution à son terme : celle de 1791 ? d'août 1792 ? de l'été 1793 ? Certains rêvent d'effacer les conséquences du coup de force issu des journées de juin 1793 (la prise du pouvoir des Montagnards), tandis que d'autres souhaitent seulement régulariser la marche du gouvernement révolutionnaire. Ces hésitations sont pourtant levées après les émeutes de prairial. Les thermidoriens s'accordent alors pour estimer que l'heure est venue de « préparer le plan d'une nouvelle constitution raisonnable [121] ». À l'ambition formulée peu de temps auparavant de « rédiger la nouvelle constitution de l'univers » (Cloots) et de récrire le *Contrat social* succède la recherche beaucoup plus pragmatique des moyens de *terminer la Révolution* [122]. Les hommes de 1795 veulent avant tout organiser le retour à l'ordre et rendre impossible un nouveau dérapage destructeur des libertés. La Constitution, résume lapidairement Roederer, doit d'abord être faite

« contre les perturbateurs de l'ordre[123] ». Dans sa brochure de l'an V, *Des réactions politiques*, Benjamin Constant professe le même credo. Il érige la notion de modération au rang de concept politique central, toute l'histoire de la Révolution étant comprise chez lui sur le mode d'un mouvement mécanique de balancier entre des moments d'excès et de zèle et des moments de réaction. La stabilisation philosophique des principes révolutionnaires est ainsi directement liée, à ses yeux, au ralentissement progressif de ce mouvement.

Point n'est besoin pour les constituants de 1795, dans ces conditions, de reprendre le fil de toutes les explorations menées par Brissot, Condorcet ou les sectionnaires parisiens. Ces hommes fatigués et désabusés font presque vertu de leur abandon du terrain de la philosophie politique parcouru en tous sens par leurs prédécesseurs. Ils font surtout l'éloge de l'expérience et en appellent au bon sens contre les risques d'égarement théorique. On le voit bien dans la discussion de la *Déclaration des droits* qui se déroule du 16 au 19 messidor. « Une déclaration des droits, dit Daunou, le véritable père de la Constitution de l'an III, doit être le point de ralliement des républicains et non un arsenal pour les séditieux[124]. » Daunou ne se résout au maintien d'un texte que pour ne pas donner d'arguments « aux terroristes et aux malveillants ». Mais le seul mot de principe l'inquiète, tellement il lui semble lourd de menaces, dans l'indétermination même de l'usage qui peut être fait de son contenu. La tonalité des interventions à la Convention est marquée en permanence par cette méfiance. Par exemple, un député dit son inquiétude devant un texte qui ne ferait qu'additionner « une brillante série d'abstractions philosophiques[125] », alors que La Révellière-Lépeaux donne sous les applaudissements cet avertissement : « Je désire que nous ne nous amusions pas à des discussions oiseuses, pour savoir quels seront ceux que nous coucherons sur le papier de ces principes sur lesquels on discute depuis le commencement du monde, et qui seront le sujet de querelles interminables pendant toute l'éternité[126]. » D'où l'empressement avec lequel l'Assemblée accueille l'idée d'une déclaration des devoirs pour servir de pendant et de contrepoids à la Déclaration des droits. Le rejet, presque instinctif et viscéral, de toute prétention dans le domaine de la théorie politique est ainsi une des principales caractéristiques, sur laquelle on a trop peu insisté, de Thermidor. « Le génie est changé », résume laconiquement un Eschassériaux qui invite ses pairs à se défier des « théories brillantes »[127].

Si le pragmatisme des thermidoriens les conduit à renoncer à l'ambition d'aborder frontalement les apories fondatrices de l'entreprise révolutionnaire, il les rend, à l'inverse, totalement ouverts pour réfléchir à de nouveaux dispositifs constitutionnels. Aucun *a priori* ne les bride dans leur recherche des dispositifs les plus adéquats à la garantie des libertés et de l'ordre. On le voit bien dans la discussion du problème des deux Chambres. Alors même qu'ils continuent de penser la nation comme un tout, une unité indivisible, ils adoptent sans hésitation le principe de la division du corps législatif (le Conseil des Cinq-Cents et le Conseil des Anciens). « Tout impose la nécessité d'opposer une digue puissante à l'impétuosité du corps législatif, estime Boissy d'Anglas : cette digue, c'est l'expérience qui va nous enseigner à la construire ; cette digue, c'est la division du corps législatif en deux parties[128]. » Le même souci de mettre en place une véritable balance des pouvoirs se marque également dans leur conception du directoire, qui doit à la fois permettre pour eux de concentrer dans l'institution et de diviser dans les personnes la force du gouvernement. C'est avec la Constitution de l'an III que sont aussi pour la première fois traitées de façon détaillée les *techniques* du pouvoir exécutif, qui est reconnu dans sa singularité et son autonomie, alors qu'il avait été pratiquement nié par tout le droit public révolutionnaire [129]. L'articulation de ce pouvoir exécutif et de l'administration se voit par ailleurs méticuleusement définie et pensée sur un mode hiérarchique, tandis que la spécificité du pouvoir réglementaire est juridiquement construite. Le pragmatisme libéral des hommes de 1795 les conduit ainsi à penser sous un jour nouveau les institutions politiques. Ils élaborent de cette façon la première constitution post-révolutionnaire de la France. C'est dans l'ordre de la technique constitutionnelle qu'ils ont puissamment innové, marquant la rupture avec leurs prédécesseurs [130].

Au-delà même de ce qui a finalement été retenu dans le corps du texte de l'an III, la période a été marquée par un extraordinaire foisonnement de projets constitutionnels. Les propositions de Sieyès de mettre en place un jury constitutionnaire et un tribunat du peuple français sont les plus connues [131]. Mais il y en a beaucoup d'autres. On en prend bien la mesure en consultant la masse des suggestions qui sont adressées à la commission de préparation de la Constitution au printemps 1795 [132]. Une foule d'auteurs se préoccupent de trouver des moyens adéquats de division des pouvoirs et de déterminer les moyens d'arbitrage entre eux en cas de conflits. Sont ainsi avancées des formules de « Convention périodique », de « Conseil de censure », de « Sénat réviseur », de « Conseil observateur », de « Tribunal conservatoire de la constitution » [133]. On voit aussi que se cherchent encore des formules inédites de mise en œuvre de la souveraineté du peuple (on trouve par exemple une extraordinaire suggestion de mettre en place une « ambulance représentative » pour maintenir un lien permanent entre le peuple et ses représentants) [134]. La préoccupation majeure est principalement d'éviter l'expression politique de la « collection tumultuaire des citoyens », pour reprendre la formule d'une brochure ; toute l'inventivité de 1795 est orientée vers la recherche pratique de mécanismes adéquatement protecteurs des libertés. Malgré les peurs et les prudences qui guident ainsi les constituants de l'an III, le nouveau régime aurait cependant pu faire entrer, par la porte libérale, la France dans un âge de maturité politique. S'ils sont épris d'ordre, ils ne sont en effet nullement rétrogrades. On le voit bien en matière de droit de vote : un suffrage quasi universel est pour eux la condition de la paix sociale. Que ce soit par calcul ou par conviction[135], ils restent à cet égard des « démocrates », même s'ils repoussent le spectre d'une démocratie absolue. Ils vont pourtant échouer. Comme en 1791 et en 1793, les institutions ne parviennent pas à réaliser l'objectif qui leur avait été assigné. La voie d'une démocratie représentative se trouve donc une troisième fois bouchée. Il est encore une fois essentiel d'en comprendre les raisons, qui sont à la fois d'ordre politique et philosophique.

La cause la plus visible de l'échec du Directoire est politique. Les gouvernants, pour schématiser, n'ont pas été à la hauteur de leur texte fondateur. Le décret du 5 fructidor an III, qui oblige les assemblées électorales à choisir les deux tiers des nouveaux députés parmi les conventionnels en exercice, témoigne avec éclat de leur impuissance. Menacée sur sa droite et sur sa gauche, la Convention thermidorienne doit avouer les limites de l'ouvrage qu'elle vient à peine de terminer. La « solution du grand problème de l'art social », selon les termes de Baudin qui rapporte le décret à l'Assemblée, n'est même plus à la portée du pragmatisme. C'est de la permanence des hommes que l'on attend désormais de pouvoir maintenir le bon cap. Les considérations de science politique cèdent ainsi le pas aux assurances de la sociologie. La multiplication, à partir de l'an IV, des « coups d'État », destinés à corriger les résultats d'élections jugés dangereux pour l'affermissement du gouvernement républicain, ne fait qu'illustrer d'une autre manière cette impuissance. Le Directoire finit par s'enliser dans un parlementarisme stérile, incapable de résister à la pression de nostalgies contradictoires. Il n'a rien réglé et rien fait progresser. L'œuvre constitutionnelle de l'an III, a-t-on très justement dit, « a été trahie par le régime qu'elle a engendré[136] ». Mais l'échec est aussi « philosophique ». Les thermidoriens inscrivent en effet leurs actions et leurs façons de penser dans deux univers radicalement distincts dont ils n'envisagent jamais le rapport. Ils appellent d'un côté « socialement » de leurs vœux l'avènement d'une politique dépassionnée, tandis qu'ils restent encore « mentalement » immergés dans l'univers rousseauiste.

Si la tentative de restreindre le champ du politique est sous-jacente à l'obsession thermidorienne du retour à l'ordre, cette dernière ne trouve en dernier ressort son expression adéquate que si elle s'appuie sur une nouvelle appréhension de la place du politique. L'idée trouve sa première formulation en 1795 chez Lezay-Marnésia. « Dans toute société civilisée, c'est-à-dire partout où la propriété a jeté de profondes racines, écrit-il, la considération de la liberté passera toujours après celle de l'ordre, les intérêts politiques après les intérêts civils, parce que c'est l'ordre et non la liberté qui y assure la garantie ; que l'homme y subsiste par la part qu'il a dans le territoire, et non par celle qu'il a dans la souveraineté ; qu'enfin il y partage ses droits de citoyen, tandis qu'il y exerce sans partage ses droits de propriétaire[137]. » Pour écarter le spectre d'une démocratie menaçante, Lezay se fait ainsi le chantre des avantages du bonheur privé sur la participation publique. Peu de temps après, Madame de Staël oppose dans le même esprit les républiques anciennes fondées sur l'impératif civique et le dévouement à la patrie avec les mœurs nouvelles qui invitent à « réformer les hommes en société par la crainte de perdre ce qui reste à chacun d'eux ; il faut parler repos, sûreté, propriété [138] ». Benjamin Constant lui emboîte le pas, commençant dès cette période à élaborer sa distinction canonique de 1819 entre la liberté des Anciens et celle des Modernes [139]. Sieyès lui-même finit par penser dans ces mêmes termes l'exorcisme de la « ré-totale » qui le hante. C'est d'ailleurs l'un de ses proches, Charles Théremin, qui, un peu plus tard, analyse la Terreur comme résultant d'une utilisation anachronique des concepts politiques anciens. « Pendant le règne de la Terreur, écrit-il dans un texte qu'il vaut la peine de citer longuement, on avait, en quelque sorte, assimilé le peuple de Paris à celui d'Athènes, on avait fait, au lieu d'ouvriers industrieux, des maîtres oisifs [...]. Cette partie du peuple aimait mieux passer sa journée dans les Sociétés populaires ou dans les tribunes de la Convention, en ne gagnant que quarante sous par jour et en vivant mal, mais en s'occupant d'affaires publiques, en se sentant la maîtresse [...]. Elle aimait mieux ce genre de vie véritablement athénien, que de s'occuper dans les champs, dans les ateliers et dans les boutiques, des divers soins de l'industrie. Ce fut un tour de force en ce temps-là, et dont le but était de donner du goût au peuple pour la République, et de le dégoûter de la monarchie. Mais qu'est-il arrivé ? On lui a donné du goût pour une république qui ne peut subsister, c'est-à-dire pour le régime aristocratique des Grecs et des Romains ; et il faut maintenant le ramener vers le régime industriel d'une République moderne, fondée, non sur l'oisiveté, mais sur le travail de tous [140]. » C'est à partir de cette critique que s'organise, en fin de compte, la vision thermidorienne d'une politique refroidie.

Le problème est qu'elle repose sur une interprétation hautement discutable de l'histoire du processus révolutionnaire. La vision thermidorienne d'un retour à l'ordre a confondu de façon exemplaire ce qui relevait des contraintes de l'histoire et ce qui procédait de l'indétermination même du projet de 1789. Il est vrai que ce sont les impératifs de l'action qui ont conduit à élargir en permanence le champ du politique à partir de 1789. L'essence même de la Révolution est que tout devienne en elle immédiatement et évidemment politique : l'exacerbation des passions est alors la condition d'existence « normale » d'une activité sociale tout entière saisie par l'urgence de l'instauration d'un ordre nouveau. Mais les hommes de 1795 ont cru du même coup que la politique pourrait se trouver brutalement congédiée dès lors que les passions révolutionnaires seraient refroidies. La nécessité partout proclamée de « terminer la Révolution » et de restaurer l'ordre les conduit ainsi à confondre la gestion d'une situation avec la résolution d'une aporie.

En même temps qu'ils attendent l'avènement d'une telle liberté des Modernes, les constituants de l'an III restent immergés dans l'univers rousseauiste. Ils sont obsédés par l'impératif d'ordre tout en reprenant sans discussion la définition collective de la souveraineté inscrite dans la Constitution de 1793 (« l'universalité des citoyens français est le souverain ») et en tenant pour une évidence incontestable le postulat de 1791 selon lequel « la loi est l'expression de la volonté générale ». Un modéré comme Cambacérès peut, de même, inviter à distinguer les lois organiques qui ont pour objet direct « l'exercice de la souveraineté du peuple » et considérer comme légitime « l'impatience de faire jouir le peuple des bienfaits de la démocratie » [141], tandis que Daunou plaide pour un droit de suffrage ouvert à tous. Des modérés peuvent alors affirmer le plus naturellement du monde : « Nous sommes une république démocratique [142]. » S'ils contestent vivement les projets antérieurs de ratification populaire des lois et s'ils rendent très difficile le processus de révision, ils n'en acceptent pas moins sans réserve l'organisation de référendums constitutionnels (il en sera organisé un pour l'acceptation de la Constitution de l'an III)[143]. Les hommes du Directoire vont même plus loin, puisqu'ils instituent une nouvelle « fête de la souveraineté du peuple » pour célébrer le caractère sacré de celle-ci[144]. Précisant les conditions d'organisation des réjouissances, François de Neufchâteau va jusqu'à suggérer qu'un hommage spécial soit rendu à cette occasion à « l'auteur immortel du *Contrat social* », sous la forme d'une forêt de bannières reproduisant des citations de l'ouvrage[145]. Ce sont d'ailleurs ces modérés qui accordent avec enthousiasme à Rousseau les honneurs du Panthéon, en le consacrant comme référence intellectuelle centrale. La rupture avec l'univers de 1793, on le voit, est donc loin d'être consommée. Si Roederer peut, par exemple, s'exclamer en parlant de la Terreur : « La démocratie ! la démocratie ! Voilà l'infernale puissance de cette époque[146] », il est lui aussi intellectuellement incapable de vraiment rompre avec Rousseau. C'est de cette contradiction que procède l'impossibilité dans laquelle se trouvent les hommes de 1795 de comprendre les équivoques originaires de la culture politique française. Leur intelligence et leur sensibilité restent décalées. Les préjugés sociaux et culturels qui les meuvent ne se superposent pas aux concepts politiques qui continuent de nourrir leur approche des institutions.

Sieyès illustre de façon exemplaire cette contradiction. Ses écrits et son grand discours du 2 thermidor de l'an III manifestent notamment avec éclat son embarras et son désarroi intellectuel. On le suit sans difficulté quand il dénonce comme ses contemporains la « magie des mots », stigmatise les pouvoirs illimités « qui sont un monstre en politique » et cloue au pilori les « flatteurs » qui les ont attribués au peuple. En quelques formules percutantes, il résume même très bien la difficulté française. « Ce mot, estime-t-il ainsi en parlant de la souveraineté, ne s'est présenté si colossal devant l'imagination, que parce que l'esprit des Français, encore plein de superstitions royales, s'est fait un devoir de le doter de tout l'héritage de pompeux attributs et de pouvoirs absolus qui ont fait briller les souverainetés usurpées ; [...] on semblait même se dire, avec une sorte de fierté patriotique, que si la souveraineté des grands rois est si puissante, si terrible, la souveraineté d'un grand peuple devait être bien autre chose encore [147]. » Mais Sieyès en reste là. Il ne précise pas les critères et les concepts qui permettraient de penser cette limitation. Dans ce discours inspiré et puissant, aux expressions à la fois obscures et saisissantes, sa réflexion tourne en fait à vide. Il n'a plus conceptuellement prise sur l'événement. S'il oppose avec force, en une formule mémorable, les « mauvais plans de ré-totale » à l'idée de « ré-publique », il est incapable de discerner les conditions de basculement de celle-ci dans ceux-là. Or c'est justement là que réside la clef de l'ambiguïté révolutionnaire. Il ne faut pas sur ce point se laisser abuser par les formulations de Sieyès. Lorsqu'il avance en 1795 qu'« on se trompe donc lorsqu'on parle de la souveraineté du peuple comme n'ayant point de bornes [148] », il est encore loin d'aller jusqu'à élaborer la théorie libérale classique du pouvoir neutre [149]. Ses proches ne manquent pas d'ailleurs de souligner qu'il continuait à admettre sans réserve le principe de cette souveraineté populaire, même s'il appelait à lui donner des limites [150]. Si Sieyès est bien obligé de constater en l'an III que son projet de 1789 de concilier la vision rousseauiste de la souveraineté avec la perspective libérale-individualiste est problématique, il ne le remet, en fait, pas vraiment en question. Il se contente de dissimuler derrière des formules déclamatoires une contradiction dont il ne peut intellectuellement dépasser les termes.

Les thermidoriens restent prisonniers de cette contradiction entre les deux univers, démocratique et libéral. Mais faute d'en penser les termes, ils s'avèrent incapables de la dépasser. C'est donc une épée, on le sait, que Sieyès finit par chercher pour espérer résoudre, le 18 brumaire, le problème constitutionnel et politique français. Faute, à trois reprises, d'avoir pu esquisser la voie d'une démocratie représentative, les Français seront ensuite conduits à de dangereuses radicalisations pour entrer dans la modernité politique.

II

L'ORDRE CAPACITAIRE
(le libéralisme doctrinaire)

La souveraineté de la raison
La représentation comme métaphore
Le sacre des capacités
Le débordement des mots

L'œuvre des libéraux doctrinaires, tout particulièrement celle de Guizot et de Royer-Collard, constitue sous la Restauration l'effort le plus systématique pour reprendre la problématique des constituants et proposer une philosophie moderne de la souveraineté ainsi qu'une théorie du gouvernement représentatif qui ne retombent pas dans les ornières, les errements ou les impasses de la Révolution. Leur entreprise se distancie, dès son point de départ, de celle des hommes de 1789 comme de 1795. Les circonstances expliquent pour une large part l'écart entre les deux générations. Les doctrinaires pensent ainsi que leur espoir d'achever l'œuvre révolutionnaire accompagne l'entrée de l'histoire dans une période « positive [1] ». Mais l'échec des révolutionnaires a surtout à leurs yeux une dimension intellectuelle : il traduit leur incapacité à formuler des principes et à penser des institutions aptes à fonder l'ordre dans la liberté. « La vraie tâche de notre époque, en conclut Guizot, [...] est de purger les principes de 1789 de tout alliage anarchique : cet alliage a été naturel, inévitable; il était la conséquence de la première situation, du premier emploi des idées de

1789. Ces idées ont servi à détruire ce qui existait alors, gouvernement et société; elles ont contracté dans ce travail un caractère révolutionnaire. Le moment est venu de les en dégager et de les ramener à leur sens vrai et pur[2]. »

Guizot et ses amis ont pensé les problèmes de la Révolution dans leur lien aux figures premières de l'indétermination démocratique. C'est pourquoi ils ne se contentent pas d'opposer paresseusement 1789 à 1793, comme le feront souvent les libéraux de la génération suivante. La clôture de la Révolution implique pour eux d'en redéfinir les fondements primitifs et donc de reprendre à la racine les questions de la représentation et de la souveraineté. Les constituants et les thermidoriens, jugent-ils en premier lieu, n'ont pas été jusqu'au bout de leur réflexion. Ils n'ont pas su distinguer et articuler clairement les dimensions libérale et démocratique de la notion de souveraineté de la nation. Si celle-ci peut conduire à postuler l'existence d'un lieu vide et inappropriable du pouvoir, l'écart à la notion de souveraineté du peuple n'est en effet, selon eux — et ils ont raison sur ce point —, jamais élaboré. Parallèlement, le concept de représentation n'est jamais construit de façon opératoire, oscillant entre une approche traditionnelle de la représentation des intérêts particuliers et une conception constructiviste de la formation de l'intérêt général (dans laquelle le Parlement est conçu comme l'organe qui donne vie et figure à la totalité sociale). Dans les deux cas, un même type de rapport ambigu à Rousseau, qui entend lier fidélité principielle et distance pratique, est à l'œuvre. Pour dénouer ces équivoques, les doctrinaires vont, quant à eux, rompre franchement avec l'univers de Jean-Jacques. À l'absolutisation de la volonté, ils vont d'abord opposer l'ordre de la raison. À l'univers subjectif des droits individuels, ils suggèrent ensuite de substituer un monde organisé par un savoir objectif. Ils proposent enfin de conjurer le spectre d'un pouvoir du nombre par une redéfinition des mots eux-mêmes. « En acceptant franchement la nouvelle société française, telle que toute notre histoire, et non pas seulement 1789, l'a faite, résume Guizot, ils entreprirent de fonder son gouvernement sur des bases rationnelles et pourtant tout autres que les théories au nom desquelles on avait détruit l'ancienne société, ou les maximes incohérentes qu'on essayait d'évoquer pour la reconstruire. Appelés tour à tour à combattre et à défendre la Révolution, ils se placèrent, dès l'abord et hardiment, dans l'ordre intellectuel [...]. Leurs idées se présentaient comme propres à régénérer en même temps qu'à clore la Révolution[3]. »

La souveraineté de la raison

Les doctrinaires vont proposer de sortir des apories révolutionnaires en faisant du concept de *souveraineté de la raison* la clef de voûte de leur nouvelle philosophie du politique. Pour bien en saisir la portée, il faut préalablement brièvement rappeler l'évolution des approches de la question de la souveraineté du peuple depuis la sortie de la Terreur.

Face au danger de « ré-totale » qui constitue après Thermidor l'arrière-fond de toute réflexion politique, les hommes du Directoire cherchent d'abord la voie d'une limitation pratique de cette puissance. Sieyès, on l'a vu, est le premier à identifier clairement le danger et à formuler cette exigence dans ses célèbres discours de l'an III. S'il appelle alors de ses vœux la mise en place d'un jury constitutionnaire pour mettre des bornes au pouvoir législatif, il continue cependant à s'inscrire dans une vision classiquement rousseauiste. Il se contente, pourrait-on dire, d'une sorte de correction « prudentielle » des principes du *Contrat social*. Benjamin Constant va, lui, aller plus loin[4]. Si sa théorie du *pouvoir neutre* prolonge et rationalise les intuitions de Sieyès[5], il voit les choses autrement que l'auteur de *Qu'est-ce que le tiers état ?* Il critique d'abord frontalement Hobbes et Rousseau pour tenter de fonder philosophiquement la limitation de la souveraineté, alors que Sieyès se contentait d'envisager une sorte de régulation mécanique de cette dernière. Tout en concédant encore que le principe de la souveraineté du peuple « ne peut être contesté[6] », Constant affirme par exemple que « la souveraineté n'existe que d'une manière limitée et relative[7] », bornée qu'elle doit être par le respect des droits des individus. Il est ainsi amené à critiquer l'œuvre de la Révolution qui s'est contentée d'opérer une translation de la souveraineté, d'un roi absolu à un peuple pareillement tout-puissant. « C'est le degré de force et non les dépositaires de cette force qu'il faut accuser, souligne-t-il dans une page fameuse. C'est contre l'arme et non contre le bras qu'il faut sévir. Il y a des masses trop pesantes pour la main des hommes. L'erreur de ceux qui, de bonne foi dans leur amour de la liberté, ont accordé à la souveraineté du peuple un pouvoir sans bornes vient de la manière dont se sont formées leurs idées en politique. Ils ont vu dans l'histoire un petit nombre d'hommes, ou même un seul, en possession d'un pouvoir immense, qui faisait beaucoup de mal ; mais leur courroux s'est dirigé contre les possesseurs du pouvoir et non contre le pouvoir même. Au lieu de le détruire, ils n'ont songé qu'à le déplacer. C'était un fléau, ils l'ont considéré comme une conquête[8]. » L'auteur d'*Adolphe* devait sur cette base aboutir à une négation de la notion même de souveraineté, renvoyant souveraineté du peuple et droit divin à une même détestation. « Rayons de notre vocabulaire le mot de souveraineté proprement dite », écrit-il ainsi dans un de ses derniers articles (curieusement méconnu)[9]. Mais comment opérer cette soustraction ? Constant reste sur ce point silencieux. Ce sont les doctrinaires, Royer-Collard d'abord, puis surtout Guizot, qui vont proposer une réponse à la question ainsi posée.

« Il n'y a rien de plus difficile que de se bien dégager de la souveraineté du peuple, note Royer-Collard ; elle reste dans l'esprit de ceux qui la combattent ; elle est implicitement reconnue par tous ceux qui ne savent en sortir que par le pouvoir absolu ou le privilège[10]. » Royer-Collard fait le lien entre la génération libérale de 1820 et celle du Directoire ; il a lui-même été membre du Conseil des Cinq-Cents et a partagé directement les interrogations de Sieyès et de ses contemporains. Il a été le témoin de la difficulté de ces derniers à rompre pleinement avec l'inspiration rousseauiste et, derrière elle, avec toute la philosophie monarchique antérieure de la souveraineté. Mieux que Benjamin Constant peut-être, il a perçu le lien qui unit secrètement la conception révolutionnaire de la souveraineté du peuple à l'absolutisme. Dans les deux cas, les dérives de la puissance proviennent pour lui du postulat que le pouvoir peut s'incarner adéquatement et sans danger en une personne ou en une collectivité. Pour prévenir l'*hubris* démocratique, Royer-Collard invite en conséquence à rompre avec un tel subjectivisme politique. La garantie des libertés implique à ses yeux une dépersonnalisation du politique. « La différence de la souveraineté du peuple à la souveraineté constituée des gouvernements libres, en conclut-il, c'est que, dans la première, il n'y a que des personnes et des volontés, dans l'autre, il n'y a que des droits et des intérêts[11]. » Il définit ainsi ce qu'on pourrait appeler une souveraineté du droit ou, plus précisément, une souveraineté constitutionnelle. Le raisonnement de Royer-Collard est solidement construit. Mais il ne conduit cependant pas nécessairement à l'objectivation recherchée du politique. Si les intérêts constituent des données matérielles de l'expérience sociale, ils ne peuvent en effet être constitués et reconnus que par des individus eux-mêmes particuliers. La notion d'intérêt est ainsi faussement simple. Loin de renvoyer sans équivoques au monde objectif, elle se situe, au contraire, à la charnière des deux univers du savoir objectif et de la connaissance subjective. Les intérêts sont des faits d'expérience en même temps que de connaissance (c'est d'ailleurs pourquoi la tradition utilitariste peut fonder sur leur base la perspective démocratique, savoir et opinion se superposant en eux). D'où la nécessité ressentie par de nombreux libéraux dans les années 1820 de formuler encore différemment le problème. Leur recherche va se cristalliser autour de la notion de souveraineté de la raison.

Parlant, en 1826, de la théorie de la souveraineté de la raison, *Le Globe* écrit que c'est « la théorie du siècle [12] ». C'est à partir d'elle que les publicistes libéraux entendent renvoyer dos à dos Rousseau et Bonald, les partisans de la souveraineté du peuple et les défenseurs du droit divin. Guizot la formule avec éclat dans les cours sur les origines du gouvernement représentatif qu'il professe de 1820 à 1822 [13]. Il met d'abord ses pas dans ceux de Constant et de Royer-Collard pour dénier toute validité à une appropriation de la souveraineté. « Je ne crois, écrit-il, ni au droit divin ni à la souveraineté du peuple, comme on les entend presque toujours. Je ne puis voir là que les usurpations de la force. Je crois à la souveraineté de la raison, de la justice, du droit : c'est là le souverain légitime que cherche le monde et qu'il cherchera toujours ; car la raison, la vérité, la justice ne résident nulle part complètes et infaillibles. Nul homme, nulle réunion d'hommes ne les possède et ne peut les posséder sans lacune et sans limites [14]. » Guizot part ainsi de la faillibilité de tout pouvoir humain, en tant qu'il reste toujours à distance de la raison, et repousse fermement, sur cette base, la prétention d'un quelconque pouvoir à s'arroger les attributs d'une souveraineté complète au nom d'une transcendance radicale de la raison et de la justice. Son libéralisme ne procède donc pas de la liberté-autonomie des individus. Il est d'ordre épistémologique et non moral ou politique. Il se fonde sur le constat qu'existe une marge d'incertitude et d'erreur inhérente à tout pouvoir, au regard de ce que commanderaient la vérité et la justice. Les théories classiques de la souveraineté du peuple ou de l'absolutisme monarchique procèdent, à l'inverse, pour Guizot d'un besoin de voir les choses et les pouvoirs clairement désignés et établis. Elles correspondent à une forme sécularisée de l'assurance religieuse, paraissant offrir à l'action des hommes un point d'appui inébranlable. La réflexion sur l'idolâtrie politique par laquelle il introduit son projet d'ouvrage sur la souveraineté est à cet égard significative et il vaut la peine de la citer un peu longuement. « L'homme s'est fait des idoles, note-t-il ; il les a appelées Dieu et les a adorées. [...] Comme il s'est fait des dieux, l'homme s'est fait des maîtres. Il a essayé de placer la souveraineté sur la terre aussi bien que la divinité. Il a voulu que sur lui régnât un pouvoir qui eût, à son obéissance, un droit immuable et certain. Il n'a pas mieux réussi à fixer, sans limite et sans retour, son obéissance que sa foi. Il a investi, de cette souveraineté originelle et infinie, tantôt un homme tantôt plusieurs, ici une famille, là une caste, ailleurs le peuple entier [...]. C'est l'histoire des sociétés humaines. On s'étonne de leurs révoltes contre des pouvoirs anciens et longtemps révérés. Il faut s'étonner de leur confiance dans les pouvoirs nouveaux qu'elles accueillent. Elles redoutent les despotes et veulent le despotisme quelque part, à tout prix. Fréquemment déplacé, le pouvoir absolu a toujours obtenu un asile, un trône[15]. »

En affirmant que la souveraineté appartient à la raison, Guizot donne une conclusion logique à cette réflexion. Il ne garde le mot que pour mieux en nier le contenu. La raison doctrinaire à laquelle Guizot se réfère est en effet une raison transcendante à laquelle les individus ne sauraient jamais pleinement accéder. Ce n'est pas la raison utilitaire de Destutt de Tracy qui définit le bien et le mal, le juste et l'injuste par ce qui est conforme à la nature humaine et propre à assurer son bonheur. Cousin se fera le théoricien de cette conception impersonnelle et absolue de la raison en critiquant violemment l'approche utilitariste. L'homme, pour Cousin, ne peut jamais dire « voilà le vrai ». Le cogito ne peut mener à la raison car lorsque l'homme dit « je pense », il ne fait qu'émettre une opinion particulière, un sentiment. Le critérium du vrai n'est ni dans l'opinion ni dans le témoignage des hommes : c'est la raison seule dans son essence et sa pureté primitive ; raison absolue qui n'est que reçue par le moi et perd son caractère lorsqu'elle se donne comme raison personnelle et privée. Cette raison doctrinaire est donc aussi aux antipodes de la raison kantienne qui fonde son droit dans l'autonomie de la volonté. Allant jusqu'au bout de sa logique, Guizot ne se contente pas de critiquer le principe de la souveraineté politique. Il ne saurait être question également de souveraineté personnelle à ses yeux. « Il n'est pas vrai, écrit-il, que l'homme soit maître absolu de lui-même, que sa volonté soit son souverain légitime, qu'en aucun moment, à aucun titre, nul n'ait droit sur lui s'il n'y consent [16]. » Si la volonté n'est pas le souverain légitime de l'homme, c'est que ce n'est point d'elle qu'il reçoit les lois morales dont il reconnaît l'existence. La limitation du pouvoir, qui ne saurait s'identifier à la raison, a donc pour corollaire la réduction des droits de la volonté. « Au lieu donc d'élever toutes les volontés au rang des souverains, conclut Guizot, il fallait proscrire partout le pouvoir absolu au lieu de lui ouvrir un refuge dans chaque volonté individuelle, et reconnaître à chaque homme le droit, qui lui appartient en effet, de n'obéir qu'à la raison, au lieu de lui attribuer le droit, qu'il n'a point, de n'obéir qu'à sa volonté. » Telle est l'essence de la théorie doctrinaire de la souveraineté de la raison. Elle est libérale en tant qu'elle dénonce toutes les formes de despotisme et dénie à un quelconque pouvoir le droit de se dire vraiment souverain, mais elle ne concède pour autant rien aux droits intrinsèques de l'individu.

La représentation comme métaphore

L'œuvre de reconceptualisation entreprise par les doctrinaires ne s'est pas limitée à déconstruire la notion de souveraineté. Elle s'est logiquement poursuivie avec une redéfinition du gouvernement représentatif. Là encore, les libéraux de 1820 marquent leur distance avec la génération précédente. Ils identifient d'abord clairement la nature des équivoques concernant la représentation qui se forment dès 1789. Là où un Barnave et un Sieyès hésitent toujours entre une conceptualisation philosophique du gouvernement représentatif comme alternative à la démocratie et une approche pratique de la représentation comme substitut technique à une impossible démocratie directe, les doctrinaires vont trancher. Pour mettre à distance cette « démocratie pure » qu'ils rejettent comme leurs prédécesseurs, ils ne vont pas se contenter de l'opposer de façon incantatoire au gouvernement représentatif, comme l'ont fait Sieyès et Roederer aussi bien que les Feuillants (Duport, Barnave), ou, plus tard, les « libéraux de Coppet » avec Benjamin Constant et

Madame de Staël. Guizot et ses proches ont en effet estimé que ce sont les termes mêmes de cette opposition qui n'étaient pas correctement établis, conduisant à un brouillage et à un retournement permanents des concepts. Ils savent aussi que ce n'est pas une théorie modernisée du gouvernement mixte, à la mode anglaise ou américaine, qui peut suffire à canaliser l'aspiration démocratique, la limitant et la contrôlant en même temps. Les doctrinaires se proposent d'écarter plus fondamentalement le spectre du pouvoir populaire et de l'irruption du nombre en redéfinissant le concept même de représentation.

« C'est le mot de représentation qui, mal compris, a brouillé toutes choses[17] » : le diagnostic de Guizot résume l'analyse doctrinaire de la question. Dans un discours fameux, Royer-Collard a explicité en des termes frappants cette interrogation. « La révolution telle qu'elle s'est opérée pour le malheur des siècles n'est autre chose que la doctrine de la représentation en action, note-t-il. Sans doute on peut assigner des causes qui ont précédé, qui ont concouru, telles que le déplacement de la considération, celui des richesses et des lumières et surtout la corruption des esprits bien plus encore que celle des cœurs. Mais si, du sein de cette corruption même, il ne s'était élevé une assemblée pour qui cette doctrine magique de la représentation fût l'instrument irrésistible d'une puissance jusque-là inconnue ; malgré l'impétuosité de l'attaque, nous n'aurions pas vu toutes les barrières tomber à la fois comme par enchantement et le trône s'écrouler de lui-même et la société se dissoudre et tout enfin s'abîmer, et se confondre dans une ruine commune. [...] Ce fut l'usurpation de la représentation qui précède toutes les autres, qui les suggéra peut-être en partie ; et ce fut, elle aussi, qui les rendit si faciles[18]. » Pour sortir des indéterminations révolutionnaires, il est ainsi nécessaire pour Guizot et Royer-Collard de rompre avec les approches antérieures qui comprenaient la représentation comme une technologie politique ou comme un rapport sociologique. Dans des voies parallèles quoique légèrement différentes, ils ont poussé jusqu'au bout la discussion de cette idée traditionnelle de représentation.

« Comment une nation peut être représentée ? » interroge Royer-Collard avant de démontrer que le principe représentatif comporte une contradiction interne. « Le mot représentation est une métaphore, note-t-il. Pour que la métaphore soit juste, il est nécessaire que le représentant ait une véritable ressemblance avec le représenté ; et, pour cela, il faut, dans le cas présent, que ce que fait le représentant soit précisément ce que ferait le représenté. Il suit de là que la représentation politique suppose le mandat impératif, déterminé à un objet lui-même déterminé, tel que la paix ou la guerre, une loi proposée, etc. En effet, c'est seulement alors qu'il est prouvé, qu'il est visible, que le mandataire fait ce qu'aurait fait le mandant, ou que le mandant aurait fait ce que fait le mandataire [19]. » La représentation finit pour cette raison par se nier elle-même ; car elle n'a paradoxalement de consistance que si sa distance au principe démocratique s'efface [20]. Il est donc inutile pour Royer-Collard de songer à s'emparer du principe représentatif pour tenir à distance le péril démocratique. S'adressant à ses pairs, il en conclut abruptement que « la dénomination de gouvernement représentatif est donc évidemment fausse et trompeuse ». Il n'y a pour lui que des *pouvoirs,* et non une représentation. C'est dire que, si la monarchie constitutionnelle inclut une chambre élective, cette dernière ne peut prétendre « représenter » la société et incarner par là une forme de légitimité de nature démocratique : la Chambre des députés n'est pour lui qu'un pouvoir institué par la Charte, elle n'a pas d'existence autonome. L'élection change complètement de sens dans une telle perspective : elle a une pure fonction procédurale (constituer une assemblée) et ne consiste nullement dans l'exercice d'un droit. « L'élection dérive de l'existence constitutionnelle de la Chambre, dit-il ; elle en est une suite et une conséquence[21]. »

Guizot part, comme Royer-Collard, du paradoxe logique de la représentation. Il s'appuie même sur Rousseau pour pousser à bout l'argument et en déduire que « toute représentation est chimérique[22] ». Mais Guizot reproche à l'auteur du *Contrat social* de ne pas avoir été au bout de sa démarche. Si la représentation est toujours trompeuse et tyrannique, puisqu'elle tend à déposséder l'homme de la disposition permanente de sa volonté, cela doit conduire à considérer comme pratiquement impossible et illégitime tout gouvernement. Guizot analyse à partir de là l'illusion moderne comme la poursuite de l'idéal rousseauiste par d'autres moyens. Elle réside dans l'alliage de l'eau et du feu : du sacre philosophique de la volonté greffé sur l'adoption technique de la représentation[23]. Alors que la radicalité philosophique de Rousseau sur l'inaliénabilité de la volonté le conduisait à une certaine modestie et à une grande prudence institutionnelle (la démocratie n'étant reconnue viable que dans des petites républiques et dans des sociétés frugales et vertueuses), les hommes de 1789 ont prétendu lier la radicalité à la puissance avec le principe représentatif. C'est là que trouve son origine ce qui est indissociablement pour Guizot une illusion et une menace. Mais, au lieu de conclure comme Royer-Collard qu'il faut dénier toute validité au principe représentatif, il propose plutôt d'en changer la matière et la forme.

La redéfinition de la représentation s'opère chez Guizot dans deux directions. Il met d'abord en avant le caractère archaïque des approches procédurales pour attirer l'attention sur le caractère de plus en plus informationnel que revêtent les rapports entre le pouvoir et la société dans le monde moderne. Il a suggéré en ce sens de recomprendre la nature du gouvernement représentatif à partir d'une réflexion sur la publicité. Mais Guizot interprète aussi la représentation comme un processus de type cognitif, et non pas mécanique. Dans les deux perspectives, le rapport considéré comme « naturel » entre la représentation et l'élection s'en trouve complètement remis en cause, ouvrant la voie à une dissociation des deux notions ; dissociation jugée fondamentale pour désamorcer les revendications d'élargissement du suffrage et relativiser la portée des restrictions impliquées par le système censitaire.

Le rapprochement de la publicité et de la représentation n'a rien d'inédit en 1820. C'est un grand *topos* politique du XVIIIe siècle, et nous avons souligné l'importance des réflexions sur la presse et la représentation dans le milieu du Cercle social pendant la Révolution. Mais les doctrinaires systématisent ces premières ébauches et les inscrivent dans une vision historique longue des transformations de la politique. Alors qu'un Brissot considère, par exemple, l'expression de l'opinion comme une béquille ou un complément du système représentatif, Guizot fait du règne de la publicité la condition de l'avènement d'une politique « post-représentative ». C'est le sens de toute sa réflexion historique sur les origines et les transformations du gouvernement représentatif. « À le bien prendre, écrit-il dans cet esprit, ce qui caractérise les institutions que la France possède et où l'Europe aspire, ce n'est pas la représentation, ce n'est pas l'élection, ce n'est pas la délibération, c'est la publicité. Le besoin de publicité, dans l'administration des affaires publiques, est le trait essentiel de l'état social et de l'esprit du temps. C'est une condition impérieusement attachée à toutes les institutions, et sans lesquelles elles sont impuissantes à satisfaire les sociétés modernes.

Où la publicité manque, il peut y avoir des élections, des assemblées, des délibérations ; mais les peuples n'y croient pas, et ils ont raison[24]. » Revenant sur cette question dans son grand cours sur le gouvernement représentatif, il reconnaît l'importance de la division des pouvoirs et de l'élection, mais, écrit-il, « à considérer la théorie, la publicité est peut-être le caractère le plus essentiel du gouvernement représentatif[25] ».

En célébrant la publicité, les doctrinaires veulent au premier chef « archaïser » la procédure électorale, espérant du même coup faire perdre de leur substance aux revendications d'élargissement du suffrage ou d'amélioration de ses modes d'organisation. La dissociation de l'élection et de la représentation qui est à l'œuvre dans la compréhension extensive de cette dernière conduit d'abord à dépasser une certaine « contradiction technique » des gouvernements modernes qui aspirent à se conformer à la raison en employant des procédures qui favorisent l'éclosion des passions. « L'élection, écrit en ce sens Guizot, est, de sa nature, un acte brusque et peu susceptible de délibération ; si cet acte ne se lie pas à toutes les habitudes, à tous les antécédents des électeurs, s'il n'est pas, en quelque sorte, le résultat d'une longue délibération antérieure, l'expression de leur opinion habituelle, il sera très aisé de surprendre leur volonté, ou de les pousser à n'écouter que la passion du moment ; alors l'élection manquera de sincérité ou de raison[26]. » À l'inverse, la publicité entretient des flux permanents de communication entre l'opinion et le gouvernement. Dans cette optique de communication politique, les mécanismes électifs ne jouent qu'un rôle finalement secondaire. Ce n'est pas en tant que moyen d'expression arbitraire des volontés qu'ils comptent, ils n'ont de sens qu'encastrés dans un ensemble plus vaste de circulation des idées et des opinions. D'où la minutie avec laquelle Guizot s'est penché sur l'organisation des scrutins, visant à réduire au maximum la coupure entre l'acte électif et les habitudes de la vie sociale, insistant sur la nécessité de réunir les électeurs là où gravitent ordinairement leurs autres intérêts. La perspective est presque d'aboutir à une suppression de la distinction entre l'élection et l'enquête d'opinion, le scrutin et la conversation sociale. Présentant en 1830 devant la Chambre des députés le projet de loi sur la réélection des députés nommés fonctionnaires, il montre que ces élections partielles fonctionnent comme une « sorte d'enquête perpétuelle ». Guizot aborde dans les mêmes termes le problème de la régulation de la société familiale. La famille, explique-t-il, est « la plus douce des sociétés » alors même que ni la femme ni les enfants n'ont à voter sur les volontés du mari ou du père. Guizot reprend ici la métaphore classique du pouvoir paternel dans une optique nouvelle. Il ne s'agit pas de calquer l'organisation de la société politique sur la structure du pouvoir paternel comme pour les philosophes du XVIIIe siècle, mais de montrer dans quelle mesure ce dernier est finalement plus moderne dans son fonctionnement qu'on ne le suppose. Il repose en effet, estime Guizot, sur un système interactif de négociations informelles et de transactions formelles. « Qu'importe après cela, note-t-il, que le droit de suffrage ne se manifeste point sous une forme matérielle, par la présence d'une urne et de dépôt d'un bulletin ? Qu'importe qu'il ne soit point écrit dans les lois de la société ni garanti par les nécessités de leurs relations[27] ? » Contrairement aux apparences, insiste-t-il, « nulle part le droit de suffrage n'est plus réel ni si étendu. C'est dans la famille qu'il touche de plus près à l'universalité ». À l'inverse, le vote formel peut n'être qu'une sorte de « lettre anonyme de la vie sociale[28] », manifestant un déficit de l'interaction sociale normale.

Pour essentiels qu'ils soient, les mécanismes centraux sur lesquels s'appuie le gouvernement représentatif (le système des Chambres et la publicité du pouvoir) ne sauraient donc en contenir toute la signification. La vie et les besoins de la société doivent aussi s'insérer dans un travail beaucoup plus capillarisé de la représentation. La publicité substitue, en fin de compte, une conception interactive à une approche mécanique des rapports entre société et gouvernement. Elle élargit la notion de représentation à celle de communication politique. La publicité, note Guizot, opère un travail de révélation réciproque du pouvoir et du public. Si son véritable office est de servir à gouverner, c'est, selon les termes de Rémusat, parce que « dans nos grands empires modernes, avec leurs grandes populations, les citoyens ne peuvent que par la presse communiquer entre eux, et prendre acte de leur opinion ; par elle seule l'autorité peut recevoir d'eux et leur rendre la lumière, et cet échange est nécessaire pour que les citoyens et l'autorité marchent dans les mêmes voies [29] ». Le propre de la société moderne, poursuit-il, c'est que « la société se fait spectacle à elle-même [30] ». L'avènement d'un pouvoir social de type inédit résulte au premier chef de ce travail par lequel la société et le gouvernement se présentent l'un à l'autre, s'imbriquent l'un dans l'autre et se révèlent en même temps à eux-mêmes.

En superposant dans le principe de publicité une liberté et un moyen de gouvernement, les doctrinaires apportent à leur manière une réponse aux apories de la culture politique révolutionnaire. Toutes les restrictions apportées au droit de suffrage se trouvent aussi, de la sorte, relativisées : avec l'entrée dans l'âge de la publicité, la fonction sociale de l'élection peut décliner sans dommage. Une pensée incontestablement novatrice du politique se lie ainsi inextricablement chez eux à une vision réactionnaire de l'histoire et de la société.

Le sacre des capacités

Partant du fait que c'est la raison qui est souveraine, et non la volonté, Guizot appelle aussi représentation la procédure de reconnaissance de cette raison. À la limite, il n'y a donc rien à « représenter », au sens étymologique du terme, chez Guizot ; il n'est plus question de chercher à exprimer des volontés individuelles ou des intérêts collectifs. La représentation n'est pas pour lui une technologie politique ou un transformateur sociologique : elle qualifie une opération de type cognitif. D'où la nouvelle définition qu'il en donne : « Ce qu'on appelle la représentation n'est point une machine arithmétique destinée à recueillir et à dénombrer les volontés individuelles. C'est un procédé naturel pour extraire du sein de la société la raison publique, qui seule a droit de la gouverner[31]. » Il ne s'agit plus de régler une arithmétique complexe des intérêts et des volontés, mais « de recueillir, de concentrer toute la raison qui existe éparse dans la société[32] », « d'extraire de la société tout ce qu'elle possède de raison, de justice, de vérité, pour les appliquer à son gouvernement[33] ». Cette opération cognitive est évidemment indissociable d'un travail de type sociologique, puisque ce sont toujours *in fine* des hommes qui pensent le monde. Rémusat l'a explicité en des termes parfaitement clairs : « Nulle souveraineté absolue n'est réalisée en ce monde, écrit-il, mais, invisible et présente, la raison suprême parle à la raison humaine, et ne parle qu'à elle. Tous entendent sa voix, non pas assez pour la suivre également, mais assez pour être également obligés de la suivre. De là le lien des intelligences, de là cette société spirituelle qui sert de fond et d'exemplaire à la société civile. À qui donc appartient le pouvoir politique ? Aux plus capables de faire prévaloir la loi commune de la société, savoir, la justice, la raison, la vérité[34]. »

Le thème sociologique des *capacités* prolonge donc naturellement l'approche doctrinaire de la souveraineté de la raison et de la représentation (Guizot définit la capacité comme « la faculté d'agir selon la raison[35] »). La capacité établit un point de rencontre entre l'ordre de la raison et l'ordre de l'action humaine. Elle abolit la distance entre droit naturel et droit positif et résout leur antagonisme dans un *processus cognitif*. Cette notion de capacité est la pierre angulaire de toute sa philosophie politique, le noyau dur auquel aboutissent la théorie de la souveraineté de la raison et la philosophie de l'histoire des doctrinaires. « C'est la plus belle et la plus utile conquête que nous avons faite depuis quinze ans, dira Guizot en 1831. Le principe de la capacité politique a effectivement détrôné l'anarchie[36]. » C'est par une sociologie que les doctrinaires entendent ainsi dissiper les équivoques de la culture politique révolutionnaire. Le mouvement avait déjà été amorcé par les thermidoriens. Les constituants de l'an III avaient autant insisté sur l'avènement d'une nouvelle élite sociale et politique que sur la mise en place de dispositifs constitutionnels pour terminer la Révolution et garantir l'ordre, l'idéal d'un pouvoir des notables inspirant toute leur œuvre[37]. Mais les doctrinaires accomplissent le mouvement en radicalisant une vision sociologique du politique. Avec eux, il n'y a plus d'indifférenciation sociologique de la théorie politique. La rupture avec les grands auteurs classiques est considérable. Lorsque Hobbes, Locke, Rousseau, Sieyès ou Condorcet tentaient de penser les fondements de l'ordre social, c'est à des institutions ou à des mécanismes politiques qu'ils confiaient le soin de régler les passions et de composer une arithmétique politique de la justice. Ils partaient de l'homme au singulier, comme être générique, et pensaient en architectes les conditions du vivre ensemble. La théorie de l'État ou celle du marché ne reposaient pas sur une sociologie. Rien de tel chez les doctrinaires. C'est dans la structure sociale elle-même qu'ils cherchent, avec le principe de capacité, les mécanismes régulateurs du politique[38].

Concentrer la raison et sélectionner des « capacités » constituent donc pour les doctrinaires les deux faces d'une même entreprise, indissociablement cognitive et sociale. « Dans toute société, note Guizot, il existe une certaine somme d'idées justes et de volontés légitimes sur les droits réciproques des hommes, sur les relations sociales et leurs résultats. Cette somme d'idées justes et de volontés légitimes est dispersée dans les individus qui composent la société, et inégalement répartie entre eux, en raison des causes infinies qui influent sur le développement intellectuel et moral des hommes[39]. » Le but du gouvernement représentatif est donc facilement fixé : il est « de recueillir partout les fragments épars et incomplets de ce pouvoir, de les concentrer et de les constituer en gouvernement[40] ». Ce thème sera au centre de la vision libérale des années 1830, la rapportant à la thématique plus ancienne de l'éminence élective. Pour Guizot et les doctrinaires, les « capacités » ne se réduisent pas, en effet, à de banales variables économiques (qu'un dispositif purement censitaire pourrait adéquatement saisir), elles caractérisent de façon à la fois plus floue et plus globale un rapport général à l'intelligence de la société et de son mouvement[41]. « Le propre du gouvernement représentatif, dit dans cet esprit le duc de Broglie, est d'extraire du milieu de la nation l'élite de ses hommes les plus éclairés, de les réunir au sommet de l'édifice social, dans une enceinte sacrée, inaccessible aux passions de la multitude, et là, de les faire délibérer à haute voix sur les intérêts de l'État[42]. » C'est la procédure électorale qui va notamment être chargée de parvenir à ce résultat. « Le but de l'élection, résume Guizot, est d'envoyer au centre de l'État les hommes les plus capables et les plus accrédités du pays ; c'est une manière de découvrir et de constituer la véritable, la légitime aristocratie, celle qu'acceptent librement les peuples sur qui doit s'exercer son pouvoir[43]. » L'élection a, dans cette perspective, un caractère purement fonctionnel. Elle n'est ni la source de la légitimité ni la conséquence de l'égalité civile entre les hommes. C'est pourquoi elle n'est pas déférée à tous comme l'exercice d'un droit, mais à quelques-uns seulement comme une fonction. C'est la capacité qui confère seule la possibilité de voter, les électeurs étant pour Guizot de simples fonctionnaires de la raison. À la limite, d'autres procédures, comme l'examen ou le concours, pourraient être envisagées pour arriver à cet objectif de sélection des capacités.

Ainsi résumée, la fonction du système représentatif et des mécanismes électoraux qui l'accompagnent est de produire une élite. « La supériorité sentie et acceptée, écrit le chef des doctrinaires, c'est le lien primitif et légitime des sociétés humaines ; c'est en même temps le fait et le droit : *c'est le véritable, le seul contrat social*[44]. » Mais comment définir une notion moderne de supériorité qui ne retombe pas dans les ornières d'un inacceptable système de privilèges ? Les libéraux ont successivement proposé d'aborder deux types de réponse à cette question. La première est celle de *l'aristocratie élective*, forgée par les hommes du Directoire et les rédacteurs de la Constitution de l'an VIII ; la seconde est justement celle du *pouvoir capacitaire*, élaborée par les doctrinaires. Les différences entre les deux propositions permettent de comprendre la nature de l'impasse dans laquelle se sont progressivement enfermés Guizot et ses amis.

Poursuivant les réflexions esquissées dès l'an III par Boissy d'Anglas ou Daunou, Madame de Staël invite les républicains, en l'an VI, à repenser les fondements de la démocratie en des termes sans équivoques : « Il faut qu'ils adoptent quelques-unes des idées de l'aristocratie pour établir solidement les institutions populaires[45]. » Cet état d'esprit est dans l'air du temps. On ne s'étonne donc pas de voir Sieyès proposer, en l'an VIII, au moment où est discuté le nouveau projet de constitution, un système de *listes de notabilités* pour réguler l'ensemble du dispositif électoral[46]. Sieyès entend ainsi diviser la nation en partie *gouvernante* et en partie *gouvernée,* permettant de mettre en pratique le principe selon lequel « l'autorité vient d'en haut et la confiance d'en bas ». L'ensemble du système est régulé au sommet par un collège des Conservateurs qui peut ainsi écarter les « mauvais citoyens ». Le mécanisme est complexe, mais l'objectif est simple : « Hors l'élite représentative, résume Sieyès, nul n'a droit de représenter, nul n'a le droit de parler au nom du peuple[47]. » Cette formulation est un signe des temps. Elle clôt d'une certaine manière l'histoire ouverte dix ans plus tôt : celui qui affirmait, en 1789, avoir achevé la science politique ne voit désormais de salut que dans la constitution d'une élite politique.

Si Sieyès imagine le système des listes de notabilité, c'est à Roederer qu'il revient d'avoir qualifié de la façon la plus saisissante le nouveau régime comme une *aristocratie élective* et d'avoir considéré qu'il constituait la forme enfin trouvée de la démocratie représentative que nombre de révolutionnaires avaient appelée de leurs vœux. « L'aristocratie élective, dont Rousseau a parlé il y a cinquante ans, écrit-il, est ce que nous appelons aujourd'hui démocratie représentative. [...] Que signifie le mot élective joint au mot aristocratie ? Il signifie que ce petit nombre de sages qui sont appelés à gouverner ne tiennent leur droit que du choix, de la confiance de leurs concitoyens ; en un mot, d'une élection entièrement libre et dégagée de conditions de naissance. Eh bien ! N'est-ce pas justement ce que signifie le mot démocratie joint à celui de représentative ? Aristocratie élective, démocratie représentative sont donc une seule et même chose[48]. » La Constitution de l'an VIII représente de cette façon pour Roederer l'aboutissement indissociablement intellectuel et politique de l'expérience révolutionnaire. Elle trouve enfin pour lui la formule du nouveau régime auquel la science politique aspirait. « La nouvelle constitution, plaide-t-il, remplit seule, entre les systèmes connus, les conditions requises pour constituer une représentation nationale, et offre les premières idées qu'on ait eues jusqu'à présent d'un vrai système représentatif, exempt et des horreurs de la démagogie, et des oppressions de l'aristocratie[49]. »

Guizot et les doctrinaires vont proposer une alternative à cette théorie élective de l'éminence. Ils ont d'abord pris acte de l'échec de la Constitution de l'an VIII. Ils ont aussi pu observer les contradictions rémanentes de Sieyès qui finit par rêver, à la fin du parcours révolutionnaire, de concilier les avantages de l'élection avec ceux de l'hérédité, envisageant presque un gouvernement représentatif qui puisse se passer du mécanisme électoral[50]. Ils vont aller jusqu'au bout de cette démarche en cherchant à se distancier au maximum du système de l'élection. Comment déterminer alors une *procédure alternative* pour distinguer l'éminence, dès lors que l'on repousse à la fois l'institution sociale des différences (le privilège) et une sélection par le suffrage universel jugée incertaine ou dangereuse ? L'idée doctrinaire de capacité a cherché à ouvrir cette voie, faisant se superposer une *qualité sociale* (la capacité d'*agir* selon la raison) et une *aptitude à la discerner* (la capacité simultanée de *reconnaître* la raison). Sa limite est qu'elle est inéluctablement conduite à se rétrécir en un principe étroit d'*autoreconnaissance*. C'est en effet un groupe particulier qui finit dans ce cadre par se déclarer détenteur de la raison. Les adversaires des doctrinaires concentreront donc logiquement sur ce point leurs critiques, les accusant de vouloir régenter le monde en appelant raison publique leurs opinions particulières [51]. Guizot et ses amis glisseront d'ailleurs significativement dès leur arrivée au pouvoir vers une banale apologie de leurs intérêts de classe. « Nous sommes le gouvernement de la bourgeoisie », dira Rémusat en une formule célèbre [52]. La lutte politique contre le régime pourra du même coup prendre immédiatement la forme d'une lutte sociale.

Si toute l'ambitieuse construction intellectuelle des doctrinaires finit de la sorte par s'effondrer en s'abîmant dans un plat gouvernement de classe, son histoire pose la question fondamentale de savoir s'il existe un intermédiaire procédural pensable entre l'élection et l'examen. L'examen promet un mode de sélection et de jugement objectifs. Appliqué à la politique, il présuppose que les intérêts et les situations puissent constituer un objet de connaissance sociale et politique, afin de légitimer le commandement de ceux qui maîtrisent cette même connaissance. D'où un problème de circularité : c'est celui qui fonde la norme qui exerce le pouvoir. L'élection procède à un choix qui présente une caractéristique opposée : elle laisse indéterminés les critères d'évaluation des personnes. À la limite, chaque électeur peut utiliser ses critères personnels, l'élection apparaissant comme une résultante mécanique, non rationalisée et non explicitée, d'une multiplicité d'échelles de valeurs et de systèmes de préférence. L'élection permet, en d'autres termes, de laisser ouverte la question des facteurs de choix. Elle peut par conséquent s'accommoder d'une participation aussi large que possible; et elle le doit même pour fonder sa légitimité. La fonction épistémologique première du suffrage universel est ainsi d'affirmer une certaine indifférence morale et une neutralité cognitive comme fondement de la paix sociale, c'est-à-dire de la reconnaissance par tous de l'égalité comme base du contrat social. Mais cette approche n'est acceptable que si la politique n'est pas une science ou, du moins, si l'on reconnaît que les valeurs et les intérêts ne peuvent être constitués en objets de connaissance[53]. Sinon, l'examen sera autorisé, l'éminence devenant dans ce cas un pouvoir transmis, non plus à travers le privilège, mais à travers une chaîne de reconnaissance du savoir régulée par un corps savant spécialisé.

Le problème des doctrinaires est qu'ils sont restés au milieu du gué. Ils ont accepté la procédure électorale, tout en la relativisant considérablement et en réduisant drastiquement l'accès aux urnes. Ils ont vanté les capacités, mais sans être capables de produire une élite intellectuelle clairement distinguée des simples supériorités sociales. Du même coup, ils ont perdu sur les deux tableaux, faisant du régime de Juillet un colosse aux pieds d'argile. Surtout, ils n'ont finalement pas apporté de réponse durable aux apories fondatrices de la culture politique révolutionnaire. Ils ont simplement enrichi d'une figure intellectuelle inédite le répertoire des tentatives régressives d'en sortir.

Le débordement des mots

Les doctrinaires ne se sont pas seulement préoccupés de reconceptualiser la politique moderne en élaborant une philosophie libérale en rupture radicale avec le principe de souveraineté du peuple. Ils ont également voulu introduire un nouvel art de gouvernement, persuadés que la maîtrise de l'imaginaire social était devenue aussi décisive que la capacité de manier des instruments de contrainte et des appareils administratifs. « Le grand mystère des sociétés modernes, c'est le gouvernement des esprits », n'a cessé de rappeler Guizot toute sa vie[54]. Leur but est là de ne pas dissocier les moyens de gouvernement « intérieurs » et « extérieurs », dans une perspective théorique qui anticipe de près d'un siècle la notion gramscienne d'hégémonie. Ils ont pour cette raison accordé une grande attention au langage politique, sûrs que les mots contribuaient à guider les idées, qu'ils étaient en eux-mêmes porteurs de menaces ou de promesses. D'où, aussi, ce que l'on peut qualifier chez eux de « stratégie sémantique » pour désigner leur entreprise de reformulation des notions de souveraineté et de représentation, dans le but de les dissocier de l'univers mental révolutionnaire. La façon dont ils ont tenté de redéfinir le mot démocratie prolonge cet effort d'ensemble.

Dans les premières années de la Restauration, le terme de démocratie n'évoque que les errements de la Terreur quand il ne renvoie pas platement à l'Antiquité. Ainsi est-il soigneusement tenu à distance par nombre de publicistes. Dans ses réflexions sur la politique et la liberté modernes, un Benjamin Constant réussit à ne jamais utiliser l'expression. Le mot de démocratie n'en fait pas moins irrémédiablement partie de l'héritage révolutionnaire, comme ceux de souveraineté du peuple ou de gouvernement représentatif. Il faut donc aussi composer avec lui. Les doctrinaires vont paradoxalement jouer un rôle essentiel pour en acclimater l'usage. Mais le mot va prendre avec eux un sens nouveau. Il va désigner la *société* égalitaire moderne et non plus le régime politique associé aux républiques grecque et romaine, ou à l'idée d'intervention directe du peuple dans les affaires publiques. Le tournant sémantique est consacré, en 1835, lorsque Tocqueville publie la première partie de sa *Démocratie en Amérique*. Mais il est amorcé bien plus tôt, sous la Restauration. Dans un célèbre discours de

1822, le doyen des libéraux doctrinaires, Royer-Collard, devait fixer, en des termes qui resteront classiques pour toute une génération, le nouveau sens sociologique du mot démocratie. La démocratie, explique-t-il, est un « état social », en même temps qu'elle incarne la puissance prête à le réaliser, elle « a voulu changer l'état intérieur de la société, et elle l'a changé[55] ». « À travers beaucoup de malheurs, poursuit-il, l'égalité des droits, c'est le vrai de la démocratie, a prévalu ; reconnue, consacrée, garantie par la Charte, elle est aujourd'hui la forme universelle de la société, et c'est ainsi que la démocratie est partout. » La démocratie ne désigne donc pas un régime politique mais un type de société.

Le mot démocratie prend ainsi paradoxalement place dans le vocabulaire pour définir la société moderne à une époque où le suffrage censitaire règne (140 000 électeurs seulement votent vers 1820). Il s'impose significativement au moment où c'est le terme de république qui apparaît porteur des aspirations politiques radicales. Les publicistes d'extrême gauche de la période ne font en effet guère référence à la démocratie. Les principaux textes programmatiques des mouvements républicain et socialiste dans les premières années de la monarchie de Juillet en témoignent. Le mot démocratie ne figure ni dans le *Manifeste de la Société des amis du peuple* (automne 1830), ni dans le *Programme de la Tribune, Doctrines républicaines* (janvier 1833), ni dans le célèbre *Discours du citoyen Desjardins sur l'association républicaine* (avril 1833). Dans ces différents manifestes, les hommes d'extrême gauche parlent simplement de souveraineté du peuple ou de république pour exprimer leurs aspirations. En 1842, le *Dictionnaire politique,* publié par Pagnerre, qui est très représentatif des idées républicaines de la période, ne consacre qu'un très court article à la démocratie. S'il note que « la démocratie est le triomphe complet du principe de l'égalité, le fait définitif de notre époque, le fait de l'avenir », il renvoie rapidement les lecteurs aux articles « Souveraineté » et « République », ces deux termes étant censés préciser, le premier, le principe philosophique de la démocratie et, le second, son application institutionnelle et politique. Parmi les républicains, Auguste Billiard est relativement isolé pour assimiler, dans son *Essai sur l'organisation démocratique de la France* (1837), les termes de république et de démocratie en faisant l'éloge de la « démocratie pure[56] ». Si la démocratie qualifie surtout un type de société dans les années 1830, elle ne désigne donc pas encore le régime politique idéal qui sera plus tard unanimement célébré. La république ou le socialisme apparaissent souvent à gauche comme les seuls objectifs mobilisateurs. Il est significatif de constater qu'Armand Carrel publie, en 1835, un article intitulé : « Il ne faut pas confondre démocratie et république ». L'objectif est bien à ses yeux de réaliser la seconde, alors que la première est supposée déjà établie en grande part. « La France est une démocratie et non une république, écrit-il [...]. Le principe démocratique est bien et dûment admis dans la constitution existante ; s'il n'y est armé que de faibles attributions, il la domine logiquement[57]. » C'est le régime républicain qui réalise seul le vrai principe de la souveraineté du peuple, estime-t-il, comme la plupart de ses amis politiques, qu'ils soient modérés comme lui ou plus radicaux. Le terme de démocratie apparaît donc alors pour cette raison beaucoup moins menaçant qu'il ne l'était pendant la Révolution.

Pour Guizot et ses amis, parler de démocratie consiste, à l'inverse, à revendiquer l'œuvre sociologique et juridique de la Révolution, tout en repoussant radicalement l'héritage politique républicain. C'est estimer que la Révolution a créé une société plus qu'un régime. Rémusat oppose clairement ainsi la « bonne » démocratie, « envahissant la société », « dont l'égalité est le symbole », au mot démocratie « pris dans sa mauvaise acception », c'est-à-dire assimilée au suffrage universel et au pouvoir populaire[58]. Rappelant plus tard ces débats des années 1820 et 1830, il insistera sur la rupture intellectuelle que lui et ses amis avaient exprimée en dissociant, dans l'analyse, l'ordre politique et l'ordre social[59]. Cette distinction, soulignera-t-il, permettait de ne plus confondre négativement la démocratie avec la délibération de la multitude et de l'appréhender positivement à partir des mœurs, des intérêts et de la législation civile. « La démocratie est dans l'ordre social, note Rémusat. C'est là le résultat le plus certain, le plus éclatant de la Révolution[60]. » « La démocratie moderne, dit de son côté Guizot, n'est pas vouée à la vie politique [...]. Elle n'aspire pas au pouvoir, elle n'aspire pas à gouverner elle-même, elle veut intervenir dans le gouvernement autant qu'il est nécessaire pour qu'elle soit bien gouvernée, et qu'elle puisse, en toute sécurité, vaquer à la vie domestique, aux affaires privées[61]. » La démocratie « sociétale » peut ainsi régir la société civile et le principe des capacités, organiser la société politique, les droits civils et les droits politiques s'en trouvant du même coup légitimement dissociés (les premiers étant des droits permanents et universels alors que les seconds sont essentiellement variables). Alors que cette démocratie sociétale correspond, pour Guizot, à un âge développé de la civilisation, la démocratie « politique » qualifie pour lui, au contraire, une étape primitive des sociétés. Il insiste longuement sur ce point dans son *Histoire des origines du gouvernement représentatif*. Quand il étudie les institutions anglaises du Moyen Âge, il souligne par exemple que la pratique des élections par acclamation populaire ou la tenue d'assemblées de chevaliers ne préfigurent en rien le monde moderne et qu'elles ne constituent que des archaïsmes traduisant une incapacité à délibérer rationnellement et à choisir selon des critères clairement établis. Cette analyse est alors assez largement partagée[62] et le tournant sémantique qu'elle implique est suffisamment consacré au début des années 1830 pour que Villemain puisse écrire, dans son introduction à l'édition de 1835 du *Dictionnaire de l'Académie française,* que « la démocratie est dans les mœurs ».

Bien sûr, Tocqueville est maintenant pour nous celui qui illustre avec le plus d'éclat et de talent cette compréhension sociale du fait démocratique. En faisant de l'égalité des conditions le facteur clef de la redéfinition moderne de la structure de la société, il consacre, dès le premier tome de sa *Démocratie en Amérique,* la définition sociologique et anthropologique de la démocratie. Mais il est frappant de constater qu'il apparaît en cette matière pour ses contemporains comme un simple héritier des doctrinaires. « Nous ne voulons le considérer que comme une sorte de continuateur de Royer-Collard par rapport à cette grande question de la démocratie », remarque ainsi Rémusat[63]. Tout l'intérêt de l'œuvre de Tocqueville réside cependant dans le fait qu'elle manifeste l'impossibilité d'en rester à une telle définition. Le sens de la démocratie n'est jamais stabilisé chez lui[64], le fait moderne de civilisation restant en permanence traversé par l'irrésistible pression de la souveraineté du peuple sur les institutions gouvernantes. C'est très perceptible dans ses manuscrits. « La démocratie constitue l'état social, le dogme de la souveraineté du peuple constitue le droit politique. Ces deux choses ne sont point analogues. La démocratie est une manière d'être de la société, la souveraineté du peuple est une forme de gouvernement », dit-il[65], mais il revient, quelques pages plus loin, sur cette claire séparation en écrivant que « souveraineté du peuple et démocratie sont deux mots parfaitement corrélatifs ; l'un présente l'idée théorique, l'autre sa réalisation pratique[66] ». Son oscillation témoigne ainsi à la fois du tournant sémantique et de sa limite, comme s'il était impossible de dissocier complètement le social du politique et de construire le neuf en rupture avec l'ancien.

Il n'est pas étonnant que l'équivoque tocquevillienne ait été ressentie comme une menace pour les doctrinaires. C'est pourquoi ils n'auront de cesse de la dénoncer et de s'efforcer de rabattre cette « démocratie mouvante » (l'expression est de Rémusat) vers sa seule acception sociétale. Ils se préoccuperont pour cela de produire une réponse argumentée à l'auteur de *Démocratie en Amérique.* Dans un ouvrage publié dans ce but en 1837, *De la démocratie nouvelle ou Des mœurs et de la puissance des classes moyennes en France,* Édouard Alletz oppose ainsi la « vieille démocratie » définie comme « gouvernement des masses », « puissance du nombre », « autorité de l'imprudence et de la misère », et la « démocratie nouvelle », qui repose sur le système représentatif et l'égalité devant la loi[67]. Alletz vise de la sorte à définir « la possibilité d'une démocratie sans suffrage universel[68] ». Guizot reprend la même année ce thème dans un important article, « De la démocratie dans les sociétés modernes[69] ». Il distingue lui aussi une nouvelle fois la démocratie moderne de la démocratie des républiques anciennes, appréhendant la première comme « la limitation de tous les pouvoirs par le régime représentatif, l'égalité civile, l'égale admissibilité de tous aux fonctions publiques et l'extension des libertés individuelles[70] ». Mais cet article laisse en même temps percevoir les limites de l'entreprise doctrinaire de rééducation de l'imaginaire politique. « Il y a, conclut-il en effet laconiquement, quelque chose de vrai, de très vrai dans le fait que tous s'accordent à reconnaître que la société actuelle est démocratique. *Mais il y a aussi quelque chose d'obscur, de très obscur encore*[71]. » L'obscurité évoquée par Guizot ? Elle correspond banalement, en fait, à l'impossibilité finalement ressentie d'en rester à la sage démocratie de l'égalité civile et à la rassurante souveraineté de la raison. Les événements se sont chargés par deux fois, en 1830 et en 1848, de le démontrer brutalement, même si c'est dans des conditions différentes.

Les journées de juillet 1830 ont d'abord posé un problème difficile à tous les théoriciens des années 1820. Pour renverser le régime de Charles X, isolé dans sa fuite en avant réactionnaire, ils ont en effet été partie prenante d'un mouvement qui semblait consacrer pratiquement le retour du principe de souveraineté du peuple. Les barricades des Trois Glorieuses ont symbolisé avec éclat la victoire du pouvoir d'en bas contre celui d'en haut : l'effondrement du régime a exprimé dans les faits les droits de la nation à choisir elle-même son gouvernement. La Révolution a ainsi ramené brutalement la vie politique à ce qui apparaissait à tous les acteurs comme une évidence essentielle : la force commandante de la volonté populaire. Si les doctrines de la légitimité des ultras ont volé en éclats dans l'événement, les prudences et les précautions des libéraux ont également été fort mises à mal. La presse modérée elle-même a alors célébré ce que *Le Temps* appelait de façon significative le « rétablissement de la souveraineté[72] ». Lors de la discussion de la nouvelle charte, un député notait, comme si cela allait de soi : « Il faut dire que c'est du peuple et du peuple seul que part la souveraineté ; il faut le dire, surtout au moment où le peuple se choisit un chef et délègue à une nouvelle dynastie l'exercice d'une partie de cette souveraineté[73]. » Il était en effet clair aux yeux de tous que le texte constitutionnel de 1830 était imposé par le peuple, loin d'être octroyé par le roi comme en 1814.

On ne s'étonne donc pas que des voix se soient élevées dans ce contexte pour réclamer la convocation d'assemblées primaires qui auraient élu une chambre constituante pour rédiger une nouvelle charte au nom du peuple. Si ce sont naturellement les journaux radicaux qui ont orchestré le mouvement en ce sens, l'idée d'organiser une ratification populaire du texte élaboré par la Chambre des députés en exercice a été plus largement partagée[74]. Si aucune consultation, même limitée au corps censitaire, n'a finalement été organisée, le présupposé d'un acquiescement populaire au texte élaboré par la Chambre a été clairement présent. Après la lecture de la Charte, le duc d'Orléans avait d'ailleurs dit lui-même : « Je reçois avec une profonde émotion la déclaration que vous me présentez : je la regarde comme l'expression de la volonté générale. » Pour couper court à des projets de ratification qui les effrayaient, les libéraux modérés se sentaient aussi obligés d'affirmer que le peuple s'était virtuellement exprimé. Thiers parlait par exemple de « lente, persévérante et laborieuse ratification » en lançant avec agacement : « Que veut-on de plus ? Du papier timbré, c'est-à-dire des délibérations d'assemblées primaires ou des registres ouverts chez les notaires ? En vérité, de telles jongleries ne sont pas de notre temps[75]. » Dupin, Guizot et leurs amis mettaient en avant la masse des adresses et des députations, autant de faits qui équivalaient à leurs yeux à une ratification nationale[76]. Mais ces modérés sentiront le piège ; ils n'auront ensuite de cesse de mettre à distance ces origines proprement révolutionnaires du régime. Ils tenteront de procéder à cet exorcisme en renvoyant les événements de juillet 1830 à leur caractère purement circonstanciel.

La grande hantise de ces libéraux a été d'éviter le possible retour d'une expression de la souveraineté populaire. Ils ont voulu pour cela conjurer la réapparition d'un pouvoir constituant qui en incarnait la plus évidente modalité. À l'occasion de deux grands débats, le premier sur l'hérédité de la pairie en 1831 et le second sur la régence en 1842, ils se sont efforcés de le renvoyer dans un passé jugé définitivement clos. Dupin a ainsi mis ses pas dans ceux de Portalis pour le réduire à une sorte de pouvoir fondateur. « On parle du pouvoir constituant comme s'il était toujours présent ; erreur, assène-t-il. Quand la constitution d'un peuple est établie, le pouvoir constituant disparaît. C'est la parole du créateur qui commande une fois pour gouverner toujours[77]. » Thiers lançait pareillement : « Le pouvoir constituant a existé, je le sais [...]. Mais il n'existe plus[78]. »

On était loin de pouvoir se contenter dans ce contexte d'une simple apologie de la souveraineté de la raison. À l'ombre des doctrinaires, toute une pléiade de juristes tenteront de s'attaquer au problème, afin de mettre fin à une « confusion d'idées[79] » qu'ils jugeaient lourde de menaces. Certains définissaient classiquement la souveraineté du peuple comme une fiction, au sens juridique du terme. « La souveraineté du peuple, notait en ce sens Barante, est un principe incontestable, mais un principe abstrait, dont l'existence n'est pas plus réelle que l'existence du contrat social[80]. » Soulignant dans le même sens que la notion exprimait une « vérité mal conçue », Pinheiro-Ferreira concluait : « C'est très improprement qu'on a dit que le peuple est souverain. Ce qu'on voulait et ce qu'on aurait dû dire, c'est qu'il est à l'origine de la souveraineté[81]. » D'autres risquaient l'expression de « souveraineté latente », en l'opposant à celle de « souveraineté permanente »[82], ou appréhendaient la souveraineté du peuple comme un concept essentiellement négatif. Berriat Saint-Prix écrivait par exemple : « Le principe de la souveraineté du peuple n'a pas grande importance considéré affirmativement [...]. Il a plutôt une valeur négative[83]. » Mais ces arguties et ces prudences se sont à chaque fois révélées vaines quand, au bout du compte, il fallait justifier le suffrage censitaire. Si un Royer-Collard pouvait finalement concéder : « Il y a deux souverainetés du peuple, l'une vraie, l'autre fausse[84] », ce n'était pas pour opposer deux théories constitutionnelles, mais pour désigner deux camps. Les choses étaient en effet simples pour lui : d'un côté se trouvaient ses amis qui rangeaient « la force sous les lois de la justice » et, de l'autre, ses adversaires qui agitaient un « symbole grossier de la force ». Il y avait pareillement une plate défense idéologique de classe derrière l'expression un moment employée par Guizot de « souveraineté sociale organisée ». Il fallait là aussi comprendre « souveraineté de la classe dirigeante ». Fait significatif, c'était toujours par un argument d'ordre et d'autorité que Guizot finissait par clore ses discours sur le sujet. « Nous sommes les seuls organes réguliers et légitimes de la souveraineté nationale, concluait-il par exemple dans le début de 1842 sur la Régence. Hors de nous il n'y a qu'usurpation ou révolution[85]. » C'était suggérer que seule la force pouvait *in fine* conjurer le risque de débordement des mots par la réalité, et prétendre, encore une fois, qu'il n'y avait rien entre l'ordre et l'insurrection.

Le même obstacle de la réalité s'est à nouveau dressé devant les doctrinaires en 1848. Le basculement de 1848 a témoigné de façon exemplaire du resurgissement de la face qu'ils voulaient occulter du mot démocratie. L'avènement du suffrage universel a alors modifié brusquement la langue politique, redonnant une consistance désirable à l'ancien impératif révolutionnaire d'une participation de tous à la chose publique. Guizot ne manquera pas de le déplorer en constatant non sans dépit : « Le mot démocratie a des perspectives et des promesses infinies [...]. Voilà le secret de sa force[86]. » La révolution de 1848 est de la sorte presque résumée dans la rupture sémantique qui l'accompagne. « Le chaos, écrit en ce sens Guizot, se cache aujourd'hui sous un mot : *démocratie*. [...]. Tel est l'empire du mot démocratie que nul gouvernement, nul parti n'ose vivre, et ne croit le pouvoir sans inscrire ce mot sur son drapeau[87]. » Mais le dépit de Guizot, dans son pamphlet de 1849, n'est pas celui d'un philosophe qui regrette l'imprécision soudainement accrue des mots. Lorsqu'il dénonce « la perpétuelle confusion, dans notre propre politique, dans nos idées, dans notre langage, du vrai et du faux, du bien et du mal, du possible et du chimérique[88] » et lorsqu'il invite à dissiper cette confusion que porte pour lui le mot démocratie, il ne fait pas œuvre de réflexion. C'est tout bêtement le bourgeois apeuré et aveuglé par un débordement imprévu du travail de l'égalité entre les hommes qui s'exprime alors. Si la démocratie désigne un régime, elle correspond aussi à un mouvement social. L'historien de la civilisation en a d'ailleurs toujours été conscient. « La démocratie, a-t-il été jusqu'à écrire, est un cri de guerre ; c'est le drapeau du grand nombre placé en bas, contre le petit nombre placé en haut. Drapeau levé tantôt au nom des droits les plus saints, tantôt au nom des passions les plus grossières et les plus insensées ; levé tantôt contre les usurpations les plus iniques, tantôt contre les supériorités les plus légitimes[89]. » Légitime hier, lorsqu'il s'agissait de renverser la société de privilèges, la démocratie entendue en ce sens lui apparaît dangereuse dès lors que les conquêtes essentielles de l'égalité et de la mobilité ont été réalisées : « Ce qui était autrefois de la démocratie serait aujourd'hui de l'anarchie », conclut-il[90].

Si la démocratie peut de la sorte être comprise comme un *mouvement social*, il n'est pas possible de penser, comme Guizot, que la civilisation a pu l'abolir en la renvoyant à une histoire passée. S'il est vain de borner philosophiquement le sens du mot démocratie, c'est parce qu'il renvoie toujours aussi à l'histoire du conflit entre ceux qui sont dépossédés de la parole et du pouvoir et les détenteurs de ces derniers ; conflit toujours renaissant et jamais vraiment dépassé. Au-delà de la mise en place stable d'un État de droit, la question de la démocratie reste, en ce sens, toujours ouverte sous les deux espèces d'une interrogation philosophique sur les formes adéquates de la maîtrise par une collectivité de sa propre histoire et d'un conflit social sur la répartition des biens politiques. C'est pour l'avoir oublié que les doctrinaires ont échoué. Ils ont dessiné dans ce mouvement la première figure — réactionnaire — d'un projet d'accomplissement utopique de la démocratie. D'autres, à prétention révolutionnaire, l'ont ensuite relayé.

III

LA CULTURE DE L'INSURRECTION
(le blanquisme)

Une politique de l'énergie
La haine et le mépris de la démocratie
Le peuple incapable
et la dictature révolutionnaire
Un mot en caoutchouc

Une politique de l'énergie

L'ordre « stable et régulier » que la monarchie de Juillet prétendait instaurer fut de courte durée. Des troubles commencent à éclater dès le 22 décembre 1830, au lendemain de l'arrêt fixant le sort des ministres de Charles X. Aucune condamnation à mort n'ayant été prononcée, la foule se pense abusée et Paris connaît sa première journée d'émeute post-révolutionnaire. Le sac de Saint-Germain-l'Auxerrois et la destruction de l'archevêché en février 1831 montrent à ceux qui pouvaient en douter que le désordre n'était pas circonscrit. De mars à septembre 1831, les incidents se multiplient encore dans les rues de Paris : sacs de boutiques, assauts contre des ambassades, rassemblements tumultueux, débuts d'émeutes. « On se fût presque cru en 1792, aux beaux jours des Jacobins et des Cordeliers », note un observateur[1]. La question était bien de savoir si la Révolution ne reprenait pas alors son cours, la prétention du régime de Juillet à l'avoir terminée se trouvant brutalement contredite. La révolte des canuts, en novembre 1831, souligne par ailleurs que Paris n'est pas seul concerné. Mais c'est pourtant l'insurrection parisienne des 5 et 6 juin 1832 qui met l'alarme à son comble. « Une nouvelle révolution à Paris » : c'est ce qu'écrivent alors en grosses lettres sur leurs vitres les débits de journaux[2]. La participation active aux événements des élèves de l'École polytechnique et des autres grandes écoles publiques indique la profondeur du mécontentement. Amplifiés et prolongés par l'action des nombreuses sociétés populaires qui se créent alors, ces événements expriment le malaise et la déception d'un pays qui a le sentiment de s'être fait confisquer sa victoire de juillet 1830.

La France est d'abord en ébullition parce qu'elle a le sentiment que ses droits ont été repris. Nombreux sont ceux qui parlent alors comme Cormenin d'« usurpation sur la souveraineté du peuple[3] ». Privée de droit de vote, la majorité des Français ne peut s'exprimer que dans la rue. À la question « Pourquoi y a-t-il des émeutes à Paris et dans les départements ? », *La Tribune* répond simplement ainsi : « Parce que les droits du peuple n'ont pas été respectés[4]. » Une parole sauvage s'impose de la sorte dans l'action, faute de trouver une institution qui puisse la porter. L'insurrection peut être donc comprise comme une contrainte apportée par le suffrage censitaire. C'est en ce sens que nombre de contemporains adoptent la célèbre formule de 1793 : « L'insurrection est le plus saint des devoirs. » Si l'on justifie ainsi que la politique déborde de son champ, c'est seulement parce qu'une politique « normale » n'est pas jugée possible ; présupposant que ce ne serait naturellement plus le cas si tous les citoyens pouvaient accéder aux urnes. Nul n'a mieux exprimé cette façon d'appréhender les choses que Victor Hugo. Dans *Les Misérables*, il oppose une légitime *insurrection-résurrection*, qui traduit le sursaut moral et l'action désespérée d'un peuple opprimé et bâillonné, à l'*émeute*, comme colère purement destructrice, force obscure nourrie par les passions les plus troubles. « Le suffrage universel, en conclut-il, a cela d'admirable qu'il dissout l'émeute dans son principe, et qu'en donnant le vote à l'insurrection, il lui ôte l'arme[5]. » La plupart des républicains penseront dans ces termes. Ce qui explique d'ailleurs l'importance de l'opposition de l'urne et du fusil dans l'imagerie populaire de 1848.

Mais tous n'en restent pas à cette sage approche. Pour certains, l'insurrection n'est pas seulement un désordre imposé par la tyrannie ou la privation des droits. Elle est à la fois une *forme politique et sociale*, pleinement positive en elle-même, et une *posture morale*, qui accomplit l'impératif moderne d'autonomie. Les acteurs ont ainsi souvent célébré l'espèce de fonction d'incarnation qui s'opérait dans le soulèvement populaire, rendant immédiatement visible et sensible la figure du peuple. Dans l'insurrection, il s'exprime comme puissance originaire, force directement agissante, pouvoir sans formes, résolvant de la sorte la tension inhérente à toute mise en institution du social. L'insurrection en vient à se confondre avec le peuple lui-même, la forme politique et la figure sociale s'épousant parfaitement dans une forme enfin adéquate de la généralité sociale. Dans les grands récits de ces moments historiques, on finit d'ailleurs par parler, comme si cela allait de soi, de l'insurrection comme d'une personne qui avance ou recule, souffre ou laisse éclater sa joie, impose le respect ou s'abîme dans l'ivresse.

Toute une poétique de la barricade a prolongé, de 1830 à 1848, cette célébration morale et politique de l'insurrection. Dans son emportement contre juin 1848, Victor Hugo, en de célèbres pages, n'a vu en elle qu'une « acropole de va-nu-pieds », une « titanique hottée de gravats », le « haillon d'un peuple »[6]. Mais toute l'iconographie de ces années montre que la barricade a aussi matérialisé en d'autres circonstances un sentiment d'unité et de cohérence. Si elle a pu représenter une sorte d'« autel de l'anarchie » aux yeux apeurés du monde bourgeois, elle a au contraire constitué un « nouveau Golgotha » pour nombre de ses acteurs[7]. Son caractère militairement dérisoire, tôt stigmatisé par Marx, pesait ainsi peu par rapport à sa dimension indissociablement morale et symbolique. Avec la barricade, l'insurrection prend forme en même temps qu'elle prend force, pourrait-on dire. Elle fixe un but aux insurgés et leur donne une identité lisible. Elle s'impose, enfin, comme une sorte de puissance morale érigée dans la ville sous les espèces d'une protestation physique. On pourrait parler en ce sens d'un romantisme de l'insurrection et de la barricade, dont les gravures de l'époque ont multiplié les allégories chaleureuses.

La reconnaissance morale de l'insurrection et la célébration poétique de la barricade correspondent au sentiment protestataire dominant dans les années 1830 et 1840. Mais d'autres approches, beaucoup plus radicales, se remarquent également. Certains célèbrent ainsi l'action violente pour ses vertus propres. C'est notamment le cas chez certains dirigeants de sociétés populaires comme la Société des amis du peuple. Un des principaux animateurs de cette dernière, Godefroy Cavaignac, a ainsi souvent exalté en elle-même la valeur de l'insurrection, en tant qu'expression incandescente et vraie, vraie parce que incandescente, de toute action politique. « La force révolutionnaire » est d'ailleurs le titre qu'il choisit pour la préface enfiévrée qu'il donne en 1833 au recueil *Paris révolutionnaire*[8]. « Les révolutions, y lit-on, ce sont les seules pages de l'histoire qui méritent qu'on ouvre, qu'on pose le livre. Les révolutions, c'est la ressource de l'humanité, son expiation, sa revanche [...]. Car c'est dans ces grandes actions de l'homme que cette force déploie tous ses caractères, toute sa puissance progressive[9]. » Resurgissent politiquement dans des écrits de ce type le culte de l'énergie et le mépris pour les institutions dont un Sade avait métaphoriquement indiqué, quarante ans plus tôt, l'ardent programme. Se constitue peu à peu dans cette direction une véritable philosophie politique de l'insurrection. Un nom en symbolise l'exigence et le sens : celui de Blanqui.

Auguste Blanqui n'est pas seulement le premier grand théoricien de la révolution permanente. Sa vie elle-même a témoigné de sa détermination de rebelle, viscéralement hostile à tout compromis, adversaire irréductible de la politique parlementaire[10]. Les trente-quatre années de sa vie passées derrière les barreaux suffisent à dire sa détermination. Celui que l'on a appelé « l'Enfermé[11] » n'a cessé d'imaginer des coups de force ou de rêver à un grand embrasement du monde, seul susceptible de le transfigurer. L'action révolutionnaire permet pour lui d'affranchir la société de ses tristes pesanteurs. Elle condense l'espace et le temps de telle sorte qu'elle peut parfaitement faire se superposer la réalité et son concept. L'insurrection n'est donc pas seulement un moyen, une forme d'action parmi d'autres, elle constitue en elle-même, selon une extraordinaire formule, « un acte foudroyant de souveraineté[12] ». Elle incarne pour cela, à la manière d'un diamant noir, l'idée démocratique débarrassée de ses contingences menaçantes, solution enfin trouvée dans l'action aux apories premières de la souveraineté du peuple. En elle prend ainsi forme une sorte de « démocratie utopique », affranchie de toute disposition institutionnelle précise. C'est également la raison qui permet de considérer que l'insurrection est un *art* pour Blanqui (l'expression sera aussi reprise par Marx). Elle est en effet forme pleinement efficace, organisation directement lisible, signifiant parfaitement superposé au signifié.

Blanqui ne se contente pas de rêver d'insurrections. Dans la succession des sociétés secrètes dont il fut l'âme ou l'instigateur, il n'a cessé d'en préparer la réalisation. Le 12 mai 1839, il se lance pour la première fois dans l'aventure. Avec Barbès et Martin Bernard, il encadre ce jour-là quelques centaines de jeunes enfiévrés, membres de la société secrète des Saisons qui, armes au poing, se lancent dans l'action, sûrs que le peuple de Paris les suivra avec enthousiasme, faisant tomber comme un château de cartes le régime honni de Juillet. Mais l'entreprise tourne rapidement court, faute de plans avant tout. Blanqui a été ce jour-là plutôt victime de ses illusions que de la Garde nationale. Il partira méditer cet échec pour de longues années en prison. Il n'en sort qu'en 1848, inchangé. Il est toujours persuadé qu'un coup de main suffit à modifier le cours des choses, le peuple suivant spontanément la voix des armes. Mais il veut désormais mettre tous les atouts tactiques de son côté, par une préparation minutieuse et méthodique de l'action. Dès lors, le stratège et le théoricien se confondent chez lui.

Blanqui a célébré de manière inlassable les vertus intrinsèques de l'ardeur révolutionnaire ; « énergique » est un des adjectifs clefs de son vocabulaire. L'énergie est dans son esprit ce qui dissout les résistances, ce qui permet d'opérer une fusion des personnes et des choses, ce qui transfigure la réalité. « L'inactivité, c'est la mort », résumait-il lapidairement [13]. « Une révolution, soulignait-il à l'inverse, détermine dans le corps social un travail instantané de réorganisation semblable aux combinaisons tumultueuses des éléments d'un corps dissous qui tendent à se recomposer en une forme nouvelle [14]. » C'est l'attitude qui constitue le fond de ce qu'on peut appeler le blanquisme [15]. L'objectif n'est pas seulement pour lui, soulignons-le fortement, de prôner les ruptures contre les demi-mesures, d'opposer la radicalité du processus révolutionnaire aux illusions des pratiques réformistes. Il s'agit d'abord et avant tout de placer une véritable énergétique au fondement de la politique. Le moyen et la fin se superposent parfaitement dans l'action conçue de la sorte. La politique est dans ce cas directement une force de vie et une puissance créatrice, abolissant en son principe la distance mortelle entre les intentions et la réalité ; elle se signifie elle-même directement, pourrait-on dire en paraphrasant un texte célèbre de Marx. Plus, la voix des armes est dans cette perspective la seule qui accomplisse pleinement la volonté ; en elle se résorbe tout écart de l'intention et de la réalité ; elle est accord totalement réalisé de la puissance et de la parole. « En présence des prolétaires armés », résume, transporté, Blanqui, « obstacles, résistances, impossibilité, tout disparaîtra »[16].

Nul n'a mieux exprimé cette brûlante ambition que Gustave Tridon, le principal disciple de Blanqui et son interlocuteur préféré. Dans un texte inspiré et inquiétant, *La Force*, il a formulé en des termes mémorables un credo politique inédit faisant écho à la célébration blanquiste du fer et du feu[17].

Ô Force ! reine des barricades, espoir des potentats et des peuples, tranchant de la parole et de l'acier, toi qui brilles dans l'éclair et dans l'émeute, toi qui fais pousser la sève au cœur des arbres et des peuples, soc profond qui retourne les champs du monde, c'est vers toi que les prisonniers tendent leurs mains enchaînées, à toi qu'en appelle l'opprimé. Déité souveraine, plus puissante que les Christ, les Jupiter et les Jéhovah, lave des foules et des volcans,

Fais de chaque homme un guerrier, de chaque femme une héroïne, arme le vieillard et l'enfant, donne l'élan qui brise les murailles, la furie qui tord les canons, le désespoir qui s'ensevelit sous les décombres [...].

Viens, grande calomniée, et mets au service de l'avenir toute l'énergie que tu as dépensée à le combattre.

N'es-tu pas la source de toute ardeur et de toute pensée ? Car l'Idée, cette arrogante ébauche, c'est encore toi ; la Justice, c'est toi. Ton triomphe sera celui de l'Humanité[18].

L'exaltation de la force, toujours saluée d'une majuscule, que l'on trouve chez Blanqui et Tridon ouvre ainsi clairement la voie à une nouvelle philosophie de la volonté à laquelle Nietzsche donnera sa complète ampleur. La conséquence politique de cette impérieuse poétique de l'énergie révolutionnaire ? Elle est tirée par Tridon de façon lapidaire : « Tous les désastres de la démocratie viennent de son mépris pour la Force ; sans la force, rien ne se fonde et rien ne s'écoule. C'est la lance d'Achille et la massue d'Hercule[19]. »

Cette vision ne prend son sens véritable que si elle est rapportée à sa source première : l'assimilation de la politique à la guerre. L'impératif n'est pas seulement moral. « Il ne faut pas se dissimuler qu'il y a guerre à mort entre les classes qui composent la nation », note l'Enfermé dans un de ses tout premiers écrits[20]. Blanqui est là une sorte d'ombre inversée et radicalisée des chantres de l'ordre bourgeois qui voulaient contenir dans la limite des faubourgs la masse jugée inquiétante du peuple. Faisant écho à Guizot qui parle des hommes de peine comme d'une « population extérieure », il constate : « Le prolétaire est resté en dehors[21]. » Mais Blanqui ne réclame pas sur cette base une juste place pour les ouvriers ; son but n'est pas de chercher la voie de l'intégration dans la nation d'une population marginalisée ou oubliée. Il appelle de ses vœux une rupture plus essentielle, fondant l'avènement d'une société nouvelle sur l'anéantissement des classes considérées comme ennemies. Il se rêve pour cela en grand stratège militaire beaucoup plus qu'en militant ou en propagandiste. Son ambition n'est pas de haranguer les foules pour les convertir à ses vues ou les mobiliser électoralement, mais de s'emparer par la force du pouvoir. D'où l'intérêt constant qu'il a porté aux questions militaires et organisationnelles. Blanqui a toujours été fasciné par les problèmes d'armement et de technique de combat.

Du plus profond de sa cellule, il n'a cessé d'échafauder des plans d'attaque, d'imaginer des barricades imprenables, de calculer des besoins en fusils et en munitions. Son vrai grand livre est *Instruction pour une prise d'armes*, qu'il a médité pendant trente ans et rédigé vers la fin du Second Empire[22]. « Ce programme est purement militaire, pose-t-il d'emblée, et laisse entièrement de côté la question politique et sociale dont ce n'est point ici la place[23]. » Cela suffit à résumer ses vraies attirances et à marquer, à l'inverse, le champ de ses indifférences. Son ambition secrète est de s'imposer comme le grand théoricien de la guerre de rues. Blanqui ne néglige aucun détail pour décrire ce qui constitue à ses yeux l'essence de l'activité révolutionnaire. Il évalue les mérites respectifs des différents armements, fait des plans de fortifications, pense à l'utilisation des égouts, calcule les normes de ravitaillement, prévoit la présence des services de santé. Rien ne lui échappe. Il s'absorbe tout entier dans la minutieuse description d'une sorte de gigantesque meccano révolutionnaire dont il jouit de détenir seul la clef. La guerre civile est pour lui l'expression achevée et pleinement adéquate de la lutte politique. Du fond de sa prison, dans les années 1850, il reprend ainsi inlassablement le déroulement des journées de juin 1848 pour analyser précisément les raisons de leur sanglant échec[24]. Ses véritables adversaires ne sont pas les ministres et les chefs de gouvernement, mais les généraux chargés de réprimer l'émeute. Le maréchal Bugeaud ne rédige-t-il d'ailleurs pas, en 1849, un petit livre, *La Guerre des rues et des maisons*, pour faire face aux « discordes civiles transportées dans la rue[25] » ? C'est contre lui qu'il veut d'abord gagner « la guerre civile des rues » identifiée à l'entreprise révolutionnaire.

La guerre superpose pour Blanqui un impératif pratique d'action et une catégorie morale. En elle s'incarne de façon tangible une culture de la résistance, rompant visiblement avec tous les pièges multiples de la soumission. Elle simplifie la politique et le social, dessinant avec évidence la ligne de séparation des camps en présence. Aussi est-il extraordinairement à son aise à l'automne 1870 quand l'affrontement avec l'Allemagne ramène brutalement toutes choses au face-à-face de l'ami et de l'ennemi[26]. Dans les colonnes de *La Patrie en danger*, il exalte l'abnégation des combattants, notant fiévreusement que « tout le monde se prépare à mourir sur les barricades[27] », en même temps qu'il disserte à longueur de colonnes sur la portée comparée des chassepots et des fusils à piston, l'emplacement des pièces d'artillerie, la disposition des bastions, la constitution des unités de combat. On le sent alors pleinement dans son élément.

Cette culture de l'insurrection et de la guerre des rues concentre la politique en un foyer central qui attire et absorbe toutes les énergies. Elle présuppose une polarisation de l'espace et du temps sur une scène centrale, sur laquelle pourra se jouer un acte aussi brutal que décisif. D'où le lien très fort qui unit cette culture à la ville-capitale. Paris est pour Blanqui le lieu obligé de la révolution ; tout y converge et tout s'y exprime. Il n'a pas été le seul au XIXe siècle à exalter le rôle de Paris. Si les poètes et les écrivains célébraient de leur côté la capitale des arts, ils saluaient aussi la ville des grandes manifestations populaires et des luttes victorieuses contre le despotisme. Herzen parlait dans cet esprit de l'« étoile conductrice des peuples », tandis que Henri Heine la considérait comme

« la ville de l'égalité, de l'enthousiasme et du martyre », et Gustave Lefrançais comme « la ville révolutionnaire par excellence » [28]. Blanqui va plus loin que cela. Il voit certes, lui aussi, dans Paris une sorte de capitale militante du monde : « Paris, écrit-il, est un orateur géant qui s'adresse au monde entier de sa voix tonnante et dont la parole retentit jusqu'aux extrémités de la terre [29] », mais c'est d'un nouvel universalisme qu'il s'agit. Ce n'est plus, comme en 1789 ou en 1792, celui des droits et des valeurs. Il est dorénavant surtout question de *méthode politique* avec lui. Il en découle une véritable refondation de l'entreprise révolutionnaire. Paris est pour cela le théâtre obligé de l'insurrection telle qu'il la comprend. Toute la société doit en effet se concentrer et se résumer en un point réduit pour pouvoir être révolutionnée en un éclair, par un coup de force. C'est parce que « Paris est une véritable représentation nationale [30] » que l'action radicale prend ainsi sens et peut prendre forme. La révolution suppose une polarisation de l'espace public et politique cohérente avec la cristallisation dans le temps des « actes foudroyants de souveraineté ». « Paris est la fournaise, entrevue par Danton, où bout le métal en fusion, le monde ardent d'où va sortir la grande statue de la liberté », résume Tridon [31].

La haine et le mépris de la démocratie

Si le terme de « démocratie formelle » n'a pas encore été forgé en 1830 pour servir de repoussoir commode dans les milieux révolutionnaires, c'est bien cela, sur le fond, qu'il s'agit de dénoncer pour Blanqui et ses amis. Dès les premiers mois du régime de Juillet, Blanqui prend violemment ses distances avec tous ceux qui, derrière Cormenin ou les républicains modérés, plaident pour une réforme de régime. « La constitution et les lois écrites ne sont qu'une question purement réglementaire, note-t-il alors lapidairement [...]. Qu'il advienne ce qu'il voudra de cette plate bouffonnerie qu'on appelle si pompeusement nos institutions, nous n'en avons guère souci, nous, profondément indifférents à la forme, et qui allons droit au fond de la société[32]. » Il ne faut pas se méprendre sur le sens d'une si abrupte formulation. Ce n'est pas seulement la timidité des idées réformatrices que Blanqui cloue au pilori au nom d'un radicalisme affiché. La critique va plus loin. Elle revient à dénier tout intérêt et toute validité à l'action politique ordinaire, sous ses deux espèces de la vie des institutions et de l'activité parlementaire.

Blanqui ne s'en tient pas à penser que la révolution ait pour but de changer les détenteurs de la souveraineté. Ce sont pour lui les institutions elles-mêmes qui doivent être en quelque sorte abolies. « Le pouvoir, juge-t-il, est oppresseur par nature[33]. » La « vraie » politique qu'il s'agit d'instaurer ne doit donc jamais se fixer dans un cadre préétabli ; elle n'existe qu'en mouvement et ne saurait être contrainte par des règles et des procédures. Blanqui est là aux antipodes d'un Lamartine qui oppose les deux Républiques de 1792 et de 1848 en notant : « La première était un combat, nous avons voulu que la seconde fût une institution[34]. » Il renoue plutôt avec l'état d'esprit des ultra-révolutionnaires de 1793 et 1794 qui s'attachent à entretenir un climat d'exaltation permanente. Comme eux, il affirme fortement que la vérité de l'action politique ne se révèle que dans la fureur des imprécations et dans le paroxysme des gestes. Le grand homme de la Révolution française est sans conteste pour lui Hébert. C'est vers l'auteur du *Père Duchesne* et sa radicalité érigée en système que se tourne sa sympathie. Contrairement à Louis Blanc et nombre d'autres républicains qui célèbrent surtout Robespierre, il ne peut se retenir de marquer la distance avec la raideur de l'homme des comités. L'Incorruptible reste pour Blanqui surtout un parlementaire, un politicien, dont le terrain naturel d'action se situe dans les couloirs ou dans les réunions des clubs et de la Convention, au mieux un théoricien (il va même jusqu'à le qualifier avec mépris de « Napoléon prématuré[35] »). Blanqui croit plutôt à la force décapante de l'action, à la puissance immédiatement régénératrice de la destruction de l'ordre établi, à la tension qui conserve intacte l'intention première. L'entropie du monde est ce qui le hante. Tout faire pour éviter que l'ardeur des matins révolutionnaires ne s'émousse, telle est son obsession. Il faut prévenir à tout prix que se reproduise la triste histoire de la Législative : « Elle débute par l'énergie, elle finit dans la défaillance », note-t-il laconiquement[36]. On ne s'étonne donc pas qu'un des livres culte du milieu blanquiste soit ainsi *Les Hébertistes*, que Tridon publie en 1864[37]. L'Enfermé dira à maintes reprises son admiration pour l'œuvre incisive[38].

Blanqui aspire à une désinstitutionnalisation radicale du politique en célébrant les heures sombres de la Terreur. C'est toute vie parlementaire qu'il voue aux gémonies et qu'il récuse en son principe. Il est bien sûr féroce pour dénoncer la « marmite représentative » de son temps, déjà immortalisée avec verve par Paul-Louis Courrier : « Cette pompe aspirante et foulante, décrit-il, qui foule la matière appelée peuple, pour en aspirer des milliards incessamment versés dans les coffres de quelques oisifs, machine impitoyable qui broie un à un vingt-cinq millions de paysans et cinq millions d'ouvriers pour extraire le plus pur de leur sang et le transfuser dans les veines des privilégiés[39]. » Mais son pessimisme est plus profond. Le système représentatif est intrinsèquement critiquable à ses yeux, car il ne peut échapper aux pesanteurs et aux contradictions qui le fondent. Blanqui est aussi le premier à employer le terme de « foire » pour qualifier la duperie électorale, en même temps que reviennent sous sa plume les expressions de « bétail » ou de « troupeau » pour décrire la masse des électeurs manipulés[40]. « Tous ces prétendus représentants de la nation, écrit-il encore, ne s'occupent que d'eux-mêmes, de leurs familles, de leurs amis. Un député est bien maladroit si son mandat ne devient pas le fondement de son avenir et de l'avenir de tous les siens. Ainsi se passent les choses en temps ordinaire[41]. » Le système représentatif n'est en fin de compte pour lui qu'« un fétichisme qui coûte cher aux peuples[42] » et il va jusqu'à parler de « peste parlementaire ». Même s'il ne se dégradait pas, le parlementarisme serait à ses yeux condamnable dans ce qui fait le principe même de son existence : la croyance dans les vertus de la discussion rationnelle et de la délibération. Au-delà d'une suspicion première en légitimité d'un système qu'il estime immanquablement confisqué par les « artistes de la parole[43] » et les puissants, Blanqui rejette la prétention des assemblées à exprimer le pays et à le conduire. Au « désastreux prestige des assemblées délibérantes[44] », il oppose l'action directe qui, elle, ne ment jamais. On ne saurait être plus radical. Mais il va pourtant encore plus loin : il récuse la notion même de programme en politique.

Pour Blanqui, l'action n'est pas seulement un moyen, elle trouve aussi sa finalité en elle-même. « Un programme socialiste doit être bref », note-t-il dans cet esprit en tête de l'ébauche de son *Programme d'un journal socialiste*[45]. Il n'a cessé de multiplier les formules pour railler la « comédie des programmes », ne voyant en eux que des « romans sur l'avenir »[46]. « Quant au socialisme pratique, précise-t-il pour lever toute ambiguïté, *il est la révolution même*. Sans engagement de secte ni d'Église, il est éclectique et emprunte à tous les systèmes les moyens d'accomplir sa mission : renverser pour reconstruire sur les assises de l'égalité[47]. » C'est pourquoi il récuse également toute vision utopique, en complète rupture avec un Cabet ou un Pierre Leroux, par exemple : « C'est de la scolastique que toutes ces discussions sur les formes possibles de la société future », tranche-t-il abruptement[48]. Le but est pour lui absorbé par les moyens d'action ; aussi est-il peu important d'en dessiner par avance les contours. Le pouvoir créateur ne vient pas de la nature des idées ou de la description des politiques à mettre en œuvre : il réside dans le processus même de la subversion révolutionnaire. Son credo n'a sur ce point jamais varié[49]. Blanqui n'a pour cette raison rien d'un doctrinaire. Il n'a jamais été l'homme des controverses théoriques ni des débats philosophiques[50]. C'est notamment un des motifs pour lesquels il a violemment combattu les proudhoniens, accusés de s'enliser doublement dans la discussion des idées comme dans des utopies concrètes. Ce trait caractéristique du blanquisme a beaucoup compté dans l'attrait et même la fascination qu'il a exercés sur ses partisans. Les quelques milliers d'individus qui ont participé aux diverses sociétés secrètes dont il fut l'instigateur ont avant tout été des hommes de terrain, envoûtés par le côté militaire et clandestin des entreprises projetées. C'est d'ailleurs aussi ce qui explique l'éclatement de la famille blanquiste après la disparition de son chef, le goût du coup de main conduisant aussi bien à l'extrême droite que dans les milieux anarchistes et libertaires[51].

Blanqui n'est cependant pas seulement un critique impitoyable du régime parlementaire et du système représentatif. Il va jusqu'au bout de sa démarche en marquant logiquement sa suspicion vis-à-vis des procédures électorales et en affichant son indifférence, et même son mépris, pour le suffrage universel. La rupture avec les milieux républicains « classiques », qu'ils soient modérés ou radicaux, est, sur ce point, éclatante. Tous ont en effet en commun, dès le début des années 1830, de faire du suffrage universel l'« arche sainte » menant à la rénovation de la société en même temps qu'ils font du suffrage censitaire le symbole qui résume le régime honni de Juillet. Louis Blanc, Cormenin, Ledru-Rollin ou les rédacteurs du *National* rejoignent dans ce credo les milieux plus radicaux de *La Tribune*. Même un Laponneraye voit dans le suffrage universel l'arme décisive aux mains des travailleurs. Blanqui prend tôt ses distances avec ce quasi-dogme républicain. Au moment où la *Revue républicaine* admet franchement que son projet ne fait que radicaliser les idées de 1789 en redonnant sa place centrale au principe de la souveraineté du peuple, il écrit dans l'une de ses premières brochures : « L'extension des droits politiques, la réforme électorale, le suffrage universel peuvent être d'excellentes choses, mais comme moyens seulement, non comme but[52]. » Le décalage avec l'ensemble des familles républicaines n'en est que plus spectaculaire en 1848.

À cent lieues de la célébration quasi unanime des nouveaux droits politiques du peuple, Blanqui prend, au printemps 1848, ses distances avec l'enthousiasme général. Certes, on voit aussi un Proudhon interroger le fonctionnement et la validité du suffrage universel. Mais ce dernier dénonce uniquement son manque d'organicité pour appeler de ses vœux une politique des communautés en rupture avec la philosophie individualiste dominante. Il ne conteste aucunement sur le fond que la voix des urnes puisse adéquatement exprimer celle du peuple, dès lors que des procédures représentatives satisfaisantes auront été utilisées. Blanqui ne s'embarrasse d'aucune précaution dans son hostilité. Dans deux fameuses *Pétitions* (des 6 et 14 mars 1848), il va en effet, à contre-courant, faire campagne pour l'ajournement des élections. La cause de son hostilité à l'ouverture des urnes ? Elle s'exprime en quelques formules cinglantes : « Le vote aujourd'hui serait une surprise et un mensonge », « la classe des travailleurs, façonnée au joug pour de longues années de compression et de misère, ne prendrait aucune part au scrutin, ou bien elle y serait conduite par ses maîtres, comme un bétail aveugle », « le peuple ne sait pas, il faut qu'il sache »[53]. Publiquement, Blanqui plaide d'abord pour un ajournement de six mois, avec des arguments explicitement politiques : « Les élections, si elles s'accomplissent, seront réactionnaires », plaide-t-il[54]. Mais il demande très vite un ajournement *sine die*. Alors que les Français communient dans ce qui apparaît comme un véritable sacrement de la volonté générale, Blanqui fait bande à part. Quelques mois plus tard, après les journées de juin, ou plus encore après les élections présidentielles de décembre 1848, il sera rejoint par quelques autres, cependant toujours fort minoritaires, dans sa dénonciation de l'illusion électorale[55]. Mais il est vraiment isolé au printemps 1848. La vigueur de sa prise de position n'en retient que davantage l'attention. Où trouve-t-elle son véritable ressort ? Il n'est pas difficile de percevoir les raisons de fond qui percent sous les arguments de conjoncture : Blanqui se méfie d'un peuple qu'il ne juge pas à la hauteur des circonstances historiques. C'est un élément de capacité intellectuelle et politique qui motive alors essentiellement son jugement.

Le peuple incapable et la dictature révolutionnaire

Dire que le peuple n'est pas capable signifie d'abord pour Blanqui qu'il s'avère inapte à penser de façon autonome. C'est pour lui une argile molle dans laquelle viennent s'imprimer sans effort les idées dominantes. « Comment ne pas voir, écrit-il dans cet esprit, que la manifestation politique d'un peuple sera toujours le reflet des idées dont on l'a abreuvé, et qu'après vingt ans de despotisme, de servitude, d'abrutissement systématique, il ne peut éclore du scrutin que la graine semée dans les cerveaux ? C'est ce qui est arrivé en 1848 et 1849 par l'ineptie des démocrates[56]. » Blanqui ne se contente pas, comme nombre de républicains ou de socialistes, de suspecter « l'ignorance rurale », même s'il use sur ce point de formules particulièrement dures. Son jugement est plus large et plus radical. Le peuple dans son ensemble n'est pas encore, à ses yeux, à la hauteur de sa tâche historique. Il n'y a même pas de « bon peuple » des villes sur lequel les forces révolutionnaires pourraient s'appuyer. Il l'a dit en des formules d'une rare brutalité. « La triade sabre-écu-goupillon, écrit-il par exemple, ne peut se maintenir que par la violence et l'abrutissement. Le suffrage universel est son misérable esclave, tenu au collet par le gendarme et le prêtre, avec le capital qui l'escorte, le pied au derrière [...]. Comment s'en étonner ? L'ignorant est à peine un homme et on peut le mener comme un cheval, avec la bride et l'éperon. Le dresser au travail et à l'obéissance, c'est l'unique préoccupation du maître[57]. » On ne sait si la fibre familiale du fils d'un sous-préfet de l'Empire et d'une mère née Brière de Brionville se mêle chez Blanqui à la vision révolutionnaire pour considérer de haut et de loin le peuple (Victor Hugo note à son propos : « Il y avait dans cet homme un aristocrate brisé et foulé aux pieds par un démagogue[58] »). Mais la distance sociale et la distance politique produisent les mêmes effets et induisent les mêmes attitudes. Il n'est d'ailleurs pas difficile de composer un inquiétant florilège des expressions employées pour cela par Blanqui et ses amis : « peuple avachi », « tourbe d'esclaves et d'abrutis », emploi fréquent du terme « populo » pour lier un semblant de sympathie à la réalité de la distance[59]. Son opposition très vive au principe des candidatures ouvrières trouve là son origine : c'est la capacité révolutionnaire et non le vécu social qui doit guider pour lui la lutte politique. On ne s'étonne pas non plus, dans ces conditions, de découvrir Blanqui violemment hostile au vote des femmes[60]. Son extrême misogynie ne fait là, comme souvent, que redoubler une réticence plus large vis-à-vis du peuple. Elle en est à la fois le masque et le révélateur. L'antisémitisme qui perce parfois brusquement chez lui renvoie d'ailleurs à la même chose[61].

Blanqui campe toute sa vie sur ces positions. Ses réticences premières ne disparaissent nullement après 1848 et l'apprentissage progressif du droit de vote par tous. Vingt ans plus tard, il parle toujours ainsi du suffrage universel comme « admirable pour l'avenir et bien fatal dans le présent[62] » et dénonce avec une virulence encore accrue, si c'est possible, ce qu'il qualifie de « bévue démocratique[63] ». Pourquoi, en effet, installer au cœur de la vie politique un principe qui débouche sur le « tripotage électoral » et la « candidataille »[64] ? Le suffrage universel reste toujours « mensonge et illusion », le gouvernement du peuple est « aussi impossible qu'un voyage à la lune »[65]. Quels objectifs politiques se fixer après avoir prononcé d'aussi pessimistes jugements ? Comment, en d'autres termes, penser la prise et la gestion du pouvoir sans prendre appui sur le peuple, jugé incapable et manipulé ? La réponse de l'Enfermé est aussi simple que brutale : par la dictature révolutionnaire.

Entre la nature du commandement militaire, nécessairement centralisé, de l'insurrection et la forme du gouvernement révolutionnaire qui lui fait suite, il y a pour Blanqui une totale continuité. L'idée est déjà présente dans la proclamation qui suit le coup de force avorté de mai 1839. Elle fait vite son chemin dans les milieux radicaux. Dès 1840, la Société démocratique française, qui regroupe à Londres tout un ensemble d'exilés, publie ainsi un très révélateur *Rapport sur les mesures à prendre et les moyens à employer pour mettre la France dans une voie révolutionnaire le lendemain d'une insurrection victorieuse*[66]. Ce document affirme abruptement l'impérieuse nécessité de ne pas organiser d'élections. « Comme la grande majorité du peuple pourrait se tromper dans le choix des hommes qu'elle croirait dignes d'être appelés au pouvoir, et, par là, porter un grave préjudice à la révolution, y lit-on, les Républicains, les auteurs de l'insurrection, devront prendre l'initiative à ce sujet en proclamant immédiatement comme directeurs de la nation les hommes qu'ils sauront être les plus capables de la diriger dans le sens de cette révolution[67]. » La même année, le journal *L'Égalitaire* de Théodore Dezamy, figure emblématique des milieux néo-babouvistes, publie aussi une longue défense de l'idée de dictature révolutionnaire. Il part pareillement du constat de l'immaturité du peuple (« le peuple est tellement anarchisé, tellement macéré par les liens de la servitude ») pour justifier sa prise de position : « Pour que la liberté se fasse jour, soutient-il, il faut que des hommes énergiques contraignent le peuple, pour ainsi dire, à manifester ses vœux les plus ardents[68]. » Blanqui va donner un extraordinaire éclat à ces prises de position encore marginales.

Blanqui et ses amis néo-babouvistes n'ont d'ailleurs pas inventé cette idée de la dictature révolutionnaire. Ils l'ont reprise à Babeuf. La conspiration ourdie en 1796 par l'animateur du *Tribun du peuple* ne constitue, à proprement parler, qu'un épisode secondaire de l'histoire troublée du Directoire. Mais le petit groupe à l'origine du projet, qui rassemble Babeuf, Antonelle, Buonarroti et Sylvain Maréchal, a laissé une trace : le récit fait par Buonarroti de l'entreprise et de ses objectifs dans un gros livre en deux volumes, publié pour la première fois en 1828, *Conspiration de l'égalité dite de Babeuf*[69]. C'est l'ouvrage qui fonde intellectuellement le socialisme en lui donnant ses grands thèmes : la collectivisation de la propriété, la réalisation de l'égalité, l'idée que la Révolution française n'est que le premier acte d'une révolution sociale à venir. Dès le début des années 1830, un petit milieu, vite qualifié de néo-babouviste, s'organise autour de la reprise de ce programme[70]. Théodore Dezamy, Jean-Jacques Pillot, Voyer d'Argenson, Charles Teste multiplient les écrits et les projets en se référant à Babeuf. Cabet lui-même, premier auteur à se qualifier ouvertement de « communiste », se considère comme un continuateur. Blanqui s'inscrit également dans cette filiation, mais d'une autre manière. Ce n'est pas le *Manifeste des Égaux* de Sylvain Maréchal ni le programme des réformes économiques et sociales envisagées par Babeuf qui retiennent son attention. Il est surtout intéressé par la perspective tactique des conspirateurs. Il a d'ailleurs sûrement eu l'occasion d'en parler longuement avec Buonarroti qui fait le lien entre la génération révolutionnaire et celle des hommes de 1830-1840[71].

Blanqui est fasciné par le récit politique de Buonarroti. Il y puise la justification de sa visée insurrectionnelle. L'auteur de la *Conspiration* décrit en effet longuement les conditions de mise en place d'un « comité secret », la préparation méticuleuse du dispositif armé, les formes de l'appel public à l'insurrection. Il lie surtout cette entreprise à la légitimation raisonnée d'une stricte division des tâches entre un peuple jugé aveugle et ses chefs révolutionnaires, estimés seuls lucides. Buonarroti multiplie dans cet esprit les formules tranchantes et résume : « Jamais la masse du peuple n'est parvenue au degré d'instruction et d'indépendance nécessaire pour l'exercice des droits politiques[72]. » La solution ? Elle s'impose pour lui avec évidence : c'est « aux sages qui veulent opérer le bonheur de leurs concitoyens asservis[73] » qu'il revient de penser le changement et de le déclencher. Les chefs de l'insurrection ne sont donc pas seulement les officiers d'une armée de manœuvre. Ils doivent aussi, selon une extraordinaire formule, être considérés comme d'incontournables « instituteurs de la société[74] ». Blanqui s'inscrit dans la perspective de ces appréciations, souvent négligées par la masse des lecteurs de Buonarroti, surtout attentifs au contenu du programme social exposé. Il va les constituer en une véritable doctrine.

À la fin des années 1860, il consigne dans une note d'une cinquantaine de pages, *Le Communisme, avenir de la société*[75], l'ensemble de ses vues concernant les formes de gouvernement à instaurer après le triomphe de l'insurrection. Il y reprend, en les systématisant, toutes ses idées esquissées précédemment. Sa grande obsession ? Elle est d'éviter que ne se reproduise ce qu'il estime être la dramatique erreur de 1848. « L'appel précipité au suffrage universel en 1848 fut une trahison réfléchie [...]. Un an de dictature parisienne en 1848 aurait épargné à la France et à l'histoire le quart de siècle qui touche à son terme[76]. » Ce qui compte à ses yeux, pour reprendre une fameuse formule de Barbès, « ce n'est pas la souveraineté du peuple, mais la souveraineté du but[77] ». La révolution est pour lui impossible si un petit groupe exerçant un pouvoir tutorial ne prend pas l'initiative pour guider le pays vers l'établissement du communisme. Face à un peuple estimé « muet », c'est une poignée de stratèges et de savants qui doivent prendre la parole et le pouvoir. Comment envisage-t-il pratiquement cette dictature de transition ? Il écrit dans sa note : « S'il en faut dix ans cette fois, qu'on n'hésite pas », tandis qu'il parle de vingt ans dans d'autres manuscrits[78]. En 1870, sa proposition d'une « dictature de guerre » simplifie la question et en réduit la portée. « Six cent mille baïonnettes qui sont aujourd'hui toute la France, concentrée dans Paris, ont seules le droit d'exprimer la volonté nationale, martèle-t-il alors [...]. Seule donc, la France en armes représente la nationalité debout en face de l'envahisseur. Toute la vie du pays s'est concentrée dans cette élite puissante, l'image et l'égide de la patrie. C'est à elle de gouverner en même temps que de combattre[79]. » Mais la guerre achevée et la révolution continuée ? Blanqui reste très vague. Il n'assigne aucune réelle limitation de durée à la dictature ; il admet même implicitement qu'elle peut constituer un système permanent de gouvernement jusqu'à ce que naisse un homme nouveau, plein individu maître de lui-même[80], et que dépérissent les formes traditionnelles de l'État[81].

La vision politique de Blanqui s'articule de la sorte autour d'une théorie de la connaissance. Et ce, d'une double façon. Il souligne d'abord, nous l'avons plusieurs fois noté, que l'émancipation présuppose l'instruction, parce qu'elle est la condition préalable à la sortie du monde des besoins et à la possibilité d'une expression réellement autonome de la volonté. D'où ce lien qui doit s'établir pour lui entre le vote et l'instruction. Pour que le suffrage universel ait un sens et une utilité, n'a-t-il pas cessé de répéter toute sa vie, « il faut que la lumière se fasse jusque dans les moindres hameaux[82] ». Pour Blanqui, il est clair que l'ignorance est « fille de l'asservissement[83] ». Mais l'Enfermé n'en reste pas à ce point de vue qui radicalise, en la dénouant, la tension du nombre et de la raison sous-jacente à l'univers mental des républicains du XIXe siècle. L'instruction n'est pas seulement pour lui un moyen ou une condition de l'émancipation. Elle définit la nature même de la société à construire. « Le communisme, écrit-il de façon saisissante, est la seule organisation possible d'une société savante à l'extrême[84]. » Seule la connaissance délivre pour lui du besoin, permettant aux individus pleinement autonomes de reconnaître « l'égalité absolue » (selon sa propre formule[85]) comme unique forme rationnelle du lien social, communauté et individualité s'équivalant alors parfaitement. C'est en ce sens profond que l'instruction trouve sa finalité en elle-même et qu'on peut la considérer comme « la seule réponse possible aux énigmes du sphinx social[86] ». Elle joue chez lui le même rôle que l'abondance chez Marx : elle simplifie le social et résout en elle-même ses contradictions.

L'athéisme de Blanqui plonge ses racines dans ce constat. Faute, peut-être, de pouvoir définir de manière philosophiquement élaborée la nature de cette société de connaissance qu'il appelle de ses vœux, il en stigmatise ce qui lui paraît en constituer l'envers absolu : le monde de la religion. Avec lui, l'anticléricalisme change de nature. Il ne consiste plus seulement à dénoncer une oppression et une illusion, comme le faisaient les philosophes matérialistes du XVIIIe siècle. Il prend un sens directement et complètement politique, résumant presque à lui seul toute la critique du monde. Il va même sur ce point beaucoup plus loin que Marx qui prolonge sa critique de l'aliénation religieuse par une critique du capitalisme. Pour Blanqui, l'athéisme est *à lui seul* la clef de voûte de l'entreprise révolutionnaire. D'où sa virulence et sa radicalité. On ne s'étonne donc pas de le voir rédiger fiévreusement un étrange ouvrage, *L'Éternité par les astres, hypothèse astronomique*[87]. Celui qui éditera à la fin de sa vie *Ni Dieu ni maître* ressent en effet l'impérieux besoin d'aller jusqu'au bout des galaxies pour fonder la mort de Dieu et le refus de tout pouvoir extérieur aux lois données de la nature. L'extinction du christianisme joue en quelque sorte pour lui le rôle de l'abolition du capitalisme chez Marx.

Pour mener la lutte indissociablement anticléricale

et politique en même temps que pour gérer la dictature révolutionnaire, Blanqui met au centre de son dispositif l'action d'une minorité qui possède l'intelligence de la société et de son devenir. Le culte de l'insurrection et le sacre des stratèges qui l'accompagne trouvent ainsi leur prolongement et leur aboutissement dans une sociologie des élites, seules aptes à guider le peuple. S'instaure de la sorte une division, certes jugée temporaire, des tâches entre le peuple et ses dirigeants révolutionnaires. « Le travail, c'est le peuple, écrit-il ; l'intelligence, ce sont les hommes de dévouement qui le conduisent[88]. » Même s'ils sont parfois affublés des dénominations plus militantes d'« ouvriers de la pensée », de « parias de l'intelligence » ou de « déclassés »[89], ces hommes d'élites n'en constituent pas moins le groupe séparé de ceux qui pensent et organisent, face à un peuple réduit à n'être qu'un simple exécutant. Blanqui finit paradoxalement par mettre là ses pas dans ceux de Guizot. Les deux hommes incarnent, bien sûr, les positions les plus opposées qui soient. Mais l'un et l'autre font de la détention d'une capacité, *in fine*, le principe justifiant une distinction ; l'un et l'autre dénoncent pour cela symétriquement ce qu'ils pensent être l'illusion démocratique. La référence à la lucidité révolutionnaire de Blanqui emporte un même type de défiance que l'impératif de raison chez le chef des libéraux doctrinaires. Dans les deux cas, le jugement philosophique et social sur l'incapacité du peuple se masque derrière une appréciation prétendument circonstancielle de la diffusion insuffisante des Lumières. Pour remédier à l'obscurité qui aliène le peuple, Blanqui prônait en 1848 « l'envoi dans les départements de citoyens chargés d'y porter la lumière démocratique[90] ». « Il n'y a de vrais révolutionnaires que les instituteurs », écrivait-il alors[91]. Mais qui est politiquement qualifié à se faire juge du savoir ? Comme Guizot, Blanqui n'échappe pas au piège de l'autoréférence. Lui aussi veut créer un peuple à son image avant d'envisager de lui donner sa liberté d'acteur de sa propre histoire.

Un mot en caoutchouc

« Après les défaites de 1849, nous ne partagions nullement *les illusions de la démocratie vulgaire* groupée autour des gouvernements provisoires *in partibus.* » C'est Engels qui s'exprime dans ces termes en préfaçant l'ouvrage de Marx, *Les Luttes de classes en France*[92]. Il entendait ainsi dénoncer les républicains européens de gauche comme Ledru-Rollin, Mazzini ou Ruge exilés à Londres. Mais Blanqui est encore plus violent à leur égard. Dans un texte de combat du printemps 1851, il s'emporte contre « la déplorable popularité de bourgeois déguisés en tribuns » et y voit l'écueil qui menace la révolution de demain comme celui où elle s'est brisée hier[93]. La foi des Ledru-Rollin, Arago ou Louis Blanc dans les effets à terme nécessairement libérateurs et progressistes du suffrage universel est ce qui provoque ses colères les plus noires, coupables qu'ils sont de saper en son principe l'action révolutionnaire. Alors même que nombre de républicains classiques reprochaient à ces quarante-huitards le 15 mai 1848 et le 13 juin 1849, accusés d'avoir fait glisser par réaction le pays à droite[94], Blanqui les taxe au contraire d'insupportable modérantisme. Mais ce n'est pas seulement un défaut d'énergie ou une illusion tactique qu'il stigmatise. Il va beaucoup plus loin : c'est l'idée démocratique elle-même qui est à ses yeux en cause. La démocratie est un mot vide de sens : telle est la pointe ultime de son propos. Raillant ceux qui se disent démocrates, il ne voit dans ce qualificatif qu'« une étiquette empruntée à la phraséologie des escamoteurs ». « Qu'est-ce donc qu'un démocrate, je vous prie ? C'est là un mot vague, banal, sans acception précise, un mot en caoutchouc[95]. » C'est clairement dire que l'émancipation des hommes ne saurait nullement se définir en rapport avec l'idéal d'une cité délibérante.

IV

L'ABSOLUTISATION DU VOTE

(le gouvernement direct)

La formation d'un mot d'ordre
L'idéologie du pouvoir simple
De l'absolutisation du vote
à l'extinction du politique

La formation d'un mot d'ordre

« Avec le suffrage universel, on sera heureux maintenant », fait dire Flaubert à l'un des personnages de *L'Éducation sentimentale*. Pour les républicains des années 1830 et 1840, l'attribution du droit de vote à tous les citoyens, même seulement masculins, devait en effet permettre d'en finir avec le monde des privilèges et de la corruption et d'instaurer sans peine un monde harmonieux gouverné par la volonté générale. Le printemps 1848 porte ces espérances avec une touchante ferveur. Mais les déceptions viennent vite. On s'aperçoit sans beaucoup tarder que l'égalité devant les urnes ne suffit pas à résoudre la question sociale. On constate aussi tout simplement que resurgissent les contradictions du gouvernement représentatif, qui avaient été relativisées pendant de longues années par l'injustice première du cens. Une série d'événements jalonnent ces déceptions, de la répression des journées de juin à l'élection de Louis Napoléon, pour culminer, le 30 mai 1850, avec le vote d'une loi qui prive trois millions de citoyens de leur droit de vote. Le départ forcé en exil d'une partie des chefs historiques du parti républicain ne fait qu'accroître le sentiment d'amertume, en symbolisant physiquement une sorte de dépossession des idéaux démocratiques. Si quelques hommes de gauche se laissent de nouveau séduire par le rêve d'une insurrection à venir pour réaliser leur but, la plupart se rendent compte que la formulation trop vague de ce but est aussi directement en cause. D'où la véritable fièvre de réflexion et de reconceptualisation qui saisit alors les déçus de la République du 24 février, renouant, à un demi-siècle de distance, avec la radicalité des interrogations révolutionnaires. Du printemps 1850 à l'été 1851 se multiplient ainsi les articles et les livres qui cherchent à reproblématiser la question de la souveraineté du peuple, de telle sorte que cette dernière ne puisse être pratiquement abolie par les procédures et les institutions supposée l'accomplir. « La République démocratique est encore à organiser », note alors un proche de Pierre Leroux en résumant le sentiment général de ceux qui avaient constitué la nouvelle Montagne de 1849[1].

La « représentomanie » : si l'expression est de Millière, le rédacteur du *Prolétaire*[2], la critique qu'elle suppose se retrouve sous de multiples plumes en 1850. Le système représentatif fait en effet figure de principal accusé pour expliquer aux yeux des républicains de gauche l'inaccomplissement des promesses de 1848. Ce sont ceux que Victor Considerant dénonce à longueur d'articles dans *La Démocratie pacifique* comme « les hommes de la délégation » qui sont désignés comme la cause de tous les déboires. La délégation ? Elle est à la fois pour lui une « prison », une « mystification », un « traquenard », constituant « la duperie perpétuelle de la démocratie politique ». « La souveraineté du peuple qui s'exerce par des représentants n'est déjà plus qu'une ombre », martèle le chef de l'école fouriériste, qui voit dans la délégation le mécanisme qui conduit à « l'enterrement formel » de cette souveraineté en son nom même[3]. Il n'est pas le seul à se montrer aussi sévère. Même Émile de Girardin s'emporte avec violence contre les « apostasies continuelles » des élus du peuple. « La cause de nos malheurs, résume de son côté le jeune Renouvier, est dans l'application du système représentatif à la démocratie[4]. » Mais que faire pour éviter la confiscation de la volonté générale ? Certains invitent à retrouver la voie des mandats impératifs[5]. On voit même réapparaître l'idée antique de tirage au sort des représentants du peuple[6]. Mais une formule et une idée réunissent vite presque tous les suffrages : le *gouvernement direct*. C'est autour de ce mot d'ordre que s'organisent pendant quelques mois les projets et les espérances.

L'expression « gouvernement direct » est inconnue avant 1850. Personne n'avait parlé de démocratie directe ou de gouvernement direct pendant la Révolution : le projet le plus radical du printemps 1793 s'était contenté d'appeler vaguement à un « gouvernement du peuple[7] ». Dans les années 1840, les premiers révolutionnaires à se qualifier de communistes avaient certes évoqué l'avènement d'une « démocratie pure » (Théodore Dezamy) ou d'une « démocratie compacte » (Cabet). Mais il s'agissait surtout pour eux de qualifier une forme de société et non un modèle politique ; et ils avaient explicitement jugé impraticable une intervention directe des citoyens à une grande échelle[8]. L'idée de gouvernement direct, comme le mot, est ainsi complètement neuve en 1850. Deux journaux vont jouer un rôle moteur pour la populariser et lui donner un large écho : *La Démocratie pacifique*, publiée par les disciples de Fourier, et *La Voix du proscrit*, qui regroupe Ledru-Rollin et ses amis exilés à Londres. De l'été 1850 à l'automne 1851, on trouve dans la publication fouriériste plus d'une trentaine d'articles consacrés au sujet. Les premiers sont dus à la plume de Rittinghausen, un socialiste allemand élu en 1848 au parlement de Francfort qui avait fondé avec Marx et Ruge *La Nouvelle Gazette rhénane*[9]. Ils seront regroupés au début de 1851 dans une brochure largement diffusée, *La Législation directe par le peuple ou la véritable démocratie*[10]. Victor Considerant rassemble de son côté les contributions qu'il consacre à la question dans *La Solution ou le gouvernement direct du peuple*[11]. Mais une foule d'autres interventions sur le même sujet sont aussi publiées dans *La Démocratie pacifique*, sous la plume d'Alyre Bureau, de François Coignet et de Victor Hennequin notamment. *La Voix du proscrit* est tout aussi dynamique. Une vingtaine d'articles pendant la même période y élèvent la question en thème doctrinal central. Les plus remarqués sont dus à la plume de Ledru-Rollin qui les redonne au printemps 1851 dans deux éditions séparées, *Du gouvernement direct du peuple* et *Plus de Président, plus de représentants*. Mais beaucoup sont aussi publiés sous la signature de Charles Delescluze, le futur chef communard.

Les brochures de Considerant, Ledru-Rollin et Rittinghausen ont un impact énorme. C'est en grande partie autour d'elles que s'organise le débat politique dans la gauche républicaine au printemps 1851. Proudhon les commente ainsi longuement dans un de ses ouvrages doctrinaux les plus importants, *Idée générale de la révolution au XIXe siècle*, et Louis Blanc leur consacre deux opuscules critiques, *Plus de girondins* et *La République une et indivisible*. Mais l'idée de gouvernement direct n'est pourtant pas seulement assignable à ces quelques auteurs[12]. Il est frappant de constater qu'elle est très vite appropriée par des républicains et des socialistes de sensibilités fort différentes. Un proche de Cabet, qui fut en 1848 secrétaire du club de la Révolution présidé par Barbès, Jean-Baptiste Millière, se fait également son propagandiste dans *Constitution de la démocratie ou le gouvernement direct du peuple par lui-même*[13]. Félix Pyat la vante dans la *Feuille du peuple* et César Bertholon dans le *Vote universel*. Paul de Flotte s'y réfère dans un gros ouvrage théorique, *De la souveraineté du peuple ou essai sur l'esprit de la révolution*[14], tandis que Constantin Pecqueur, le grand penseur économique du socialisme, écrit un important *Traité de la souveraineté ou Nouveau contrat social*[15]. Un ouvrage collectif comme *Gouvernement direct. Organisation centrale et communale de la République*, qui est publié sous la direction de Renouvier avec l'aide de Charles Fauvety, témoigne à lui seul de la diversité des milieux et des sensibilités qui se reconnaissent dans le nouveau mot d'ordre. Si les sympathies du philosophe pour l'école fouriériste sont alors notoires, son compagnon est connu quant à lui pour ses liens longtemps étroits avec Blanqui. Et la poignée de contributeurs qu'ils rassemblent est fort éclectique puisque des militants babouvistes y côtoient des journalistes de tendance « démoc-soc[16] ».

Une foule de journaux républicains indépendants, à Paris et en province, se font aussi les adeptes du gouvernement direct. « Jamais, depuis 1848, idée émise dans la presse n'avait rallié plus de sympathies au drapeau de la révolution », écrit ainsi légitimement Ledru-Rollin[17]. Signe qui ne trompe pas, les différents secteurs de l'opinion républicaine et socialiste vont se quereller pour s'attribuer la paternité de ce qui apparaît comme la grande idée neuve de la période. Si Rittinghausen est incontestablement le père de l'expression[18], *La Voix du proscrit* va pourtant disputer à *La Démocratie pacifique* son rôle pionnier. *Le Populaire* des amis de Cabet essaie aussi un moment de s'attribuer le beau rôle[19]. Même une revue modérée comme *La République universelle* prétend après coup avoir développé pour la première fois la thèse du gouvernement direct[20].

Ce thème constitue-t-il vraiment l'axe d'unification doctrinale du parti démocratique en 1851 ? C'est surtout, en fait, la fortune du mot lui-même qui est remarquable. Bien qu'il soit compris dans des directions très différentes et parfois même opposées, nous le verrons plus loin, il offre à tous la promesse d'une renaissance de l'idée républicaine et d'un accomplissement de l'impératif politique moderne. « Gouvernement direct » a un sens immédiatement parlant, dans sa brièveté à la fois familière et neuve. Aussi l'emporte-t-il sans difficultés sur d'autres dénominations de la reformulation du projet démocratique qui sont alors essayées. Ce n'est pas tant un concept constitutionnel ou sociologique qu'un ensemble d'images et d'évocations qui s'expriment à travers lui et expliquent la faveur générale dont il jouit pendant quelques mois, avant que le coup d'État du 2-Décembre vienne dicter d'autres urgences aux républicains de gauche.

Si le mot d'ordre de gouvernement direct semble unifier dans une même critique les énergies des déçus de la République du 24 février, il rassemble en fait sous un vocable commun des approches fort diverses du progrès démocratique. Chaque auteur d'article ou de brochure, ou peu s'en faut, a son système en poche. Deux approches principales peuvent cependant être distinguées pour la commodité de l'analyse. Pour Ledru-Rollin et ses amis de la Montagne, il s'agit essentiellement de renouer avec l'esprit de la Constitution de 1793. Victor Considerant, Rittinghausen et toute la mouvance fouriériste qui gravite autour de *La Démocratie pacifique* s'inscrivent, quant à eux, dans la perspective plus radicale et plus inédite d'une forme d'autogouvernement de la société. À travers cette différence, ce sont implicitement deux analyses de l'échec de 1848 qui s'opposent.

Il n'y a rien à inventer pour réaliser l'idéal démocratique aux yeux de Ledru-Rollin. Dès les Républiques de la Grèce et de Rome, estime-t-il en effet, la souveraineté vivante et agissante du peuple dort au fond de la conscience humaine. L'idée de gouvernement direct du peuple n'est donc aucunement une invention récente. Elle est une expérience et un acquis dont il suffit de « réveiller le souvenir [21] » en combattant toutes les formes de résistances qui n'ont cessé de s'y opposer. Le modèle à réaliser est donc pour lui tout trouvé : c'est celui de la Constitution de 1793 dans laquelle se résume et se concentre tout l'esprit de la Révolution, elle-même héritière et accomplissement d'une histoire longue de l'émancipation. Ledru-Rollin et les montagnards exilés à Londres s'inscrivent ainsi dans la tradition des républicains radicaux du début des années 1830. Comme eux, ils pensent que la Constitution de 1793 et la Déclaration des droits de Robespierre contiennent la vérité définitive et suffisante de la démocratie moderne. *La Voix du proscrit* n'a cessé de le ressasser, semaine après semaine. Dès ses premiers numéros, Charles Delescluze consacre ainsi toute une série d'articles aux textes fondateurs de 1793, les qualifiant de « définitifs » et d'« inattaquables » [22]. L'idée de gouvernement direct du peuple, si elle constitue « l'idée-mystère qui sera le droit et la foi du lendemain », ne fait donc que renouer à ses yeux avec « les textes sacrés de notre première révolution » [23]. Toutes les équivoques et les discussions de 1793 sont dès lors oubliées, comme si Hérault de Séchelles, Saint-Just et Robespierre n'avaient pas eux-mêmes hésité ou ne s'étaient pas contredits. Pour Ledru-Rollin et ses amis, le capital intellectuel révolutionnaire se réduit à un catéchisme simple et intangible. Alors qu'un Robespierre ne cesse, par exemple, d'osciller au gré des impératifs tactiques entre apologie et critique du système représentatif, Ledru-Rollin s'abrite derrière une unique citation pour appuyer son propos réducteur et fonder son bref credo [24].

Si la philosophie politique qui sous-tend cette appréhension du gouvernement direct est présentée comme un retour à 1793, il en va de même pour ce qui concerne les moyens pratiques de sa mise en œuvre. L'exercice du gouvernement direct signifie pour les rédacteurs de *La Voix du proscrit* que le peuple vote lui-même les lois dans les assemblées électorales, exerçant ainsi « sans entraves » sa pleine souveraineté. Les représentants seraient dans ce cadre remplacés par de simples « délégués », élus annuellement, dont la tâche se limiterait à la préparation des lois soumises au peuple et au règlement, par décrets, des « choses secondaires » ou de celles qui rentrent dans les « détails de l'administration ». C'était effectivement renouer avec la distinction opérée par Hérault de Séchelles entre la proposition des lois, revenant au Corps législatif, et l'acceptation des lois, revenant au peuple[25]. Gouvernement direct signifie alors simplement *démocratie de sanction*, au sens que nous avons donné à cette expression en rappelant certaines propositions des printemps 1791 et 1793. Il s'agit donc plutôt, à proprement parler, d'un système de *législation directe*.

Ledru-Rollin ne fait que prôner une conception extensive du référendum. Elle constitue une interprétation que l'on peut qualifier de « minimale » de l'idée de gouvernement direct. La façon admirative dont beaucoup de journaux du camp démocratique citent, à l'automne 1850, le référendum municipal organisé à Cincinnati pour décider d'un projet de chemin de fer témoigne de l'écho que rencontre cette approche minimale[26]. La vision de Considerant ou de Rittinghausen est, quant à elle, plus ambitieuse.

Les rédacteurs de *La Démocratie pacifique* contestent d'abord la validité de la distinction faite par Ledru-Rollin entre des lois qui seraient votées par le peuple et des décrets qui seraient pris par l'assemblée de ses délégués. « Ledru-Rollin, critique ainsi Rittinghausen, a voulu se placer entre le principe de la représentation et celui de la législation directe ; il oublie que l'un des deux principes exclut l'autre. Si le peuple est législateur, il doit faire toutes ses lois, sans exception, librement, sans gêne ; s'il n'arrive pas à cela, s'il a d'autres législateurs que lui, il a des *maîtres*. Il n'y a pas de milieu[27]. » Toutes les manipulations et les tromperies peuvent en effet se cacher derrière une distinction présentée comme *a priori* purement technique. Il lui est aussi reproché d'accepter par là que le simple silence du peuple puisse être compris comme une acceptation, ce dernier étant censé donner sur ce mode une approbation tacite équivalente à un consentement exprès. Mais Rittinghausen et Considerant vont plus loin : ils refusent la distinction opérée entre les moments de la proposition et du vote. Si le premier instaure un ministère « élu par le peuple entier », il lui refuse le droit de soumettre des projets de loi à la délibération collective. La seule initiative de cette instance est de décider que tel ou tel jour auront lieu dans le pays tout entier les délibérations concernant un objet sur lequel il semble nécessaire de légiférer. Ce ministère doit, en outre, obligatoirement déclencher cette procédure si un nombre déterminé de citoyens l'y invitent. Pour Rittinghausen, la législation directe ne se confond donc pas avec la procédure du référendum, cette dernière pouvant tout au plus être considérée comme une « forme transitoire » de la première[28]. C'est donc une perspective beaucoup plus radicale que celle de Ledru-Rollin qui s'ouvre. Il reste à la présenter plus précisément pour en saisir vraiment le sens et dégager les présupposés sur lesquels elle repose.

L'idéologie du pouvoir simple

Comment organiser pratiquement le gouvernement direct ? Reprenons pour cela les exposés de Considerant et Rittinghausen. Le « modèle » élaboré par Rittinghausen est le premier à être publié. C'est donc naturellement autour de ses propositions que s'organise la façon dont les différents auteurs voient les choses. On a déjà brièvement indiqué l'esprit général de son projet. Mais c'est, en fait, à ces quelques indications très succinctes qu'il en reste. Il se contente de mentionner que le peuple doit être divisé en sections de mille citoyens chacune, que tous peuvent prendre la parole dans les débats qui sont dirigés par un président élu en début de séance et que seul l'objet général de la loi à élaborer par le peuple est déterminé par un ministère élu au suffrage universel. Comment espérer qu'une loi puisse être élaborée dans de telles conditions ? Rittinghausen ne voit là aucune difficulté. Il suffit pour lui de clairement distinguer dans les débats ce qui est de l'ordre du *principe* et ce qui renvoie à des *questions subordonnées*. Pour illustrer son propos, il prend l'exemple d'un texte à établir sur le problème de la prescription en matière criminelle. Selon sa distinction, la première question à décider dans les assemblées du peuple est donc celle de la légitimité du principe lui-même. Le président de chacune d'entre elles ouvre ainsi le débat pour savoir s'il doit y avoir ou non prescription. Après avoir entendu les différents points de vue (qui opposent classiquement, en l'occurrence, le droit prussien et le droit français), les citoyens tranchent. Si la prescription est retenue, ils examinent successivement les différentes questions subordonnées qui en découlent logiquement : la prescription doit-elle être la même pour les crimes, les délits et les contraventions de police ? Sinon, après quelle époque y aura-t-il prescription pour les crimes ? etc. Tous les résultats de ces votes successifs sont ensuite centralisés au niveau national, une simple « commission de rédaction » composant ensuite sans difficulté un texte de loi « clair et simple ». L'exposé du système frappe par son côté extraordinairement sommaire. Mais Rittinghausen ne voit pas qu'il y ait là le moindre problème. « Cette opération est simple et ne demande que peu de travail et de temps [...]. La loi sortira d'une manière organique des discussions mêmes », justifie-t-il en effet[29]. On ne s'étonne donc pas que moins de quatre pages, sur les quelques centaines écrites par l'auteur sur la question du gouvernement direct, soient consacrées à la description pratique des procédures à mettre en place[30] ! Victor Considerant n'est guère plus explicite, même s'il se montre un peu plus disert dans l'exposé des conditions de la rédaction définitive des lois et s'il distingue les procédures à mettre en œuvre selon la nature des questions traitées. L'important est aussi pour lui de faire admettre l'idée directrice d'un nouvel ordre politique dans lequel le peuple puisse, dans ses sections, « faire directement la loi et décider de tous les actes de gouvernement ». Les choses sont abordées dans une perspective similaire par tous les auteurs d'articles et d'ouvrages sur la question. C'est plus une philosophie politique que de véritables plans de réforme ou des schémas constitutionnels qu'ils exposent. C'est y compris le cas pour le projet le plus élaboré, développé sur près de cinq cents pages, qui est dû à la plume de Charles Renouvier, *Gouvernement direct. Organisation communale et centrale de la République*. Toute cette littérature présuppose la simplicité et l'évidence de ce qu'elle recommande et s'estime du même coup dispensée d'en exposer les mécanismes pratiques.

« Nous évitons de nous étendre plus longuement sur l'organisation de la législation directe, note Rittinghausen. Dans une matière pareille, justifie-t-il, il faut indiquer à grands traits ce qui résulte immédiatement, absolument, du principe que l'on produit et laisser à l'écart tous les détails qui sont susceptibles de plusieurs solutions différentes[31]. » C'est dire à la fois que la puissance novatrice est dans l'idée générale et que les problèmes de mise en œuvre sont subalternes autant que faciles à résoudre. D'où l'indifférence de toute cette littérature aux aspects institutionnels et son peu d'attention portée aux contradictions pratiques qui peuvent apparaître entre des projets animés par une même intention. « Qu'importent les objections, et les partis et les personnes, souligne Considerant. Les fleuves coulent, la mer monte, la terre tourne. Qui les arrêtera ? [...] les idées vraies, claires, simples sont des oiseaux qu'on ne peut plus remettre en cage quand ils s'en sont envolés[32]. » Et de parler encore d'un « système visible comme la lumière » avec lequel « tout aurait été facile en 1848 ». « Si le gouvernement provisoire eût fait cela [...], il eût résolu ce formidable problème du pouvoir démocratique », assure-t-il[33]. Il suffit que l'idée soit tout simplement énoncée pour qu'elle s'impose aussitôt avec la force de l'évidence. C'est pourquoi les adjectifs « simple » et « facile » reviennent de façon obsédante dans ces textes. Leur omniprésence exprime une vision du monde dans laquelle les seules causes reconnues d'un malheur résident dans l'action négative de puissances extérieures au peuple, qu'il s'agisse de la routine ou de l'oppression de classe.

Le règne possible de la simplicité ne tient pourtant pas seulement à la force commandante de l'évidence. Il découle aussi pour ces auteurs d'un changement radical de la nature du politique dans une société où la souveraineté du peuple s'exerce dans sa plénitude sous les espèces du gouvernement direct. À une « vieille » politique caractérisée par la gestion des personnes se substitue dans ce cadre une politique « nouvelle » définie par la discussion des choses. À un choix *difficile* des hommes succède une détermination *facile* des décisions substantielles. « On se trompe sur un homme qu'on ne connaît pas et qui vous trompe ; on se trompe beaucoup moins sur un principe, sur un droit, sur un sentiment, ou sur son intérêt », souligne ainsi Considerant[34]. Là où le peuple ne peut se prononcer que sur des personnes règne la « souveraineté fictive », dans la mesure ou « lesdites personnes absorbent et exercent absolument, pour un temps quelconque, la souveraineté[35] ». Dans un univers où se discutent les principes et les politiques réelles, peut au contraire s'épanouir une souveraineté réelle. Il suffit alors de posséder bon sens et bonne foi pour effectuer des choix de façon juste et rationnelle. « Le bon sens du peuple saura bien distinguer la vérité de l'erreur, et le plus souvent même il pourra voter d'inspiration, sans avoir besoin de demander aux orateurs ce qui convient à ses véritables intérêts », souligne ainsi Millière[36]. Lorsque s'évaluent des principes et des procédures, les passions sont censées s'effacer sans peine, de même que les intérêts particuliers se taisent quand le peuple en corps est appelé à déterminer l'esprit des lois. Le gouvernement direct est donc bien en lui-même un facteur de simplification du politique.

L'idéologie du gouvernement simple qui sous-tend la vision de ces apôtres du gouvernement direct s'enracine enfin dans une conception très spécifique du rôle social des lois et de leurs conditions de production. La possibilité du gouvernement direct s'appuie d'abord là sur le postulat de la facilité de l'action législative dès lors que sont bien distinguées la fixation des principes directeurs et la détermination des conditions de leur mise en œuvre. « La science législative se réduit à peu de choses, insiste ainsi Rittinghausen. Recherchez, dans le sujet le plus vaste, la question de principe et résolvez-la. Si vous la résolvez bien, tout est dit ; ce qui reste se borne à deux ou trois questions de détail, au milieu desquels les plus aveugles ne pourront pas s'égarer[37]. » La législation directe ne se heurte pour cette raison à aucun obstacle de capacité ou de disponibilité du peuple. Le socialiste allemand considère donc que l'aporie fondatrice de la démocratie moderne telle que Rousseau l'avait formulée peut être résolue de cette façon. C'est parce que le philosophe de Genève « n'avait aucune idée de la simplification des lois et de la réduction des matières de législation », estime-t-il, qu'il pensait impossible que le peuple pût être législateur et gouverner lui-même dans un État de grande dimension. À cet effet simplificateur d'ordre quasiment technique s'ajoute, pour les propagandistes du gouvernement direct, un facteur de type sociologique : l'avènement d'une société véritablement régie par la volonté générale doit, selon eux, conduire à un strict État de droit, d'autant plus limité que sa tâche se réduit à garantir les libertés fondamentales de tous. « La souveraineté réelle du Peuple, par cela même qu'elle termine la révolution politique moderne, supprime les neuf dixièmes des travaux où s'absorbent depuis trente ans nos assemblées législatives, explique en ce sens Victor Considerant. Les neuf dixièmes du temps de ces assemblées étaient employés, en effet, en fabrication de lois réglementaires, compressives ou répressives, dont la compétition des partis et l'ébullition révolutionnaire fournissaient l'éternel sujet ou l'éternel prétexte. Tout cela disparaît. Ce travail de Danaïdes est clos après la proclamation pure et simple des libertés que les gouvernements extérieurs à la nation lui ont disputées depuis soixante ans. La tâche est donc singulièrement simplifiée [38]. » C'est aussi pour ce second motif que le nombre des lois que le peuple aura à faire dans l'avenir sera très restreint et que ses fonctions législatives lui prendront donc peu de temps. Renouvier a spécialement insisté, mais en philosophe cette fois-ci, sur cette dimension : « Si des lois sont nécessaires pour vivre en société, il en faut un très petit nombre [...]. Une fois que le peuple aura accepté sa constitution, ses lois organiques et un code très succinct des lois générales qui doivent servir de règle aux citoyens dans leurs rapports mutuels, nous ne voyons pas quelle nécessité il pourrait y avoir à faire encore des lois nouvelles[39]. » Cette remarque est fondamentale. Elle suggère en effet que l'idée de gouvernement direct ne peut pas seulement être considérée comme une utopie politique, au sens où elle érigerait platement une impatience en impératif historique. Elle s'inscrit également dans toute une culture philosophique et politique rationaliste issue des Lumières.

Au culte rousseauiste d'une volonté continuellement commandante, les partisans du gouvernement direct opposent, en fait, la perspective d'une raréfaction du politique. Le peuple n'aura pas à passer son temps à discuter et à voter les lois parce que la régulation de la société pourra être assurée de façon économe. « Économie » reposant sur un postulat de rationalité législative : la capacité des « bonnes lois » à exprimer des généralités permet de les limiter. En elles, les principes absorbent le champ des possibles, tous les cas particuliers dont la réalité est constituée trouvant un cadre d'interprétation et une norme de classement suffisants. La façon dont Considerant, Rittinghausen et Renouvier opposent de façon presque obsessionnelle les « principes » et les « détails » s'inscrit ainsi dans la grande tradition du rationalisme politique du XVIIIe siècle. Ils mettent leurs pas dans ceux de l'abbé de Saint-Pierre ou de Beccaria pour s'opposer à Rousseau et estimer que si les lois se fondent sur la raison et la généralité, elles n'ont pas à être nombreuses. Il faut d'ailleurs ajouter que cette économie législative a aussi une dimension morale explicite. Dans *Gouvernement direct*, le futur auteur de *Science de la morale* considère que la multiplicité des lois oppose un obstacle à la moralisation de l'espèce humaine qualifié d'« insurmontable ». Les codes, assure-t-il, ne sont que des « béquilles » dont l'utilité, nécessaire dans une « société boiteuse », doit s'effacer dans une société avancée. « Contentons-nous donc de l'appui d'un simple bâton, conclut-il, en attendant que nous nous sentions assez forts pour marcher carrément sur nos seules jambes, sans autres guides que les yeux de notre corps et notre conscience[40]. » La perspective du gouvernement direct doit là plus à Helvétius — auquel se réfère d'ailleurs Renouvier — qu'aux sans-culottes de l'an II.

L'adossement de l'idée de gouvernement direct à cette philosophie morale et politique du rationalisme du XVIIIe siècle explique la facilité avec laquelle elle s'est diffusée, malgré toutes les critiques pratiques qui pouvaient lui être adressées. La perspective d'un *gouvernement simple* qu'elle implique n'a cessé, en effet, de correspondre en France à une forme désirable du politique. Elle a d'ailleurs été d'autant mieux accueillie qu'elle consonait avec la vieille certitude républicaine qu'un régime fondé sur le suffrage universel ne pouvait être qu'un « gouvernement à bon marché », selon une formule très usitée sous la monarchie de Juillet[41]. Il n'y a ainsi pas loin de la « République à bon marché » vantée par Mathieu de la Drôme au « gouvernement direct » de Considerant. D'où le prestige diffus dont jouit la dernière expression au milieu du XIXe siècle. Bien au-delà des cercles fouriéristes ou républicains radicaux, on voit significativement un Émile de Girardin, toujours à l'affût des modes et des idées singulières, s'en emparer en publiant successivement en 1851 *Le Gouvernement le plus simple* et *L'Abolition de l'autorité par la simplification du gouvernement*[42]. Même si le contenu de ces textes apparaît bien loin de celui des auteurs que nous avons cités, la seule attention à s'emparer d'une partie de leur message témoigne en elle-même de son écho.

L'idée de gouvernement direct se rattache donc, en la radicalisant, à la longue tradition légicentrique française. Elle se prolonge de cette manière par un refus théorisé de penser le pouvoir exécutif, ce dernier ne pouvant être appréhendé que sous les espèces de ces « détails d'application » indissociablement tenus en lisière des faits et de la pensée. Hors la loi dominant la réalité de son principe de généralité, il n'y a aucune forme justifiée du politique pour Considerant ou Rittinghausen. On retrouve là une dimension essentielle de la culture politique révolutionnaire. Dans celle-ci, le pouvoir exécutif n'était déjà conçu que comme purement commis, occupé à appliquer mécaniquement la loi dont il ne devait être qu'un serviteur sans initiatives. Un Roederer avait ainsi symboliquement proposé, dès 1791, que tous les ministères s'intitulent *Ministère des lois de...*, pour bien marquer leur caractère subordonné[43]. C'était, de fait, surtout à l'Assemblée, tant dans ses multiples comités que dans les réunions plénières, que les dossiers s'instruisaient et que les décisions se reprenaient alors. Sous la Convention, les comités finiront du coup par constituer une véritable administration parallèle et le mouvement culminera avec la suppression officielle des ministres, le 1er avril 1794. La décision s'inscrivait certes dans un contexte politique exceptionnel. Mais on ne doit pas s'y tromper, elle ne faisait que radicaliser une conception du pouvoir exécutif qui était, dès le XVIIIe siècle, au cœur de la culture politique française. C'est elle qui continuera à s'exprimer tout au long du XIXe, que ce soit sous la forme modérée du parlementarisme ou plus exaltée du gouvernement direct. C'est de là que procède encore le refus hexagonal de penser positivement la division des pouvoirs. On doit comprendre dans cette perspective la dénonciation que fait Renouvier des ministères en les accusant de n'être que des « châteaux forts de la bureaucratie[44] » et sa proposition concomitante d'en revenir à la gestion du pays par des comités parlementaires. « L'administration centrale de la France est tout entière dans son assemblée nationale », écrit-il dans cet esprit[45]. Lorsqu'il dénonce le pouvoir exécutif comme « nécessairement usurpateur par sa nature[46] », le philosophe ne fait que remettre ses pas dans ceux de ses prédécesseurs. On ne s'étonne donc pas de le voir finalement affirmer que la « souveraineté permanente du peuple » passe par la suppression du pouvoir exécutif.

La conception d'un pouvoir exécutif mécanique, presque transparent, renvoie aussi, pour une part, à toute l'idéologie économique du XVIIIe siècle, nous allons y venir (pour celle-ci, la sphère du politique est limitée et il est possible de se contenter d'un pouvoir faible et simple du fait de l'existence de mécanismes d'autorégulation dans la société civile). Mais cette vision correspond d'abord à une approche très réductrice de l'action proprement politique. On s'imagine volontiers que le pouvoir exécutif consiste en une pure application de la loi et que les dispositions législatives peuvent suffire à régler toutes les difficultés de la vie sociale. L'art de la politique, qui consiste à gérer l'imprévu et l'accident, n'est donc pas véritablement reconnu et pris en compte. Les apôtres du gouvernement direct ne font là que s'inscrire dans ce qui peut être qualifié d'*idéologie française du pouvoir simple*.

Peut-on, pourtant, se passer d'un organe politique central ? Tous les pourfendeurs du pouvoir exécutif concèdent que c'est impossible. Considerant admet qu'il faut bien une « institution centrale quelconque[47] ». L'arrogante et boursouflée « machine gouvernementale » qu'il dénonce cède ainsi la place à un organe modestement qualifié de « gérance » ou de « Commission de l'assemblée générale du peuple », cette dernière fonctionnant sous le regard des masses et ne réglant de son propre chef que « des questions de deuxième, de troisième, de quatrième ordre, de minime importance ». « Dans ce système, conclut-il, cela est visible comme la lumière, la gérance nationale, quelle qu'elle soit, exerce une fonction, nullement un *pouvoir.* » Le renouveau discret des mots est chargé chez lui d'exorciser la menace des choses. C'est de cette façon triviale que s'impose aussi l'idéologie. Elle fonctionne comme une machine à rééduquer l'imagination des hommes par la magie des mots. De telle sorte que derrière les humbles apparences du nouveau langage ne puisse même plus être dite et pensée la réapparition possible de l'ancien Maître. Renouvier n'a, lui, même pas cette prudence. « Dans l'hypothèse où nous nous plaçons, écrit-il, nous n'avons pas besoin de refaire le dictionnaire. Les mots État et gouvernement, ou plutôt les choses qu'ils expriment, ne recèlent plus aucun danger[48]. » Plus aucun danger : on ne saurait dire plus brutalement les choses. S'estimant radicalement coupée de l'ancien monde, la nouvelle société ne peut même plus envisager d'être jugée comme lui. On voit bien par là que la force de l'idée de gouvernement direct ne dérive aucunement de la crédibilité des modèles qu'elle évoque. C'est uniquement la réalité de ce qu'elle dénonce qui la constitue et la légitime.

De l'absolutisation du vote à l'extinction du politique

« Si le peuple fait ses affaires lui-même, écrit Victor Considerant, le droit absolu en matière de gouvernement et de souveraineté étant consommé, le but de l'évolution politique de l'histoire moderne est atteint[49]. » *Faire ses propres affaires* : la formule commence à s'imposer dans les différents milieux socialistes du milieu du XIXe siècle comme un mot d'ordre central. Notamment, elle revient constamment sous la plume des apôtres du gouvernement direct, semblant presque résumer dans le langage de tous les jours leur programme. Mais elle nous intéresse surtout ici à cause de l'équivoque qu'elle recèle. Si elle traduit d'abord l'aspiration à ce que le peuple agisse sans représentants, elle renvoie aussi à la perspective d'une autonomie de la société civile. Ce sont donc deux rapports sensiblement différents au politique qui se logent dans l'expression. D'un côté, c'est le plus manifeste, un pur rousseauisme qui dépasse, sur un mode sociologique et mécanique, les apories constitutives de la démocratie moderne. Il s'agit de *populariser* la souveraineté, constatant que l'universalisation du suffrage n'y a pas suffi. L'objectif est pour cela d'absolutiser et de généraliser la procédure du vote. « La souveraineté *effective* du peuple résout définitivement le problème politique », résume Considerant[50]. Mais, d'un autre côté, on ne l'a pas assez souligné, elle s'enracine dans une philosophie implicite de l'harmonie naturelle des intérêts dans laquelle la capacité à l'autogouvernement de la société est liée à une dissolution de l'instance proprement politique. Toujours le même Considerant parle en ce sens de « spontanéité des individus » pour décrire les moyens futurs de la réforme sociale. La vision fouriériste des harmonies est là directement sous-jacente. C'est elle qui éclaire et radicalise l'idée de pouvoir simple.

Un pouvoir simple, un commandement de la généralité, des lois peu nombreuses : c'est le passage du gouvernement (complexe) des hommes à l'administration (simple) des choses qui s'esquisse, en fait, derrière le mot d'ordre du gouvernement direct. Renouvier et ses amis l'ont clairement suggéré dans leur grosse somme. Avec leur projet, expliquent-ils, l'Assemblée nationale « ne sera plus, comme par le passé, occupée uniquement à légiférer et à gouverner, mais tenue d'administrer la société[51] ». Le terme même de gouvernement direct s'élargit dans ce cadre. Il ne qualifie plus seulement une *technique* de la souveraineté. Il désigne également une *forme* du pouvoir social. À une compréhension polarisée et institutionnalisée du politique se substitue une approche diffractée. « Ce n'est pas tout de vouloir le gouvernement direct, il faut aussi vouloir *le gouvernement immédiat* », explique Renouvier en une extraordinaire formule[52]. Il entend dans cet esprit faire aller de pair organisation centrale et organisation communale de la République. Sans entrer dans le détail de leur plan qui repose notamment sur le découpage du pays en vastes communes-cantons de dix-huit mille habitants, on peut résumer les quelques grands principes qui inspirent leur démarche et définissent ce « gouvernement immédiat » qu'ils appellent de leurs vœux.

L'idée première est donc d'envisager autrement le champ du politique. « Nous ne doutons pas, quant à nous, écrivent-ils en ce sens, de la possibilité de distribuer la vie collective entre quelques milliers de groupes sans affaiblir le centre national[53]. » « Entre le fédéralisme et l'organisation municipale, il n'y a rien de commun », précisent-ils même, pour éviter toute confusion sur la nature de leur proposition[54]. Leur perspective n'est pas du tout celle d'une *décentralisation* : elle est plutôt celle d'une *dissémination du pouvoir*. Ce qu'ils refusent, c'est l'idée d'une souveraineté qui serait fondée sur « l'absorption de toute vie sociale et politique de la nation[55] ». Nos auteurs ne se limitent d'ailleurs pas à cette communalisation du politique. Ils vont jusqu'à souhaiter que s'efface la différence entre régulation politique et gouvernement de soi. « Quand chaque citoyen est assez libre et assez éclairé pour *faire sa loi* ou seulement pour concourir à la confection de la loi générale, la constitution nationale ne peut être que la manifestation de l'esprit public », écrivent-ils dans cette direction[56]. On est là très loin d'un simple plaidoyer pour un dépassement « technique » des limites du gouvernement représentatif. L'objectif est beaucoup plus ambitieux : il est de résorber à la racine la contradiction entre émancipation individuelle et puissance collective. Il s'agit pour cela de refonder la notion même de souveraineté, en faisant se superposer la conquête d'une plus grande autonomie personnelle et le mouvement de réappropriation-déconstruction du pouvoir social. Ils entendent ainsi en effet ne pas dissocier souveraineté individuelle et souveraineté collective, combiner, selon leurs propres termes, « liberté autonomique » de l'individu et « principe social ». Dans des pages puissantes et inspirées, le rédacteur du projet de « gouvernement direct » appelle ainsi à réaliser et à dépasser d'un même mouvement l'idéal communiste et l'aspiration individualiste. « Liberté, république, démocratie, autonomie (autonomie, c'est-à-dire législation de soi-même, gouvernement de soi-même), tout cela n'est qu'une seule chose et cette chose est la vérité politique[57]. » Loi politique et loi morale doivent donc finalement coïncider dans cette perspective. Le jeune Renouvier donne ainsi une première esquisse, mais marquée par ses sympathies fouriéristes du moment, de sa philosophie à venir[58].

« Nous ne voulons aucun pouvoir, ni législatif, ni exécutif, ni judiciaire, va-t-il jusqu'à dire, et si nous prenions les mots État et gouvernement dans l'acception qu'on leur a donnée jusqu'ici, nous pourrions dire que nous ne voulons ni de l'un, ni de l'autre[59]. » On est donc bien loin, dans ce cas, de l'univers rousseauiste. C'est davantage aux théories du dépassement de la politique que s'apparente la démarche de Fauvety et de Renouvier. Ce dernier n'est à cette époque qu'une sorte d'Adam Smith d'extrême gauche, et on le trouve étonnamment proche d'un Thomas Paine et d'un William Godwin[60]. Il croit à une possible harmonie naturelle des intérêts et assure, comme les libéraux du XVIIIe siècle, que les hommes ne sauraient *faire* les lois et qu'ils doivent plus modestement se contenter de *découvrir* celles de la nature. Seule la détention du pouvoir par des petits groupes minoritaires explique à ses yeux qu'un fossé ait pu historiquement se creuser entre les lois positives et les lois naturelles.

L'approche procédurale de la législation directe, telle que l'exprime un Ledru-Rollin, se heurte à une difficulté pratique : elle présuppose l'unanimité du peuple. L'expression directe, comme procédure, et l'unanimité, comme figure sociale, doivent se superposer, pour que la volonté générale prenne forme. Mais cette condition d'unanimité apparaissait bien sûr fort difficile à réaliser pratiquement. Rittinghausen avait lui-même reconnu le problème en consentant : « La législation directe ne réalise pas l'idéal de la liberté. » « Quelque minime que soit la minorité dans les votes, admet-il dans la conclusion de sa brochure, il n'est pas moins vrai que cette minorité devra obéir à des lois qu'elle a désapprouvées. Aussi nous sommes-nous bornés à présenter la législation directe comme le pas décisif à faire vers le brillant avenir que l'humanité voit ouvert devant elle[61]. » Les républicains de gauche « traditionnels » avaient d'ailleurs mis cette question au centre de leur critique. Louis Blanc, dans sa brochure *Plus de girondins,* ou Antoine Leray, dans ses articles de *La Presse* ou du *Bien-être universel,* accusaient par ce biais de despotisme les partisans du gouvernement direct et ils en déduisaient parallèlement la supériorité des procédures représentatives pour constituer en un tout unifié le pays[62]. Considerant et Rittinghausen pouvaient s'indigner de ces suspicions et dénoncer de leur côté les « aristocrates du parti populaire[63] », mais ils savaient que l'argument portait. D'où la minoration conséquente, chez eux, de l'idée de référendum.

Le réquisit d'unanimité ne prend sens à leurs yeux que dans la perspective d'un dépérissement du politique. La réalisation *substantielle* de la démocratie suppose le dépassement de son caractère procédural. « Dans une république définitive, dans un état normal de société, note dans cet esprit Renouvier, les mots majorité et minorité ne sauraient avoir la signification étroite que nous leur attribuons aujourd'hui [64]. » L'unanimité, pour dire les choses autrement, devient une *qualité sociale* et n'est plus un fait d'arithmétique politique. Elle caractérise une société dans laquelle ne s'exerce plus aucune contrainte personnalisée sur les individus, l'activité de ceux-ci n'étant plus régie que par des lois objectives.

C'est en s'inscrivant dans une perspective de cette nature que Marx et Proudhon ont estimé que les champions du gouvernement direct n'allaient pas jusqu'au bout de leurs présuppositions. Marx connaissait bien Rittinghausen, qui avait collaboré à ses côtés à *La Nouvelle Gazette rhénane* ; il avait aussi lu Considerant. Mais l'idée de gouvernement direct restait pour lui bâtarde. Elle restait encore prisonnière d'un certain « fétichisme démocratique [65] ». Il rejoignait complètement la virulente critique développée par Proudhon dans son *Idée générale de la Révolution au* XIX*e siècle* (paru en juillet 1851). « Le gouvernement direct et la législation directe me paraissent les deux plus énormes bévues dont il ait été parlé dans les fastes de la politique et de la philosophie », écrivait-il brutalement [66]. L'important, soutient en effet Proudhon, est d'abolir la notion même de gouvernement et pas seulement d'en changer la forme. Le choix décisif n'est donc pas entre gouvernement direct et système représentatif, il est plus fondamentalement entre gouvernement, quel qu'il soit, et *anarchie*. Nos auteurs ne font pour lui que reproduire et asseoir ce qu'il appelle le « préjugé gouvernemental ». Il s'agit d'être beaucoup plus radical et d'aller au-delà de l'idée démocratique, considérée comme le « dernier terme de l'évolution gouvernementale[67] ». C'est ainsi à l'opposé complet de Rousseau qu'il faut penser la véritable émancipation[68]. La seule bonne formule politique est donc tout simplement : « Plus de gouvernement. » « Ni monarchie, ni aristocratie, ni même démocratie, en tant que ce troisième terme impliquerait un gouvernement quelconque, agissant au nom du peuple, et se disant peuple. Point d'autorité, point de gouvernement, même populaire : la Révolution est là [...]. Direct ou indirect, simple ou composé, le gouvernement du peuple sera toujours l'escamotage du peuple[69]. » C'est l'administration qui doit succéder au gouvernement des hommes : Proudhon retrouve là complètement le Saint-Simon du *Catéchisme des industriels*.

L'absolutisation du vote trouve de la sorte son aboutissement dans l'abolition du politique. Contrairement à ce qui a parfois été soutenu[70], les théories du gouvernement direct anticipent ainsi moins l'avenir qu'elles ne dessinent une des figures paradoxales du retournement de la démocratie contre elle-même.

V

LA DÉMOCRATIE ILLIBÉRALE
(le césarisme)

La théorie du plébiscite
L'homme-peuple et le peuple-un
La polarisation du politique
La démocratie illibérale

La notion de bonapartisme ne renvoie pas seulement à une expérience historique particulière. Elle désigne aussi un modèle politique original, alliant deux références longtemps contradictoires dans la vie française : la foi dans le rationalisme administratif et le culte de la souveraineté du peuple ; l'ordre et la démocratie, pour employer d'autres mots. Napoléon Ier a tenté de réconcilier ces deux éléments dans une synthèse qu'il jugeait susceptible de clore l'épisode révolutionnaire. Il l'a fait dans l'action, avec la compréhension intuitive qu'il avait des choses. Mais sans qu'une véritable théorie accompagne et éclaire son entreprise. Il n'en va pas de même pour Louis-Napoléon, qui deviendra Napoléon III. Dès les années 1830, il tente de formaliser le sens de l'expérience de son oncle, pour donner un cadre à celle qu'il espère aussi conduire. Il s'est préoccupé à cette fin d'inscrire le bonapartisme dans une théorie élaborée de la démocratie moderne, en précisant le modèle originel sous les espèces de ce que l'on peut appeler le *césarisme*. Alors que le bonapartisme définit une formule politique et administrative, au sens le plus large du terme, le césarisme désigne de façon plus étroite une conception de la démocratie (qui peut s'insérer en tant que telle dans le cadre plus large du bonapartisme).

Plus nettement encore que son oncle, Louis-Napoléon met au centre de sa philosophie politique la conception révolutionnaire de la souveraineté. « Issu d'une famille qui a dû son élévation au suffrage de la nation, écrit-il en 1843, alors qu'il est emprisonné au fort de Ham, je mentirais à mon origine, à ma nature, et qui plus est au sens commun, si je n'admettais pas la souveraineté du peuple comme base fondamentale de toute organisation politique[1]. » « Je considère le peuple comme propriétaire et les gouvernements quels qu'ils soient comme des fermiers », dit-il encore[2]. Lors de ses deux tentatives avortées de coup d'État, à Strasbourg en 1836, puis à Boulogne en 1840, les proclamations qu'il adresse aux Français font état de ce credo d'origine révolutionnaire[3]. Ce n'est pas par calcul. Louis Blanc a rapporté la chaleur authentique avec laquelle Louis-Napoléon lui avait parlé de souveraineté du peuple et de suffrage universel quand il l'avait visité au fort de Ham[4]. Dans ses *Rêveries politiques* de 1832, le projet de constitution qu'il avance fait même de très larges emprunts au texte de 1793, ce qui lui vaut la reconnaissance des républicains de l'époque[5]. « La République démocratique sera l'objet de mon culte ; j'en serai le prêtre », promet-il aux Français[6]. Dans leurs publications, ses amis n'hésitent même pas à parler du « saint peuple[7] ». Par tous ces traits, Louis-Napoléon s'inscrit clairement dans le cadre de la culture politique révolutionnaire. Il se montrera d'ailleurs un adversaire résolu du suffrage censitaire sous la monarchie constitutionnelle. Foi dans le suffrage universel dont il fera, on le sait, un élément clef de sa justification du coup d'État du 2-Décembre[8].

Mais Louis-Napoléon n'en reste pas là. Il ne serait

en effet alors qu'un banal républicain. Ce qui constitue le césarisme réside dans une approche de la souveraineté du peuple inscrite dans un triple cadre : une conception de l'expression populaire par la procédure privilégiée du plébiscite ; une philosophie de la représentation comme incarnation du peuple en un chef ; un rejet des corps intermédiaires qui font obstacle à un face-à-face du peuple et du pouvoir. Ces différents traits précisent le bonapartisme pour qualifier le césarisme. Césarisme qui définit ce qu'on pourrait appeler une *démocratie illibérale* [9]. En même temps qu'est consacré le pouvoir de légitimation et de sanction du peuple (au moyen d'élections librement organisées), les libertés publiques (de la presse, d'organisation partisane, etc.) ne sont pas reconnues, au prétexte qu'elles parasiteraient l'expression libre et immédiate de la volonté générale, et le peuple est uniquement appréhendé sous les espèces d'une totalité que l'on ne saurait décomposer.

La théorie du plébiscite

La démocratie plébiscitaire se présente essentiellement comme une alternative aux formes classiques du gouvernement représentatif. Dès le printemps 1848, les journaux bonapartistes font de la dénonciation du système parlementaire un de leurs thèmes majeurs. Ils ne se limitent d'ailleurs pas à pointer du doigt les phénomènes d'entropie à l'œuvre dans le mécanisme représentatif, comme il était courant de le faire dès 1789. Un mépris affiché pour ceux qui sont qualifiés de « bavards inactifs » ou de « beaux parleurs » se superpose en effet chez eux aux considérations de fond. Les principaux éléments de la rhétorique antiparlementaire qui culminera à la fin du siècle trouvent alors leur première expression cohérente dans des publications bonapartistes de cette période comme le *Napoléon républicain.* S'y trouvent vilipendés à longueur de pages les « verbiages et les mensonges » des députés assimilés à des « cochons à l'engrais » qui volent leur salaire et perdent la France[10]. Dans le ton comme dans le vocabulaire, ces textes résonnent déjà des accents boulangistes ou diversement extrémistes qui constitueront l'horizon d'une certaine décomposition politique à la fin du siècle.

Aux interfaces jugées inévitablement déformantes, les partisans de Louis Napoléon opposent les vertus du face-à-face direct entre le peuple et le pouvoir. « Entre le peuple et son souverain, pas d'intermédiaire qui s'arroge le droit de remplacer l'un et l'autre », disent-ils pour résumer leur position[11]. La théorie de l'appel au peuple ordonne donc logiquement toute leur vision des institutions politiques. Parlant de l'esprit de la Constitution de 1852, Louis-Napoléon, qui n'est encore que le nouveau président de la République, note : « Le chef que vous avez élu est responsable devant vous : il a toujours le droit de faire appel à votre jugement souverain, afin que, dans les circonstances solennelles, vous puissiez lui continuer ou lui retirer votre confiance[12]. » À deux reprises, en décembre 1851 et en janvier 1852, il cherche ainsi et trouve l'assentiment direct du peuple à son entreprise de refondation. Il faut ensuite attendre 1870, on le sait, pour qu'un nouvel appel soit lancé aux Français dans le but affiché de faire légitimer par les urnes les diverses réformes institutionnelles entreprises depuis 1860. À distance des années d'un autoritarisme *a posteriori* justifié comme circonstanciel, le Second Empire trouve dans ce plébiscite l'occasion d'une sorte de redéfinition de lui-même.

La tête pensante du régime, qui est alors Émile Ollivier, a bien résumé les arguments des partisans du plébiscite. Il souligne tout d'abord que l'existence d'un écart, voire d'une opposition, entre le peuple et ses représentants est un fait d'expérience et qu'il ne s'agit donc nullement d'une présupposition hasardeuse. Les faits invoqués ? Ollivier rappelle que le gouvernement de 1848, soutenu par la grande majorité des parlementaires, avait proposé au peuple le nom du général Cavaignac alors que le choix des urnes s'était de façon contraire massivement porté sur son principal concurrent, Louis-Napoléon. Il convoque aussi l'exemple helvétique : « La pratique du référendum en Suisse, dit-il, a amené à l'état de vérité expérimentale incontestable que le peuple pense souvent tout autrement que les députés qu'il a élus et que souvent il réélira [13]. » « Le peuple, en conclut-il, n'exprime point sa pensée par l'élection des députés [14]. » Napoléon III lui-même avait fait de ce constat la clef de sa philosophie politique. « Jamais les chambres n'ont représenté fidèlement l'opinion publique », disait-il [15]. La raison de cet écart ne tient pas seulement, selon les chantres du régime, à une infidélité coupable, elle procède de la différence de nature entre une élection et un plébiscite. L'élection, soulignent-ils, consiste en un choix de personnes. Elle n'est du même coup jamais totalement « politique » : elle fait toujours entrer en ligne de compte des éléments de jugement spécifiques. Elle valorise des connaissances et des qualités particulières. « L'appel au peuple ou le référendum, estime au contraire Émile Ollivier, offre le moyen unique de savoir d'un peuple ce qu'il pense sur les choses et les institutions, *en dehors de toute considération personnelle* [16]. » C'est donc davantage une idée, une volonté qui peut s'exprimer dans ce cadre, alors que l'élection procède surtout à l'expression de préférences et à la distinction de personnes. Le plébiscite est pour cela l'institution politique centrale du modèle bonapartiste [17]. Le système de la candidature officielle prolongeait par ailleurs pour ses promoteurs la formule du plébiscite, en polarisant les élections législatives de telle sorte qu'elles prennent la forme d'une appréciation globale du régime plutôt que du choix d'une addition de députés. L'idée était parallèlement de rassembler l'électorat autour de ce qui pouvait faire son unité et non de le représenter dans ce qui pouvait faire sa diversité [18]. Les élections législatives constituaient ainsi de véritables « plébiscites de confirmation [19] ».

Mais l'utilité du plébiscite ne se limite pas à cette dimension. Émile Ollivier insiste aussi sur la pluralisation des temps et des formes de la souveraineté qui résulte de sa mise en œuvre. « De la sorte, explique-t-il, la souveraineté du peuple ne s'exerce pas à cette seule minute où le citoyen met dans l'urne un bulletin nommant un député ; *elle est toujours vivante et à tout instant peut devenir active* [20]. » S'il est un instrument autonome d'expression de la volonté générale, le plébiscite joue aussi le rôle d'une sorte de contre-pouvoir. Émile Ollivier parle ouvertement à son sujet de « contrepoids du corps législatif [21] ». Force d'équilibre qui a pour fonction de limiter ce qu'il appelle « l'omnipotence parlementaire » ou de battre en brèche ceux qu'il qualifie de « tyrans parlementaires [22] ». C'est donc là un argument « libéral », et non plus seulement un argument « démocratique », comme précédemment, qui est mobilisé pour justifier l'utilité du plébiscite. Lorsque Émile Ollivier parle de « l'illusion décevante du parlementarisme [23] », la formule peut ainsi être entendue de deux façons complémentaires. Elle participe à la fois d'une impatience démocratique et d'une déception libérale. Émile Ollivier peut logiquement se présenter sur cette base comme le vrai champion de la liberté politique. Retraçant l'histoire de cette année 1870, il note : « Je résolus donc d'aider l'Empereur à établir un gouvernement de liberté en France. Pesez mes expressions. Je ne dis pas restituer la liberté, je dis l'établir.

Elle n'avait jamais réellement existé jusque-là[24]. » Cette seconde dimension est essentielle. Elle permet notamment d'expliquer le ralliement au régime d'un certain nombre de personnalités.

Si le plébiscite fait avancer pour ses partisans et la cause de la liberté et celle de la démocratie, il a aussi pour caractéristique de correspondre à leurs yeux à un certain génie français. Sous la IIe République déjà, les bonapartistes appelaient à réviser la Constitution dans un esprit qualifié de national. Le gouvernement parlementaire, résumait alors lapidairement Granier de Cassagnac, « n'est pas un fait national mais une utopie d'importation[25] ». L'accusation sera répétée pendant vingt ans par les tenants du régime. Elle est toujours centrale en 1870. Rappelant les positions républicaines, Émile Ollivier écrit : « Le fond de cette argumentation était la négation du principe démocratique et la reproduction de la thèse oligarchique empruntée par la bourgeoisie française à l'aristocratie anglaise[26]. » Ces jugements abrupts marquent une rupture dans les références usuelles du bien politique. Alors que les libéraux et les républicains modérés, dont beaucoup s'étaient réfugiés outre-Manche après le 2-Décembre, portent au pinacle les institutions politiques britanniques, les milieux bonapartistes se réfèrent de leur côté avec insistance aux États-Unis et à la Suisse. L'Angleterre des années 1860, il est vrai, est un pays traversé par un grave malaise politique et social[27]. Mais le basculement des modèles politiques de référence qui s'opère alors n'obéit pas à des motifs conjoncturels. Il correspond surtout à une appréhension nouvelle du problème démocratique en France. On s'intéresse à l'Amérique dans des termes qui ne sont plus ceux de Tocqueville, dont l'approche philosophique cède la place à des considérations beaucoup plus instrumentales. L'œuvre d'un Laboulaye en témoigne de façon exemplaire. Dans la série d'ouvrages qu'il consacre aux États-Unis, il met en effet surtout l'accent sur le modèle constitutionnel américain[28]. Les tenants du régime feront d'ailleurs de la référence aux institutions d'outre-Atlantique un élément décisif de propagande, prenant appui sur elle pour se décerner un brevet d'authenticité démocratique. L'Empereur lui-même a plusieurs fois esquissé le rapprochement, en réponse aux procès d'illibéralisme nourris de la référence britannique. « Nos formes constitutionnelles, qui ont une certaine analogie avec celles des États-Unis, ne sont pas défectueuses parce qu'elles diffèrent de celles de l'Angleterre », dit-il par exemple en 1866 devant le Corps législatif[29].

L'exemple suisse était aussi fréquemment invoqué dans les milieux bonapartistes. Louis-Napoléon avait donné le ton dès 1833 en publiant ses *Considérations politiques et militaires sur la Suisse*, ouvrage dans lequel il avait tenu à rappeler que Napoléon Bonaparte s'était fait le protecteur et le conservateur des anciennes assemblées d'habitants, les *Landsgemeinde*, là où elles existaient dans les cantons soumis à l'autorité française. Émile Ollivier fera en 1870 le rapprochement entre le plébiscite impérial et le référendum suisse, voyant en eux les deux variantes d'un même modèle politique ne se différenciant que parce que le premier se rattachait à une monarchie et le second à une république[30]. Adossée aux exemples suisse et américain, la théorie bonapartiste du plébiscite pouvait prétendre à la respectabilité et, plus encore, se présenter comme une doctrine d'avenir face à un système parlementaire supposé renvoyer à un archaïsme représentatif. La question du plébiscite bonapartiste prend sens dans le cadre des références et des dénégations que nous venons d'évoquer. Mais on ne peut en saisir complètement la portée en en restant à d'aussi générales considérations. Le cadre que nous avons brossé à grands traits conviendrait aussi bien à une définition maximaliste de la démocratie directe qu'à une conception plus restrictive de l'intervention populaire. Il est donc nécessaire de resserrer l'analyse. La prise en compte de *l'objet* du plébiscite apporte les ajustements et les précisions nécessaires.

Le plébiscite n'est nullement considéré par les maîtres du Second Empire comme une technique politique qui aurait une validité générale. Ils prennent ainsi soin de bien marquer la distance avec toutes les idées de législation directe par le peuple. Émile Ollivier se montre très net sur ce point en 1870. « Il y a de l'exagération dans toutes ces idées démocratiques, tranche-t-il. Il n'est pas sensé de soumettre aux délibérations du peuple des lois qui pour être jugées supposent les connaissances qu'on ne trouve pas toujours dans les assemblées d'élite[31]. » La voie du plébiscite ? Elle est donc fort étroite pour lui : « Autant le plébiscite serait un détestable instrument de gouvernement normal, même dans une démocratie : autant il offre d'avantages, dans un pays de suffrage universel, pour l'exercice correct du pouvoir constituant[32]. » Affirmer que le peuple est maître de sa destinée conduit surtout à redonner une place centrale à la ratification populaire de la Constitution. Alors que l'idée avait été repoussée à une très forte majorité en 1848 et que le débat de 1851 sur la révision avait montré le peu d'échos que rencontrait toujours cette suggestion trois ans plus tard[33], Louis Napoléon fait de la sanction populaire du texte constitutionnel la pierre fondatrice du régime qu'il instaure. Le texte de 1870, approuvé par le plébiscite, consacre définitivement ce pouvoir constituant du peuple. Mais on est loin, dans ce cadre, d'une véritable alternative au régime parlementaire ; c'est d'un correctif qu'il s'agit, tout au plus. Émile Ollivier parle d'ailleurs prudemment de « référendum ratificatif » pour qualifier la procédure[34]. La vive critique du système représentatif reste de la sorte inscrite dans une vision fort encadrée du rôle commandant de la souveraineté populaire. L'Empereur aurait lui-même avoué : « Je veux bien être baptisé avec l'eau du suffrage universel, mais je n'entends pas vivre les pieds dans l'eau[35]. »

L'objet clef du plébiscite a pourtant une autre portée que la procédure de ratification de la Constitution. Napoléon III et Émile Ollivier considéraient d'ailleurs que les réformes adoptées en 1870 mettaient en place une constitution qu'il n'y aurait plus besoin de retoucher; l'Empereur pensait qu'elles achevaient définitivement l'édifice de 1852. Le sens ultime du plébiscite est à ses yeux de faire périodiquement légitimer par le peuple la forme du gouvernement[36]. Dès ses *Rêveries politiques* de 1832, Louis-Napoléon avait fait de cet élément le premier article de son credo politique, en insistant sur le fait que le principe de la souveraineté du peuple signifie d'abord et avant tout que le peuple a librement choisi le régime dans lequel il vit. (« Un peuple, notait-il, a toujours le droit de revoir, de réformer et de changer sa constitution; une génération ne peut assujettir à ses lois les générations futures. ») C'est la justification qu'il donne de son expédition de Boulogne en 1840 (on n'ose parler de coup d'État étant donné la nature de l'entreprise), lors de son procès devant la Chambre des pairs : « La nation, soutient-il, eût répondu : "République ou monarchie, empire ou royauté." De sa libre décision dépend la fin de nos maux, le terme de nos dissensions[37]. » Son but était donc simplement de poser la question au peuple, non d'imposer une réponse. Les théoriciens de l'Empire ont maintes fois insisté sur cette caractéristique qui impliquait la reconnaissance du caractère éminemment révisable du soutien donné au régime. Le recours à l'appel au peuple — ou le mécanisme même des élections qui en constituent une forme particulière — laisse en effet toujours ouverte la porte d'une remise en cause de la forme des institutions. « Si les Français voulaient renverser l'Empereur, note en ce sens Paul Granier de Cassagnac, la chose serait bien facile, et sans qu'aucune barricade ne s'élève. Ils n'auraient qu'à nommer pour députés, pour conseillers généraux ou pour conseillers municipaux des irréconciliables. Devant tous ces représentants, à différents degrés, de la France, que ferait le gouvernement ? Il serait obligé de faire un nouvel appel au peuple, pour bien s'assurer qu'il n'y a eu ni surprise, ni erreur, et si le pays persistait dans son affirmation hostile, eh bien ! il faudrait purement et simplement se retirer[38]. » Le plébiscite est donc à la fois un outil de la démocratie et un instrument de régulation : « Il est, écrit Granier de Cassagnac, la soupape de sûreté qui empêche la machine d'éclater[39]. » Mais on voit aussi par là que le césarisme ne se définit pas seulement par les procédures qu'il met en œuvre. C'est aussi, et peut-être surtout, un type bien particulier de face-à-face entre le peuple et le pouvoir qu'il vise à instaurer.

L'homme-peuple et le peuple-un

Le plébiscite bonapartiste n'est pas une simple technique de consultation du peuple. Il participe d'une vision politique globale et d'une re-compréhension longue de l'histoire de la démocratie. Il redonne notamment sens et force à un impératif de responsabilité, tout en faisant d'un principe d'incarnation la réponse aux problèmes de la représentation. Dès sa proclamation du 2 décembre 1851, Louis-Napoléon considère ainsi la mise en place d'un « chef responsable » comme la clef de son projet constitutionnel. Il juge pour cette raison inacceptable l'idée libérale d'un roi qui règne et ne gouverne pas. Cette conception d'un souverain inviolable et sacré n'est qu'une fiction destinée à s'effondrer brutalement dans les grandes crises politiques[40]. « C'est par l'insurrection que, jusqu'à présent, on a rendu effective la responsabilité royale », commente Émile Ollivier[41]. Le plébiscite introduit au contraire une « forme légale de la responsabilité du chef de l'État[42] ». Il s'inscrit de la sorte dans une conception élargie de la légitimation et du contrôle du pouvoir exécutif. Mais ce principe de responsabilité ne prend lui-même sens et forme que dans le cadre d'une personnalisation accrue du pouvoir.

« L'Empereur n'est pas un homme, c'est un peuple[43]. » Cette extraordinaire formule de La Guéronnière, l'un des principaux théoriciens du Second Empire, résume le principe bonapartiste d'incarnation politique. De manière encore plus condensée, Persigny parle même de l'empereur, « élu de la démocratie française », comme d'un « homme-peuple[44] ». Il n'y a plus, dès lors, de distance à effacer ou de coupure à redouter entre représentant et représentés, ces derniers s'abîmant parfaitement dans la figure du premier. Napoléon III ne fait là que reprendre le dispositif mis en scène par son oncle. Mais il le théorise et lui donne du même coup sa pleine ampleur. Depuis ses *Rêveries politiques* et ses *Idées napoléoniennes*, le futur empereur n'a cessé de répéter qu'il fallait un chef pour incarner la volonté populaire, ne jugeant la souveraineté du peuple pleinement accomplie que si elle prenait effectivement corps dans un homme à la fois puissant et pleinement responsable. « L'aristocratie n'a pas besoin de chef, tandis que la nature de la démocratie est de se personnifier dans un homme », résumait-il[45]. C'est une idée qu'il n'a cessé d'exposer sous de multiples formes, jusqu'à la mettre au cœur de la monumentale *Histoire de Jules César* qu'il avait absolument tenu à rédiger. « La démocratie, confiante et passionnée, y note-t-il, croit toujours ses intérêts mieux représentés par un seul que par un corps politique[46]. » Il est d'ailleurs significatif de voir que l'approche classique du grand homme s'efface au XIXe siècle. L'homme exceptionnel, en tant que doté de talents spéciaux et paré de vertus individuelles admirables, purement qualifié par sa distinction, cède la place à un nouveau type d'éminence : celle qui est caractérisée par une puissance d'incarnation. « Le grand homme, écrit Victor Cousin en ce nouveau sens, n'est point une créature arbitraire qui puisse être ou n'être pas : c'est le représentant plus ou moins accompli que tout un grand peuple se suscite. Il n'est pas seulement un individu[47]. »

L'empereur est de la sorte doublement le représentant du peuple : en lui se superposent les dimensions de la représentation-délégation et de la représentation-figuration. Le voyage officiel permet de donner une commune consistance sensible à ces deux fonctions. Napoléon III n'est certes pas le premier chef d'État à sillonner la France. Dès la fin du Moyen Âge, on voit ainsi des souverains accorder un rôle stratégique à des déplacements politiquement calculés. Dans le fameux « tour de France » qu'il accomplit de 1564 à 1566, un Charles IX cherche par exemple à conjurer les risques de désintégration d'un pays dans lequel montent les antagonismes religieux[48]. Le voyage est alors une réponse à la crise politique, il vise à réaffirmer l'autorité territoriale du pouvoir central, à retisser les liens administratifs avec les institutions locales. Le but est aussi de raviver le sentiment monarchique par une mise en scène de la majesté royale, comme en témoignent les rituels très élaborés qui président à la cérémonie des entrées dans les villes visitées[49]. Fait significatif, ces voyages politiques cessent avec le début du règne de Louis XIV, comme si le pouvoir souverain, dorénavant solidement installé, pouvait désormais se contenter de gouverner de haut et de loin. Si Charles X et Louis-Philippe renouent marginalement avec l'ancienne conception des voyages[50], c'est seulement avec Napoléon III que ces derniers reprennent une signification politique centrale.

Dès l'automne 1852, celui qui n'est encore que Louis-Napoléon sillonne pendant deux mois le Sud-Ouest. Il présente significativement son déplacement comme une « interrogation » du pays, à un moment où la question du rétablissement de l'Empire est à l'ordre du jour. De 1853 à 1869, seize autres grands voyages sont ensuite organisés[51]. Le but est dans chaque cas le même : mettre directement en contact les Français et le souverain. Si la mise en scène de la majesté impériale reste minutieusement étudiée, c'est surtout en « homme-peuple » que se comporte Napoléon III. Il visite les ateliers et les usines, parcourt les établissements agricoles, inspecte les crèches et les hôpitaux, explore les quartiers habités par les classes les plus défavorisées. Il reçoit des délégations, de notables certes, mais aussi d'ouvriers ou de paysans, participe aux bals et aux banquets auxquels sont conviées des foules parfois considérables (près de dix mille personnes dans certains cas). C'est ainsi le représentant qui voyage, interface vivante et visible, ce qui permet d'expliquer que la popularité de l'empereur ne procède pas d'un aveuglement ou d'une ignorance, mais qu'elle correspond, au contraire, à une indéniable efficacité de cette nouvelle conception du gouvernement représentatif. Au début du Premier Empire, Roederer avait décrit de façon quasiment prophétique cet usage inédit des voyages politiques dans la société moderne. « Le chef d'un grand État, écrivait-il, n'a qu'un moyen de connaître le peuple qu'il gouverne : c'est de voyager ; il n'a qu'un moyen de se faire connaître de ce peuple, c'est de voyager. Les voyages seuls mettent le prince et le peuple en communication directe l'un avec l'autre. On a dit et on a cru que le peuple ne pouvait faire connaître ses droits au prince que par des représentants. Quand le prince voyage, le peuple fait ses affaires lui-même. Sous un prince qui voyage, il y a plus de vraie et de bonne démocratie que dans toutes les républiques du monde[52]. » Le voyage est bien dans ce cas une forme de communication politique et de mise en scène démocratique de la souveraineté qui correspond à l'âge de la représentation-incarnation. Si les présidents républicains sauront aussi s'en servir comme d'une technique auxiliaire de gouvernement, les voyages officiels n'auront cependant plus la portée symbolique et pratique qu'ils avaient sous le Second Empire[53]. Seuls les déplacements de Sadi Carnot feront peut-être exception, mais il est vrai qu'ils s'assigneront significativement pour fonction de contrebalancer l'influence d'un « César en herbe », expert en contact direct avec les foules, le général Boulanger[54].

Les voyages, a-t-on dit à propos de certains de ceux de Napoléon III, se présentaient comme des « plébiscites continus[55] ». C'est bien souligner qu'ils participaient d'une sorte de démocratie directe. Mais c'est aussi suggérer une autre de leurs caractéristiques matérielles : la réduction de la participation du peuple à une forme d'adhésion festive dans laquelle il ne se manifeste que sous les espèces d'une masse unanime. L'avènement de l'homme-peuple se prolonge pour cela implicitement dans la célébration d'un peuple-un. Le bonapartisme renoue ainsi avec une vision unanimiste du politique.

La tension entre l'unanimité comme principe de légitimation et la pluralité comme principe technique de décision est, on le sait, au cœur de la difficulté démocratique[56]. Mais elle prend un sens plus aigu lorsque la pluralité est aussi perçue comme la trace d'une division philosophiquement inacceptable, lorsque les partis sont uniquement appréhendés comme les vecteurs de factions menaçantes. Car il faut alors réaffirmer avec une force encore plus grande le caractère philosophiquement essentiel d'une légitimité-unanimité. En superposant les impératifs sociologiques de la représentation-incarnation aux conséquences du monisme français, le bonapartisme a construit toute sa vision du politique autour d'un présupposé de l'unanimité sociale. En témoigne la qualification du sujet politique auquel se réfèrent en permanence l'empereur et ses partisans. Ils ne s'adressent pas à des citoyens ou à des électeurs dont les voix et les consentements seraient individuellement sollicités. Ils ne veulent connaître que *le* pays ou *le* peuple, toujours au singulier, comme si les Français ne pouvaient exister dans leurs différences politiques. Alors que les libéraux pensent que la représentation a pour but de refléter les diversités existantes et de constituer *ensuite* une forme de cohérence à travers les mécanismes de la délibération parlementaire, les bonapartistes veulent qu'elle exprime immédiatement une unité présupposée. La culture politique révolutionnaire oscillait entre les deux pôles, un Sieyès se faisant à la fois le défenseur intransigeant d'une vision moniste du politique et le théoricien d'une conception des représentants comme organes de la volonté générale. Les apôtres du césarisme tranchent, eux, et radicalisent la conception révolutionnaire du peuple-un.

Le plébiscite joue un rôle essentiel dans cette vision moniste du social. On attend de lui qu'il donne une forme matérielle au principe d'unanimité. Il n'a en effet de sens, pour ses apôtres, que s'il manifeste l'unité d'une société adhérant en masse à une proposition qui lui est faite. Le plébiscite est à leurs yeux un rituel de l'unanimité. Il renoue presque, de la sorte, avec le cérémonial révolutionnaire des fraternisations ou des serments. Appelant au plébiscite de 1870, Napoléon III rappelle ainsi comme un fait à ses yeux essentiel : « Vous avez été presque unanimes, il y a dix-huit ans, pour me conférer les pouvoirs les plus étendus ; soyez aussi nombreux aujourd'hui pour adhérer à la transformation du régime impérial[57]. » Cette vision est alors d'autant plus facilement adoptée que la conception pluraliste du vote est encore loin d'avoir pénétré la société. En 1852, près du tiers des villages accordent ainsi la totalité de leurs voix aux candidats du préfet[58]. Le plébiscite superpose ainsi, dans une confusion inaperçue par les acteurs, les éléments d'une culture démocratique « moderne » avec les résidus d'une culture sociale « archaïque » de la communauté. Le plébiscite doit susciter un élan d'ensemble ; une réaction globalement négative est même pour ses promoteurs paradoxalement préférable à un résultat indécis et mitigé[59]. En 1851 et en 1852, comme en 1870, les proclamations solennelles des résultats ont eu pour fonction de célébrer ce peuple-un dans son union avec l'empereur. Les gazettes soulignent la « spontanéité du mouvement national » et l'unité du pays[60]. Loin de se limiter à la publication d'une statistique électorale, ces proclamations sont d'ailleurs l'occasion de grandes cérémonies chargées de symboles. Les affiches qui sont placardées pour reproduire les résultats du vote participent également de la mise en scène d'une quasi-unanimité. Les chiffres y sont intégrés dans des allégories exprimant l'accord et l'harmonie[61].

La démocratie plébiscitaire renoue de la sorte avec les anciennes philosophies du consentement populaire, lorsque l'intervention du peuple n'était imaginable que sous les espèces de l'acclamation, la réalité étant supposée suffisamment exprimée par sa symbolisation. Le dépassement des apories constitutives du gouvernement représentatif renoue donc dans ce cas avec les formes politiques les plus archaïques, soulignant encore une fois les liens troubles qu'entretiennent le vieux et le neuf dans l'idée démocratique. En se liant à la représentation d'un peuple unanime, le plébiscite vise, au fond, à superposer la nation comme identité collective, totalité opposable à des tiers, et le peuple comme sujet complexe de la démocratie. Le plébiscite utilise en effet implicitement les attributs et les figurations d'un peuple « externe » pour donner consistance à la souveraineté « interne » du peuple. Nul ne l'a mieux exprimé que Renan en sa célèbre formule : « L'existence d'une nation est un plébiscite de tous les jours. » On a souvent retenu de cette phrase la définition substantielle de la nation qu'elle véhiculait, comme mémoire et volonté communes. Mais elle qualifie aussi, dans une perspective procédurale, ce plébiscite de tous les jours comme une sorte de dépassement de la démocratie politique ordinaire. La nation est ce qui est au-delà des divisions de partis ou des conflits d'intérêts. En donnant une place centrale à l'institution du plébiscite, c'est donc une confusion implicite de la vie de la démocratie avec l'expression de l'unité de la nation que l'on opère. Les chefs du régime l'ont d'ailleurs souvent souligné. Persigny assimile ainsi les divisions politiques de la Seconde République à une période « où il y avait quatre ou cinq nations dans la nation[62] », comme s'il allait de soi qu'unité de la nation et unanimité politique se confondaient.

Cette conception de la politique est d'une certaine manière inscrite dans l'histoire même du plébiscite comme procédure électorale. On le constate dès la période révolutionnaire. Si l'on met à part les cas de ratification populaire de la Constitution (1793, 1795, 1799), le plébiscite a surtout été utilisé pendant cette période pour interroger des populations sur leur rattachement à la France. En 1791, les habitants d'Avignon et du Comtat Venaissin donnent de cette façon leur accord pour rentrer dans le giron national ; la procédure sera aussi utilisée en 1798 pour l'intégration de

Mulhouse et de Genève, et dans d'autres cas encore[63]. Le plébiscite est là l'instrument du droit des nationalités comme droit des peuples à disposer d'eux-mêmes, et ce dernier ne peut être évidemment fondé que sur l'expression quasi unanime d'une population. Principe de légitimation et principe de décision se superposent par construction en cette matière qui donne chair à l'idée du *contrat social* comme scène originaire du lien politique. L'unanimité des membres est en effet une qualité *présupposée* de la nation. La procédure (le plébiscite) et l'objet (l'appartenance à la nation) sont donc parfaitement adaptés l'un à l'autre. Le recours au plébiscite sera pour cette raison largement utilisé pour réaliser l'unité italienne. Dès 1848, les habitants de Parme et de Plaisance demandent de cette façon leur rattachement au Piémont. L'organisation d'une série de plébiscites joue surtout un rôle décisif en 1860 : la Toscane, l'Émilie, le duché de Modène rejoignent par ce biais le nouveau royaume d'Italie[64]. La démocratie s'exprime à ce moment dans le seul cadre du droit des peuples[65]. La confusion existe aussi sous le Second Empire, lorsque des plébiscites tranchent pour le rattachement de Nice et de la Savoie à la France. Le régime se félicite ainsi de l'élan populaire manifesté par ces deux consultations, comme si elles consacraient en même temps l'action du pouvoir lui-même. Il est frappant de constater l'insistance avec laquelle les témoins soulignent le « caractère d'unanimité morale » des votes, rapportant comment, dans de nombreux cas, les électeurs choisissent de voter en groupes associatifs ou professionnels, pour bien souligner que c'étaient des communautés et non des individus qui s'exprimaient[66].

Avec le plébiscite, pour dire les choses crûment, la manifestation du nationalisme se substitue à l'expression de la démocratie[67]. C'est le retour à Grotius qui permet en quelque sorte de masquer les apories du rousseauisme.

La polarisation du politique

Le césarisme introduit une rupture essentielle dans l'héritage de la culture politique révolutionnaire. Alors que cette dernière vouait aux gémonies tous les corps intermédiaires, quels qu'ils soient, il va opérer une franche dissociation entre le développement d'un hypercentralisme politique et la reconnaissance d'une relative autonomie de la société civile.

La Révolution, on le sait, avait déclaré la guerre aux corps intermédiaires. « Il n'y a plus de corporations dans l'État ; il n'y a plus que l'intérêt particulier de chaque individu et l'intérêt général. Il n'est permis à personne d'inspirer aux citoyens un intérêt intermédiaire, de les séparer de la chose publique par un esprit de corporation. » En résumant dans ces termes constamment cités le sens du fameux décret du 14 juin 1791 portant suppression des maîtrises et des jurandes, Le Chapelier avait bien suggéré la nature de la modification des rapports entre l'État et la société dont la Révolution marquait l'avènement. Cet anticorporatisme radical ne s'était évidemment pas limité à la sphère économique. Il avait conduit dans le domaine social à privilégier l'organisation étatique des secours publics sur toute forme décentralisée de gestion de la solidarité et mené dans l'ordre politique à dénier toute légitimité et toute utilité à l'existence des clubs ou des sociétés politiques. Fait significatif, c'est d'ailleurs le même Le Chapelier qui avait rapporté en septembre 1791 sur le décret interdisant aussi bien les clubs et les sociétés politiques que les pétitions en nom collectif[68]. D'une façon plus large, c'est autour d'un antipluralisme omniprésent que s'organisaient alors la réforme des institutions et la conception du vivre ensemble. Le fond de l'idée révolutionnaire était d'instaurer à cet effet une séparation radicale entre la sphère privée et la sphère publique, cette dernière ne pouvant exister que sous les auspices d'un règne absolu de la généralité, tandis que les différences étaient cantonnées au privé. Cette caractéristique bien connue, et souvent décrite, a généralement été rangée par commodité sous le vocable de jacobinisme (dénomination d'ailleurs erronée puisque c'est une caractéristique générale de la culture politique révolutionnaire, dans laquelle se retrouvent aussi bien les modérés que les radicaux). Toute une historiographie, hélas dominante, a considéré que ce « jacobinisme » traversait, inchangé, toute l'histoire de France. C'est une vision fausse et trompeuse. Dès le Consulat, Bonaparte rompit, pratiquement en effet, avec ce modèle.

Si Bonaparte accroît et perfectionne la centralisation administrative, il n'est pas seulement l'inventeur des préfets. Le tête-à-tête politique qu'il instaure avec la fondation de l'Empire entre le chef et le peuple ne suffit pas non plus à résumer le modèle qu'il met en place. S'il prolonge et radicalise l'esprit des institutions révolutionnaires dans ces deux domaines, il va en revanche reconnaître que les corps intermédiaires doivent être partiellement réhabilités dans l'ordre économique et social. Les anciennes chambres de commerce sont rétablies dans cette intention en 1802, et des chambres consultatives des manufactures, fabriques, arts et métiers sont créées en 1803 dans les grandes villes (loi du 22 germinal an XI). En outre, de nombreuses voix plaident alors franchement pour un retour d'ensemble aux principes d'organisation corporatifs, éventuellement modernisés[69]. Si seules quelques rares professions sont finalement autorisées à se réorganiser sur cette base, l'empereur avait été très hésitant, chargeant le Conseil d'État d'une importante mission de réflexion et de proposition sur le rôle des professions dans la régulation industrielle et sociale[70]. Il ne faut pas non plus oublier la place symbolique, souvent passée sous silence parce que considérée comme incompréhensible, qu'il avait souhaité accorder à des éléments de représentation professionnelle dans l'*Acte additionnel* de 1815[71]. Loin de déclarer une guerre générale aux corps intermédiaires, Napoléon comprend au contraire que la centralisation accrue dans l'ordre politique et administratif n'est réalisable qu'accompagnée d'une autorégulation plus large de la société civile. Après un retour paradoxal à la culture révolutionnaire classique sous la monarchie constitutionnelle, qui rejette toutes les formes d'association, le Second Empire va reprendre la voie de l'inflexion de la culture révolutionnaire ouverte par Napoléon Ier.

Le césarisme combine de façon originale un système renforcé de concentration représentative et de polarisation politique avec une reconnaissance jusque-là inédite du rôle propre des acteurs collectifs dans la vie économique et sociale. Le premier volet est le plus connu et le plus évidemment conforme à la vision traditionnelle de la spécificité française. Dès les années 1830, Louis-Napoléon, qui a lu sur ce point Tocqueville, comprend que l'avènement de la démocratie entraînera un rapport nouveau de l'État à la société. « Dans un gouvernement dont la base est démocratique, le chef seul a la puissance gouvernementale ; la force morale ne dérive que de lui, tout aussi remonte directement jusqu'à lui, soit haine, soit amour. Dans une telle société, la centralisation doit être plus forte que dans toute autre[72]. » Il est bien loin, aussi, de partager le point de vue, d'ailleurs fort minoritaire en France, des économistes qui plaident pour un État faible. « Un gouvernement n'est pas un *ulcère nécessaire*, souligne-t-il au contraire, c'est plutôt le moteur bienfaisant de tout organisme social[73]. » Ces accents typiquement « jacobins » ne doivent cependant pas masquer la seconde dimension du césarisme : l'affirmation de la nécessité de « fonder un ordre civil » plus autonome[74].

Le Second Empire va ainsi encourager le développement des mutuelles et des coopératives qui connaîtront un essor spectaculaire dans les années 1860. Il va surtout mettre fin à l'interdiction du syndicalisme, abolissant en 1864 le délit de coalition. Les débats qui accompagnent le vote de cette célèbre loi, qui marque un grand tournant de l'histoire sociale française, témoignent de façon exemplaire de la dissociation qui s'opère alors dans les formes de gestion du politique et du social. Émile Ollivier, qui rapporte le projet devant le Corps législatif, n'hésite pas à dire que la théorie exprimée par Le Chapelier constitue « l'erreur fondamentale de la Révolution française ». La Constituante, explique-t-il, a confondu les conditions de destruction de l'ancien ordre corporatif avec la définition de nouveaux principes d'organisation sociale : « De là sont nées les mauvaises lois sur l'association, les décrets rigoureux contre les compagnies financières, les caisses d'escompte, les compagnies d'assurance, de commerce ou de manufactures. De là sont sortis les excès de la centralisation [...]. Il n'est pas vrai qu'il n'y ait que des individus, grains de poussière sans cohésion, et la puissance collective de la nation. Entre les deux, comme transition de l'un à l'autre, comme moyen d'éviter la compression de l'individu par l'État, existe le groupe, formé par les libres rapprochements et les accords volontaires[75]. » L'esprit de groupe et d'association, dit-il encore, « déploiera dans l'avenir des puissances inconnues de prospérité, de richesse, de travail, d'ordre et d'apaisement ». C'était alors un langage très neuf. Les milieux ouvriers seront naturellement très réceptifs à ce type de discours, et c'est ce qui explique l'indulgence vis-à-vis de l'Empire de certains de ses éléments ; eux aussi cherchaient à organiser une société civile plus autorégulée[76]. Dans l'ordre administratif, il faut également souligner que les premiers projets décentralisateurs se formulent pendant cette période. Si les libéraux et les républicains plaident les premiers en ce sens, publiant en 1865 le fameux « Programme de Nancy[77] », c'est le régime qui opère le tournant avec les lois de 1866 et 1867 qui accroissent le rôle des conseils généraux et des conseils municipaux. Il met surtout en place, en 1870, une importante commission de décentralisation dont sortiront tous les grands projets des décennies suivantes[78].

Mais le but est bien pour Napoléon III de lier cette autonomie accrue de la société civile à une centralisation politique elle-même renforcée. Il note dans cet esprit : « Si, à notre unité politique, source de puissance, nous savions joindre cette force qui naît du concours spontané des individus et des associations libres, notre patrie verrait s'accomplir les grandes destinées prévues par les citoyens illustres de 1789[79]. » Cette nouvelle équation entraîne une conséquence majeure : la distinction extrêmement tranchée du civil et du politique. Lorsqu'il fait référence aux droits accrus de réunion et d'association, l'empereur souligne ainsi avec insistance qu'ils doivent être accordés « en dehors de la politique[80] ». La loi du 6 juin 1868, qui marque un tournant politique et institutionnel dans l'histoire du Second Empire en rétablissant dans ses grandes lignes le droit de réunion, a illustré de façon exemplaire cette conception : elle exclut de façon expresse « les réunions publiques ayant pour objet de traiter de matières politiques ». Pourquoi limiter de la sorte le champ de la nouvelle liberté ? L'exposé des motifs du projet fait référence à la peur du désordre qui pourrait en résulter. Les vieilles hantises sociales d'une agitation populaire incontrôlable sont exprimées là sans fard. Mais ce n'est pas seulement ce qui motive la restriction du législateur. Il récuse surtout toute légitimité à une délibération politique spontanée. « Les intérêts politiques, note l'exposé des motifs, ont leurs représentants légitimes dans les députés de la nation. C'est à eux seuls qu'il appartient de discuter publiquement les lois, les impôts et les actes du gouvernement. Mandataires légaux, indépendants et éclairés du pays, ils en sont les organes écoutés, et, pour faire connaître les vœux des populations, il n'est pas besoin de ces réunions qui s'agitent plutôt qu'elles ne délibèrent[81]. » Des réunions publiques politiques ne sauraient être que « des assemblées sans mandat et sans responsabilité », « contraires aux principes du gouvernement représentatif ». C'est au nom d'une certaine conception de la politique et de la démocratie que la limitation d'une liberté se trouve de la sorte justifiée. Un indéniable « libéralisme civil » va pour cette raison aller de pair avec un non moins remarquable « illibéralisme politique ». On s'en rend tout particulièrement compte en considérant la manière dont sont traitées les questions des partis politiques et de la liberté de la presse dans la vision césarienne de la démocratie.

« Il n'y a de pouvoirs que ceux constitués par la volonté du peuple exprimée par les représentants ; il n'y a d'autorités que celles déléguées par lui ; il ne peut y avoir d'action que celle de ses mandataires revêtus de fonctions publiques. C'est pour conserver ce principe dans toute sa pureté que la constitution a fait disparaître toutes les corporations et qu'elle n'a plus reconnu que le corps social et les individus. » Ces termes dans lesquels Le Chapelier présente le 29 septembre 1791 le décret abolissant les sociétés populaires[82] reproduisent presque mot à mot ceux qu'il avait utilisés pour appeler à mettre hors la loi les jurandes et les maîtrises. Les bonapartistes vont totalement suivre Le Chapelier dans sa critique des partis, alors qu'ils avaient vivement dénoncé ses arguments appliqués à la sphère économique et sociale. La rupture qu'ils introduisent sur ce point avec les mœurs et les institutions de la IIe République comme de la monarchie parlementaire est très nette. Si le fond moniste de la culture politique française conduisait en principe à bannir les corps intermédiaires dans l'ordre politique, les choses avaient en effet été beaucoup plus flexibles dans la pratique. Pendant la Révolution, les circonstances jugées exceptionnelles avaient d'abord conduit à accepter dans les faits ce qui était récusé en théorie[83]. À la fin de la Restauration comme sous la monarchie de Juillet, la formation de comités électoraux destinés à organiser et soutenir des candidatures partisanes sont de la même façon tolérés[84]. On voit encore fleurir ces comités en 1848 sans qu'il soit question de les considérer illégitimes et d'entraver leur action[85]. Le Second Empire va au contraire veiller à une très stricte application pratique de l'impératif moniste.

« Les comités électoraux, note dès 1852 le ministre de l'Intérieur, Morny, auraient l'inconvénient de créer des liens prématurés, des droits acquis qui ne feraient que gêner les populations et leur ôter toute liberté[86]. » Fait significatif, cette circulaire adressée aux préfets prend soin de les inviter aussi à dissuader les partisans du gouvernement de mettre en place de tels comités. Au-delà de toute visée immédiatement politicienne, c'est donc bien l'existence même d'un organe intermédiaire de mise en forme du vote qui est visée. Toute structure de ce type est suspectée d'introduire un biais dans l'expression de la volonté générale. On présuppose ainsi que le peuple doit se manifester dans sa force spontanée et native, son être ne prenant forme authentique que dans la réflexion immédiate des individus dans le corps collectif. Une circulaire de 1857 répète avec force l'interdiction : « Vous ne tolérerez pas les organisations de comités électoraux. Tous ces moyens artificiels de propagande n'ont d'autre résultat que de substituer l'influence de quelques meneurs au bon sens impartial des masses[87]. » L'hostilité du régime au scrutin de liste trouve son origine dans ce même raisonnement. Avec le scrutin de liste tel qu'il fonctionne dans les années précédentes de la IIe République, il faut en effet impérativement que se mettent en place des instances « privées », fondées sur la concertation de quelques individus, pour élaborer les candidatures. Le retour au scrutin uninominal est du même coup présenté par le régime comme la garantie d'une expression plus libre du suffrage universel, aucune interface particulière ne venant s'immiscer dans l'organisation du vote. C'est dans le cadre de cette vigilante proscription qu'une action en justice est intentée contre un groupe de journalistes et de notables qui s'étaient réunis en 1863 pour tenter de coordonner l'action républicaine aux élections législatives en organisant les candidatures de l'opposition. Le procès eut un retentissement énorme. Qualifié de « procès des treize », en raison du nombre des inculpés, il donne l'occasion au régime de réaffirmer solennellement les raisons de son hostilité à l'existence des comités électoraux et des partis politiques[88]. Face aux avocats républicains qui accusent l'Empire de porter atteinte au suffrage universel, le procureur général dénonce ce qu'il qualifie d'« administration extérieure », qui serait placée à côté des pouvoirs publics réguliers[89]. Le comité électoral, insiste-t-il, est finalement au service de « l'intérêt particulier de ses membres[90] ». Il présuppose en outre une hiérarchie implicite entre des « principaux » et un « menu peuple » que les premiers seraient pratiquement chargés de guider et d'éclairer, réduisant la participation électorale à un choix préfabriqué par quelques-uns [91].

Si la dénonciation des libertés bafouées soude toute l'opposition [92], les arguments impériaux ont aussi un poids indéniable. De nombreux ouvriers y sont en particulier très sensibles, déplorant que le comité électoral républicain mis en place pour les élections de 1863 ait été essentiellement composé de journalistes et d'anciens parlementaires qui s'étaient en fait autoconstitués en instance de nomination des candidats. Qu'est-ce, alors, qu'un processus démocratique de désignation des candidats qui mériterait d'être qualifié de démocratique ? L'Empire avait sa réponse : la candidature officielle. Ouvertement choisi par les pouvoirs publics, le candidat officiel n'était pas l'homme d'un parti, mais le représentant du régime en tant que tel ; régime supposé démocratiquement institué. Sa nomination ne faisait donc aucune difficulté. Le pouvoir était parfaitement légitimé à y procéder lui-même. Les électeurs n'étaient en outre pas invités dans ce cas à distinguer une personne, mais à soutenir une politique (ou, au contraire, à la critiquer). L'élection était de cette façon jugée dépersonnalisée et du même coup totalement politique, purement inscrite dans la sphère publique, sans aucun « parasitage » d'ordre privé. Mais comment choisir démocratiquement, même dans un tel cadre, le candidat d'opposition ? Les républicains avaient été sensibles à la difficulté. Au point qu'un de leurs chefs de file, Garnier-Pagès, avait suggéré la mise en place d'une procédure fort compliquée : les électeurs de chaque quartier auraient élu des délégués formant ensuite un comité central chargé de nommer les candidats [93]. La suggestion avait été repoussée, parce qu'elle était légalement et pratiquement difficile à mettre en œuvre. Mais surtout parce que les chefs républicains, dans leur grande majorité, redoutaient de se voir imposer des candidats qu'ils n'auraient pas souhaités. Carnot signale que nombreux étaient ainsi ceux qui « désiraient que ce comité se formât de lui-même d'une façon un peu dictatoriale[94] ». Après le malaise ainsi créé par la nomination des candidats républicains en 1863, une sorte de compromis avait été trouvé pour les élections partielles de 1864. Il avait été admis dans l'opposition, sans que personne ne proteste, que se réuniraient toutes les personnes qui avaient, d'une manière ou d'une autre, participé à des réunions autour de ces questions. Recensées au nombre de 595, il avait été prévu qu'elles se réunissent pour élire 25 des leurs qui procéderaient aux nominations. L'élection eut lieu, mais comme les leaders républicains avaient été écartés pour la plupart par cette sorte de primaire, ils agirent pour stopper la procédure et désigner eux-mêmes les candidats ! Le fameux *Manifeste des soixante* qui lance l'idée de candidatures ouvrières spécifiques fut alors rédigé en réaction à cette forme d'accaparement[95].

Le problème de fond restait ainsi posé. Il n'était d'ailleurs pas nouveau. Il avait été perçu pendant la Révolution. Pour éviter les manœuvres et les manipulations, c'est-à-dire la privatisation d'un processus politique, il avait alors été décidé de mettre hors la loi le principe même des candidatures. Les électeurs se trouvaient ainsi absolument libres de voter pour n'importe quelle personne ! Le système n'était, il est vrai, rendu possible que par l'existence d'un système à deux degrés. Malgré cela, il conduisait à d'interminables tours de scrutin pour réduire progressivement le nombre des personnes ayant reçu des suffrages. Certes, dans ce cadre, des campagnes dissimulées et des candidatures organisées existaient en sous-main. Une gestion occulte se substituait à une gestion « privée » interdite des candidatures. La solution révolutionnaire, au-delà de la naïveté tactique qu'elle impliquait, avait sa logique : elle consistait à *personnaliser radicalement* l'élection, la situant dans un espace de choix qui pouvait être considéré comme absolument non politique, les critères du vote étant supposés s'attacher uniquement à la distinction des qualités intellectuelles et morales des individus[96]. Le Second Empire fait le choix contraire d'une *politisation totale* de l'élection, superposant exactement l'État et la société politique. La polarisation du politique qui résulte de cette fusion implique qu'il ne puisse exister aucune sorte d'espace public entre l'État et la sphère privée. Cela conduit du même coup à une dissociation inédite du libéralisme et de la démocratie. Tant qu'il existe un espace public-politique distinct de l'État, les libertés justement qualifiées de « publiques » (droit d'association, de réunion, de formation libre de partis, etc.) participent en effet du fonctionnement de la démocratie. Il n'y a pas ainsi de démocratie sans liberté d'association, sans existence de partis librement formés, etc. Il en va tout différemment dans le cadre de la polarisation du politique dont nous avons décrit à grands traits les caractéristiques. Il y a dans ce cas une sorte de constitution immédiate et globale du politique qui n'a plus besoin pour s'exprimer d'aucun support intermédiaire. C'est ce qui permet de disqualifier les partis et d'en rendre l'absence indifférente.

Le Second Empire, répétons-le encore, n'introduit pas sur ce point de rupture avec une certaine culture politique hexagonale. Nous avons rappelé, par exemple, les positions de Le Chapelier sur les clubs politiques. Mais on pourrait aussi citer à l'envi tous les débats de la Convention et du Directoire sur ce point. Ce sont seulement les *circonstances* qui ont alors justifié aux yeux des acteurs l'existence et l'action des sociétés patriotiques. Mais leur prétention à exprimer adéquatement les vœux du peuple a toujours été intellectuellement repoussée[97] comme faisant peser un risque d'intolérable concurrence avec ses représentants considérés comme seuls légitimes. « Notre gouvernement est représentatif : il est composé d'hommes que le peuple a choisis, notait un conventionnel. Mais que sont les sociétés populaires ? Une association d'hommes qui se sont choisis eux-mêmes[98]. » Les tenants du régime de 1852 ne font ainsi que radicaliser une disposition latente du monisme révolutionnaire. Ils ne lui opposent plus aucune des tolérances ou des modulations pratiques qui l'avait auparavant contenu (même si le régime a quelque peu accepté de se « libéraliser » après 1868). Déjà très clairement perceptibles au seul regard du non-statut reconnu aux comités électoraux et aux partis politiques dans la vie électorale, ces traits de la démocratie illibérale que constitue le césarisme apparaissent encore plus saillants quand on analyse les conceptions du Second Empire en matière de liberté de la presse.

La démocratie illibérale

« Le lendemain d'une révolution, dit Louis-Napoléon en 1852, la première des garanties pour un peuple ne consiste pas dans un usage immodéré de la tribune et de la presse ; elle est dans le droit de choisir le gouvernement qui lui convient[99]. » C'est bien dire que l'impératif démocratique est compris à la fois comme premier par rapport à l'impératif libéral et dissocié de lui. Alors que les libertés individuelles classiques sont effectivement reconnues, les libertés publiques comme la liberté de la presse sont considérées comme quantité négligeable. Le décret du 17 février 1852, qui attribue au gouvernement une autorité discrétionnaire sur la presse, reste ainsi en vigueur pendant presque toute la durée du régime. Les arguments mis en avant pour justifier cet état de fait sont d'autant plus intéressants à analyser qu'ils ont été exposés au grand jour. Quelles sont les positions en présence ? Les libéraux et les républicains se réfèrent sans surprise aux principes de 1789 pour réclamer des droits jugés bafoués par le régime. La liberté forme pour eux un continuum : il n'y a pas de dissociation pensable entre la liberté *individuelle* d'expression et la liberté *publique* de la presse ; reconnaissance de l'autonomie civile des individus et affirmation de la légitime souveraineté de l'opinion publique constituent les deux faces de la même chose [100]. Les opposants au Second Empire réclament sur cette base des garanties légales pour la liberté de la presse, de telle sorte que cette dernière soit préservée de toute intervention administrative. Alors même qu'il se libéralise incontestablement en 1860 en introduisant des réformes non négligeables [101], le régime reste au contraire inflexible en matière de liberté de la presse. Les motifs circonstanciels (peur de voir l'opposition trop renforcée, etc.) ont beaucoup pesé, mais il est intéressant de voir que les arguments doctrinaux ont aussi été martelés avec insistance et qu'ils ont leur vraie cohérence. La discussion de l'Adresse, en mars 1866, a été sur ce point l'occasion d'une passionnante confrontation.

Face à Jules Favre et Jules Simon qui reprennent l'argumentation libérale habituelle, les tenants du régime sont pour la première fois conduits à s'expliquer complètement. Que répondent-ils à leurs contradicteurs ? Ils opposent essentiellement la liberté d'imprimer un livre, qui prolonge matériellement le droit individuel d'expression et la liberté de la presse, qui a pour eux une dimension publique. La liberté de publier un livre est un *moyen* de la liberté individuelle, moyen parfaitement neutre. Le journalisme, estiment-ils au contraire, transforme la nature de la liberté. Le journalisme, insiste par exemple Rouher, a « une existence comme être collectif», il constitue une «puissance sociale développée»[102]. Il donne pour cela un contenu *politique* à la liberté. Le problème ? Il est pour les bonapartistes que cette puissance de nature politique que constitue la presse n'est pas de type représentatif, qu'elle n'a aucune légitimité démocratique. Granier de Cassagnac développe longuement cette idée dans un fort intéressant discours. «Le principal caractère de l'influence de la presse, dit-il, c'est de manquer totalement de délégation. À l'inverse de tous les pouvoirs réguliers, dont le moindre a sa racine et sa délégation dans la loi constitutionnelle, la presse est un pouvoir spontané, volontaire, ne relevant que de lui-même, de ses intérêts, de ses caprices ou de ses ambitions. Le nombre des pouvoirs publics est limité, le nombre des journaux ne l'est pas; les attributions de ces pouvoirs sont définies, les attributions de la presse n'ont ni règle ni mesure[103].» La presse, selon une autre de ses expressions particulièrement frappantes, est pratiquement «la rivale des pouvoirs publics[104]», alors même qu'elle ne supporte aucune contrainte de légitimité et de représentativité. Si la presse n'était pas contenue, dit-il encore, elle serait «une complète et flagrante usurpation sur les pouvoirs publics[105]». «Sans avoir le droit d'élire, souligne-t-il, elle cherche à diriger les élections; sans avoir le droit de figurer dans les corps délibérants, elle cherche à influencer les délibérations; sans avoir le droit de siéger dans les conseils du souverain, elle cherche à provoquer ou à prévenir les actes du gouvernement; sans avoir reçu ni d'un département, ni d'un arrondissement, ni d'une commune, ni d'un hameau, une délégation quelconque, elle cherche à gouverner la nation; en un mot, elle cherche à substituer son action à l'action de tous les pouvoirs établis et légaux, sans être en réalité investie d'un droit proprement dit[106].» Les journaux sont appréhendés dans cette perspective comme

« des centaines de petits États au milieu de l'État ». Un journal est donc une institution privée qui joue un rôle politique. C'est une puissance publique en mains particulières : le journaliste intervient dans la vie publique avec sa conscience ou ses intérêts personnels comme seul mandat. Il n'est élu par personne alors qu'il incarne un véritable pouvoir social [107].

Le journal, une institution privée ? Les bonapartistes se font là les dénonciateurs implacables du journal comme structure capitaliste. Granier de Cassagnac en donne une définition que ne renieraient pas certains modernes pourfendeurs des médias : « Une société de capitalistes [qui] groupe autour d'elle un certain nombre d'écrivains de talent [108]. » Pour dire les choses autrement, le journal peut être vu comme une puissance aristocratique dans un monde démocratique. Une brochure rédigée par un proche du régime a d'ailleurs significativement pour titre *L'Aristocratie des journaux et le suffrage universel* [109]. Les bonapartistes estiment pour cela tout à fait justifié le contrôle de la presse. « Les journaux qui ne représentent et ne sauraient représenter que des intérêts individuels doivent être subordonnés aux intérêts généraux », disent-ils [110]. À défaut de concevoir une impossible élection des journalistes, il faut donc les surveiller. Il faut aussi leur opposer la parole de l'État, supposée exprimer adéquatement la volonté générale puisque issue d'elle. On ne s'étonne pas que le régime ait songé un moment dans cet esprit au lancement d'un journal très bon marché susceptible de donner à la parole publique toute sa place [111]. C'est ainsi toute une conception du public qui est en cause dans la vision césarienne du politique. Le public n'est jamais compris comme l'espace en travail de l'interaction et de la réflexion entre les groupes et les individus ; il n'est appréhendé que sous les espèces figées de l'institution légale. Cela apparaît de façon très symptomatique dans la conception que le régime avait de la publication des comptes rendus de l'activité parlementaire.

L'article 42 de la Constitution de 1852 note avec précision : « Le compte-rendu des séances du Corps législatif par les journaux, ou tout autre moyen de publication, ne consistera que dans la reproduction du procès verbal, dressé, à l'issue de chaque séance, par les soins du Président du Corps législatif. » On peut trouver *a priori* surprenant qu'une telle disposition figure dans un texte constitutionnel. Le régime y accordait pourtant une grande importance[112]. La raison de cette attention maniaque s'éclaire pourtant parfaitement à la lumière de ce que nous venons d'exposer : l'enjeu est d'opérer un contrôle absolu de cet espace public par excellence que constitue le Parlement. Une circulaire l'explique d'ailleurs franchement : la substitution d'un commentaire à la lettre même de ce qui s'est dit « enlèverait à une séance du Corps législatif sa véritable physionomie », en exagérant ou en amoindrissant les points de vue exposés[113]. Le dispositif contraignant est maintenu et même renforcé lorsque sont publiés après 1861 des comptes rendus sténographiques officiels intégraux des débats[114]. Il devient rigoureusement interdit de publier des extraits choisis par un journal des débats[115]. Seule la publication *in extenso* est autorisée, le journal s'engageant même à continuer sur plusieurs jours la reproduction intégrale des débats si ceux-ci se prolongeaient sur plusieurs séances. Le grand juriste du régime, Troplong, justifie cette exigence en notant : « Un journal, par des coupures adroites et un arrangement arbitraire, referait pour ainsi dire la séance, et plierait toutes les discussions au point de vue de son parti[116]. » Le public ne saurait exister, en d'autres termes, que figé dans l'officiel.

La liberté politique, comme liberté publique, ne pouvait avoir aucune place dans ce cadre. « La liberté politique, écrit Émile Ollivier, celle qui consiste à faire des journaux, des clubs, des élections, si elle n'est pas la simple garantie d'une liberté sociale existante, n'est plus qu'un privilège dangereux, une machine de bouleversement et d'exploitation au service des politiciens d'en haut et d'en bas, qui peuvent devenir députés ou créer des journaux[117]. » C'était une façon neuve de concevoir la distinction entre la liberté des Anciens et celle des Modernes. Alors que les libéraux comme Benjamin Constant ou Guizot l'établissaient comme un *fait de civilisation*, le citoyen s'effaçant lentement devant la montée en puissance de l'individu privé, les bonapartistes la conçoivent sur le mode d'une polarisation accrue du politique qui étend la sphère privée et instaure une coupure entre le civil et le politique que plus aucun espace public ne réduit. C'est en ce sens que le césarisme est fondé sur une véritable théorie de la démocratie illibérale. Et qu'il incarne donc pour cela une pathologie particulièrement pernicieuse de la démocratie.

Césarisme : le mot est utilisé dès les premiers mois qui suivent le coup d'État du 2 décembre 1851 pour caractériser le nouveau régime. Il permet alors d'associer de façon commode le souvenir des dictatures antiques à la forme impériale du XIXe siècle. C'est aussi le moyen de jeter une dimension d'opprobre sur le régime que le qualificatif de bonapartisme, d'un usage courant dès la Restauration[118], n'emportait pas. La publication par Napoléon III de son *Histoire de Jules César* consacrera définitivement l'expression[119]. Mais si le mot s'impose, le concept qu'il est censé exprimer reste singulièrement flou. Le renvoi à l'idée d'un pouvoir personnel et autoritaire est évident. Mais au-delà ? Il est frappant de constater que les détracteurs du régime se contentent d'associer en lui deux éléments antinomiques, la démocratie et le despotisme, sans expliquer le sens de cette contradiction. « Le césarisme, note par exemple Jules Simon, c'est la démocratie sans les libertés. » Les grands dictionnaires de l'époque en restent à ce constat d'une juxtaposition estimée contre nature. Larousse écrit ainsi que « c'est une des formes progressives du despotisme ». Seul Émile Littré est un peu plus précis : « On a créé le mot césarisme pour désigner par là une domination qui comprimant la liberté donne par compensation une certaine satisfaction aux intérêts de la démocratie. » En introduisant l'idée d'une sorte d'échange pervers entre les deux éléments, Littré ouvre la voie à ce qui devient vite la matrice de la critique républicaine. Celle-ci met essentiellement l'accent sur le caractère manipulatoire et trompeur des formes démocratiques que le césarisme se vante d'instaurer. Chez tous les opposants au régime, il n'est question que d'« habileté », de « mensonge », de « dissimulation » pour expliquer l'étrange coexistence. Au début du siècle déjà, Benjamin Constant se limitait à parler d'« usurpation » pour dénoncer Napoléon. Peu nombreux sont les contemporains à être allés plus loin dans l'analyse [120].

Tocqueville est un de ceux qui font exception. Dans la première partie de *La Démocratie en Amérique* (publiée en 1835), il emploie ainsi le terme de *tyrannie légitime* pour désigner ce qui lui semble constituer une « étrange découverte » de l'Europe moderne [121]. La question du retournement de la démocratie contre les libertés est, on le sait, au cœur de son œuvre. Mais Tocqueville a surtout mis l'accent sur les traits pervers de la *société* démocratique, dans laquelle le rôle exacerbé de l'État engendré par l'individualisation du social conduit à restreindre les libertés. Il n'a donc pas vraiment traité la « tyrannie légitime » comme une forme politique constituant un type particulier de démocratie [122]. Tocqueville pense en effet toujours la démocratie au singulier. Comme nombre de ses contemporains plutôt conservateurs, il conçoit assez banalement en cette matière que la démocratie est *par essence* illibérale, le pouvoir du nombre emportant naturellement avec lui la promesse de débordements du peuple ou la poursuite de comportements démagogiques de la part du pouvoir. Celui qui est en quelque sorte son homologue anglais, Bagehot, est l'un des très rares contemporains à avoir tenté de conceptualiser positivement le césarisme moderne [123]. Il a notamment mis l'accent sur les conditions dans lesquelles le principe représentatif conduisait à transformer la nature du despotisme traditionnel et à présupposer une fusion cognitive du prince et du peuple (il définit de la sorte le nouveau César comme un « *omniscient representative* »). Bagehot continue pourtant, lui aussi, à considérer *in fine* comme inévitable cette dégradation de l'idéal démocratique en césarisme [124]. Comme presque tous les libéraux de son temps, il manque la question centrale qui est celle des conditions de retournement de la démocratie contre elle-même. Il pense, au fond, que libéralisme et démocratie sont en eux-mêmes antagonistes, dès le point de départ. Autrement dit, il n'y a donc pas chez lui de pensée démocratique de la perversion démocratique. La difficulté des libéraux à penser vraiment le césarisme trouve là sa racine. Face aux partisans du régime qui voyaient dans le « césarisme démocratique » (Troplong), ou dans la « démocratie césarienne » (Émile Ollivier [125]), la forme accomplie et viable de l'idéal politique moderne, ils s'avéraient incapables de discuter en lui-même le concept.

On ne peut se contenter de considérer le césarisme comme la coexistence perverse de deux éléments. Il faut aller plus loin que Fareed Zakaria qui renoue en fait avec la critique libérale du XIXe siècle. Le terme de démocratie illibérale n'est intéressant à utiliser que s'il ne se limite pas au caractère descriptif de son énoncé. Il est pour cela important d'approfondir la nature de la raison illibérale qui est à l'œuvre dans cette forme politique. Le trait marquant du césarisme est que les libertés publiques y sont réduites *au nom même* d'une certaine conception de l'exigence démocratique [126]. Il ne s'agit donc nullement d'une simple contradiction qui serait ou non dissimulée. La démocratie illibérale est en ce sens une pathologie *interne* à l'idée démocratique. Elle procède de trois éléments que nous avons analysés. La prétention, d'abord, à réduire l'indétermination démocratique par une philosophie et une pratique de la représentation-incarnation. L'affirmation, ensuite, de l'illégitimité de toute définition du public qui déborde l'espace des institutions légales. Le rejet, enfin, de tous les corps intermédiaires politiques accusés de perturber l'expression authentique de la volonté générale. La démocratie illibérale radicalise bien de la sorte le monisme révolutionnaire tout en l'associant à une résolution utopique du problème de la représentation.

Ces traits du césarisme comme expression d'une démocratie illibérale ont peut-être été mal perçus par les contemporains du simple fait que le régime n'a été théorisé que très tardivement. C'est ainsi seulement en 1870, et même postérieurement d'une certaine façon, que la doctrine de l'appel au peuple a été nettement formulée. Le régime a tendu, de fait, à être platement réduit à ses diverses pratiques, sans qu'aucune autre cohérence que celle d'une présupposée stratégie machiavélienne de dissimulation ne puisse être discernée. Le Second Empire, il est vrai, s'est aussi présenté longtemps lui-même comme une *synthèse historique* originale de l'histoire de France plutôt que comme une *solution théorique* aux apories de la démocratie moderne. « Le peuple et l'empereur forment la synthèse définitive de notre immortelle révolution », dit par exemple Cunéo d'Ornano [127]. Troplong voit dans le même esprit Napoléon III comme « le conciliateur de deux siècles et de deux esprits ; le trait d'union du pouvoir et du peuple, le symbole monarchique de la démocratie organisée [128] ». L'insistance mise sur le dépassement de la contradiction entre république et monarchie, de même que la prétention de dépasser l'antagonisme entre hérédité et démocratie, ont largement polarisé l'attention des contemporains. De la même façon, d'ailleurs, que ces problèmes sont restés au cœur de la division du mouvement bonapartiste après 1870, le principe plébiscitaire étant pour les uns compatible avec la forme républicaine, tandis que les autres pensaient que la forme impériale constituait l'élément déterminant [129]. Mais dans tous les cas, c'est bien, en fait, à une même forme de démocratie illibérale que se référaient implicitement ces différents héritiers du Second Empire. Ils ont pour cela continué ensemble à donner consistance à une des menaces les plus graves susceptibles de pervertir l'idéal démocratique.

SECONDE PARTIE

Une démocratie moyenne

VI

L'IMPOSSIBLE RÉPUBLIQUE ABSOLUE

La souveraineté de la nation
La nouvelle aristocratie élective
Le régime sans nom
Une démocratie moyenne

Comment ériger autour du suffrage universel un régime enfin solide et stable à la fois ? C'est le problème que s'attachent à résoudre les pères fondateurs. Ils veulent entrer dans l'âge d'une *politique ordinaire* et accomplir de façon enfin apaisée la promesse de 1789, en conjurant le retour des dérapages et des débordements qui s'étaient succédé pendant près d'un siècle. Pour comprendre l'univers politique des Littré, Grévy, Ferry, Gambetta, on ne doit jamais oublier que deux spectres les hantent : le césarisme et la révolution sociale. Dans les années 1870 et 1880, les souvenirs de l'Empire sont encore proches, de même que l'épisode de la Commune continue d'inspirer de la répulsion. C'est à chaque fois un dévoiement de la souveraineté du peuple qui est accusé d'avoir conduit le pays à l'abîme. Le problème de cette génération républicaine n'est à cet égard pas très différent de celui auquel s'étaient initialement confrontés les libéraux des années 1830. Après l'insurrection victorieuse de Juillet, ces derniers n'avaient plus pu se contenter de s'abriter derrière la confortable doctrine de la souveraineté de la raison pour mettre à distance le péril révolutionnaire en excluant les masses de la vie politique. L'évidence du rôle commandant de l'intervention populaire dans la fondation du nouveau régime les avait invités à reformuler la question de la souveraineté. Mais les hommes forts du régime s'étaient paresseusement contentés, à l'exemple de Guizot ou de Thiers, on l'a vu, de considérer ce pouvoir du peuple comme purement contingent, conséquence accidentelle des événements. Face à leurs opposants qui réclamaient l'élargissement du suffrage au nom d'une « souveraineté nationale » effectivement exercée[1], ils n'avaient su que brandir l'épouvantail de l'anarchie, faisant du mot d'ordre de « résistance » la clef de leur politique de réaction et de leur vision rétrécie du monde indissociablement. Quelques efforts avaient certes été tentés pour trouver une façon cohérente de rejeter le pouvoir menaçant du nombre tout en reconnaissant que la collectivité devait être maîtresse de son destin. Royer-Collard, on l'a déjà mentionné, avait été jusqu'à dire en 1831 : « Il y a deux souverainetés du peuple, l'une vraie, l'autre fausse[2]. » Vouant aux gémonies celle qui constituait à ses yeux un « symbole grossier de la force », il avait appelé de façon sibylline à reconnaître celle qui « range la force sous les lois de la justice ». Guizot avait, de son côté, esquivé la question en parlant obscurément de « souveraineté sociale organisée », concédant par là au moins le bénéfice d'un mot à ses contradicteurs. Mais ces prudences et ces demi-concessions n'avaient pas été bien loin sous la monarchie de Juillet. Les constituants de 1875 sont, quant à eux, contraints à plus d'audace et à plus de clarté. Le suffrage universel est en effet devenu un acquis que personne ne peut plus sérieusement songer à remettre en cause, quelle que soit la profondeur des doutes et des réticences qui subsistent chez beaucoup. Comment accepter, alors, ce pouvoir social tout en prévenant son possible illibéralisme ? Comment d'une « force brutale » faire une « force réglée », comment transformer un « engin de révolution » en un « instrument politique », pour reprendre les termes d'un Édouard Laboulaye[3] ? Ce sont les questions de toute une génération. Une page décisive est donc tournée avec elle. À distance des caricatures et des utopies qui s'étaient succédé sous les différentes espèces de l'ordre capacitaire, de la culture de l'insurrection, de l'idéologie du gouvernement direct et du césarisme, cette génération va « faire entrer la révolution au port », pour reprendre l'heureuse formule de François Furet. Le temps des institutions va suivre celui des expériences malheureuses.

C'est ainsi que se ferme dans les faits, dès les années 1870 à bien y réfléchir, le théâtre politique de l'exceptionnel en France, avec le tracement d'une route qui se tient à l'écart des perversions et des tentations précédentes. Le nouveau régime n'échappe cependant pas aux adhérences du passé. Obsédé par le souci de se tenir à distance des bords menaçants de la démocratie, il reste fort prudent dans sa célébration du rôle commandant de la volonté populaire. Les pères fondateurs s'en tiennent ainsi à une philosophie assez restrictive du gouvernement représentatif, proche de celle élaborée quelques années plus tôt par John Stuart Mill en Angleterre. L'ouvrage clef de ce dernier, abondamment lu et commenté dans la France de la fin des années 1860[4], reste très proche dans son exposé de l'idéal des républicains américains et des thermidoriens français. Le meilleur régime est pour lui un gouvernement de type mixte, composé de deux chambres, dans lequel l'intervention populaire est reconnue mais limitée à l'élection des représentants, ces derniers bénéficiant d'une complète latitude d'action. Toute son approche est par ailleurs animée d'une vive défiance de la « fausse démocratie », et il n'imagine pas que le pouvoir puisse ne pas appartenir à la « minorité éclairée ». Plus audacieux qu'un Guizot et plus ouvert, en tout cas, à l'idée de réformes nécessaires, il n'en reste pas moins inscrit dans l'horizon d'un libéralisme hautement suspicieux vis-à-vis de la souveraineté du peuple. Si, à ses yeux, « l'idéal de la meilleure forme de gouvernement est le gouvernement représentatif[5] », il distingue fortement ce dernier d'un régime qui pourrait être qualifié de proprement démocratique.

Les Littré, Ferry et Gambetta ont partagé cette vision, dont ils ont donné une interprétation « de gauche », pour faire vite. Juristes et philosophes proches du régime vont théoriser avec eux dans cet esprit les nouvelles institutions autour du concept de souveraineté de la nation et reformuler parallèlement la perspective sociologique d'un gouvernement capacitaire. Ils vont ainsi élaborer le projet de ce qu'on pourrait appeler une « République absolue[6] ».

La souveraineté de la nation

Les pères fondateurs vont tout d'abord fortement distinguer la nation et le peuple. D'un côté, la collectivité organisée, la puissance rassurante, de l'autre la foule inorganique et menaçante. Cette distinction est alors relativement neuve. Les deux termes furent en effet complètement confondus pendant la Révolution. Et ils le sont encore dans les années 1830. Un Cormenin, qui est un des grands juristes de l'époque en même temps qu'un ardent républicain, parle ainsi indifféremment de souveraineté du peuple et de souveraineté de la nation[7]. On peut toujours trouver rétrospectivement quelques auteurs qui infirment cette appréciation. Un Firmin Laferrière écrit par exemple que la souveraineté de la nation définit le régime des pouvoirs constitutionnellement organisés, alors que la souveraineté du peuple ne prend son vrai sens que comme force immédiate et sans règle, qui surgit au moment des révolutions. La première est un pouvoir, tandis que la seconde n'est qu'un fait social, totalement inscrit dans l'événement qui lui donne consistance subite, et le conduit aussi bien à dépérir brutalement[8]. Mais ces formulations ne sont guère construites. Les hommes de Juillet n'ont pas vraiment élaboré, comme on l'a parfois suggéré, la différence entre les deux souverainetés. Ils s'attachaient surtout à déconstruire ou à repousser le concept même de souveraineté.

Bien des auteurs continueront à la fin du siècle à récuser cette notion de souveraineté, à droite comme à gauche, dans l'esprit libéral classique comme dans la perspective proudhonienne[9]. La puissance et la justesse de leurs arguments pouvaient séduire intellectuellement[10], mais la culture politique républicaine ne pouvait s'adosser à des visions trop modestes du politique. Il lui fallait reconnaître une puissance avant de songer à la cantonner, faire toute sa place au mythe fondateur de la démocratie et non en décourager *a priori* le culte. Les républicains devaient au moins considérer la démocratie comme une religion à défaut de savoir, ou de vouloir, l'inventer comme régime. L'œuvre d'Adhémar Esmein va jouer là un rôle décisif pour lier la tradition révolutionnaire française à la vision d'une démocratie limitée. L'idée de souveraineté nationale, qui est au centre de son œuvre, va marquer un tournant.

L'homme inaugure un nouveau type de figure, celle du professeur, dans le débat des idées politiques. Avec lui, les universitaires commencent à se substituer aux publicistes. Mais ce n'est paradoxalement pas la science du juriste qui va être mobilisée pour repenser la souveraineté. Si la parution, en 1896, des *Éléments de droit constitutionnel* marque une date clef, son œuvre magistrale ne pouvant être comparée à aucune autre au XIXe siècle, pas même à celle de Pellegrino Rossi, beaucoup moins documentée et beaucoup moins puissante conceptuellement, c'est en effet aux historiens et aux sociologues qu'Esmein emprunte son idée majeure. « La sociologie et l'histoire montrent, écrit-il, [...] que chaque nation a vraiment une sorte de vie propre, distincte des vies additionnées des individus qui la composent à un moment donné, où se combinent l'activité et la pensée des générations passées avec celles de la génération présente ; où se prépare le sort des générations futures [11]. » Ses références ? Renan est explicitement cité à plusieurs reprises. Mais transparaissent aussi les lectures, normales pour l'époque, de Spencer et de Fouillée. Si la nation est définie de la sorte, elle n'est pas une personne réelle et ne peut avoir par elle-même de volonté. Nul ne peut donc prétendre parler en son nom et la représenter adéquatement. Et ce d'autant moins que l'expression immédiate de la simple volonté de tous demanderait une unanimité qui n'existe jamais [12].

Esmein n'était pas le premier à estimer que le défaut d'unanimité devait conduire à une approche que l'on pourrait qualifier de *prudentielle* de la souveraineté. C'était depuis longtemps un grand *topos* libéral. « Le but d'une constitution libre, écrivait par exemple Sismondi, est d'empêcher la nation de confondre la souveraineté avec la toute-puissance qui ne lui appartient point lorsqu'elle n'est pas unanime [13]. » Mais en adossant cette réserve à une vision nouvelle de la nation, Esmein en redouble la portée. Au lieu d'inviter ses contemporains à borner en elle-même une puissance jugée dangereuse, il fait dériver l'impératif libéral d'une relativisation historique et sociologique. Au peuple multiple et changeant, infigurable en sa totalité concrète puisque toujours subsistent des vies et des voix qui ne sont pas prises en compte (ne serait-ce que celles des enfants ou des femmes alors exclues des urnes), se substitue ainsi le corps dense de la nation, dont la complétude ne peut procéder que d'une interprétation et d'une reconstruction, l'érigeant en sujet par nature abstrait. Puissance « théorique » de la nation et limitation « pratique » du pouvoir du peuple vont sur cette base aller de pair.

Le fonctionnement des institutions de la IIIe République s'inscrit parfaitement dans le cadre d'une telle « démocratie limitée ». La reconnaissance de cette seule souveraineté de la nation aurait d'ailleurs même pu s'accommoder d'une restriction du droit de suffrage. On sait ainsi que certains constituants de 1875 avaient un moment caressé l'idée d'un retour à une forme de suffrage limité ou encadré[14]. S'il n'est évidemment plus question de cela ensuite, du moins en termes constitutionnels, car de fortes réserves intellectuelles continuent bien, de leur côté, à être couramment formulées dans les livres et les revues, il n'en subsiste pas moins une méfiance latente vis-à-vis du suffrage universel. Cette dernière s'est traduite par un ensemble de dispositions ou de refus. Ce serait faire un autre livre, qui reste d'ailleurs à écrire, que de reprendre de façon systématique tous les éléments qui ont constitué sur ce point le type de parlementarisme qui a caractérisé la IIIe République. La liste serait longue à établir de toutes les techniques constitutionnelles utilisées pour mettre à distance l'intervention populaire en même temps que de consacrer le pouvoir parlementaire.

On ne saurait certes réduire l'œuvre d'un Esmein à une vulgaire entreprise idéologique de légitimation du gouvernement représentatif. Et ce d'autant moins que, comme beaucoup de ses pairs des facultés de droit, il entendait mener un double combat : éloigner le danger du pouvoir populaire, mais aussi justement contester les prétentions considérées excessives des élus du peuple à repousser tout contrôle au prétexte qu'ils incarnaient légitimement la volonté générale[15]. La souveraineté de la nation conduisait d'ailleurs à renforcer l'État plutôt que le Parlement. Toute la construction des *Éléments de droit constitutionnel* aboutissait à faire de l'État la personnification de la nation. « L'État se confond avec la souveraineté, celle-ci étant sa qualité essentielle », pouvait-il en conclure. Mais la doctrine de la souveraineté nationale n'en a pas moins participé de façon centrale à la légitimation *négative* du parlementarisme, face aux critiques qui pouvaient apparaître les plus menaçantes : celles qui venaient de la gauche.

Esmein n'a pas cantonné son entreprise à une reformulation de la question de la souveraineté. Il a aussi proposé sur cette base une réinterprétation de toute l'histoire constitutionnelle française. À la différence des doctrinaires qui avaient disqualifié dans sa totalité la pensée politique révolutionnaire, il va ériger les principes de 1791 en référence positive centrale[16]. Les idées modernes de souveraineté nationale et de gouvernement représentatif sont pour lui déjà contenues dans la première Constitution. « La souveraineté est une, indivisible, indéniable et imprescriptible. Elle appartient à la Nation ; aucune section du peuple, ni aucun individu ne peut s'en attribuer l'exercice » : tout est déjà dit pour Esmein dans ce célèbre article de la Constitution de 1791. L'idée du double caractère indissociablement impersonnel et collectif de la souveraineté est là clairement formulée. Si la souveraineté ne réside dans un tout réuni, que nul groupe ou nulle section du peuple ne peut s'approprier, elle est donc d'un tout autre ordre que celle qui pouvait résulter de la perspective rousseauiste d'un contrat social organisateur du pouvoir collectif. Elle est en même temps la manifestation d'une puissance et le principe d'une limitation de toutes les prétentions à parler au nom de la totalité sociale. La souveraineté de la nation est aussi, pour ce motif, indissociable de la forme représentative du gouvernement, puisque la formation de l'intérêt général ne peut résulter que d'une interprétation et d'une mise en forme organisée. Elle est à la fois démocratique et libérale, pour dire les choses autrement.

Il n'y a donc nul besoin d'inventer de nouveaux principes pour fonder la république représentative. Ils sont déjà tout entiers présents dans une tradition révolutionnaire qu'il suffit de retrouver[17]. Esmein fonde ainsi presque intégralement son appréciation du gouvernement représentatif sur un commentaire de Barnave, Sieyès ou Roederer. Mais il est frappant de constater que les citations qu'il utilise sont soigneusement sélectionnées. Tous les éléments qui pourraient rappeler les équivoques et les hésitations de ces auteurs sont gommés et c'est un Sieyès monolithique que présente Esmein. On voit bien sur ce point la différence avec l'effort intellectuel déployé par les doctrinaires. Ces derniers avaient clairement identifié les pièges que recelaient les ambiguïtés du droit public révolutionnaire, et c'est pourquoi ils avaient tenté d'élaborer une philosophie politique vraiment *alternative* à celle de la Révolution. Esmein se présente, lui, comme un admirateur de cette tradition. Mais il la réinterprète complètement, en lui donnant une cohérence qui lui est étrangère. C'est de cette façon qu'il retrouve paradoxalement le fil du propos doctrinaire : sa réinterprétation finit par se superposer à leur négation. Avec une différence, de taille, il est vrai : l'acceptation du suffrage universel comme un fait dorénavant acquis.

Quelques années plus tard, l'œuvre magistrale de Carré de Malberg, sa *Contribution à la théorie générale de l'État* (1922), systématise cette interprétation en opposant la souveraineté nationale de 1791, impersonnelle et libérale, et la souveraineté populaire de 1793 assise, au contraire, sur la puissance morcelée et directement active des citoyens[18]. Si l'auteur de la *Contribution* a pu être un exégète discuté des textes fondateurs du droit public français, il n'en a pas moins, lui aussi, puissamment éclairé, du sein même de ses interprétations contestables, l'esprit des institutions de la IIIe République en poursuivant la réflexion d'Esmein[19]. La démocratie limitée était avec ces auteurs érigée en héritière, légitime et raisonnable en même temps, de la Révolution; d'une Révolution qui aurait congédié Rousseau et dissipé ses équivoques.

La nouvelle aristocratie élective

Comme les hommes de l'an III, les pères fondateurs ont par ailleurs fait de l'élitisme démocratique un des éléments centraux de leur vision politique. Élection veut d'abord dire pour eux sélection. « L'élection a pour but de faire sortir de la masse une aristocratie politique, note en ce sens Saleilles, un des grands juristes de l'époque. Et c'est cette aristocratie qui gouverne, n'ayant de comptes à rendre que vis-à-vis d'elle et de conseils à prendre que d'elle-même[20]. » Dans un des textes sur le gouvernement représentatif qui fait alors le plus autorité, Orlando considère comme un des principes fondamentaux de la philosophie politique que le gouvernement de l'État doive appartenir aux plus capables. Le propre du gouvernement représentatif consiste seulement à déterminer cette capacité par le biais d'une procédure particulière : l'élection politique. Il ne fait donc que mettre en forme sur un mode spécifique un « principe aristocratique », jugé universel par l'auteur. « Les électeurs, écrit-il, occupent ici la place qui, dans les formes aristocratiques, revient à la naissance et, dans les formes despotiques, au choix du prince[21]. » Le but de l'élection est bien de la sorte d'obtenir une « sélection des plus capables ». « Le régime représentatif suppose la supériorité de l'élu qui doit commander et non pas obéir », en déduit un autre grand professeur[22]. La raison des juristes finit parfois là par se superposer platement au préjugé des notables. Un Orlando se drape certes dans la référence à l'œuvre scientifique de Spencer pour légitimer sa conception du fait aristocratique dans les sociétés, mais les arguments intellectuels ne font chez lui que s'adosser paresseusement aux peurs sociales du nombre. Les excellentes démonstrations sur l'ineptie du « député-machine » rejoignent de façon troublante chez tous ces messieurs les certitudes les plus triviales. La liberté de décision du représentant, d'abord fondée sur des éléments d'ordre épistémologique, n'est plus justifiée que sociologiquement[23].

La vision du gouvernement représentatif comme un système d'*aristocratie élective* n'est pas alors une idée neuve. Elle remonte à la période révolutionnaire, et nous avons précédemment rappelé les textes essentiels de Roederer sur le sujet. Elle a aussi été reprise ensuite par les doctrinaires. Elle est toujours au cœur de l'imaginaire politique et social des républicains de gouvernement de la fin du XIXe siècle. Le gouvernement représentatif, note ainsi Grévy, « substitue à l'ignorance du plus grand nombre les lumières de l'élite des citoyens[24] ». Un Littré pouvait écrire de son côté que « les hommes restent profondément inégaux [...]. Il faut que les plus capables aient la gestion des intérêts sociaux », souhaitant que ces derniers forment « une aristocratie à laquelle la sagesse démocratique doit se confier »[25]. On pourrait multiplier à l'infini ces citations tant elles abondent dans les écrits et les discours des hommes de 1875 comme dans ceux de leurs successeurs immédiats. Il y a, il est vrai, bien des façons de concevoir cette élite directrice. Il peut sembler qu'un monde sépare la vision arrogante des capacités chez un Guizot et le plaidoyer chaleureux des Ferry et Gambetta pour ceux qui sont modestement qualifiés de « frères aînés » du peuple. Mais c'est pourtant une même vision restrictive de la démocratie qui s'exprime dans les deux cas [26]. Un Jules Ferry ou un Jules Simon n'hésitent d'ailleurs pas à témoigner en certaines occasions leurs sympathies pour l'orgueilleux protestant. « Oui, la démocratie s'impose. Mais le gouvernement des démocraties doit être confié à l'aristocratie intellectuelle », résume un de leurs proches en une formule qui suggère bien le lien qui unit discrètement la pensée des doctrinaires à celle des pères fondateurs [27]. Les philosophes les plus notables du régime, Fouillée et Renouvier, se chargeront d'asseoir la légitimité intellectuelle de cette vision [28]. Il est vrai aussi que ces défenseurs d'une prudente démocratie concédée pourront s'appuyer sur tout un ensemble de travaux savants pour justifier leurs réticences à couronner sans réserve le peuple. *Les Maladies de la volonté* de Théodule Ribot, lequel dirige la *Revue philosophique* et enseigne la psychologie au Collège de France, les conforte par exemple dans l'idée que la volonté générale ne saurait être toujours droite et qu'elle ne se connaît pas nécessairement elle-même [29]. En soulignant le côté irrationnel et impressionnable des foules, Gustave Le Bon les invite, quant à lui, à savoir les conduire sans les respecter, en ne les confondant pas avec un souverain de légende [30]. Le message rousseauiste s'en trouve de la sorte doublement mis à distance.

Cette appréhension sociologique du gouvernement représentatif n'est pas fondée, soulignons-le, sur la reconnaissance principielle du suffrage universel. Elle s'en accommode, c'est tout. Et ce dernier n'est finalement légitimé que s'il est perçu comme convergent avec la formation d'une aristocratie élective. Un des chantres les plus autorisés du suffrage universel comme « arche sainte », Louis Blanc, l'a lui-même reconnu sans difficulté. « Partout où la liberté assure aux hommes d'élite le moyen d'exercer autour d'eux la légitime influence qui leur appartient, assure-t-il, il arrive que ces hommes d'élite ont autant de votes qu'ils peuvent en gagner par leur parole et par leurs écrits à la cause qu'ils défendent. De sorte que le suffrage universel a pour résultat l'identification d'une minorité éclairée avec le pouvoir d'une majorité convaincue. Voilà en quoi consiste l'excellence de ce suffrage universel[31]. » On voit bien là comment toute une culture rationaliste et capacitaire s'est greffée sur l'impératif démocratique dans la vision républicaine du politique. Proudhon avait raison, à cet égard, de dire, en un étonnant raccourci, que Louis Blanc se plaçait « entre Robespierre et Guizot[32] ». C'était bien comprendre les choses.

Une telle compréhension sociologique du gouvernement représentatif mène naturellement à l'idée que la politique est un métier. « Le député, si courte que soit sa spécialisation, a acquis une compétence. Il connaît des choses que ses électeurs ignorent », résume en ce sens Félix Pécaut[33]. Le terme de *politicien*, calqué sur l'anglo-américain *politician* signifiant « professionnel de la politique », commence significativement à faire son apparition en France à la fin des années 1870[34]. Se trouve de la sorte pratiquement accomplie l'intuition de Sieyès qui avait, le premier, proposé d'analyser la représentation politique comme une simple modalité du principe moderne de la division du travail. « C'est une profession, un métier, qu'être sénateur ou député, note un observateur de la fin du siècle, et l'on ne saurait se préoccuper trop tôt des moyens de conquérir, de conserver, de reconquérir une circonscription[35]. » On est ainsi bien loin de l'idée première d'une tâche temporaire, d'une sorte de service civique. Si la Constituante repoussait en 1789 le mandat impératif, elle avait en même temps déclaré ses membres non rééligibles et envisagé des charges électives très brèves (le texte de 1791 prévoit des mandats de deux ans pour les députés ; bien des constituants avaient même souhaité ramener cette durée à un an). À la fin du siècle, on s'achemine au contraire vers des fonctions pour beaucoup quasi permanentes[36].

Le fait sociologique et les tentations politiques se rejoignent d'ailleurs sur ce point, comme en témoigne le projet de réforme présenté à l'automne 1888 par Charles Floquet (à l'époque président du Conseil) avec l'assentiment de Jules Ferry[37]. Le but ? Il est explicitement de trouver un moyen de résistance face à l'éruption du phénomène boulangiste. Le moyen envisagé ? Il est tout simplement d'allonger à six ans le mandat des députés et d'organiser un renouvellement par tiers tous les deux ans de la Chambre ! Ferry n'hésite pas, alors, à déplorer que cette dernière puisse être « dévastée par une bourrasque électorale » et appelle ses amis à ne pas exposer tout l'organisme républicain « aux sautes de vent du suffrage universel »[38]. Les deux amis ont ainsi le front de présenter comme une « révision démocratique » ce qui conduit, en fait, à singulièrement émousser la force de changement susceptible de surgir des urnes. En stigmatisant « l'anarchie parlementaire » comme le plus grand des dangers que la République peut courir, ils rêvent presque secrètement à une assemblée de sages inamovibles. Leurs adversaires n'ont donc pas tort de parler à leur propos de « complot contre le suffrage universel[39] ».

L'adoption d'une indemnité parlementaire substantielle a ensuite matérialisé cette évolution. Si la défense par la droite de l'idée de gratuité correspondait surtout à une vision traditionnelle de la notabilité politique comme simple prolongement de la notoriété sociale, le soutien par les républicains de gouvernement d'une forte indemnité n'a pas seulement correspondu à une volonté d'ouverture et de démocratisation des fonctions électives. Alors que le Second Empire avait imposé la gratuité, tant était encore vive la réprobation populaire contre les « vingt-cinq francs[40] », la IIIe République vote en 1875 une indemnité de neuf mille francs. Un autre tournant symbolique a lieu en 1906 avec le vote en catimini de la fameuse loi qui la fait passer à quinze mille francs, déchaînant une formidable vague d'antiparlementarisme. Mais au-delà des chiffres, c'est le statut juridique de cette allocation qui change. Elle devient un vrai traitement et n'est plus considérée, justement, comme une véritable indemnité simplement compensatrice de frais[41]. Si c'est seulement un peu plus tard que Robert de Jouvenel et André Tardieu décrivent magistralement ce passage du mandat au métier dans *La République des camarades* et dans *La Profession parlementaire*[42], la mutation est déjà accomplie au tournant du siècle.

La substitution de la souveraineté de la nation à la souveraineté du peuple et la sociologie de l'élitisme démocratique ont donné aux institutions républicaines leur fondement. Elles complètent intellectuellement l'œuvre politique accomplie avec la révision constitutionnelle de 1884, lorsque la République avait été officiellement consacrée comme le « gouvernement définitif de la France ». Le but affiché de Jules Ferry, alors président du Conseil, ayant été, selon une formule restée célèbre, de « mettre la République au-dessus du suffrage universel[43] ». C'était consacrer le pouvoir parlementaire et maintenir à distance les sentiments de la société. Le vocabulaire politique des années 1880 témoigne avec éclat de cette vision des choses. La référence à la République est omniprésente, dans les écrits comme dans les discours, alors que bien peu songent à évoquer la perspective d'une démocratie[44]. Un siècle après l'Amérique, la France est elle aussi devenue une République qui entendait mettre à distance les périls du nombre. Mais elle l'a été sous les espèces finalement beaucoup plus étriquées de cette « République absolue », bardée de certitudes, corsetée dans un parlementarisme de plus en plus fermé sur lui-même, insensible au désenchantement politique d'un nombre croissant de citoyens[45].

Le régime sans nom

Dès lors que la question du régime avait été clairement tranchée, libéraux orléanistes et républicains s'étaient rejoints pour célébrer les bienfaits du pur gouvernement représentatif. Des divisions subsistaient, certes, sur des points parfois essentiels — qu'il suffise ici d'évoquer la vivacité des débats sur l'organisation et même l'existence du Sénat. Hors les cercles légitimistes, évidemment, une culture constitutionnelle commune rapprochait cependant la majorité des constituants de 1875. La tempête boulangiste avait bien introduit à la fin des années 1880 une forte dissonance, en mêlant de nouvelles impatiences populistes à d'anciennes nostalgies bonapartistes ; mais elle s'était enlisée, faute de pouvoir trouver un débouché politique adéquat. La République absolue pouvait alors estimer qu'elle avait touché le port et trouvé sa formule définitive, accomplissant, tout en les contenant, les promesses de l'émancipation politique moderne. Mais le bel édifice va vite s'effriter. La République absolue à laquelle avaient rêvé les pères fondateurs n'a eu, de ce point de vue, qu'une existence éphémère. Comme modèle idéal, elle n'a d'abord cessé d'être contestée. Mais les institutions et les pratiques censées lui donner chair n'ont surtout pas produit les résultats escomptés.

Force est bien de constater, qu'il y a loin, à la fin du

siècle, du rêve initial à la réalité. « Il devient banal de dire que si nous avons une constitution écrite, c'en est une autre que nous pratiquons », écrit un bon observateur en résumant un sentiment largement partagé [46]. Les manifestations de cet écart ? Elles se ramènent toutes à un fait central : la distance prise avec le modèle originel du gouvernement représentatif. Nous avons brièvement rappelé ses grandes lignes : l'élection conçue comme la sélection d'une élite gouvernante et non la transmission d'un mandat ; la stricte indépendance conséquente des élus ; le Parlement compris comme une assemblée de sages et d'experts délibérant de l'intérêt général avec leur seule conscience pour guide. Or, que constate-t-on vingt ans après ? Les députés apparaissent de plus en plus enfermés dans la défense des intérêts particuliers de leur circonscription, exécutants souvent dociles de multiples groupes de pressions ; les organes dirigeants des partis, surtout à gauche, tendent à se substituer aux élus pour définir les orientations à défendre ; loin d'être un cénacle de personnalités autonomes, le Parlement devient le terrain de rencontre et d'affrontement des forces de la société qui lui sont extérieures. Toute la conception première du suffrage universel s'en trouve infléchie, en même temps que les équivoques qui avaient présidé à sa reconnaissance sont forcées à se dénouer. « Au lieu de rester ce qu'il était à l'origine, un instrument de représentation nationale, il est en train de devenir une forme de gouvernement [47] », résume en le déplorant Edmond Scherer. D'autres « déviations » du régime sont aussi montrées du doigt. Le rôle parallèlement grandissant des Chambres et leur tendance à envahir le domaine gouvernemental est dénoncé par beaucoup ; l'effacement consenti dès 1877 du président de la République est également discuté. Elles ne font que renforcer le sentiment d'un écart à un modèle initial. « Le régime sous lequel nous vivons depuis vingt ans est une contrefaçon de celui que l'Assemblée nationale a voulu établir », conclut un libéral dépité[48], tandis qu'un de ses amis parle d'un « régime sans nom, né à côté de la constitution et qui fonctionne sous un faux titre[49] ».

Comment expliquer ce glissement ? Aucune réforme constitutionnelle ne l'a déclenché. La révision de 1884 n'a eu qu'une portée très limitée, et tous les projets plus radicaux, visant soit à instaurer des modalités de contrôle des électeurs sur leurs élus, soit à mettre en place des formes d'expression directe des citoyens, ont été facilement et largement repoussés à la fin des années 1870 et au début des années 1880. Ce ne sont donc pas les institutions qui ont changé. Aucune rupture sociale n'en est également la cause. Ce sont tout simplement les mœurs et les pratiques qui ont insensiblement remodelé la vie des institutions et changé leur esprit. Nul ne l'a mieux exprimé qu'Émile Faguet dans un important article consacré à la politique de Renan. Le célèbre critique littéraire et politique est peu suspect de sympathies progressistes. Mais il est pourtant celui qui a dénoncé avec le plus de sévérité ce qu'il a appelé le « rêve aristocratique » de son temps : celui du gouvernement d'une élite détentrice du pouvoir intellectuel qui conduirait avec bienveillance et compétence un peuple ayant périodiquement abandonné tout pouvoir entre ses mains. Rêve dans lequel se sont presque naturellement inscrits les pères fondateurs de la IIIe République, comme nous l'avons précédemment montré. Eux aussi ont pensé qu'ils pouvaient sans problèmes gouverner le peuple parce qu'ils exprimaient adéquatement ses intérêts. Mais peut-on longtemps faire admettre au peuple que c'est bien sa volonté qu'on réalise automatiquement de la sorte ? Telle est la question clef pour Faguet, qui lui apporte une réponse négative dans des termes qu'il vaut la peine de rapporter longuement. « Ce jeu ne peut pas durer indéfiniment, soutient-il. La démocratie voudra bientôt que la démocratie soit la démocratie. Elle commencera par imposer à ses "représentants" le mandat impératif ; puis, s'apercevant que le mandat impératif est toujours facile à tourner, elle inclinera vers le gouvernement direct, vers le système plébiscitaire, et finira par y arriver. Tout au moins, elle donnera au plébiscite une foule de choses qui appartiennent maintenant au pouvoir législatif et restreindra extrêmement les pouvoirs de ce pouvoir. [...] Ainsi la démocratie rongera peu à peu l'aristocratie parlementaire et, sans jamais, je crois, pouvoir la détruire absolument, la réduira à n'être qu'un organe secondaire dans l'État[50]. » Il est impossible à ses yeux, autrement dit, de combiner durablement une *culture sociale* démocratique et une *politique* aristocratique. Or c'est bien cela que visait, d'une manière ou d'une autre, le pur gouvernement représentatif, même si les termes employés par les pères fondateurs n'étaient jamais aussi clairement explicites que sous la plume d'un Renan.

Si Ferry, Littré ou Grévy participent de la même vision globale que l'auteur de *La Réforme intellectuelle et morale*, ils célèbrent naturellement plus facilement que ce dernier le peuple-citoyen. À la différence des pères fondateurs américains, comme John Adams ou Alexander Hamilton, qui qualifiaient ouvertement le gouvernement représentatif de *régime mixte*, les Français sont restés beaucoup plus vagues. De Sieyès à Gambetta, une même équivoque traverse ainsi la culture politique française. C'est elle que les faits dissipent brutalement à la fin du XIXe siècle. Émile Faguet n'éprouve aucune satisfaction à procéder à un tel constat. Il parle avec un mépris à peine dissimulé de la « démocratie ombrageuse » et, dit-il, « il est peu discutable que la démocratisation soit l'intronisation de l'incompétence »[51]. Mais il constate un fait jugé inéluctable. Aussi n'hésite-t-il pas en retour à qualifier la vision d'un Renan d'une des « plus belles constructions idéologiques que l'humanité ait connues[52] ». Son appréciation ne se différencie donc pas de celle d'un juriste « démocrate » comme Maurice Deslandres qui stipendie « l'illusion de la réalité de l'ancienne conception idéale du régime représentatif[53] ». Pour lui aussi, c'est une loi de l'histoire, « le mouvement naturel du progrès démocratique », qui interdit tout retour en arrière : « Il est des restaurations impossibles », juge-t-il en conséquence[54].

Un double tournant s'opère en cette fin du XIXe siècle : une révolution silencieuse du système politique, dans les faits. Mais aussi une rupture de méthode dans la considération des questions politiques. L'approche normative, longtemps dominante, va peu à peu céder la place à des analyses plus factuelles. Au débat antérieur sur les valeurs et les formes désirables de l'organisation politique succède un souci de décrire, pour mieux le comprendre, l'avènement d'un nouvel âge politique. Prenant l'exemple de la transformation pratique du rapport élus-électeurs, Deslandres note qu'il s'agit d'« une de ces réalités vivantes que la science politique théorique peut contester au point de vue de sa valeur, au point de vue de sa conformité aux purs principes de tel ou tel dogme politique, mais que la science politique positive, réaliste, doit admettre comme un fait acquis[55] ». C'était une façon neuve de parler des choses.

La naissance de la science politique moderne est liée aux tentatives de description de ce grand tournant de la fin du XIXe siècle. La France n'est pas, bien sûr, la seule concernée. Le mouvement est général. Il résulte tout simplement de la maturation à peu près concomitante du suffrage universel. Les histoires nationales ont, certes, été fort contrastées sur ce point au XIXe siècle : pays qui n'élargissent que tardivement ou progressivement l'accès aux urnes (Allemagne, Belgique, Grande-Bretagne, Italie), histoires cahoteuses qui mêlent la précocité de l'obtention du suffrage universel à l'existence de brusques régressions (cas de la France), extension indissociablement géographique, sociale et institutionnelle d'une matrice originelle (États-Unis). Mais les différences s'estompent et les expériences se rapprochent après 1890, alors qu'un abîme séparait un siècle plus tôt le monde ouvert par les révolutions américaine et française de la situation de la plupart des autres pays.

En moins de vingt ans, du milieu des années 1890 à 1914, vont être publiés quelques-uns des livres majeurs de la science politique moderne. Les cas américain et anglais sont les plus étudiés. Il faut bien sûr mentionner ici les maîtres livres[56] de James Bryce, *La République américaine* (1888), de Moisei Ostrogorski, *La Démocratie et les partis politiques* (1902), d'Albert Venn Dicey, *Leçons sur les rapports entre le droit et l'opinion publique en Angleterre au cours du* XIXe *siècle* (1905). Mais plusieurs autres ouvrages ont aussi constitué une référence majeure dans l'univers anglo-saxon : G. Lowes Dickinson, *Le Développement du Parlement pendant le dix-neuvième siècle* (1895) ; Edwin Godkin, *Unforeseen Tendencies of Democracy* (1898) ; William Lecky, *Democracy and Liberty* (1896) ; Lawrence Lowell, *Governments and Parties in Continental Europe* (1896) et *Le Gouvernement de l'Angleterre* (1908) ; William Mac Kechnie, *The New Democracy and the Constitution* (1912). Tous ces auteurs, universitaires et publicistes, correspondent ensemble, comparent leurs hypothèses, confrontent leurs observations. Ils ont constitué une communauté savante informelle qui a essayé de décrire et de penser les formes de la mutation démocratique de la fin du XIXe siècle[57]. Les faits qu'ils mettent en lumière ? Ils éclairent au premier chef le rôle inédit joué par les partis politiques, analysant de façon minutieuse la montée en puissance d'un nouveau pouvoir issu de l'exigence démocratique et se retournant ensuite mécaniquement contre elle. Ils évaluent ensuite la manière dont se sont peu à peu déplacés les centres de contrôle et d'initiative. Ils décrivent aussi les formes émergentes d'un pouvoir accru des électeurs, dans les États de l'Ouest américain notamment. Ils théorisent enfin l'avènement d'une nouvelle démocratie d'opinion. En même temps qu'ils soulignent l'écart qui s'est creusé avec le modèle originel du gouvernement représentatif, ces auteurs mettent en lumière, chacun à leur manière, les contradictions internes et les fragilités des formes naissantes. C'est avec eux que naît vraiment la science politique, prolongeant et systématisant à plus d'un demi-siècle de distance les intuitions de l'œuvre stellaire d'un Tocqueville. S'ils forment le pôle le plus aisément identifiable, ils ne sont cependant pas les seuls à effectuer cet effort de déchiffrement. Quelques grands esprits s'attachent aussi à explorer d'autres terrains. Qu'il suffise ici de mentionner le travail de Roberto Michels sur l'Allemagne[58] ou encore l'immense œuvre de Pareto[59].

Le nécessairement trop bref rappel de tous ces travaux doit surtout permettre de souligner en regard l'absence d'œuvres équivalentes consacrées à l'analyse du cas français. Arrêtons-nous un moment sur ce fait massif : pourquoi ne s'est-il trouvé aucun observateur pour faire le bilan de la démocratie française à la fin du siècle ? Est-ce par manque d'intérêt ou indifférence ? Par absence de débats ou d'enjeux sensibles ? Certes non. La plupart des grands livres que nous venons de mentionner ont d'ailleurs été traduits sans retard et amplement commentés[60]. Ils ont été présentés dans les revues savantes comme la *Revue du droit public* ou la *Revue politique et parlementaire*, mais aussi passionnément discutés dans des organes militants comme *Le Mouvement socialiste* ou *La Revue socialiste*[61]. À la différence de ces travaux documentés, c'est presque uniquement dans des essais ou des pamphlets qu'est abordée en France la question, dans le camp conservateur comme dans celui des démocrates impatients. Quelques-unes de ces publications peuvent bien retenir l'attention. C'est par exemple le cas du livre d'Eugène d'Eichtal, *Souveraineté du peuple et gouvernement* (1895), de celui de Charles Benoist, *La Crise de l'État moderne* (1895), ou encore des travaux de Boutmy[62]. Mais l'immense majorité de l'énorme production consacrée au sujet frappe par sa médiocrité et son absence de fondement documentaire. Les volumes publiés par Paul Laffitte, la plume politique de la fameuse *Revue bleue*, en constituent un bon exemple. Que ce soit dans *Le Suffrage universel et le régime parlementaire* (1889) ou dans ses *Lettres d'un parlementaire* (1894), il se contente d'évoquer toutes les grandes préoccupations du temps sur les questions de comités électoraux, de la représentation des minorités, du référendum, mais sans que rien ne soit vraiment approfondi et développé.

Ce n'est pas l'intérêt qui a fait défaut en France. On le voit bien, d'ailleurs, en considérant un indicateur significatif : les sujets donnés au concours de l'agrégation de droit public. Aucune grande question n'est oubliée[63]. Mais c'est l'approche théorique des problèmes qui domine. Alors que se multiplient au tournant du siècle les travaux universitaires sur la représentation politique, presque aucun d'entre eux n'est fondé sur un matériau expérimental. Maurice Deslandres est bien isolé chez les juristes pour appeler à partir des faits[64]. Ce seront d'ailleurs deux de ses élèves qui publieront les seuls livres évaluant sérieusement les transformations du modèle français : Henri Bouchet, dans *La Conception de la représentation dans la Constitution de 1875 et ses déviations postérieures*

(1908), et Henri Charan avec un solide *Essai sur l'évolution du système représentatif* (1909). Mais il s'agit là d'exceptions. Les têtes françaises se partagent alors globalement en deux camps : les penseurs doctrinaux et les essayistes. D'un côté, les grandes constructions d'un Esmein ou d'un Duguit, surtout attentives à la rigueur des démonstrations théoriques[65]. De l'autre, le déballage des imprécations ou des désenchantements, expression brute et non réfléchie des peurs sociales ou des impatiences politiques. Aucun Bryce, aucun Dicey ou aucun Ostrogorski n'est venu éclairer les transformations du modèle hexagonal[66]. Le débat français n'en a été du même coup que plus appauvri et plus schématique, plus voué qu'ailleurs au seul choc des passions immédiates. Et la démocratie française, simultanément, n'en a été que plus incapable d'interpréter, pour mieux la prendre en charge, sa propre histoire.

Une démocratie moyenne

C'est cette histoire qu'il faut maintenant retracer, avec ses avancées et ses pesanteurs. Plutôt que de s'appuyer là sur le travail des juristes, qui ont alors proposé de nommer « gouvernement semi-représentatif » ou « démocratie semi-directe »[67] le gouvernement réel vers lequel semblait vouloir tendre la France, c'est des faits eux-mêmes qu'il faut partir pour décrire le système des forces et des résistances qui ont donné son cadre à cette histoire à partir des années 1880. À distance du modèle de la République absolue, rêvé par les pères fondateurs, il en est résulté l'avènement d'une *démocratie moyenne* qu'on ne saurait seulement appréhender à partir d'une analyse des institutions. Si ces dernières forment effectivement le socle formel du fonctionnement des pouvoirs publics, elles ne prennent leur dimension véritable qu'en tension, tant avec la façon dont elles sont pratiquées qu'avec les données du combat politique et des revendications sociales. Cette démocratie moyenne correspond, dans l'ordre des formes de la souveraineté du peuple, à la *démocratie d'équilibre* caractérisant les transformations des modes de la représentation, que nous avons étudiée dans *Le Peuple introuvable*. Avec la *démocratie d'appartenance* décrite dans *Le Sacre du citoyen*, elle forme le troisième pilier de la démocratie française telle qu'elle se met en place à partir du début du XXe siècle.

À rebours de la vision habituelle d'un régime qui déploierait dans le temps long de la IIIe République la permanence de ses traits, il faut donc plutôt insister sur les différences qui affectent cette histoire. La Constitution est restée la même, mais l'esprit des institutions et les pratiques politiques vont notablement changer entre les années 1870 et les années 1920. Il y a ainsi plusieurs façons de lire l'histoire de la République. Si l'on prend en compte les problèmes de l'école, de la laïcité, de la morale, ce sont les continuités qui sont patentes. Au regard de la question de la démocratie qui nous intéresse ici, il est en revanche clair que ce sont les évolutions qui le sont. La République de Combes ou d'Herriot n'est plus celle de Ferry et Grévy.

Rien ne témoigne mieux de cela que la différence de ton qui sépare Alain et Renouvier, les deux philosophes qui ont peut-être le mieux exprimé chacun de ces deux moments. Les deux hommes partagent, certes, un certain nombre de convictions. Ils sont favorables à un pouvoir d'État relativement faible et s'accordent dans une même vision morale de l'individu et de sa responsabilité. Tous les deux conçoivent encore le rôle de la démocratie comme essentiellement négatif, le suffrage universel étant plutôt un mécanisme de régulation qu'une force commandante. Mais au-delà d'une commune célébration des vertus d'un strict gouvernement représentatif, leurs visions du politique divergent. Alain est loin de considérer comme Renouvier que la souveraineté du peuple n'est qu'une fiction[68]. Il s'insurge contre Auguste Comte qui professe la même idée et soutient au contraire que la volonté générale n'est ni une chimère dangereuse ni une notion creuse, mais qu'elle est « bon sens », « jugement droit », et « raison commune »[69]. « Tout le bien, en politique, vient du suffrage universel », dit-il[70]. Il célèbre d'ailleurs Rousseau dont se défiait hautement l'auteur de *Science de la morale*[71]. Le peuple est bien roi pour lui. S'il ne conçoit nullement qu'une démocratie directe puisse être viable et souhaitable, il ne se contente pas d'en appeler comme Renouvier à une démocratie restreinte à l'expression d'un consentement et à l'exercice d'une sanction. Alain met volontiers l'accent sur la défiance légitime des citoyens vis-à-vis de leurs élus et appelle les premiers à contrôler avec attention les seconds, notant que « la vigilance ne se délègue point[72] ». Le député, soutient-il même, doit être « esclave de ses électeurs[73] ». Le rédacteur des *Propos* marque enfin nettement sa distance avec le philosophe du XIXe siècle en affichant sa confiance dans le bon sens des masses, supérieur à ses yeux à bien des « compétences ». Il raille volontiers les élites et les prétentions de bien des « éminents spécialistes » à vouloir diriger la société[74]. Alain songe plus à déplorer les formes de confiscation de la souveraineté du peuple qu'à dénoncer comme Renouvier les errements du nombre et les illusions de la démocratie. Il reste, certes, un démocrate très modéré; mais il n'est plus un républicain auquel la démocratie fait peur.

Ce glissement est emblématique d'une évolution plus générale. Le temps a d'abord fait son office. Le suffrage universel est désormais complètement entré dans les mœurs et il a, au fil des années, modifié l'horizon mental de bien des acteurs. L'avènement du radicalisme et la pression du monde socialiste ont aussi infléchi les pratiques et les représentations. Les données proprement sociales de la vie politique ont en outre connu un vrai changement avec l'accomplissement de l'intégration politique de la classe ouvrière dans la nation[75]. L'esprit de 1920 n'est donc plus, pour toutes ces raisons, celui de 1870. La démocratie moyenne n'est plus la république absolue.

Démocratie que nous qualifions de « moyenne » car elle consiste de fait en un mélange de république absolue, c'est-à-dire de démocratie limitée, au plan institutionnel, et de pratiques sociales et politiques plus conformes aux réquisits d'une souveraineté sensible du peuple. Autant dire qu'elle ne constitue pas un système stable et intellectuellement cohérent. Elle ne peut être comprise que rapportée à un ensemble de tensions qui la traversent pour la contester ou la renforcer. Ces tensions se sont nouées autour de quatre champs principaux : celui de la nature du lien représentatif et de la question du mandat ; celui des formes d'expression de la souveraineté, directe ou déléguée ; celui de la nature de l'espace public, entre institutions et expressions spontanées ; celui, enfin, du champ d'application des principes démocratiques. Des évolutions sensibles en ont découlé dans certains cas, comme avec la transformation, dans les faits, de la nature du lien représentatif liée à l'avènement des partis et à l'encadrement accru des élus. Toute une vie de la démocratie s'est aussi peu à peu développée en marge du système parlementaire, avec une expression plus forte de la société civile. Des visions du « progrès » s'en sont également trouvées modifiées, notamment avec l'émergence de l'impératif de démocratie industrielle. Même si des blocages ont été maintenus, avec par exemple le rejet continu de l'idée de référendum, le système politique de 1920 n'est donc plus celui de

1880. C'est cette transformation discrète qu'il s'agit maintenant d'apprécier. On ne saurait prétendre retracer en quelques chapitres, nécessairement limités, l'ensemble des débats, des projets et des transformations effectives qui ont marqué la démocratie française à la charnière des deux siècles. Mais au moins peut-on essayer de dégager les grands traits qui ont caractérisé l'évolution de chacun des principaux domaines que nous avons évoqués, et espérer par là rendre plus intelligibles les formes d'une expérience et le sens d'une histoire.

VII

LA RÉVOLUTION SILENCIEUSE DU MANDAT

Le sens d'un débat
Le nouveau lien électoral
La question du comité électoral
Le député, type social

Le sens d'un débat

« Le seigneur candidat » : le titre de cette fameuse chanson de 1848[1] suffit presque à résumer l'histoire des rapports difficiles entre le peuple et ses élus. Dès la Révolution, on l'a souligné, la hantise de voir le lien politique de représentation se muer en un rapport social de différenciation a en effet constitué la toile de fond de l'imaginaire démocratique. Un même fil relie la stigmatisation par Béranger sous la Restauration des « ventrus » et la dénonciation, un siècle plus tard, des « 15 000 » symbolisant la transformation des députés en politiciens professionnels[2]. On redoute dans tous les cas une même dérive : la prise de distance oublieuse du représentant vis-à-vis de ses électeurs. Si la pure théorie du gouvernement représentatif considère l'élection comme un simple choix de personne, qui n'implique donc aucun lien substantiel, le sentiment spontané n'a cependant cessé de considérer que le député devait aussi agir comme un porte-parole de ses « commettants », pour reprendre l'expression employée pendant la Révolution. On ne s'étonne donc pas de voir fort débattue la question de la nature du mandat électoral, surtout après que la conquête du suffrage universel eut rempli la condition préalable à toute vie démocratique.

Dans les dernières années du Second Empire, l'idée de mandat impératif a le vent en poupe. Elle offre à gauche une façon simple et commode de concevoir la réalisation de l'idéal démocratique. À la différence des utopies et de la vision révolutionnaire d'un grand soir régénérateur, elle allie la radicalité de l'intention au caractère modeste et pratique des conditions de sa mise en œuvre. D'où sa popularité. Le thème est ainsi omniprésent dans la masse des réunions publiques qui se succèdent fiévreusement après 1868[3]. Il constitue même à ce moment une ligne de fracture qui sépare les « républicains formalistes », pour reprendre une expression alors fort usitée dans les milieux populaires radicaux, des socialistes. Le comité électoral de Belleville soumet dans ce contexte aux candidats pour les élections législatives de 1869 un *Cahier des électeurs* qui fait la liste d'un ensemble de revendications et de réformes jugées prioritaires. Gambetta, qui brigue le poste, répond : « Citoyens électeurs, ce mandat, je l'accepte. À vos conditions, je serai particulièrement fier de vous représenter, parce que cette élection se sera faite conformément aux véritables principes du suffrage universel : les électeurs auront librement choisi leur candidat; les électeurs auront déterminé le programme politique de leur mandataire[4]. » Si le grand homme s'efforce par la suite de minimiser le sens de cet engagement, l'épisode concerné et les formulations employées restent dans toutes les mémoires et constituent jusqu'à la fin du siècle une référence obligée pour les propagandistes du mandat impératif.

La Commune exalte ensuite pendant un printemps le principe. Mais il n'est alors qu'un des moyens supplétifs des procédés de ce gouvernement direct et de cette administration simplifiée qui tentent de donner consistance sensible à l'idéal plus ambitieux d'une démocratie immédiate. C'est ensuite, lorsque le champ des rêves et des ambitions s'est nécessairement restreint, que l'idée de mandat impératif retrouve une certaine centralité dans toutes les discussions qui accompagnent la préparation des lois constitutionnelles de 1875. Après 1871, des journaux comme *Le Corsaire*, *La Constitution*, *Le Rappel* en font un de leurs principaux thèmes de propagande. Les brochures aussi se multiplient [5]. L'une d'entre elles retient particulièrement l'attention. Due à la plume de Victor Poupin, une des figures intellectuelles du jeune parti républicain, elle est publiée en 1873 dans la « Bibliothèque démocratique », petite série d'ouvrages bon marché qui circulent largement dans les milieux progressistes. Pour donner tout son sens au vote populaire, explique Poupin, il est nécessaire d'éliminer les « écumeurs du suffrage universel », il faut en finir avec un système dans lequel « le député devient en quelque sorte le patron des électeurs ». Au « mandat élastique dans lequel le peuple, devenu client, ensevelit sa volonté », il s'agit ainsi de substituer un « mandat formel » et contraignant [6]. C'est à cette condition seulement, estime-t-il, que le Parlement cessera d'être « une réunion de princes et de dictateurs » et que prendra fin le « gouvernement oligarchique » [7]. Si la plume de Poupin est trempée dans l'encrier de la gauche, des personnalités beaucoup plus modérées dénoncent alors également les « usurpations parlementaires ». Un Laboulaye par exemple juge que la souveraineté des assemblées constitue une véritable menace, et il présente dans cet esprit une justification libérale du mandat impératif [8].

La question est officiellement discutée en 1875 à l'Assemblée nationale. Alfred Naquet explique qu'il s'agit de choisir entre « deux courants d'opinion sur le régime représentatif [9] ». Pour le premier, résume-t-il,

« la masse des électeurs serait incapable de se prononcer sur les questions de détail de la politique ; elle serait seulement capable de se prononcer sur une ligne générale et de discerner, parmi les citoyens qui vivent au milieu d'elle, les hommes les plus intelligents et les plus honnêtes qu'elle investirait du droit de défendre les intérêts qui lui sont chers ». Le second considère, à l'inverse, que la souveraineté doit résider en permanence dans les électeurs et que le gouvernement direct est donc en théorie le seul admissible. Si des évidentes « impossibilités matérielles » empêchent sa mise en œuvre, il faut s'en rapprocher aussi complètement que la pratique peut le permettre. Hors le mandat impératif envisagé dans ce cadre, il se met donc en place « un système d'oligarchie bâtarde plutôt qu'un véritable système démocratique ». Madier de Montjau lance dans ce même débat : « La question du mandat impératif est de savoir s'il y aura à perpétuité des classes dirigeantes ou si l'heure a sonné de l'avènement des nouvelles couches sociales [10]. » Tous les deux sont sévèrement battus (par 574 voix contre 54). Mais l'idée résiste à cet échec.

Certains soulignent d'abord que l'évolution historique ira inévitablement dans ce sens [11]. On cite à l'appui de ce jugement l'exemple des comités américains qui rédigent des *plattforms* discutées dans de grandes assemblées, on mentionne aussi le comportement habituel des élus anglais sur les grandes questions et l'on évoque, bien sûr, le cas suisse [12]. Mais le thème a surtout l'avantage d'illustrer et d'incarner de façon compréhensible par tous une exigence démocratique diffuse. Il est ainsi souvent évoqué dans les premiers congrès ouvriers [13]. L'idée de « mandat révocable » fait son chemin dans ces milieux et beaucoup pensent que « sans le mandat impératif, il n'y a pas de République [14] ». Le thème va également jouer un rôle important aux élections législatives de 1881 et de 1885.

Les socialistes, qu'ils soient membres du P.O.F. de Jules Guesde, rattachés à la formation possibiliste de Paul Brousse (le P.O.S.R.), ou proches d'Allemane, revendiquent presque tous la reconnaissance par la loi du mandat impératif et son assimilation au mandat civil [15]. C'est aussi le cas des radicaux [16], comme de ceux qui commencent ensuite à s'appeler « radicaux-socialistes [17] ». L'analyse des proclamations électorales rédigées lors de ces deux échéances témoigne parfaitement de cet état d'esprit. Alors que les opportunistes parlent de « député », de « représentant », de « République », la gauche utilise les termes de « mandat » et de « démocratie » [18]. « Il est un moyen de remettre dans les fortes mains [du peuple] la souveraineté : c'est le mandat impératif », résume Viviani [19]. Dans les années 1880 et 1890, une dizaine de propositions de loi appellent dans cet esprit à supprimer le fameux article 13 de la Constitution de 1875 [20].

De multiples techniques sont alors envisagées pour donner consistance à l'idée. Certains proposent que le bureau de la Chambre soit chargé de vérifier que les députés ne commettent aucune infraction à leur programme politique [21]. Les plus nombreux suggèrent la mise en place d'une procédure de révocation déclenchée par des pétitions majoritaires d'électeurs mécontents [22]. Allant jusqu'au bout de la logique d'assimilation du mandat politique à un mandat civil, quelques plumes invitent même à une intervention du juge de paix pour constater et sanctionner la rupture du contrat entre un élu et ses électeurs [23]. À défaut d'organisation légale de la procédure, on voit de nombreux candidats socialistes accepter de signer, à titre de garantie de fidélité à leurs engagements, des lettres de démission en blanc remises entre les mains de leur parti [24].

Tous ces projets d'établissement d'un système de mandat impératif sont vivement repoussés. Même s'ils redoutent au premier chef un glissement démocratique dangereux, les notables républicains soulignent surtout que de telles procédures sont techniquement totalement incompatibles avec le système représentatif. Leur démonstration n'a rien d'original. Elle avait été faite dès le début de la Révolution, à un moment où l'on redoutait que l'enfermement des députés dans le strict cadre des Cahiers de doléances conduise à paralyser toute entreprise de reconstruction constitutionnelle, au motif que celle-ci n'aurait pas été préalablement demandée de façon explicite par les électeurs[25]. Dans un célèbre discours de 1846, Guizot avait ajouté plus tard qu'il était aussi contraire à l'esprit du gouvernement parlementaire. Si le gouvernement représentatif implique, en effet, la possibilité de *délibérer*, c'est-à-dire la reconnaissance que les positions sont susceptibles d'évoluer au cours de la discussion, le gouvernement parlementaire repose, quant à lui, sur la passation d'*alliances* et l'organisation de *compromis*, qui sont soumis à une sorte d'épreuve permanente et fluctuante par les décisions politiques courantes[26]. Les deux types d'arguments sont inlassablement répétés à la tribune et dans les gazettes : alors que le mandat impératif présuppose simplicité et fixité, la réalité politique est au contraire faite de complexité et de mobilité[27]. L'autonomie des représentants est donc une garantie de liberté en même temps que d'efficacité, soulignent ses avocats. D'où le rejet sans appel d'une procédure qui vise à « enfermer l'élu dans une sorte de camisole de force dont il ne puisse sortir[28] ». De Jules Ferry à Jules Grévy, les pères fondateurs n'ont cessé pour cette raison de s'attacher à justifier l'autonomie des représentants. « L'électeur n'a qu'un droit, celui de choisir son mandataire, tonne ainsi ce dernier. Il n'est pas capable de faire les lois lui-même et c'est pour cela qu'il dit choisir celui qui les fera. S'il intervient dans l'œuvre législative en disant au candidat :

"Vous ferez la loi dans tel sens", il sort de son rôle, il fausse tout, il tue le régime parlementaire, il prépare une dictature, l'anarchie[29]. »

Les publicistes de l'époque vont être mobilisés pour prendre de façon plus « savante » cette défense du pur gouvernement représentatif. La multiplication des thèses sur la notion de mandat à partir des années 1880 constitue un bon indice du mouvement[30], comme le fait que la faculté de droit de Paris propose en 1891 le sujet pour le prestigieux prix Pellegrino Rossi. La très sérieuse Académie des sciences morales et politiques s'empare aussi du sujet dans cet esprit en 1888[31]. Courcelle-Seneuil, qui introduit la réflexion, dénonce l'usage intempestif du terme de mandat, que certains essaient en vain d'adapter aux réalités politiques en parlant de « mandat électoral » ou de « mandat de confiance ». L'erreur est, pour lui, de chercher à faire entrer les réalités politiques dans les concepts du droit privé. « Un mandat est un contrat, explique-t-il, et un contrat ne peut avoir pour matière que les choses dont un particulier dispose librement. Or la souveraineté n'est pas un bien privé[32]. » À la différence de ce qui est mis en œuvre dans un contrat, la « matière » de l'action politique a en effet pour caractéristique d'être relativement indéterminée, soumise par nature qu'elle est aux variations des circonstances ou à des contraintes imprévues. L'action politique entretient aussi un rapport particulier, de type moral et volontariste, à la généralité sociale. Tout pouvoir politique vise à transcender les limites pratiques des procédures de sa légitimation (la décision majoritaire) pour se faire l'agent de la société tout entière. Le système du mandat est donc beaucoup plus restrictif, souligne Courcelle-Seneuil. Il ne peut d'abord concerner qu'une partie de l'action politique (celle qui est absolument prévisible) et il se trouve d'autre part soumis en principe à une exigence d'unanimité pour agir valablement au nom de la société, la forme et le contenu étant par définition superposés en lui (au sens où la volonté générale ne saurait être *en droit privé* que la volonté constatée de chacun des membres de la société). Le droit politique a de la sorte une capacité de *produire le sujet collectif* que ne saurait avoir le droit civil.

Quelques années plus tard, Esmein systématise toutes ces vues dans ses *Éléments de droit constitutionnel* (1896). Référence de toute une génération, l'éminent juriste cloue au pilori le mandat représentatif. L'emploi du terme de mandat rapporté aux opérations électorales, martèle-t-il, « est un des accidents les plus fâcheux, qui a singulièrement contribué à troubler les idées [33] ». Si le gouvernement moderne repose sur l'élection par tous des députés, le caractère de « représentants » de ces derniers ne découle pas de la nature de cette procédure de choix, mais du type de fonction qu'ils exercent. La représentation est une fonction, insiste Esmein : elle consiste à vouloir pour la nation. Le Parlement n'est donc pas la réduction à petite échelle du pays électoral. Il est un *pouvoir*, une autorité autonome. « Ce qui caractérise les représentants du peuple souverain, résume Esmein, c'est que, dans la limite des attributions qui leur sont conférées, ils sont appelés à décider librement, arbitrairement, au nom du peuple, qui est censé vouloir par leur volonté et parler par leur bouche [34]. » Allant au bout de ce raisonnement, certains juristes républicains iront jusqu'à souligner que « le vrai régime représentatif est un régime dans lequel il n'y a pas de représentation [35] », renouant de la sorte avec l'ancien langage des Guizot et des Royer-Collard.

Si les universitaires peuvent en rester à d'aussi tranchants propos, les hommes politiques sont contraints à plus de prudence. Même ceux qui repoussent le mandat impératif ne peuvent nier qu'il s'établit un certain lien entre élus et électeurs. L'idée de fidélité à des engagements apparaît à tous comme un des fondements indissociablement moraux et pratiques de la politique. Hors de là, en effet, la constitution de partis — si nécessaire au fonctionnement du gouvernement représentatif — n'aurait aucun sens[36]. Les pères fondateurs sont donc fort embarrassés, surtout sur leur gauche. « Nous ne sommes pas des fanatiques du mandat impératif, résume par exemple un article de la *République française*, fort remarqué à son heure ; nous trouverions déplorable que le candidat signât un programme méticuleux qui, ne tenant aucun compte ni des lumières jaillissant de la discussion, ni des circonstances, ni de l'opinion générale de la Chambre à venir, contiendrait à l'avance le texte des lois, qu'il faudrait s'engager à voter sans s'en éloigner d'un *iota*. Ce serait la destruction même du régime parlementaire [...]. Mais l'élection n'en reste pas moins, à nos yeux, un mandat positif, un vrai contrat moral, entre l'électeur, qui formule sa volonté, et l'élu, qui s'engage catégoriquement à le savoir[37]. »

On voit alors s'essayer de multiples formules susceptibles de concilier rejet juridique du mandat impératif et reconnaissance d'un certain mandat « politique ». Dès 1872, Victor Hugo fait ainsi sienne une expression qui sera ensuite beaucoup utilisée : celle de « mandat contractuel ». Il accepte et signe avec des électeurs de la Seine un engagement ainsi qualifié alors qu'il est candidat aux élections législatives partielles du 7 janvier 1872. Madier de Montjau emprunte, lui, à Montesquieu la notion d'« instruction générale » et suggère de parler de « contrat électoral[38] ». Même un homme du côté droit comme de Marcère évoque le « mandat électif général » pour définir la relation du député à ses électeurs[39]. Le terme de contrat ou de mandat n'avait plus sous ces plumes aucun caractère juridique d'obligation, mais il n'en comportait pas moins l'idée d'un contrôle et d'une sanction politique possible et souhaitable. Pour concilier les deux éléments, certains juristes essaieront de définir de façon originale le « mandat représentatif » dans une perspective sociologique et non pas juridique. C'est le sens des premiers travaux de Léon Duguit. Il est indéniable pour lui que la notion de représentation par mandat soit depuis 1791 l'idée maîtresse du droit public français. Mais donné par la nation tout entière, compris comme une personne collective, ce mandat ne peut être appréhendé par la théorie juridique, puisque, dans les faits, la nation n'est pas une personne identifiable en tant que telle et qu'elle n'existe justement qu'à travers ceux qui la représentent. Une théorie de la représentation politique ne peut donc, pour lui, être fondée sur le droit subjectif, elle n'est formulable que dans les termes de ce qu'il nomme un *droit objectif*. À l'idée subjective de confiance, il substitue la *réalité sociologique* d'une solidarité et d'une interdépendance entre représentés et représentants. « Les représentants, écrit-il, doivent se conformer autant que possible aux tendances de l'élément qu'ils représentent. Ce n'est pas parce que le représentant est le mandataire du représenté, mais c'est parce que la représentation repose sur la solidarité par similitudes qui unit les deux groupes et que cette solidarité serait rompue s'il n'y avait plus correspondance entre le groupe des représentants et le groupe des représentés[40]. » Duguit peut, de cette façon, repousser vigoureusement la notion de mandat impératif, qui radicalise la conception subjectiviste d'un mandat, sans refuser pour autant cette dernière notion. Il ne fait que la refonder dans un sens qui évite les confusions dérivant de l'utilisation des concepts du droit civil pour penser les formes du lien politique. Plusieurs de ses élèves poursuivront et développeront cette réflexion pour fonder juridiquement la particularité de ce qu'ils nomment, avec leur maître, le *mandat représentatif*[41]. Mais cette approche n'était pas assimilable par les milieux républicains. Elle débouchait logiquement, en effet, sur une théorie de la représentation des classes et des groupes, choquante pour l'universalisme des républicains de gouvernement.

La question du mandat n'a évidemment pas seulement été posée en France au XIXe siècle. On la retrouve partout. Mais elle a revêtu un caractère particulièrement aigu dans l'Hexagone du fait de la faiblesse insigne des mécanismes de la mise en jeu de la responsabilité proprement politique des élus. La perspective d'une éventuelle réélection fait certes peser une contrainte réelle sur le représentant, mais il n'y en a guère d'autres dans le cas français. La mise à l'écart pratique du mécanisme de dissolution a témoigné avec éclat de cette vision restrictive de la responsabilité politique sous la IIIe République. Jules Ferry a été bien isolé pour penser qu'elle aurait dû être considérée comme une forme « sérieuse, efficace et pratique de l'appel au peuple », permettant d'assouplir un peu les rigueurs du pur système représentatif[42]. Les visions de gauche du parlementarisme se sont associées sur ce point aux prudences conservatrices pour la disqualifier[43]. La représentation et la responsabilité constituant « deux modalités symétriques selon lesquelles s'organise la relation entre gouvernants et gouvernés[44] », la faiblesse des dispositifs qui régulent la seconde a mécaniquement accru la demande d'un plus exigeant encadrement de la première. Un moindre exercice de la responsabilité politique entraîne la revendication d'un lien électoral plus contraignant. La difficulté de formuler juridiquement une solution acceptable à ce problème du mandat électoral n'en a évidemment pas pour autant empêché que continue de s'exprimer la demande sociale d'un rapport plus étroit entre électeurs et représentants. Tout s'est même passé pendant cette période comme si « d'un mouvement naturel le progrès démocratique devait amener la transformation du député, de l'élu, en un simple délégué[45] ». Mais c'est dans les mœurs, ou de façon latérale, que s'est mise en forme cette exigence, contournant le blocage des institutions.

Le nouveau lien électoral

Le député de 1880 ressemble déjà fort peu à la figure du parlementaire idéal tel que le rêvaient les Prévost-Paradol, les Littré ou les Grévy. Rien ne le souligne mieux que l'adoption spectaculaire par la Chambre, au printemps 1882, d'une mesure conduisant à publier après chaque élection le recueil intégral des professions de foi et des programmes des députés, les opinions émises étant en outre regroupées et classées par thème. L'épisode peut paraître minuscule. Mais il apparaît rétrospectivement fondamental : il marque une véritable rupture avec toute la conception officielle antérieure de l'élection.

C'est le contexte politique qui explique l'origine de la mesure. L'arrivée de Gambetta au pouvoir, après les législatives de l'été 1881, marque la défaite de la République des notables symbolisée par Grévy. Mais elle s'accompagne aussi d'une forte tension entre la Chambre et le nouveau président du Conseil. Ce dernier défend en effet une conception élargie du rôle de l'exécutif qui effraie la masse des parlementaires. Nombre d'entre eux vont alors jusqu'à évoquer un risque de dictature[46]. Tout ce qui conduit à renforcer l'autorité et la légitimité de la Chambre bénéficie donc à ce moment d'un accueil *a priori* favorable. L'initiative de Barodet s'inscrit dans ce contexte. Le député d'extrême gauche, qui avait défrayé en 1873 la chronique parisienne en l'emportant sur Rémusat, propose à l'automne de nommer une commission parlementaire « chargée d'examiner et de résumer les promesses, profession de foi et programmes qui ont présidé aux élections législatives de 1881, et de présenter un rapport à la Chambre sur la nature et la portée des réformes réclamées par le pays[47] ». Clemenceau, Louis Blanc, Camille Pelletan et Benjamin Raspail comptent parmi la trentaine de députés qui soutient l'initiative. Le but premier de l'entreprise est ouvertement politique : peser vis-à-vis de Gambetta. Face aux ambitions et aux prétentions du Défenseur du territoire, le recueil envisagé des professions de foi est présenté comme la seule expression incontestable de la souveraineté populaire. « C'est là, note l'exposé des motifs du projet, que nous trouverons le seul programme de législation et de gouvernement qui convienne à une grande démocratie[48]. » Mais il s'agit aussi d'exercer une pression sur les députés eux-mêmes, pour leur rappeler qu'ils ont été nommés pour faire des réformes et prévenir, s'il se peut, leurs tentations d'oublier le contenu de leurs engagements.

L'ancienne tradition des Cahiers de doléance est ouvertement évoquée et revendiquée par Barodet et ses amis qui affirment vouloir ainsi « faire retour aux principes et aux traditions de la Révolution française ». Fait significatif, le terme de « Cahiers » est d'ailleurs fort utilisé en ce début des années 1880. Dans la préparation des législatives, bien des comités républicains avaient rédigé des « Cahiers des électeurs » adressés à leurs candidats. Dans le monde du travail, l'expression « Cahiers du prolétariat » devient aussi d'un usage fréquent, et l'on trouve même une publication qui porte un temps ce titre. C'était une façon de mettre au premier plan l'électeur et de rappeler que le représentant n'était que son chargé de mission.

Barodet se défendait certes vivement de s'inscrire

dans la perspective d'un quelconque mandat impératif. Le mot seul suffisait à effrayer la grande masse des parlementaires, à l'exception de ceux d'extrême gauche. Mais l'idée d'un mandat était bien sous-jacente à son projet. Il souligne d'ailleurs explicitement que la procédure proposée rapproche heureusement le système parlementaire du gouvernement direct, estimé être « le seul qui soit réellement conforme au principe de la souveraineté nationale[49] ». Allant jusqu'au bout de cette vision, on verra même des juristes estimer que « ce mode de consultation du peuple peut apparaître comme une façon de référendum[50] ». Barodet déplore aussi, toujours dans le même sens, que les députés aient peu à peu pris l'habitude de parler de leurs « électeurs » (« comme si se faire élire était le seul point important », dit-il) au lieu de considérer, comme en 1789, qu'ils avaient surtout des « commettants ». On ne s'étonne donc pas, dans ces conditions, de voir le premier rapporteur du projet manifester son hostilité et appeler ses pairs à repousser la proposition de Barodet. Il dénonce un ersatz de gouvernement direct et estime que le système envisagé est incompatible avec le régime parlementaire et même « difficilement compatible avec un régime représentatif quelconque[51] ». Il convoque tous les arguments classiques en faveur du gouvernement représentatif, mais il n'entraîne pas l'adhésion de ses collègues. Ces derniers suivent au contraire le second rapporteur, Camille Pelletan. Celui-ci développe pourtant des positions bien éloignées de l'orthodoxie des pères fondateurs. « Tout ce qui tend à donner au mandat électoral plus d'importance, plus de force, plus de précision, est conforme à l'ordre républicain », affirme-t-il par exemple, sans sourciller[52]. Il n'hésite pas, en même temps, à qualifier les programmes de « contrats » et à considérer que « rien n'est moins démocratique » qu'une élection faite sans eux, car elle se limite dans ce cas à « un acte pur et simple de confiance personnelle »[53]. Pelletan appelait seulement à effectuer un strict recueil, n'impliquant pas de la part de la commission chargée d'effectuer ce travail un quelconque travail d'appréciation ou d'interprétation[54]. Les députés approuvent massivement les conclusions de leur collègue d'extrême gauche puisqu'ils adoptent par 397 voix contre 50 la suggestion de Barodet.

Le revirement est spectaculaire. Il sonne le glas de la vision classique du gouvernement représentatif. Si l'on peut soutenir que la mesure distingue bien de façon implicite *responsabilité politique* (liée au principe démocratique) et *irresponsabilité juridique* (inhérente à la technique institutionnelle de la représentation)[55], la réalité est qu'elle conduit à les superposer en partie[56]. Les circonstances politiques immédiates, on l'a dit, y ont beaucoup contribué. Mais elles n'expliquent pas tout. Il est aussi patent que les députés ont senti qu'ils devaient, quoi qu'ils en pensent sur le fond, se conformer à un mouvement inéluctable. Tout s'est passé pour eux comme s'il apparaissait dorénavant impossible de défendre publiquement la pure théorie du gouvernement représentatif. Les universitaires pourront certes continuer, eux, à argumenter en ce sens. De Fouillée à Renouvier, les philosophes quasi officiels du régime ne cesseront ainsi de se faire les défenseurs de l'orthodoxie fondatrice. La faculté de droit ira également massivement dans le même sens. Et quelques fortes voix se feront encore entendre dans les milieux opportunistes et conservateurs pour appeler à préserver le système représentatif des « menaces » démocratiques. Il suffit de citer là un Grévy ou un Scherer pour faire commodément image. Mais ces prudences et réticences ne pèseront désormais plus très lourd dans le discours politique public. Les arguments « techniques » autrefois si souvent mobilisés pour prouver la supériorité du gouvernement représentatif étaient-ils alors oubliés ? Non. Mais ils ne seront désormais plus développés à haute voix que dans le camp ouvertement conservateur ou dans les pages des revues ou des traités. La grande majorité de la classe politique se contentera prudemment d'esquiver la question. L'entrée dans ce qui est reconnu comme un nouvel âge de la démocratie correspond aussi pour cette raison à l'entrée dans l'âge de l'idéologie qui tend sans cesse à dissocier les mots et les choses. Le « Barodet », baptisé du nom de son promoteur, allait devenir une institution de la République. On ne doit pas douter que l'initiative ait correspondu à une vraie demande sociale. Avant même que ce document officiel ne soit élaboré, de nombreux éditeurs avaient en effet déjà senti qu'il existait un marché pour cela. De multiples publications privées continueront d'ailleurs à être éditées parallèlement, à l'exemple des *Cahiers électoraux de la Chambre française*[57].

De nouvelles pratiques accompagnent le tournant symbolisé par l'adoption de la proposition de Barodet. Dans les milieux radicaux et chez les socialistes apparaît ainsi peu à peu l'habitude d'organiser périodiquement des réunions pour rendre compte aux électeurs de l'action de leurs députés. Clemenceau s'était par exemple engagé en 1881 à venir retrouver ses mandants au moins une fois par session. Il le fera même plus fréquemment, affirmant prendre plaisir à ces rencontres. Après 1885, et surtout après 1889, certains socialistes iront jusqu'à organiser des réunions mensuelles. L'habitude commence à se prendre dans ces milieux de publier à l'issue d'une législature des comptes rendus de mandats, composés des interventions, des propositions de lois, du rappel des votes importants[58]. Un Ernest Roche, proche de Blanqui, note en 1893 dans la préface de son *Compte rendu général* : « Mandataire du peuple, je dois au peuple un compte rendu loyal, sincère, rigoureux de ma conduite [...]. Ce petit livre à la main, je me présente devant votre tribunal, car je sais que votre verdict est incorruptible[59]. » Les formules, comme le ton général, se retrouvent alors sous de multiples plumes. Signe des temps, ce n'est pas seulement à l'extrême gauche que ces pratiques se développent. Dans les cercles politiques les plus traditionalistes, quelque chose change aussi, même si le ton et les formules diffèrent. Un Charles-Marie Le Myre de Vilers (député de Cochinchine) édite un très élégant *Mes chers électeurs* pour les élections de 1893 et Arnaud de Baudry d'Asson envoie en 1881 un *Souvenir à mes électeurs* (de Vendée). Ces formules bon chic ne doivent pas égarer : elles participent bien d'un exercice identique. Le même type de brochures se publie à droite et à gauche pour informer les électeurs et mettre en scène l'obéissante sollicitude des représentants. C'est le signe que quelque chose a changé en profondeur. Ces pratiques voisinent aussi avec un nouveau langage. La sollicitude affichée de l'élu ou du candidat s'exprime dans des termes auparavant introuvables. Un Gambetta dit par exemple « Vous, mes parrains de Belleville » à ses électeurs[60]. La vie démocratique et la compétition électorale qu'elle implique conduisent à une sorte de « déférence inversée » dont toute une littérature et toute une imagerie dénonceront le caractère limité aux périodes de sollicitation des suffrages[61].

« Je croirais être indigne du mandat qui m'a été imposé en vous entretenant de ma personne. Peu importe, en effet, qui je suis. » C'est avec ces termes étonnants que Jules Guesde préface son *Quatre ans de lutte de classe à la Chambre*, dans lequel il retrace, à l'intention de ses électeurs de Roubaix, son action parlementaire de 1893 à 1898[62]. On ne saurait mieux marquer la distance avec toutes les approches antérieures de l'élection. L'homme disparaît là totalement derrière le programme dont il est le défenseur. C'est la conséquence la plus manifeste de la transformation démocratique à l'œuvre dans la reconnaissance du contrat implicite qui lie le représentant à ses commettants : la politique tend inexorablement à se dépersonnaliser, de telle sorte que les qualités individuelles s'effacent devant les opinions sociales.

La question du comité électoral

Le passage progressif d'une politique des personnes à une politique des idées, qui est lié à l'avènement du suffrage universel et au développement conséquent des programmes, constitue le tournant majeur des sociétés démocratiques dans les dernières décennies du XIXe siècle. Il est inséparable de l'avènement d'un nouvel acteur politique : le comité électoral. Le mouvement est particulièrement sensible dès les élections législatives de 1881. On voit alors se multiplier un peu partout « des comités républicains » ou des « comités radicaux », même si l'expression recouvre des réalités fort différentes. Dans certains cas, ce sont seulement quelques poignées de notables et de journalistes — dans le style de ce qui avait existé en 1863 ou 1868 — qui intronisent leur candidat. Mais ils s'apparentent plus souvent à de véritables réunions de masse, rassemblant jusqu'à plusieurs centaines d'électeurs. Le phénomène n'a, hélas, guère été étudié[63]. Mais il semble avoir connu beaucoup d'ampleur. Avant qu'apparaissent les premiers partis politiques modernes — au sens d'organisations permanentes, constituées d'adhérents réguliers et régies par des procédures formalisées —, ces comités ont joué un double rôle. Ils ont d'abord contribué à la sélection des candidats, ou au moins à leur légitimation, puisque l'on ne connaît pas de cas où ils aient fonctionné sur un mode voisin de celui des primaires à l'américaine. Mais ils ont surtout permis de donner consistance à l'idée de « contrat-programme » entre un candidat et ses électeurs[64]. Dans le cadre de réunions plus proches d'un meeting électoral que d'une assemblée générale d'association, ces comités ont fait se rencontrer des revendications et des programmes. Certains diraient qu'ils ont permis la formation d'un marché politique. Gambetta parlait dans cet esprit de « l'apparition d'une industrie nouvelle, d'une industrie de placement électoral[65] ». Des *Cahiers d'électeurs* se transforment ainsi, à l'occasion de ces élections de 1881, en *programmes de candidats*. Les comités ont été de la sorte les vecteurs pratiques d'une *démocratie mandataire*[66]. Ils ont également joué un rôle technique d'interface lié à la gestion du nombre dans le suffrage universel. Cela a été manifeste dans le cadre de l'organisation d'un scrutin de liste. On le voit très clairement sous la IIe République, comme en 1885[67]. Mais leur fonction première, indépendante du mode de scrutin existant, a bien été de permettre que l'élection prenne la forme d'un contrat, la « démocratisant », donc, d'une certaine façon.

En même temps qu'ils ont permis de donner substantiellement davantage de consistance à la souveraineté du peuple, les comités électoraux ont cependant contribué *procéduralement* à limiter cette dernière. Ils restreignent bien, d'un côté, la liberté de manœuvre des candidats, en les liant plus facilement dans le cadre d'un programme. Mais, de l'autre, ils réduisent aussi les choix de l'électeur en les pré-formant. Ils articulent donc fonctionnellement contrôle de l'élu et encadrement de l'électeur. D'où leur ambivalence. Dans un cas, ils apportent une certaine réponse au risque de distanciation des élus que comporte le système représentatif. Dans l'autre, ils constituent au contraire un obstacle à la pleine souveraineté du peuple, en érigeant une puissance intermédiaire. Aussi n'est-il pas étonnant que les comités électoraux aient été tour à tour célébrés et dénoncés.

Bien avant les analyses sociologiques d'Ostrogorski et de Michels, ou les emportements de Daniel Halévy contre *La République des comités*, de multiples voix se sont ainsi élevées pour stigmatiser leur rôle estimé négatif. « La France est aujourd'hui gouvernée par les comités », déplore par exemple au début des années 1880 Edmond Scherer, qui voit dans ces derniers « la clef de nos institutions, la maîtresse pièce de la machine politique[68] ». Il n'est pas le seul à parler dans ces termes. Renouvier s'insurge pareillement contre les comités « arbitrairement formés et irresponsables[69] ». « Les comités électoraux sont un quatrième pouvoir dans l'État », note aussi un Paul Laffitte[70]. La cause de cette ire ? Elle procède d'abord du constat que ces organisations ne sont pas de simples moyens destinés à encadrer momentanément le processus électoral, mais qu'elles tendent à s'instituer en structures permanentes : « Les députés passent, les comités restent[71]. » Le suffrage universel va s'en trouver du même coup faussé. Les comités sont accusés de réintroduire l'équivalent d'un suffrage à deux degrés[72]. Et même plus, de renouer avec un âge oligarchique du politique[73]. L'action des comités électoraux, juge-t-on, « altère dans son essence le suffrage universel, car un grand nombre d'électeurs, au lieu de *choisir* leur représentant, acceptent sans examen celui que le comité électoral leur impose[74] ». La critique n'est pas neuve. Elle avait déjà été formulée par certains avec vigueur au printemps 1848, le système du scrutin de liste ayant contribué à faire éclore partout des comités. « La première fois que vous exercez votre droit politique, avait par exemple tempêté Lamennais, on vous assemble d'autorité, on vous met dans la main une liste que vous n'avez ni discutée ni même pu lire, et l'on vous dit impérativement : jetez cela dans l'urne. On fait de vous une machine à élections, je ne sais quoi de semblable au singe de la foire dressé par des bateleurs à tirer des billets du fond d'un bonnet[75]. » Nous avons aussi déjà souligné les réticences ouvrières devant l'action des comités de notables républicains dans les années 1860. Le désir de mettre sur pied des candidatures proprement ouvrières avaient alors traduit un refus d'être traité comme le « bétail à voter » des comités républicains[76].

Le comité électoral est donc à la fois un vecteur politique de démocratisation (en facilitant l'adoption de programmes) et un instrument technique d'oligarchisation (en instaurant un tiers décideur dans la procédure électorale). Là gît la contradiction centrale de la démocratie : tout se passe comme si ses moyens conspiraient fonctionnellement contre ses fins. Cette contradiction prendra ensuite toute sa dimension lorsque se seront véritablement constitués les partis politiques modernes. Comment la comprendre ? Les grandes œuvres sociologiques consacrées à l'analyse du phénomène mettent en avant des explications que l'on peut qualifier de mécaniques. Elles insistent notamment sur les processus par lesquels les fonctions techniques deviennent progressivement le ressort d'un pouvoir social. Analyse inscrite par un Michels dans une vision fataliste ou, plus positivement, dans une perspective réformatrice par un Ostrogorski, qui esquisse la figure d'un nouveau type d'organisation politique susceptible de dépasser les pesanteurs constatées[77]. Mais on peut appréhender autrement cette contradiction. Car elle provient aussi du fait qu'il faut toujours qu'existe un *tiers*, événement qui rompt une histoire ou initiative organisée, pour que s'exprime une volonté. Il n'y a jamais de « volonté pure », comme s'il s'agissait d'un fait social dont le caractère problématique résiderait seulement dans les conditions d'expression, et non dans l'objet. Une volonté apparaît toujours comme une réponse, une adhésion ou un refus. Elle n'existe que sous les espèces d'une *action*, qu'il s'agisse d'une protestation ou d'un contrat. Il n'y a de volonté que réflexive, en d'autres termes [78]. Il y a pour cette raison *toujours* un tiers interpellateur-organisateur, même s'il n'existe parfois que de façon masquée et cachée. C'était par exemple le cas pendant la Révolution française lorsque des élections étaient organisées sans qu'il soit possible de se porter officiellement candidat. Des conciliabules privés, des intrigues de couloir et des manœuvres souterraines servaient alors à constituer une sorte d'organisation clandestine [79].

Que l'interface soit purement technique ou qu'elle corresponde également à une nécessité que l'on peut qualifier de philosophique, une question essentielle se pose : est-il possible de la constituer en abîme d'une procédure d'expression directe de la souveraineté ? Autrement dit, peut-on « institutionnaliser » l'interface, de telle sorte qu'elle soit un tiers *inclus* dans la procédure du choix démocratique ? La critique adressée dans les années 1880 aux comités électoraux est aussi qu'ils ne sont pas « démocratiquement » organisés : les pourfendeurs du projet Barodet mettent l'accent sur le fait qu'ils sont « toujours irrégulièrement constitués [80] ». Comment remédier à cette irrégularité ? La question avait été posée pour la première fois de façon insistante à l'occasion des élections législatives de 1863. De nombreuses voix ouvrières, on l'a rappelé plus haut, avaient alors dénoncé les comités républicains constitués de notables et de journalistes, demandant que le choix des candidats d'opposition soit effectué par une assemblée composée d'élus des quartiers. Elles n'avaient pas été écoutées, on le sait [81]. La question a resurgi au début des années 1870, mais dans les rangs conservateurs cette fois.

Un article publié à l'été 1871 dans *Le Temps*, après des élections municipales, donne bien le ton. Citons-le pour cela un peu longuement. « Il est évident, y lit-on, que le suffrage universel ne saurait fonctionner si les électeurs n'apprennent à l'organiser. On ne peut penser sans éprouver un peu de honte au spectacle auquel nous avons assisté : manque de méthode, efforts confus, réunions vaines, et, enfin, l'indication des choix tombant aux mains d'un comité de journalistes ! [...] Il est impossible que nous recommencions, à chaque élection, à former des comités, à nommer des présidents, à élever tout un édifice péniblement construit, et destiné à disparaître dès que le jour du scrutin est passé. Il y a là une perte de forces et de temps à laquelle on ne saurait se résigner. Le dégoût gagne les électeurs au milieu de cette impuissance et l'abstention fait tous les jours des progrès. Le suffrage universel a besoin d'être organisé, mais cette organisation est impossible si elle ne devient permanente, parce qu'autrement elle exige trop de peine et donne des résultats imparfaits [82]. » Pour donner consistance à cet impératif, *Le Temps* appelle à la formation de grands partis. Mais il suggère aussi qu'ils servent seulement d'intermédiaires dans le choix des candidats, se contentant de nommer des bureaux qui seraient chargés de convoquer les électeurs de ce parti toutes les fois que des élections doivent avoir lieu. Ainsi convoquées, les « assemblées préparatoires » auraient à arrêter la liste des candidats. C'était l'équivalent d'un système de primaires, l'auteur de l'article se référant d'ailleurs explicitement à des expériences américaines [83]. D'autres suggestions sont aussi émises. Une pétition à l'Assemblée nationale propose, à la même époque, de former dans chaque circonscription des comités électoraux organisés sur un mode légal [84]. Constitués des membres du conseil général et des conseils municipaux concernés ainsi que des délégués élus dans les communes, ils auraient pour tâche de désigner un candidat, des candidatures « libres » pouvant par ailleurs être présentées. Ces suggestions n'avaient alors guère retenu l'attention, même si le constat qui les fondait était largement partagé. C'est au moment de la préparation des lois constitutionnelles de 1875, dans le cadre de la « commission des Trente », que la question est de nouveau abordée, dans les milieux orléanistes comme dans les cercles légitimistes. La préoccupation est ouvertement réactionnaire. Il s'agit pour ces notables de trouver un moyen d'endiguer un suffrage universel avec lequel ils sont contraints de composer. Le vicomte de Meaux suggère ainsi de former légalement des comités préparatoires aux élections. Leur composition ? L'honorable parlementaire les souhaite constitués d'élus locaux, de magistrats, des membres des comices agricoles et des chambres de commerce... et en nombre égal des électeurs les plus imposés[85] ! Un projet d'Albert de Broglie va dans le même sens. C'était renouer avec l'idée de candidature officielle, ou mettre en place une procédure équivalant à un suffrage à deux degrés. Les auteurs de ces diverses propositions ne s'en cachaient d'ailleurs pas. « Le système était détestable ; cependant il avait ses avantages », concède-t-on[86]. Inscrit dans cette perspective, le projet de formalisation des comités électoraux ne pouvait évidemment pas être accepté ; il n'était même pas audible. Mais cet échec n'est pas seulement circonstanciel. Il correspond aussi à une sorte de limite que rencontre inévitablement l'idée de « démocratisation » de l'interface organisatrice. La constitution d'un tiers resurgit en effet toujours. Même si ce n'est pas sous l'espèce la plus caricaturale des électeurs de second degré ou des détenteurs d'un sceau de quelconque officialisation, elle subsiste comme la condition incontournable d'une mise en réflexion du social. D'où la tension toujours renaissante qui travaille la démocratie mandataire.

Derrière la discussion sur les comités, puis celle sur les partis, se pose la question des conditions adéquates de formation de la volonté générale. La rédaction de programmes-contrats a pour intérêt principal aux yeux de ses zélateurs de permettre de dégager le vœu du pays. « Je ne cherche que la volonté générale », souligne dans cet esprit Barodet[87]. Oui, mais peut-on vraiment la trouver exprimée dans ces programmes acceptés ? Les adversaires du projet répondent négativement à cette question. « Les professions de foi, les programmes électoraux ne contiennent pas et ne peuvent pas contenir la pensée tout entière des candidats », contestent-ils[88]. La remarque est triviale s'il s'agit d'indiquer qu'un programme de quelques pages ne peut jamais embarrasser toutes les positions qu'un député est un jour susceptible d'exprimer. Mais l'objection va plus loin. Elle prend acte du fait que sous un même énoncé général — la séparation de l'Église et de l'État, par exemple — de multiples différences peuvent se greffer : dans la conception de la chose même, dans le rythme des réformes à accomplir, etc. Il est aussi clair que des formules identiques ne sont pas comprises pareillement par les différents électeurs, chacun projetant, d'une manière ou d'une autre, ses propres interprétations et ses positions sur un énoncé déterminé. S'il y a bien des mesures simples pour lesquelles le contenu d'un programme n'est susceptible d'aucune discussion, s'imposant avec évidence à tous de la même façon, ce n'est pas le cas le plus général. C'est ce qui rend relativement indéterminée la volonté générale, au-delà de tous les problèmes classiques de composition des particularités en généralité. D'où la solution plus facile de ne chercher à la saisir que dans son expression parlementaire, simplifiée et matérialisée qu'elle est alors dans un énoncé administratif ou une mesure technique. Recueillir et classer thématiquement les programmes risque pour cette raison « de créer un conflit entre la Chambre des députés et le suffrage universel, entre les députés du peuple et le peuple lui-même[89] ». L'écart du peuple à ses représentants ne procède plus, dans ce cas, d'une prise de distance. Il dérive tout simplement de l'indétermination de la volonté générale. « Le sens du système représentatif dans la démocratie, a écrit en ce sens un analyste perspicace, consiste dans le fait qu'il assure la domination du peuple en qualité d'unité, sur le peuple en qualité de pluralité[90]. »

La manifestation de cette dualité s'est pratiquement exprimée depuis cette date dans la tension entre parti et groupe parlementaire. Elle n'a d'abord eu de cesse que d'être résorbée par les acteurs du jeu politique à travers la constitution et la consolidation des *groupes* au Parlement. Solennellement affirmée en 1910, le rôle des groupes a ensuite pris une importance toujours croissante[91]. Ils ont fonctionné comme des forces de régulation et d'homogénéisation, introduisant à la fois une discipline accrue d'action et de vote dans les Chambres et une standardisation conséquente des opinions et des propositions. Mais le processus d'encadrement et de normalisation de la volonté générale ne s'est pas arrêté à la subordination de l'élu vis-à-vis de son groupe. Il a été prolongé par le contrôle du parti sur le groupe. Le mouvement s'est accompli très tôt à gauche. Dès 1903, le Parti socialiste français astreint ses députés à délibérer préalablement sur leurs votes et leurs attitudes politiques au sein d'un comité mixte composé d'eux-mêmes et de délégués de fédérations du parti[92]. Deux ans plus tard, la charte du nouveau parti socialiste va plus loin, en stipulant formellement que « chacun des élus parlementaires, en tant qu'élu, et l'ensemble du groupe, en tant que groupe, relèvent du contrôle du Conseil national[93] ». Toute une chaîne de procédures d'encadrement emboîtées les unes dans les autres s'est ainsi progressivement mise en place. De telle sorte que le progrès de la « démocratisation » n'a cessé de se payer de l'accroissement conséquent d'un nouveau type d'« oligarchisation ».

Le député, type social

Le rappel des débats et des interrogations qui se sont noués autour de la question du mandat souligne l'impossibilité dans laquelle on se trouve de ne s'intéresser qu'à la vie des institutions ou à l'examen des textes pour appréhender l'histoire de la démocratie. Cette dernière n'existe qu'en mouvement. En elle ne cessent de se croiser et de se nouer des tensions sociales et des contradictions pratiques qui la laissent toujours indissociablement inachevée et indéterminée. Mais ce n'est pourtant pas seulement le système de ces conflits et de ces antinomies qui permet d'en saisir le tracé hésitant et cahoteux. L'histoire de la démocratie est en même temps celle d'une attente et d'un désenchantement. À l'ombre des débats et des combats croissent aussi les déceptions et les désillusions qui alimentent de troubles sentiments. La haine et le mépris de la démocratie ont ainsi souvent été les fruits amers des espérances déçues. Rien ne le montre mieux que les représentations populaires du député. On ne peut étudier la question du mandat sans leur accorder attention. Un très riche matériau, celui que constitue la littérature satirique, permet de les approcher.

Un des faits remarquables de l'âge démocratique est qu'il s'accompagne d'un véritable foisonnement de journaux populaires illustrés, dont le succès suffit à dire la centralité. Mais ils ne sont pas tous de même nature. Une première espèce est de type classiquement critique et ne fait que renforcer par le raccourci de la caricature le poids d'une dénonciation ou la pointe d'une opposition. C'est une littérature de l'irrévérence, qui est le fruit normal de la liberté de la presse. Du *Charivari* et de *La Caricature*, au début des années 1830, à *L'Éclipse*, au *Bouffon*, ou au *Grelot*, près d'un demi-siècle plus tard, quelques titres célèbres ont ainsi brocardé les institutions et les hommes, dénonçant d'un trait féroce et alerte les impostures et les hypocrisies. Il est à peine ici besoin de rappeler la part des Cham, Daumier, Gavarni, Gill, Le Petit, Pillotell à cette entreprise, pour faire commodément image. Cette tradition continuera ensuite avec *La Silhouette* ou *Le Pilori*, pour ne citer que deux titres connus qui émergent d'une nuée d'autres publications qui dénoncent et prennent parti, à droite comme à gauche[94]. Mais les années 1880 voient apparaître un second type de journaux. À côté de la première presse, toujours vivante, que l'on peut qualifier de satirique, prospère en quelques années une imposante quantité de titres à la tonalité différente. Il s'agit d'une presse de la dérision qui ne s'oppose pas tant aux pouvoirs qu'elle les récuse en bloc, en les suspectant *a priori* d'être gangrenés et irréformables. On peut noter dans un premier temps la connotation boulangiste de certains titres comme *La Bombe*, où Paul de Sémant exerce ses talents de dessinateur[95]. Mais c'est surtout *La Comédie politique* (1878-1880), *Les Chambres comiques* (1886-1887), puis ensuite *La Feuille* (1898), *Le Père peinard* (1889-1902) et *L'Assiette au beurre* (1901-1912), qui incarnent cette nouvelle presse. De multiples placards des imageries Glück ou Pellerin leur font aussi écho. Jossot, Lunel, Maleteste, Steinlen, Villermot et quelques autres y mettent leur talent au service d'une virulente dénonciation des « Folies-Bourbon », du « guignol parlementaire » et de la « comédie démocratique ». Le député y incarne, semaine après semaine, la figure honnie qui superpose le cynisme à la veulerie, la médiocrité à la corruption. Fait significatif, les représentants du peuple ne sont presque jamais caractérisés par leurs appartenances politiques dans ces journaux. Le député y devient un véritable *type social*, toujours dépeint à travers le prisme de quelques traits caricaturaux, à l'instar du capitaliste ou du juif dans une certaine presse[96]. Le développement de titres de cette nature, qui connaissent un vrai succès populaire, marque un tournant. Il indique qu'une partie de la population a cessé de croire à l'idéal d'une souveraineté active du peuple et qu'elle n'est plus capable que d'une vision désenchantée, nourrie de dérision et conduisant à un retrait du politique. Le type social négatif qui se dégage de ces publications fait étrangement signe au type social positif des théoriciens du pur gouvernement représentatif : il en est le double inversé et diabolisé. La tension démocratique est du même coup symétriquement niée, dans une célébration naïve ou une exécration viscérale.

Ce n'est pas seulement en étant la visée des chansonniers ou la cible des caricaturistes que le type social du représentant prend forme. Il devient aussi consacré à la fin du siècle sous les espèces paradoxales du « candidat-canular » dont la présentation à un scrutin a pour seul objet d'en dénoncer le ridicule. Le premier exemple que l'on peut trouver est celui du directeur du cabaret *Le Chat noir*, Rodolphe Salis, qui se porte candidat aux élections municipales du 4 mai 1884. Avec l'appui d'Alphonse Allais, de Léon Bloy et de Jean Rictus, il appelle dans un tract facétieux à « la séparation de Montmartre et de l'État ». Il récidive avec un écho accru en 1889, en se présentant à Paris aux élections législatives du 27 janvier. Étalé sur une imposante affiche humoristique sous le titre « Électeurs, on vous trompe », son programme se borne en une phrase — « La révision de la Constitution tous les trois mois » —

censée ridiculiser Boulanger, dont il prétend par ailleurs qu'il est son sosie paraissant sous un faux nom ! Quelques jeunes gens qui feront parler d'eux, notamment Maurice Barrès et Paul Déroulède, soutiennent cette fois l'opération [97]. À l'échéance électorale suivante, en 1893, c'est un dénommé Albert Caperon, surnommé « Captain Cap », qui se présente dans la deuxième circonscription de Paris, avec l'appui toujours enthousiaste d'Alphonse Allais. Il se dote d'un extraordinaire programme, prévoyant notamment la transformation de la place Pigalle en port de mer et l'établissement d'une plaza de toros sur la butte Montmartre [98] ! Ces deux pionniers de la dérision auront des continuateurs, on le sait, qui banaliseront relativement la chose [99]. Au-delà de l'anecdote, ces épisodes sont significatifs. L'humour et la dérision témoignent de ce que le charme est brisé dans les têtes et dans les cœurs. Le malfonctionnement représentatif est désormais appréhendé par certains comme un fait certes déplorable mais inéluctable, qu'il n'est possible de surmonter que par la prise de distance désabusée. À l'écart des révolutionnaires ou des réformateurs s'épanouit ainsi une nouvelle catégorie de citoyens critiques : les persifleurs décalés.

VIII

LA QUESTION DU RÉFÉRENDUM

L'invention du référendum
Modèles et expériences
Le sens d'un rejet

L'invention du référendum

La première édition du *Larousse du XIXe siècle* (1874 pour le fascicule correspondant) ignore le terme de référendum. Il faut attendre le deuxième supplément, paru en 1890, pour qu'une définition en soit donnée [1]. Le terme a encore une connotation archaïque, empruntée à la langue diplomatique [2]. Il renvoie surtout à la spécificité des institutions helvétiques : « Mot emprunté à l'ancienne organisation fédérale [suisse], où les délégués à la diète ne pouvaient voter et s'engager que *ad referendum*, c'est-à-dire sauf à en "référer" au conseil cantonal qu'ils représentaient [3]. » Tout change à la fin des années 1880 où la question du référendum va être projetée au centre du débat politique. Boulanger est le premier à s'emparer du mot. Mais les milieux bonapartistes et les socialistes vont aussi très vite en faire largement usage.

Le général Boulanger n'est pas le seul à stigmatiser les institutions forgées en 1875. Il s'inscrit dans la lignée de tous ceux qui n'ont cessé, depuis le milieu des années 1870, de dénoncer le caractère oligarchique et parlementaire d'une République jugée trop conservatrice et d'appeler en conséquence à une révision constitutionnelle rédemptrice. Mais Boulanger ne se contente pas, comme la masse des républicains de gauche et des radicaux, de vilipender le Sénat. C'est le principe même du système représentatif qu'il met en question. Il l'a exprimé en des termes fameux dans son discours-programme du 4 juin 1888. « Dans une démocratie, dit-il, les institutions doivent se rapprocher autant que possible du gouvernement direct. Il est juste et bon, en conclut-il, qu'on interroge le peuple par voie directe chaque fois que s'élèveront de graves conflits d'opinion qu'il peut seul résoudre. C'est pourquoi je pense qu'il est indispensable d'introduire dans notre constitution le *jus ad referendum*[4]. » Et de donner à titre d'exemple la question des rapports de l'Église et de l'État, ou celle de la liberté religieuse. L'intérêt du référendum n'est pas seulement pour Boulanger de restituer au peuple un pouvoir confisqué par ses représentants, il est de « vider en un jour » les grandes querelles qui divisent les partis et l'opinion publique, constituant de ce fait même un instrument de pacification sociale. Le mot et l'idée étaient lancés. Les deux termes « révision, référendum » allaient résumer le programme boulangiste, applaudis dans des milliers de réunions publiques et placardés sur tous les murs de France. Si l'épisode boulangiste ne constitue qu'un bref feu de paille, les thèmes qui l'ont porté n'ont pas cessé ensuite de resurgir et de peser. Le terme de référendum n'est pourtant pas immédiatement acclimaté. Les milieux bonapartistes continuent ainsi à critiquer le système représentatif en mettant en avant l'impératif d'*appel du peuple*, tandis que les socialistes se réfèrent, comme dans les années 1850-1851, à l'idée de *législation directe par le peuple*.

Dès le début des années 1870, les milieux bonapartistes avaient fait de l'appel au peuple le cœur de leur doctrine et se présentaient comme les vrais champions du suffrage universel[5]. Ayant formé dès 1872 autour de Rouher le « Groupe parlementaire de l'appel au peuple », ils avaient multiplié les propositions de loi en ce sens. Lors de la discussion de janvier 1875 sur l'organisation du pouvoir législatif, Alfred Naquet avait appelé à une ratification populaire des lois constitutionnelles[6]. Dans le grand débat de 1884 sur la révision, Cunéo d'Ornano défendait la même position[7]. Le mot de référendum n'était pas utilisé, et il ne s'agissait pas de la chose elle-même puisque les bonapartistes se limitaient à l'ambition de faire voter la constitution par le peuple. À partir de la fin des années 1880, le milieu bonapartiste évolue et laisse apparaître deux sensibilités. D'un côté, les « impérialistes », qui continuent de faire du plébiscite la clef de leur doctrine et limitent donc l'intervention directe du peuple à la consécration du régime et de son chef. Paul Granier de Cassagnac est leur chef de file[8]. De l'autre, Gustave Cunéo d'Ornano et ses amis évoluent vers le modèle d'une *république référendaire*, le plébiscite constituant fondateur s'élargissant à l'élection au suffrage universel du président de la République et à la mise en place d'un système de référendum législatif et communal[9]. C'est dans cette direction que le principe référendaire trouve son sens moderne.

Trente ans après la publication des ouvrages de Considerant et de Rittinghausen, le mot d'ordre de la législation directe par le peuple refait surface chez les socialistes. Dans les milieux possibilistes au premier chef. Le Parti ouvrier socialiste révolutionnaire (P.O.S.R.), qui est animé par Jean Allemane et Paul Brousse, l'adopte ainsi à son congrès de mai 1885, en même temps qu'est revendiquée la suppression du Sénat[10]. Les militants de ce parti fondent quelques années plus tard le « Comité central de propagande socialiste et antiboulangiste » pour détourner les ouvriers de la séduction d'un antiparlementarisme primaire. C'est pour bien distinguer leur critique de celle du général. « Certainement, il faut en finir avec la forme parlementaire de la République qui monopolise la souveraineté du peuple, soulignent-ils ainsi. Mais au lieu de la remplacer par sa forme dictatoriale et plébiscitaire, qui, l'histoire le prouve, en est l'escamotage, nous devons combattre pour une forme nouvelle qui fasse au peuple, non pas "une plus large place", mais place tout entière, par l'introduction dans la loi constitutionnelle de cette législation directe par le peuple, qui fut votée par la Convention [11]. » À un siècle de distance, c'est toujours la Constitution de 1793 qui montre la voie pour ces socialistes. Sans bien connaître toutes les controverses de la fin de la IIe République sur le gouvernement direct, ils se réclament d'une tradition qui inscrit leurs revendications dans une histoire longue de la démocratie française [12]. *La Revue socialiste,* animée par Benoît Malon, relaie cette campagne dès le printemps 1889 [13]. Elle republie d'anciens textes de Rittinghausen, donne une longue biographie de ce dernier et multiplie les articles généraux sur la question du référendum [14]. Dans la même lignée, Godin invite, lui, à mettre en place un système de « veto national » pour faire sanctionner les lois par le peuple [15].

C'est encore du côté des héritiers — assagis — du blanquisme que resurgit le thème. Édouard Vaillant et ses amis opèrent, eux aussi, un « retour à 1793 » en fustigeant les dérives parlementaires du régime de 1875. En 1893, ils fondent dans cet esprit une Ligue de la révision par le peuple qui prône le gouvernement direct [16]. Ils considèrent que la Chambre des députés ne devrait plus être qu'un « Conseil d'État avec Comité exécutif », le peuple pouvant avoir lui-même l'initiative des lois et devant, en tout cas, avoir la charge d'accepter ou de refuser les projets issus de sa propre initiative ou du nouveau Conseil d'État. Dans une brochure publiée deux ans plus tard, *Révision par le peuple*, Vaillant souligne que cette idée constitue « l'avènement de la démocratie et le moyen certain de son développement[17] ». Il voit aussi en elle la matrice d'une pédagogie politique susceptible de rapprocher *politiquement* du socialisme les républicains rebutés par les thèses trop immédiatement économiques et sociales. Élu député, il ne relâche pas son effort et dépose en 1899 un projet de loi sur les questions constitutionnelles au nom de l'Alliance communiste et du Parti socialiste révolutionnaire[18]. Il appelle alors de ses vœux une « révision républicaine, démocratique et socialiste de la Constitution » qui soit directement décidée par le peuple. L'objectif ? Il est lapidairement formulé : « Substitution au régime parlementaire de la législation directe et du gouvernement direct du peuple par le peuple. » « *En attendant*, concède-t-il, droit d'initiative populaire et référendum obligatoire, de toutes les lois d'intérêt général. »

Le terme de référendum est moins souvent employé que celui de législation directe ou de gouvernement direct sous ces plumes socialistes. Mais il ne fait pas peur. Nul ne craint alors qu'une fâcheuse confusion s'instaure avec l'idée césarienne de plébiscite[19]. Même ceux qui se montrent les plus ardents à dénoncer les illusions électoralistes lui reconnaissent quelque mérite. Un Émile Pouget, tête pensante de l'anarcho-syndicalisme, admet ainsi significativement que le référendum possède une certaine « valeur relative » et qu'il « peut avoir son utilité[20] ». Ce à quoi il renvoie pratiquement reste en même temps très vague. Le mot condense une somme d'aspirations et de refus sans être jamais associé à des procédures clairement définies. Il n'y a pas de discussion « technique » sur la question du référendum dans les milieux socialistes. Benoît Malon apparaît dans les années 1890 comme le seul à avoir attentivement lu et annoté Considerant,

Millière, Rittinghausen et à avoir réfléchi les objections de Louis Blanc ; il est bien isolé aussi dans ses tentatives d'apprécier les procédures pertinentes de l'initiative populaire en s'appuyant sur les premiers travaux juridiques qui commencent à être publiés en cette matière[21].

Même si le point de vue est universitaire, il faut cependant signaler qu'existe alors aussi une défense libérale du référendum, en tant qu'instance de contrôle ultime. « Le référendum, souligne par exemple dans cet esprit Paul Leroy-Beaulieu, est l'arme défensive que les sociétés doivent toujours tenir en réserve contre les entraînements de leurs mandataires irrévocables[22]. » Le référendum est compris dans ce cas comme un moyen de pluraliser la souveraineté, et non pas de la simplifier. Mais cette vision est trop aux antipodes de la culture politique hexagonale pour avoir été largement partagée.

Modèles et expériences

Dans la France de la fin des années 1880, le terme de référendum s'est introduit sans complètement s'acclimater. Les diverses familles politiques continuent en effet de penser le développement de la souveraineté du peuple avec leur ancien vocabulaire (Boulanger a fait exception). C'est ainsi, on l'a vu, que les notions d'appel au peuple ou de législation directe valent toujours. Mais les choses vont peu à peu basculer, au fur et à mesure que les institutions suisses deviennent mieux connues. *Référendum* : « Le mot est suisse », notait un dictionnaire de l'époque[23]. Il s'impose de fait par référence au modèle helvétique essentiellement. La Suisse devient pour tous le pays du référendum dans les années 1890. Ce dernier caractérise pour cela beaucoup plus une expérience historique qu'un modèle théorique. On n'a pas attendu cette fin de siècle pour découvrir le système politique des différents cantons. Sans même faire un signe obligé au XVIIIe siècle et à Jean-Jacques, on sait l'attention qui fut portée dans les années 1840 aux premières tentatives de représentation proportionnelle à Genève[24]. On a rappelé aussi les éloges insistants de Napoléon III et de ses amis adressés au modèle suisse, dont le Second Empire était censé reproduire, en les magnifiant, les traits démocratiques. Mais la référence change de nature et d'ampleur dans les années 1880 pour deux raisons. La première dérive tout simplement du fait de la grande révision constitutionnelle helvétique de 1874. C'est elle qui organise pour la première fois de façon systématique le système du référendum et de l'initiative populaire en matière législative dans l'ensemble de la Confédération[25]. La seconde tient au climat de désenchantement et d'interrogation dans lequel baignent tous les déçus de la République absolue. La curiosité sympathique qui entoure alors le modèle démocratique suisse s'explique ainsi par la rencontre d'une innovation et d'une attente diffuse.

Dans ce contexte, les publications consacrées aux institutions helvétiques se multiplient. Émile de Laveleye est l'un des premiers à les étudier de façon minutieuse[26]. Mais il n'est pas le seul. Les articles surgissent rapidement dans les revues savantes[27] et quelques sommes sont consacrées au sujet dès le milieu des années 1890[28]. Les thèses, comme à l'accoutumée, suivent peu après le mouvement. Les professeurs de droit, en outre, ne sont évidemment pas les seuls à s'y intéresser. Les principaux quotidiens et périodiques instruisent également leurs lecteurs des voies nouvelles qu'emprunte en Suisse la souveraineté du peuple. Dans des perspectives certes différentes. *Le Temps* ou la *Revue des Deux Mondes* insistent sans surprise sur la singularité et la non-reproductibilité du système[29], tandis que l'extrême gauche y voit plus volontiers un « excellent atelier d'expérimentation », pour reprendre une formulation chaleureuse de Vaillant[30]. La tenue à Zurich, en 1893, d'un congrès de la IIe Internationale contribue par ailleurs à accroître la curiosité des milieux socialistes et à populariser l'exemple[31]. Il y a ainsi indéniablement une sorte de « moment suisse » de la démocratie française, qui va environ de 1890 à 1905, dont les bornes sont assez directement indexées sur les événements hexagonaux. La curiosité est d'ailleurs générale : le référendum et l'initiative populaire de la Suisse sont partout analysés et discutés, surtout là où les aspirations à un développement de la démocratie sont les plus pressantes, c'est-à-dire en Angleterre et aux États-Unis. D'où, dans ces deux pays également, la floraison des études consacrées au cas helvétique[32]. Tous méditent comme les Français sur les résultats jugés féconds de la procédure. La question du référendum est alors aussi à l'ordre du jour en Grande-Bretagne, on ne le sait pas assez. Dans les années 1890, dans les milieux conservateurs comme chez les socialistes, la chose est fort débattue outre-Manche, et nombreuses sont les voix qui invitent à suivre l'exemple helvétique pour rompre avec un parlementarisme jugé aussi usé qu'oligarchique[33]. Le thème est notamment assez présent au moment des élections de 1895. Dicey est à cette occasion l'un des plus éloquents partisans de l'introduction du référendum, qu'il conçoit comme un « veto du peuple[34] ». Mais les socialistes radicaux du *Clarion* s'en font également les propagandistes très actifs[35]. Les conservateurs le soutiennent aussi un moment, affichant leur confiance dans les vertus prudentielles du peuple (sur le même mode que leurs aînés de 1867 au moment de l'adoption du second *Reform Bill*). Avec Balfour et Salisbury, ils espèrent par ce biais pouvoir faire l'économie d'une réforme en profondeur de la Chambre des lords, qui constituait alors un thème politique central. Avec le référendum, disaient-ils, ce sera au peuple de trancher entre les deux Chambres en cas de conflit, sans qu'il soit besoin d'amoindrir l'une d'entre elles[36]. Ce ne sont donc pas seulement les nostalgiques de 1793 qui mettent en Europe la question du référendum à l'ordre du jour à la fin du XIXe siècle !

Si la Suisse est la première à donner l'exemple et à nourrir la réflexion pour trouver la voie d'une affirmation plus effective de la souveraineté du peuple, elle n'est pas la seule à alimenter le débat. Les Français suivent aussi avec attention la situation belge, un projet de révision constitutionnelle ayant envisagé en 1892 que le roi puisse faire directement appel au corps électoral pour trancher un différend entre les Chambres et lui en matière législative[37]. Mais c'est l'exemple américain qui retient surtout l'attention. Les publications sont fort nombreuses sur le sujet[38]. L'Amérique n'intéresse cependant pas pour les mêmes raisons que la Suisse. La Suisse fait figure de *modèle politique*, le référendum y régénérant l'idée démocratique, alors que les États-Unis apparaissent davantage comme un *modèle social* pour les Français de la fin du XIXe siècle. Le référendum n'y existe pas au niveau fédéral et ne joue un rôle que dans la gestion des affaires locales. Au tournant du siècle, les procédures de référendum, d'initiative et de *recall* sont bien adaptées par certains États de l'Ouest, mais c'est surtout au niveau municipal que le référendum compte vraiment aux États-Unis, témoignant sur ce point d'une continuité entre la vieille tradition communautariste des *townships* de Nouvelle-Angleterre et les formes de la démocratie moderne dans l'Amérique nouvelle. C'est ce qui attire au référendum américain des sympathies plus larges.

Il faut bien dissocier référendum politique et ce qu'on pourrait appeler « référendum de gestion » à la fin du XIXe siècle. Le fait que le référendum municipal ait de bien plus nombreux défenseurs invite à faire cette distinction. Dès la fin des années 1880, on voit ainsi se multiplier les référendums organisés à l'initiative de municipalités sur des questions d'intérêt local. La première consultation de cette sorte a lieu à Cluny en 1888. La ville voulait obtenir du ministère de la Guerre un bataillon d'infanterie, mais ne disposant pas de casernement elle devait donc emprunter une forte somme pour en construire un. Le conseil municipal s'étant engagé aux précédentes élections à ne créer aucun impôt nouveau et à ne lever aucun emprunt, les électeurs furent appelés à prendre eux-mêmes la décision, après avoir été pleinement informés des données financières du problème. La consultation s'étant passée dans de bonnes conditions (forte participation, débat ordonné et consistant, sentiment majoritaire très clairement exprimé), l'exemple fut rapidement suivi par d'autres municipalités confrontées à des décisions financières délicates ou à des choix âprement controversés. Qu'il s'agisse de fixer l'emplacement d'un marché aux bœufs ou au blé, de construire une caserne ou de proroger la concession d'une compagnie de gaz, le référendum local a semblé en peu de temps susceptible de constituer un moyen simple et rapide pour trancher des problèmes importants et délicats[39]. Le mouvement commençait à prendre une ampleur suffisamment conséquente pour que le ministre de l'Intérieur s'en émeuve et invite par une « circulaire confidentielle » les préfets à prononcer la nullité de toute déclaration pour laquelle les conseils municipaux auraient décidé de recourir au référendum[40]. Le mouvement référendaire en fut ralenti, mais pas stoppé. Même si ce type d'entreprise était dorénavant condamné à revêtir de ce fait l'aspect d'une sorte d'enquête d'ordre privé, ne pouvant avoir qu'une valeur indicative et aucune force contraignante, des consultations d'électeurs continuèrent à être organisées par des municipalités pendant une dizaine d'années. Bien qu'il convienne de ne pas surestimer la portée de ce mouvement[41], il n'en témoigne pas moins de l'attrait exercé par cette procédure. Toute la difficulté est de l'interpréter correctement.

On ne peut en effet se contenter de voir dans la faveur dont jouit, à la fin du XIXe siècle, le référendum municipal la preuve d'une aspiration à la généralisation de la démocratie directe. Référendum municipal et référendum politique ont certes pour une part les mêmes thuriféraires. C'est notamment le cas, chez les socialistes, des militants possibilistes. On voit ainsi un Paul Brousse se battre à Paris pour inviter les édiles de la capitale à consulter les électeurs pour un problème de renouvellement d'un traité avec la compagnie du gaz[42]. Mais les défenseurs du référendum municipal sont loin de se recruter seulement à gauche chez les partisans d'une démocratie radicale. Les jeunes gens bien nés de la conférence Molé-Tocqueville s'enthousiasment aussi pour ce qu'ils qualifient d'« institution démocratique féconde et nécessaire » et dissocient fortement les consultations locales du référendum politique tenu, quant à lui, en haute suspicion[43]. La majorité des municipalités ayant organisé des consultations locales sont d'ailleurs plutôt orientées à droite ou, du moins, gouvernées par des notables représentatifs des intérêts locaux. Le principal projet de loi appelant à la légalisation du référendum local émane même d'une figure issue du légitimisme, le baron de Mackau[44]. Le projet mérite de retenir l'attention par ses attendus : Mackau justifie son initiative en mettant en avant la figure du contribuable, meilleur juge, selon lui, de ses intérêts matériels immédiats. La hausse trop rapide des impôts locaux est la cause de sa mobilisation. Ce n'est pas l'électeur-citoyen, soucieux de l'intérêt général, qui est sollicité chez lui. Le brave baron, qui se présente à la Chambre comme un champion de la démocratie, ne voit d'ailleurs aucune difficulté à n'accorder pour ces consultations le droit de vote qu'aux personnes inscrites au rôle de l'une des quatre contributions directes de la commune ! Ce qui se présente comme un projet novateur retourne, en fait, à d'anciens archaïsmes de la monarchie de Juillet[45]. On ne s'étonne donc pas de voir sa proposition énergiquement soutenue par la droite et l'extrême droite de l'Assemblée (à laquelle se joignent pour la circonstance les bonapartistes et les socialistes). Si la question du référendum déplace, *de façon générale*, les lignes ordinaires de clivage politique, celle du référendum municipal les brouille plus encore, mêlant les nostalgies des uns avec les audaces des autres[46].

Compris dans ce cadre, le référendum ne peut donc pas seulement être appréhendé comme une forme nouvelle de la démocratie politique. Il apparaît aussi comme une *technique de gestion du social*. Si le mot référendum est à la mode dans les années 1890, il est simplement, dans bien des cas, synonyme d'enquête d'opinion. Journaux et comités sont alors nombreux à faire directement appel à leurs lecteurs ou à la population pour éclairer une question. On voit ainsi *Le Petit Journal* proposer de trancher de cette façon le problème controversé de la date des vacances. Autre exemple : le préfet de la Seine envoie en mars 1894 un questionnaire à 22 000 commerçants parisiens avant de changer le régime des concessions sur la voie publique[47]. L'intéressant est que la presse utilise alors spontanément le terme de référendum pour désigner des consultations de ce type. *Le Parti ouvrier*, organe des possibilistes, barre pareillement sa « une » du 28 février 1893 d'un énorme « Le référendum français », lorsqu'il pose la question aux militants de savoir s'il faut envisager la non-rééligibilité des députés sortants. Plus largement, le référendum apparaît comme un mode de prise de décision dans la société civile, lorsque des interfaces « représentatives » font défaut ou lorsque la puissance publique semble mal armée pour prendre une décision satisfaisante. C'est tout particulièrement le cas dans le monde du travail. Au début des années 1900 se développe par exemple un mouvement pour faire décider les jours et les heures de fermeture obligatoire des commerces par une consultation auprès des intéressés. On parle alors de « référendum patronal » pour qualifier ces projets et ces tentatives [48].

Des référendums pour décider du lancement, de la poursuite ou de l'arrêt d'une grève commencent par ailleurs à être organisés dans les entreprises. Tous ceux qu'inquiète le caractère très minoritaire du syndicalisme français de l'époque soutiennent ce type de procédure. Millerand et Waldeck-Rousseau tentent même en 1900 de rendre obligatoire ce type de consultation [49]. Jaurès milite dans le même sens en appelant de ses vœux la mise en œuvre d'un « suffrage universel ouvrier » direct dans les usines [50]. À l'été 1908, la presse consacre ainsi de grosses manchettes aux résultats des référendums organisés chez les ouvriers boulangers et les gaziers [51]. Alors que la perspective de l'introduction du référendum politique divise les partis et s'estompe, c'est donc comme mode de fonctionnement de la société civile que s'acclimate plus facilement l'idée d'une démocratie développée. Ces précisions étant apportées, il reste cependant à comprendre pourquoi l'idée de référendum proprement politique s'est heurtée en France à d'aussi puissantes résistances.

Le sens d'un rejet

La question du référendum est partout à l'ordre du jour à la fin du XIXe siècle, suscitant un entrelacs de peurs et d'enthousiasmes qui montrent que la conquête du suffrage universel n'a constitué qu'une étape, certes décisive, dans l'histoire tumultueuse de la démocratie. Mais le cas français présente une spécificité. C'est, avec l'Angleterre, le pays dans lequel les résistances à l'élan référendaire ont été les plus fortes. Alors que le référendum politique finit par s'imposer dans nombre d'États américains, qu'il se voit reconnaître une place de choix dans l'Allemagne de Weimar, qu'il est utilisé en Belgique et en Italie, il est récusé dans l'Hexagone jusqu'à la fondation de la Vᵉ République. Ce rejet est d'autant plus important à comprendre qu'il a longtemps uni la droite et la gauche. On peut essayer d'en prendre la mesure et de l'interpréter en analysant les arguments qui entendent le fonder, dans le camp républicain d'abord, mais aussi progressivement plus à gauche.

Pour beaucoup, tout serait simple : le spectre du césarisme n'aurait cessé de parasiter et de fausser le jugement républicain, plébiscite et référendum étant dès lors confondus dans une même opprobre [52]. À force d'être répétée, cette explication a presque fini par s'imposer comme une évidence. À rebours de cette interprétation paresseuse et convenue, on voudrait souligner ici que les réticences républicaines devant le référendum prennent beaucoup plus profondément leurs racines et qu'elles reflètent l'impensé démocratique de cette culture politique. Le fait fondamental est, à cet égard, que la nature du régime bonapartiste, avec le mélange d'autoritarisme et de démocratie qu'il opère, n'a jamais été véritablement réfléchie par les milieux républicains. Pendant longtemps, il est vrai que la question avait paru sans objet. Jusqu'à ses derniers jours, le Second Empire a en effet pu être renvoyé par ses adversaires à son infamie fondatrice, le coup d'État du 2-Décembre absorbant dans une même réprobation viscérale tous ses faits et gestes ultérieurs.

La colère de Hugo ou les anathèmes des chefs républicains exilés n'avaient pas besoin de s'appuyer sur de savantes argumentations pour justifier leur radicalité. Il leur suffisait de s'affirmer comme de pures forces de refus et de résistance à un mal dont le caractère absolu rendait sans objet une véritable analyse. On peut dire de la sorte que la critique républicaine du Second Empire a essentiellement été une *critique de type libéral*. Ce sont ainsi toujours les mêmes mots qui se retrouvent sous les plumes des grands procureurs comme Victor Schoelcher ou Eugène Ténot[53]. Le césarisme n'est pour eux qu'une dictature « ordinaire » dont le crime originel ne cesse de s'actualiser. En témoigne aussi un des ouvrages les plus caractéristiques de l'opposition au régime, le *Dialogue aux enfers entre Machiavel et Montesquieu*, de Maurice Joly (publié en 1864). Il n'y a, aux yeux de son auteur, que mensonge, dissimulation, duplicité, dans les hommages que Napoléon III rend au suffrage universel[54]. Le Second Empire a toujours été pensé par eux dans sa figure simplifiée de dictature et jamais dans sa forme plus complexe, et plus conforme aux faits, de démocratie illibérale, comme objet politique singulier donc.

Les républicains ne peuvent pourtant en rester à cette critique sommaire en 1870, lorsque le régime invite à entériner par un plébiscite l'ensemble des réformes « libérales » tardivement concédées. Le front des opposants se lézarde d'ailleurs à cette occasion, une partie des milieux orléanistes ou des libéraux indépendants donnant crédit à l'empereur du tournant effectué. On voit, par exemple, Laboulaye s'emporter contre ses anciens amis : « Quand on prétend que le vote d'une Constitution par le peuple est une institution césarienne, on ne dit pas la vérité, lance-t-il alors [...]. C'est la Convention qui, la première, a établi le vote plébiscitaire[55]. » L'opposition à l'Empire est alors bien contrainte de fonder plus précisément sa critique et de justifier pourquoi sa foi affichée en la souveraineté du peuple la mène à rejeter le principe d'une consultation directe des électeurs. Elle s'en dispense pourtant dans un premier temps. La levée de boucliers que provoque le projet de plébiscite correspond d'abord à un réflexe spontané de suspicion. Après dix-huit ans d'un suffrage universel que l'on n'avait cessé d'estimer faussé par le jeu des candidatures officielles, la méfiance envers les initiatives du régime est de règle.

Caricature, manipulation, mystification, parodie, simulacre : les mêmes mots viennent spontanément sous toutes les plumes d'opposition pour traduire le scepticisme sur le sens véritable de la consultation. Les caricaturistes se déchaînent pour figurer le plébiscite en vulgaire piège à rats et dénoncer un acquiescement qui ne repose que sur l'ignorance des masses [56]. L'appel au peuple ? « C'est le droit indéfini de faire des coups d'État », s'étrangle un Maurice Joly [57], tandis que l'auteur des incisifs *Propos de Labiénus* multiplie les formules assassines pour dénoncer un « plébiscite enfariné » qui n'est qu'un « guet-apens électoral » s'adressant à un « peuple automate » [58]. La violence de ces dénonciations n'empêche pourtant pas qu'existe un certain embarras des opposants au régime : il leur est difficile de persuader les électeurs qu'ils ne sont que des marionnettes. La gêne est particulièrement sensible sur la gauche du parti républicain.

« Il y a deux sortes de plébiscites : ceux des monarchies et ceux des républiques, les vrais et les faux, concède ainsi l'un des adversaires les plus déterminés du régime. Les uns, organes légitimes de la volonté populaire, les autres, artifices coupables de machiavélisme monarchique [...]. Ô plébiscite, dis-moi d'où tu viens et je te dirai ce que tu vaux [59]. » Gambetta est pareillement embarrassé. Le grand discours qu'il prononce au printemps 1870 en témoigne de façon exemplaire. Plutôt que de stigmatiser le caractère intrinsèquement négatif de tout plébiscite, l'élu de Belleville, champion de la défense du suffrage universel, propose, lui aussi, de séparer le bon grain de l'ivraie. « Le plébiscite est une sanction désormais nécessaire dans les sociétés qui repose sur le droit démocratique », reconnaît-il ainsi à titre de préalable, provoquant d'ailleurs au passage la surprise de nombre de ses amis [60]. Mais comment distinguer alors deux démocraties, une bonne et une mauvaise ? Gambetta est là singulièrement flou. Il invoque l'insuffisance des débats publics et l'absence d'une véritable délibération collective. La consultation impériale ne permet pas, à ses yeux, que le peuple « prenne science et conscience » des questions politiques sur lesquelles on l'interroge. Ne souhaitant en même temps nullement renouer avec l'idée de législation directe par le peuple [61], Gambetta est ainsi bien gêné pour indiquer ce que devrait être un bon plébiscite. Comme ses amis, il brille surtout dans la diabolisation. Il peut dénoncer sans peine une pure contrefaçon qui, sous le masque des apparences formelles constituées par le jet de bulletins dans l'urne, tourne le dos aux critères jugés élémentaires d'un choix libre et éclairé. Il stigmatise aussi facilement l'absence de délibération, la pression exercée par le pouvoir sur des masses rurales supposées passives, le chantage implicite contenu dans la question posée. Mais la « véritable démocratie » à laquelle il se réfère implicitement pour clouer au pilori les pratiques de l'Empire reste largement indéterminée. C'est *in fine* à la question du régime qu'en reviennent avec lui les républicains pour fonder leur refus. Ils érigent la présupposition d'une incompatibilité de principe entre démocratie et monarchie (le Second Empire en étant une) en argument ultime de leur démonstration. « Dans toute monarchie, quelle qu'elle soit, même celles qui font semblant d'accepter le suffrage universel, la vérité, c'est qu'on ruse avec le suffrage universel, qu'on ne peut pas vivre directement avec lui », assène ainsi Gambetta à bout d'arguments[62].

Les attitudes face au plébiscite de 1870 constituent de la sorte un remarquable analyseur de la difficulté républicaine à penser positivement la démocratie. Les futurs pères fondateurs se satisfont d'une analyse « psychologique » (la manipulation) et d'une présupposition essentialiste (sur la nature du régime). Pour dire les choses autrement, ils ne possèdent pas la philosophie politique de leur critique[63]. La vigueur de l'indignation cache chez eux la faiblesse de l'analyse. Elle masque aussi leur prudence et leurs réserves souterraines vis-à-vis du fait démocratique moderne. S'ils célèbrent bruyamment le suffrage universel comme « arche sainte », ils voient dans le pur système représentatif une garantie contre les errements possibles du peuple. Ils accusent ainsi significativement le plébiscite de fausser l'expression de la volonté nationale et de saper les fondements du système représentatif. Les ténors de l'opposition martèlent la critique dans ces deux directions lors du grand débat qui a lieu les 4 et 5 avril 1870 au Corps législatif. « Il est manifeste, souligne d'emblée Jules Grévy, que le plébiscite n'est pas une manière de connaître la volonté nationale, ce n'est qu'un moyen de la confisquer[64]. » La volonté générale ? La souveraineté nationale ? Elles ne sauraient exister pour ces messieurs que sous les espèces d'une universalité dont les représentants sont les seuls interprètes autorisés. La souveraineté ne peut donc s'exercer directement ; elle n'a de consistance que déléguée. Le plébiscite est appréhendé comme une sorte de crime de lèse-représentant. Jules Simon l'a exprimé avec des formules au tranchant le plus vif. « Nous n'avons pas le droit, argumente-t-il, de consentir qu'à côté des élus de la volonté nationale, il y ait une puissance égale à la leur [...]. Il y a une manière, une seule, de consulter le pays, c'est de la consulter sur le choix des députés qui discuteront et voteront pour lui[65]. » Les principes révolutionnaires originels se trouvent ainsi durcis et radicalisés dans le sens d'une sorte d'absolutisme représentatif par les républicains de 1870. Ce qu'ils redoutent d'abord dans le mécanisme du plébiscite, c'est le coin qu'il introduit dans le bel ordonnancement du système parlementaire. « Le régime plébiscitaire est la négation absolue du régime représentatif », résume Dufaure qui préside le Comité antiplébiscitaire[66]. C'est donc au nom d'une défense de la République absolue et nullement au nom d'un idéal démocratique plus exigeant qu'ils clouent au pilori la consultation de 1870.

Les mêmes *a priori* se sont retrouvés quelques années plus tard, au moment de la discussion des nouvelles lois constitutionnelles. Face aux succès des candidats bonapartistes aux élections législatives partielles de 1874, les pères fondateurs ne savent que pratiquer la méthode Coué pour combattre leurs arguments. « L'appel au peuple véritable, c'est nous qui le voulons et le représentons », défend ainsi Gambetta[67]. C'est à son tour et à celui de ses amis de ruser avec les mots. L'écho des slogans bonapartistes oblige alors les républicains à tenter de les dériver, au moins partiellement, en leur faveur. Jules Barni est ainsi sollicité pour publier dans la série des « brochures d'instruction républicaine » une mise au point, *L'Appel au peuple*, massivement distribuée. Il y oppose appel au peuple césarien et appel au peuple républicain. Le premier est rejeté sans surprise parce qu'il « a pour but de confisquer la voie nationale par voie de plébiscite[68] ». Quant au second, qualifié de « réellement démocratique », il est fort vaguement défini comme étant « l'application sincère, régulière, périodique du principe de la souveraineté nationale ». Pressé d'être plus clair, Barni lâche une étrange formule, celle d'« appel au peuple par les élections[69] ». « Des élections nationales faites par le suffrage universel en toute liberté et assez fréquentes pour que les assemblées élues soient toujours en harmonie avec l'état de l'opinion publique, voilà donc, en définitive, la vraie forme de l'appel au peuple, écrit-il de façon saisissante. Celle-là est indispensable et elle peut dispenser de toute autre[70]. » C'est nier d'une simple pirouette l'existence même de la tension historique et philosophique entre démocratie et principe représentatif !

Les pères fondateurs ne se contentent pas d'absolutiser la procédure représentative, ils témoignent aussi, plus profondément, du caractère toujours inaccompli de leur adhésion au suffrage universel. Ils chérissent le *suffrage-intégration*, symbole de l'égalité de droit et de l'appartenance sociale, alors qu'ils redoutent le *suffrage-capacité* qui voit dans le citoyen une puissance légitime directement commandante. La vraie raison de leur hostilité au référendum trouve là sa source. Alors même qu'il n'y a plus de plébiscite à redouter ou de retour de l'Empire à conjurer, ils continuent d'avouer silencieusement le caractère limité de la confiance qu'ils accordent au peuple. C'est l'incompétence supposée de ce dernier qui est principalement mise en avant lorsqu'il s'agit, par exemple, de repousser, au début des années 1890, les projets de référendums municipaux[71]. « Sans discuter le principe du suffrage universel, on peut discuter la compétence du suffrage universel, écrit dans le même esprit Paul Laffitte. Cette question, c'est la question même du référendum [...]. De deux choses l'une, ou la majorité a une compétence universelle, ou le référendum est un non-sens[72]. » Du Second Empire à la IIIe République court ainsi une même suspicion à travers la culture politique républicaine. Comme sous la monarchie de Juillet, les éléments d'une interrogation légitime sur les problèmes de l'expression populaire ne sont ordonnés que par des peurs et des réticences. Les unes et les autres dispensent d'une véritable analyse des problèmes.

L'idée de référendum ou de législation directe, on l'a dit, trouve de nombreux partisans dans certains rangs socialistes à partir du milieu des années 1880. Cette faveur va cependant s'estomper ensuite. Il est important d'en comprendre les raisons, car elles commandent, avec le rejet républicain, la compréhension du processus de marginalisation politique du thème en France. Contrairement à ce qui a parfois été avancé par certains des acteurs de l'époque, ce n'est pas seulement le spectre du boulangisme qui est en cause, ce dernier jouant en 1890 dans les cercles socialistes la fonction d'épouvantail qui était dévolue vingt ans plus tôt au spectre du césarisme dans l'univers républicain[73]. Deux types de facteurs ont pesé en ce sens. Les premiers sont d'ordre politique : ils tiennent aux succès électoraux qui sortent le mouvement socialiste de sa marginalité et modifient en conséquence son appréhension du parlementarisme. Les seconds concernent la conception même du socialisme : elle glisse peu à peu d'une approche dans laquelle la question politique reste centrale à une définition plus étroitement socio-économique.

La progression électorale de 1893 joue un rôle essentiel dans la transformation de l'attitude socialiste. Les dirigeants socialistes cherchent, à partir de ce tournant, à s'appuyer essentiellement sur la puissance collective et organisée du parti pour mettre en œuvre leur stratégie de changement. Ce n'est plus donc sur le terrain de la conquête ou de la réforme du suffrage universel que se jouent les choses. La consolidation, l'enracinement, du parti devient en soi l'objectif politique majeur. Toutes les questions âprement débattues au tournant du siècle des modes de scrutin finissent par être appréhendées seulement dans cette perspective. Il faut surtout y voir « le moyen d'organiser et de discipliner notre action propre », note par exemple un manifeste de la S.F.I.O. en 1910[74]. Le but des élections est plus largement réduit à une perspective instrumentale : il s'agit d'« ajouter à la force de revendication et de combat contre le capitalisme et l'État du prolétariat[75] ». Le suffrage universel, comme la démocratie, ne sont, d'une certaine façon, que des moyens. La question du référendum perd de sa centralité dans ce cadre. L'approche d'un Jules Guesde a consacré avec éclat cette vision des choses. La puissance organisée du parti représente à ses yeux un plus sûr point d'appui que la force mouvante d'une incertaine majorité référendaire. Le référendum ne constitue donc plus l'instrument clef d'une sorte de souveraineté populaire d'appel. Le parti entend constituer *en lui-même* une forme de résolution de la contradiction entre les institutions et le pouvoir social direct.

Ce tournant ne s'observe pas qu'en France. Il s'opère même de façon encore plus tranchée en Allemagne et en Grande-Bretagne. Vers 1880, une majorité de socialistes allemands célèbrent encore Rittinghausen. Le programme du parti élaboré en octobre 1890 par Bebel et Liebknecht met ainsi sur un pied d'égalité la revendication du suffrage universel (qui n'était pas encore acquis) et le projet d'établissement d'un système de législation directe par le peuple[76]. Marx était d'ailleurs lui-même partisan du référendum à la fin des années 1870. Mais les positions changent peu après. On le voit à l'occasion du congrès de la IIe Internationale qui se tient à Zurich à l'été 1893. Les socialistes belges avec Émile Vandervelde, les Suisses avec Charles Burckli et une partie des Français avec Jean Allemane ont alors déposé des motions en faveur de la législation directe par le peuple[77]. Mais la masse des délégués au congrès ne suit pas. Les Allemands et les Hongrois mettent en avant « l'insuffisante propagation des lumières » pour justifier leur nouvelle réticence.

Kautsky illustre avec éclat ce tournant. Quelques semaines avant le congrès, il publie en effet un ouvrage retentissant, *Parlementarisme et socialisme. Étude critique sur la législation directe par le peuple*[78]. Dans ce texte dense et informé, le dirigeant social-démocrate rompt de façon spectaculaire avec Rittinghausen. Il s'y fait l'avocat méthodique du parlementarisme et du système représentatif. Il y a pour lui un parallèle entre la construction des parlements dans les élections et celle des grands partis dans les congrès. « Notre siècle, écrit-il, n'est pas seulement le siècle du parlementarisme, c'est aussi le siècle des congrès[79]. » Or c'est bien la procédure représentative qui permet d'exprimer la volonté générale du parti dans ses congrès. « Si la social-démocratie tient le système représentatif pour indispensable dans le règlement de ses propres affaires, elle se rendrait ridicule à vouloir proclamer que ce système est superflu et nuisible dans le règlement des affaires publiques », conclut-il[80]. Il retrouve, en outre, les arguments de Sieyès sur le lien entre représentation et division du travail pour condamner comme archaïque le projet de Rittinghausen. Celui-ci, estime-t-il, « est en pleine contradiction avec la loi générale du développement social, qui entraîne avec lui un constant accroissement de la différenciation, c'est-à-dire de la division du travail[81] ». Ce n'est pas un pâle réformiste qui s'exprime de cette façon, soulignons-le. Kautsky est alors le principal théoricien du marxisme. Le concept politique clef du socialisme est pour lui celui de *parti*. Le parti est à la fois une forme politique et une figure sociale qui suffit à donner au peuple sa pleine mesure. Il constitue en lui-même une protection contre les risques de corruption parlementaire. La notion de puissance sociale est dans cette perspective indissociable de celle de parti. Ce ne sont donc pas les sentiments individuels d'une expression adéquate de la volonté qui comptent, mais la réalité d'une puissance collective, dont l'expression électorale constitue l'un des indicateurs. Le référendum et l'initiative populaire ne sont pourtant pas à rejeter absolument. Ils peuvent avoir une utilité circonstancielle, mais ils ne constituent aucunement le nerf de la démocratie. « Le référendum et l'initiative, tranche-t-il, ne font pas partie de ces institutions démocratiques que le prolétariat, partout et en toutes circonstances, puisse réclamer dans l'intérêt de son émancipation [82]. » Kautsky trouve significativement en Jaurès un préfacier complice. Ce dernier entreprend également de défendre le parlementarisme et de souligner le caractère pratiquement et théoriquement problématique de la législation directe. Il a lui aussi changé, et la préface de 1900 manifeste la distance prise avec ses positions précédentes [83].

Les travaillistes anglais évoluent dans le même sens. Un monde sépare les pamphlets du *Clarion* célébrant dans les années 1890 l'expression directe des citoyens [84] et les positions des fabiens ou de MacDonald quelques années plus tard. Dès le début du siècle, ce dernier parle ainsi du référendum comme d'une réforme « apparemment démocratique [...] mais en réalité réactionnaire », et il souligne que « le système représentatif est le meilleur » [85]. Le problème est à ses yeux de revivifier le parlementarisme et non de lui opposer une force contraire. « Au lieu de concevoir des plans pour détruire le gouvernement représentatif, écrit-il, [...] les socialistes doivent se demander comment il convient de le perfectionner [86]. » Lui aussi fait pour cela confiance à ce qu'il appelle la « démocratie des partis [87] ».

Cette disqualification d'ordre politique du référendum se double de sa relativisation. La perspective d'une sorte de perfectionnement de la démocratie apparaît ainsi secondaire par rapport à ce qui constitue l'objectif majeur des forces socialistes : la transformation radicale du mode de production économique et des normes de la redistribution. Comparée à cette immense tâche révolutionnaire, la correction de l'entropie représentative passe au second plan. Bien loin de mettre l'accent sur l'incomplétude des formes démocratiques, les socialistes soulignent au contraire l'écart entre l'état politique avancé du monde moderne et le retard des structures économiques. Jaurès et ses amis le soulignent d'une extraordinaire formule : « Le suffrage universel est le communisme du pouvoir politique[88]. » « Dans l'ordre politique, commentent-ils, la démocratie se réalise : tous les citoyens participent également, au moins en droit, à la souveraineté [...]. Dans l'ordre économique, au contraire, c'est une minorité qui est souveraine. C'est l'oligarchie du capital qui possède, dirige, administre, exploite[89]. » Un phénomène oligarchique mineur, dans l'ordre politique, ne doit donc pas masquer à leurs yeux le fait oligarchique majeur. On présuppose ainsi que l'essentiel de la révolution démocratique a été accompli dans l'ordre politique. C'est en conséquence le thème de la démocratie industrielle ou celui de la socialisation des moyens de production qui vont être au premier plan. L'idée de référendum n'en disparaît pas complètement pour autant. Les programmes électoraux de la S.F.I.O. continuent ainsi à y faire référence dans l'entre-deux-guerres[90]. Mais il ne s'agit plus de songer à révolutionner par ce biais les formes de la démocratie. C'est une réforme latérale que l'on mentionne parmi beaucoup d'autres comme la suppression du Sénat, l'extension des attributions du Conseil national économique ou la suppression des cours martiales. Il faudra attendre quelques décennies pour que la question revienne à l'ordre du jour.

IX

LES CHAMBRES, LA RUE ET L'OPINION

L'espace du politique

Les Chambres et la rue

Les voix plurielles et concurrentes du peuple

La deuxième naissance de l'opinion publique

L'espace du politique

La conception républicaine d'une démocratie limitée ne se réduisait pas à célébrer le pur gouvernement représentatif ou à repousser une intervention populaire tenue en haute suspicion quand elle n'était pas jugée adéquatement encadrée ou rationnellement étayée. Elle supposait également une appréhension réductrice de l'espace public. On ne voyait pas nos pères fondateurs vanter uniment comme Benjamin Constant la liberté des Modernes et espérer en un refroidissement salvateur du politique. Ils célébraient au contraire le citoyen et exaltaient les vertus publiques, à mille lieues d'un frileux repli sur le bonheur privé. Mais leur éloge moral du citoyen voisinait avec une vision très restrictive du champ politique. La citoyenneté active se restreignait pour eux à la solennité du moment du vote, de même que la vie politique devait se dérouler dans les Chambres plutôt que sur le forum. On constate de la sorte paradoxalement que la République du suffrage universel concevait l'espace politique et les conditions de son animation de façon beaucoup plus limitée et moins diversifiée que les régimes censitaires précédents. Comme si l'universalisation du suffrage avait conduit à polariser le politique. Alors que les doctrinaires avaient célébré l'entrée dans un nouvel âge de la publicité pour relativiser la restriction du droit de vote, les pères fondateurs sacralisaient le suffrage en même temps qu'ils appelaient à en faire le seul canal légitime de l'expression politique.

La vision conservatrice d'une démocratie limitée s'adossait ainsi de façon surprenante à la conception jacobine d'une absorption du public par le politique et du politique par l'institutionnel; conception qui conduisait à absolutiser tant la séparation de l'espace privé et de l'espace public que la distinction du vote et de l'opinion. C'est aussi cette distinction rigide qui s'est progressivement effritée à partir des années 1890, même si la République absolue a finalement témoigné d'une capacité de résistance assez forte sur ce point. On le voit bien quand on examine la manière dont la IIIe République a réglementé un certain nombre de libertés publiques comme le droit de manifestation, le droit d'affichage ou encore le droit de réunion. C'est de façon « sauvage », pourrait-on dire, dans les pratiques sociales, et non de façon institutionnelle, que l'étau s'est desserré pour que des formes plurielles du politique puissent élargir le cadre de la démocratie légale.

Les Chambres et la rue

« Les Chambres et la rue » : c'est le titre que Jules Guesde, le chef du jeune Parti ouvrier français, donne en 1884 à l'un de ses éditoriaux dans *Le Cri du peuple*. La formule fait sensation : elle renvoie immédiatement au vieil imaginaire insurrectionnel qui fait plus confiance à la barricade et au fusil qu'au bulletin de vote pour changer le cours des choses. Il y a certes un peu de cela chez Guesde. L'homme n'est pas encore député et les socialistes n'espèrent pas grand-chose des élections en ces premières années d'existence organisée. Même si l'échec de la Commune a marqué un tournant, le temps des premiers succès électoraux n'est pas encore arrivé (il ne viendra qu'aux législatives de 1893) et avec lui l'éloignement de la culture blanquiste. « Dans cette mise en contact de la rue avec les Chambres, en vue de balayer celles-ci par celle-là, est le salut », note ainsi Guesde[1]. Mais ce n'est pourtant pas principalement un problème de méthode ou de stratégie révolutionnaire qu'il pose. Il veut surtout évoquer l'abîme qui sépare deux conceptions de l'espace public. Les Chambres symbolisent à ses yeux une vision appauvrie de la politique, enfermée derrière les hauts murs du Palais-Bourbon, alors que la rue désigne un espace de circulation ouvert et fluide des opinions et des forces. Ce ne sont ainsi pas seulement des philosophies de la démocratie qui se disputent au XIXe siècle, ce sont aussi des approches de l'espace public qui s'opposent.

La question de la rue et de ses usages a constitué depuis 1789 une véritable métaphore de la question politique dans son ensemble. En elle se croisent les questions clefs des rapports de l'ordre et de la violence, du légal et de l'informel. La rue est au carrefour des peurs et des utopies, objet de conquête et source de défiance. Lieu de la fête, elle est liée aux plaisirs partagés et au bonheur social. Mais associée à la foule incontrôlée, elle incarne ce qui menace l'ordre institué : elle est le double de l'émeute. D'où la centralité proprement philosophique de la question du maintien de l'ordre au XIXe siècle[2].

Confrontée à l'extrême, la Révolution ne s'était préoccupée que de situations limites pour formaliser les conditions d'instauration de la loi martiale ou préciser les formes de réquisition et d'action de la force publique en cas de péril majeur. Rien n'avait été fait pour réglementer les usages politiques « ordinaires » de la rue (rassemblements, manifestations, défilés, etc.). Il faut attendre pour cela le début de la monarchie de Juillet. Une loi définit alors pour la première fois les formes de réunions sur la voie publique qui sont ou non permises [3]. Mais c'est seulement en juin 1848 que le législateur met en place des critères précis pour qualifier l'attroupement illégal [4]. C'est le face-à-face des angoisses et des impatiences sociales qui a précipité le vote de la loi. Confrontés à l'action des clubs qui multipliaient les manifestations en soutenant que « la rue est au peuple » au même titre que le suffrage est universel [5], les républicains instaurent le « trouble de la tranquillité publique » en délit. La notion reste floue, tant elle surcharge de peurs et de fantasmes une catégorie juridique. Elle gouverne pourtant la question pendant près d'un siècle [6]. Même le grand texte libéral de 1881 sur le droit de réunion maintient les restrictions en interdisant explicitement la tenue de réunions sur la voie publique [7].

L'extrême gauche radicale va inlassablement s'attaquer sur ce point à la vision républicaine dominante pour tenter de faire reconnaître un « droit à la manifestation ». Le débat sur ce problème constitue un remarquable analyseur du sens et des formes de cette « démocratie limitée » dont les pères fondateurs se font les champions. Se pose d'abord, aux yeux de ces derniers, une question de fond : celle de la légitimité d'un recours à la rue alors que le suffrage universel permet de trancher les litiges en représentant tous les points de vue. La légalité organisée du mandat représentatif est alors opposée à la spontanéité aisément manipulable de la manifestation. C'est aussi de cette façon que le gouvernement représentatif peut être considéré comme supérieur à la démocratie directe aux yeux des républicains. Jules Vallès touche juste lorsqu'il écrit en 1883 dans *Le Cri du peuple* : « Les manifestations sociales n'ont pas de parrain, pas de patron, point de tribune, personne de célèbre à leur tête, voilà pourquoi les parlementaires les soupçonnent et les fuient[8]. » Mais ses contradicteurs voient au contraire une faiblesse dans ce qu'il pense être une force. Dans le nouvel univers républicain, les manifestations n'ont de sens que dans des circonstances exceptionnelles, lorsque le régime paraît par exemple en péril. Elles sont alors une sorte d'équivalent quelque peu apaisé de l'ancien « droit à l'insurrection » célébré pendant la Révolution[9]. Mais à l'exception de ces situations-limites, la forme de démocratie indissociablement directe et désordonnée qu'elles expriment n'apparaît pas admissible. « On pourrait sans inconvénient expliquer à la population tranquille que les manifestations de la rue, émeutes, rébellions, insurrections, ne se justifient ni en droit ni en fait quand il s'agit de porter un coup par la violence à des institutions établies par la volonté réfléchie des électeurs », note ainsi un publiciste républicain de la fin des années 1880[10]. Pourquoi s'exprimer, en effet, dans la rue quand tout est censé être dit, ou pouvoir être dit, dans les Chambres ? « Je ne vois pas l'utilité de doubler une discussion qui se produirait dans la salle de séance », commente abruptement un des ténors du radicalisme[11]. Même le recours à la rue sur le terrain revendicatif n'apparaît pas légitime, comme en témoignent à cette époque les commentaires critiques de la presse républicaine sur les cortèges de grévistes. « Les caravanes qui vont chantant des refrains [...] peuvent convenir à des camelots, mais non à des ouvriers républicains. Elles sont inutiles et funestes », y lit-on par exemple[12].

Pour l'extrême gauche, l'occupation de la rue par la manifestation correspond, au contraire, à une forme de représentation élargie et participe donc de l'idéal démocratique. Édouard Vaillant, l'un des chefs de file du Parti socialiste, l'explique en de frappantes formules lors d'une interpellation parlementaire de 1907 consacrée à cette question : « Il n'y aura pas de République vraie tant que la classe ouvrière ne pourra pas, par ses manifestations, montrer directement sa volonté, lance-t-il à Clemenceau, devenu président du Conseil. Tant qu'elle sera obligée de se fier uniquement aux démonstrations de ses délégués ou de ses représentants, on n'en aura pas une expression complète et parfaite. C'est pourquoi nous considérons qu'avec la liberté de réunion et d'association, il y a une liberté complémentaire nécessaire, la liberté de manifestation, la liberté de démonstration directe et publique, ouvrière et socialiste[13]. » C'est, il est vrai, l'heure des grandes démonstrations de masse en Allemagne et en Grande-Bretagne. Et même si elles s'expliquent en partie dans ces pays par l'absence de suffrage universel, elles créent un climat favorable à la revendication d'un « droit à la manifestation ». Or de ce droit, les républicains ne veulent justement pas entendre parler. Tout au plus admettent-ils dans certains cas que des attroupements soient tolérés (dans l'esprit de la loi du 7 juin 1848[14]). Mais ils n'y voient rien de positif. « Il reste à savoir s'il est vrai qu'il n'y aura pas de République tant que les ouvriers syndiqués ne pourront pas se promener de la Bastille à la place de l'Opéra », raille ainsi Clemenceau[15]. Ce dernier conteste cependant plus fondamentalement le point de vue de Vaillant. Il reproche à ceux qui prônent un droit à la manifestation de se faire, sans qu'ils s'en rendent bien compte, les complices d'une privatisation perverse de l'espace public.

« La rue ne vous appartient pas, elle appartient à tout le monde », argumente le président du Conseil pour justifier son opposition aux revendications socialistes[16]. Si la rue est une « voie publique », cela signifie à ses yeux que nul ne peut l'accaparer, pour que tous en jouissent. Mais que nul ne la possède implique logiquement dans cet esprit qu'elle ne soit livrée qu'à l'activité des purs individus. La voie publique n'est donc pensable que sous les espèces d'une *voie de circulation*[17]. La compréhension républicaine d'un espace public polarisé est totalement cohérente avec l'approche moniste du politique. On voit là aussi de manière saisissante l'ambivalence de la culture politique révolutionnaire. Si elle s'est à certains moments manifestée sous les espèces exaltées d'un jacobinisme de combat, elle a aussi constitué le socle doctrinal d'un puissant conservatisme républicain[18]. Il n'y a pour ce dernier ni espace ni institutions intermédiaires pensables entre le privé et le politique. Clemenceau l'admet tout à fait explicitement. « Parce que j'ai interdit une promenade de manifestants, vous dites que je suis hostile à la classe ouvrière, à la démocratie », reproche-t-il à ses opposants en leur rétorquant : « Mais vous retournez le mot de Louis XIV ! Vous dites : "La classe ouvrière, c'est moi ! la démocratie, c'est moi !" Non la démocratie, c'est tout le monde[19]. » On ne pouvait mieux exprimer deux façons de concevoir ce que « tous » ou « public » veut dire. Waldeck-Rousseau parlait quelques années plus tôt dans le même esprit d'« usurpation de la voie publique » à propos des manifestations, les accusant de conduire à une confiscation de la rue « par un artisan en manifestations extérieures »[20]. D'où la ferme opposition au « droit à la rue » revendiqué par Jules Guesde comme complément naturel du droit de suffrage[21].

Toute la réglementation du droit d'affichage renvoie à une conception identique de l'espace public. Le problème est clairement posé dès la Révolution. On ne s'étonne pas de rencontrer de nouveau Le Chapelier dans le rapport d'un projet de décret sur cette matière. Le pourfendeur des corporations et des clubs, l'homme soucieux de conserver aux pétitions leur caractère purement privé en veillant à ce qu'elles ne puissent jamais être assimilées à des vœux collectifs identiques à ceux formulés par des assemblées représentatives, est aussi celui qui souhaite interdire aux particuliers l'affichage sur la voie publique. « Les rues, les places publiques, argumente-t-il, sont une propriété commune ; elles n'appartiennent à personne, elles appartiennent à tous. De là, il résulte que la société a le droit d'en disposer sans porter atteinte à aucun droit individuel. L'affiche, la publication au son de trompe et du tambour sont une manière prompte et efficace de faire connaître les lois de l'administration. Il importe que ces lois et ces actes ne soient pas confondus avec des sociétés ou des discours de particuliers. Donc, on doit réserver, pour les pouvoirs délégués, l'affiche, la publication au son de trompe et du tambour[22]. » C'est toujours la même hantise de voir s'établir une confusion entre le privé et le public qui prévaut. Une même réticence fait ainsi repousser le droit de manifestation et le droit d'affichage sur la voie publique. « Le danger, explicite Le Chapelier, c'est que des sociétés, des collections d'hommes, qui, par leurs discours, leurs arrêtés, prenant l'attitude d'une puissance, placent leurs délibérations à côté des lois et des actes d'administrations, et parviennent, en critiquant celles-ci ou celles-là, à rivaliser en tout les pouvoirs délégués par le peuple[23]. » L'idée est, là encore, que les particuliers, ou même les sociétés patriotiques, n'ont aucune existence publique. On comprend les motifs conjoncturels qui ont amené à défendre ces positions : à une période où de multiples groupes prétendaient parler au nom du peuple, il était essentiel d'asseoir la suprématie de ceux que l'élection consacrait comme les représentants légitimes de celui-ci. Mais dans son ardeur à prévenir une confusion dommageable des pouvoirs, Le Chapelier en vient à formaliser et à abstractiser à l'extrême la notion de « public ». Le public finit chez lui par se superposer avec le légal, se rigidifiant de la sorte à l'extrême.

Certes, tous reconnaissent en même temps le droit de pétition et la liberté d'expression aux individus. Ils adoptent donc *dans les faits* une position relativement souple en matière d'affichage. Le décret du 22 mai 1791 vise ainsi seulement à ce qu'on ne puisse confondre une affiche qualifiée de « simple » (et relevant de la liberté individuelle d'expression) avec un acte légal d'une autorité constituée. Il interdit dans ce but que des groupes de citoyens puissent publier leurs opinions sous le titre d'*arrêté* ou de *délibération*. Il prévoit surtout la désignation dans chaque municipalité d'espaces d'affichage rigoureusement réservés aux corps constitués. La crainte de voir « usurper le pouvoir du peuple » n'en reste en tout cas pas moins fondamentale.

Les pères fondateurs de la IIIe République ne remettront pas en cause cette conception des murs publics : la grande loi du 29 juillet 1881 sur la liberté de la presse réaffirme à un siècle de distance toutes les dispositions restrictives élaborées en 1791. Outre le maintien d'espaces réservés à l'autorité publique, elle conserve le privilège formel pour cette dernière d'imprimer ses avis sur papier blanc, les opinions particulières ne pouvant être exprimées que sur du papier de couleur[24]. Les « murs publics » se trouvent donc toujours clairement identifiés et distingués. La hantise de préserver l'espace public de toute perturbation privée s'est aussi retrouvée dans d'autres domaines. La poursuite par cette même loi de 1881 des cris et des chants séditieux en témoigne de façon exemplaire. Si la liberté d'imprimer ses opinions est totale et implique que les institutions puissent par exemple être brocardées ou radicalement dénoncées, il n'est significativement pas admis, en revanche, que de telles critiques puissent être proclamées à haute voix dans les rues[25]. Il est donc permis de publier dans les livres des chants que la loi interdit de reprendre dans les rues[26]. On ne s'étonne pas de cette distinction si on la replace dans les développements que nous avons consacrés à la conception républicaine de l'espace public : là encore se marque la superposition perverse du politique et du légal. L'assimilation des deux catégories est certes moins absolue que sous le Second Empire, mais elle n'en subsiste pas moins comme horizon directeur de la philosophie républicaine. Cette dernière se contente, en fait, de proposer une interprétation libérale et tolérante d'une vision qui l'est intrinsèquement fort peu. Rien ne le montre d'ailleurs mieux que l'approche républicaine de droit de réunion.

Dès la Révolution, le « droit de s'assembler paisiblement » avait été reconnu aux citoyens. Même les lois restrictives du temps de la monarchie censitaire s'étaient ensuite présentées comme circonstancielles. La République attend pourtant 1879 pour se préoccuper de construire un moderne et définitif droit de réunion. Tout le monde convient alors des limites du précédent texte « libéral » de 1868, critiqué pour avoir abruptement distingué les réunions politiques de celles portant sur des sujets philosophiques et sociaux, seules les secondes étant autorisées. On a rappelé plus haut les termes dans lesquels les hommes de l'Empire avaient justifié cette division en faisant des représentants élus les seuls agents autorisés de la délibération politique. Les républicains ne pouvaient accepter des dispositions qui restaient attachées aux actes du régime honni. Mais ils refusèrent de se contenter d'abolir tous les textes restrictifs[27], et leur approche de la question des réunions publiques est restée marquée par leurs réticences à accepter une philosophie pleinement démocratique de l'espace public. On peut se contenter ici d'un bref rappel tant la chose est connue.

La réunion publique bien encadrée est au fond comprise comme une alternative acceptable à la manifestation désordonnée dans la rue[28]. Sa légalisation permet de conjurer la confusion menaçante entre l'espace politique et la place publique. Il faut ainsi circonscrire le public dans l'espace clos et ordonné de la réunion pour éviter qu'il ne se répande dans les rues. « C'est en ajournant la réunion, c'est en fermant la porte du local où cette réunion doit avoir lieu, avertit *a contrario* un député à l'adresse des républicains les plus réticents, que vous jetterez dans un autre endroit, dans la rue, ceux qui étaient venus pour se réunir. Le danger est dans ces milliers de personnes accumulées dans les rues, dans cette agitation que vous ne pourrez plus arrêter[29]. » Le droit de réunion implique ainsi que celle-ci soit fortement dissociée des autres modalités de constitution de l'espace public. D'où l'importance de l'interdiction spécifiée de tenir des réunions sur la voie publique[30]. D'où, encore, la réticence à voir traités sur un même pied le droit de réunion et le droit d'association, ce dernier restant toujours suspecté (comme en 1791) de pouvoir menacer la formation de l'intérêt général.

À distance des réticences et des prudences républicaines, la rue va pourtant offrir le cadre d'une forme politique originale : la « manif ». Elle est l'occupation collective ritualisée et pacifiée de la rue. Elle marque une rupture avec deux autres formes de prise de possession du territoire : l'émeute et la procession. Mais elle s'en distingue, même lorsqu'elle les mime par contrainte (ce qui est par exemple le cas sous la monarchie de Juillet ou le Second Empire, quand les manifestations politiques prennent la forme d'un cortège funéraire[31]). La nouveauté du mot, dans les années 1860 ou 1870, traduit d'ailleurs le caractère inédit de la chose. Personne ne parlait de manifestation pendant la Révolution. Le *Larousse du XIXe siècle*

(1873 pour le fascicule concerné) est le premier dictionnaire à en donner la définition moderne (« démonstration publique, collective; expression publique d'une opinion, d'un vœu »). Il faut ainsi la comprendre dans son rapport avec les transformations de la démocratie. La manifestation est une *forme politique* à part entière. Elle constitue le support d'un type original d'action et de représentation. Elle sert d'abord à compenser et à corriger les dysfonctionnements de l'expression politique institutionnelle, en permettant à ceux dont la voix est oubliée ou minorée de se faire néanmoins entendre. C'est la dimension la plus évidente. Mais elle souligne aussi que l'institution ne peut jamais embrasser toute la politique et que la démocratie excède continuellement, à cet égard, sa définition immédiate. La manifestation révèle pour cette raison quelque chose de profond quant à la nature toujours inaccomplie et jamais complètement institutionnalisable de la démocratie. Considérée du point de vue de l'acteur, elle est bien une « mise en scène pacifique du nombre [32] ». Appréhendée dans le cadre d'une économie générale des formes politiques, elle est plus profondément le signe que la démocratie comporte toujours une inéliminable part de débordement de ses cadres évidents. Elle témoigne ainsi du fait que les institutions de la démocratie n'en épuisent jamais complètement le sens.

Les voix plurielles et concurrentes du peuple

La tension entre les Chambres et la rue n'a pas été le seul indice de l'aspiration à ne pas voir la souveraineté corsetée dans les institutions légales. Le débat sur l'espace public s'est prolongé dans la mise en question des *formes pertinentes* du politique. Rien ne dit plus des enjeux dans ce domaine que l'évolution du droit de pétition. Compris à l'origine comme une sorte de complément du droit de suffrage, il va être assimilé par les pères fondateurs de la IIIe République à un type de concurrence menaçante de ce dernier[33]. L'expression politique légitime devait en effet pour eux se limiter à l'acte du vote. Il suffit de reprendre le fil de l'histoire de ce droit pour constater ce lien entre la sacralisation du vote et le recul de la pétition.

Dès les premières heures de la Révolution s'impose l'habitude de rédiger des pétitions[34]. Cela correspond d'abord avec évidence à une forme de la liberté d'opinion fraîchement conquise. Mais les pétitions s'inscrivent, en fait, dans deux registres assez différents. Elles peuvent, en premier lieu, exprimer une requête d'ordre privé de la part d'une ou plusieurs personnes qui s'estiment victimes d'un mal-fonctionnement administratif. Elles sont alors la forme moderne de la plainte ou de la réclamation auprès des pouvoirs publics auxquels des individus adressent un recours gracieux pour faire cesser ce qu'ils estiment être une injustice. Mais les pétitions ont aussi une dimension proprement politique quand elles visent un but d'intérêt général, en demandant par exemple le vote d'une loi, le changement d'orientation de l'action gouvernementale ou la réforme d'une institution. La pétition accompagne et prolonge dans ce cas l'activité citoyenne : elle est une des modalités de l'action politique et doit être resituée dans le cadre d'une économie générale de l'expression collective. Elle corrige également là les procédures contraignantes du gouvernement représentatif en permettant une intervention directe des individus dans la sphère politique. Elle fait ainsi exister une forme de démocratie immédiate à côté du mécanisme représentatif. Le grand décret du 22 décembre 1789 sur l'organisation du droit de suffrage mentionne explicitement l'octroi du droit de pétition comme une sorte de contrepartie à la forme de confiscation du pouvoir de l'électeur impliqué par la prohibition des mandats impératifs et la liberté de manœuvre du représentant. « L'acte d'élection, précise-t-il, sera le seul titre des fonctions des représentants de la nation. La liberté de leurs suffrages ne pouvant être gênée par aucun mandat particulier, les assemblées primaires et celles des électeurs adresseront directement au corps législatif les pétitions et instructions qu'elles voudront lui faire parvenir[35]. » Si le droit de pétition assouplit les rigueurs du système représentatif, il permet également de compenser les restrictions apportées au droit de suffrage. On a pu dire qu'il jouait ainsi le rôle d'un « succédané du droit de suffrage politique[36] ». Ceux qui ne remplissaient pas les conditions de cens pour être citoyens actifs pouvaient en effet faire entendre leur voix par ce biais. C'était aussi vrai pour les femmes. Si le suffrage est restreint, la pétition est, elle, vraiment universelle.

On ne s'étonne pas, dans ces conditions, de constater l'importance de l'activité pétitionnaire pendant la Révolution. Elle n'est pas non plus vraiment dissociée de la vie parlementaire puisqu'il est prévu que des députations de signataires puissent être admises à s'exprimer à la barre de l'Assemblée[37]. Il suffit, à cet égard, de lire les procès-verbaux des séances pour constater la place énorme que prend, d'ailleurs rapidement, la présentation de ces requêtes. On comprend du même coup que le statut de l'activité pétitionnaire ait été au centre de nombreux débats et de multiples controverses. Ainsi, au printemps 1791, une réaction s'exprime contre le rôle des pétitions jugé excessif par certains. C'est notamment le cas à Paris où les autorités municipales finissent par y voir la source d'une concurrence menaçante du système représentatif[38]. Les juristes se préoccupent de leur côté de mieux distinguer le vœu commun d'un groupe de pétitionnaires, qui additionnent seulement leurs opinions individuelles, du vœu général, tel que seule une assemblée de représentants peut l'exprimer (le premier ne pouvant être régi que par un principe d'unanimité alors que le second peut être formulé à la pluralité des voix [39]). Une importante loi préparée par Le Chapelier essaiera d'en tirer les conséquences pour distinguer aussi nettement que possible les champs et les principes de la pétition de ceux de la représentation [40]. La discussion de fond n'a, il est vrai, que partiellement lieu, tant elle est surdéterminée par les données immédiates des conflits politiques, à Paris tout particulièrement [41]. La pétition comporte toujours une dimension virtuellement subversive, expression qu'elle est d'une opinion brute et non médiatisée, que rien ne vient filtrer. Mais nul ne songe en même temps à en dénier l'importance.

Dans les premières années de la Restauration, Daunou exprime en des termes restés fameux le regard ambivalent porté alors sur le droit de pétition. « Sans doute, écrit-il, il serait extrêmement dangereux que des pétitionnaires pussent parler au nom de la société tout entière ou se présenter eux-mêmes comme une portion déterminée de la population. Ces formes tendraient à ériger les vœux personnels en votes politiques, les pétitions en suffrages, et à substituer l'anarchie démocratique au système représentatif. Mais en aucun temps on n'a contesté à plusieurs citoyens qui ont un même intérêt, qui veulent exprimer un même vœu, la faculté de réunir leurs signatures [42]. » Les pétitions jouent en fait un rôle important sous la Restauration. Alors que le cens est très élevé, elles permettent une expression réelle de la société. Elles contribuent indirectement aussi, il est vrai, à établir un régime parlementaire en permettant au pouvoir législatif d'interpeller le pouvoir exécutif [43]. La pétition donne, enfin, la parole aux exclus du suffrage, y compris aux femmes[44]. « Par elle, écrit Cormenin dans ses *Questions de droit administratif*, le dernier des prolétaires monte à la tribune et parle publiquement devant toute la France. Par elle, le Français non éligible, ni électeur, ni même citoyen, peut exercer l'initiative comme les députés, comme le gouvernement lui-même, à l'état de théorie du moins[45]. » La prudence et la restriction finale minimisent certes le propos. Mais elles ne l'infirment pas. Un des théoriciens du régime de Juillet n'hésite même pas à écrire qu'il s'agit d'un droit des femmes et des prolétaires[46]. Les rigueurs du cens sont ainsi presque compensées par la facilité de l'accès à la forme d'expression que constitue la pétition.

Pendant toute cette période de la monarchie parlementaire, l'importance du droit de pétition est consacrée par son caractère constitutionnel. Son exercice est du même coup étroitement associé à l'activité parlementaire. C'est presque chaque jour que des rapports sont présentés en séance sur des demandes transmises à la Chambre des députés ou à la Chambre des pairs. Elles sont même parfois à l'origine de débats mémorables, comme en 1839 sur la réforme électorale. Les pétitions sont alors un des rouages effectifs de l'expression et de la représentation politiques. Leur centralité va être brutalement remise en cause en 1848 avec l'avènement du suffrage universel. Le droit de pétition va certes subsister comme droit personnel, mais il va, de fait, cesser de constituer un droit politique et perdre la centralité qui avait été la sienne. Les raisons de cet effacement ? Elles tiennent au sentiment que l'universalisation du suffrage rend tout simplement sans objet politique ce droit. Les républicains en sont persuadés dans leur immense majorité. Un Ledru-Rollin, qui célébrait dans les années 1840 en des termes lyriques le rôle des pétitions populaires[47], est désormais sûr que la voix des urnes suffit à exprimer les demandes et les sentiments de la société. Nul n'a mieux exprimé ce point de vue réducteur qu'Émile de Girardin. « Le droit de pétition, note-t-il abruptement, est un contresens démocratique et un anachronisme républicain. Le souverain commande et ne pétitionne pas[48]. » La pétition n'est ainsi pour lui qu'une forme primitive et inaccomplie de la souveraineté du peuple. Elle n'a donc de raison d'être que lorsque ce dernier en est dépossédé. « Le droit de pétition appartient au droit monarchique, martèle-t-il ; il n'appartient pas au régime démocratique. Rétablissez le suffrage universel, rétablissez-le sincèrement, et le droit de pétition deviendra parfaitement inutile[49]. »

On ne s'étonne pas, dans ces conditions, de voir la question d'un encadrement plus strict du droit de pétition mise à l'ordre du jour après 1848. Elle est longuement débattue à l'Assemblée nationale en 1851. De nombreuses voix s'élèvent alors pour demander une réglementation plus sévère des requêtes adressées au Parlement. Les arguments qui sont avancés à cette occasion méritent d'être rappelés tant ils soulignent avec éclat la conception univoque du politique dans l'univers républicain. Écoutons, par exemple, l'un des principaux protagonistes de ce débat : « Le droit de pétition, tel qu'on l'exerce aujourd'hui, est illogique, plaide-t-il [...]. C'est dans l'élection même, au point de départ du mandat conféré aux représentants du peuple, qu'on doit placer ce qu'on plaçait autrefois dans le droit de pétition, c'est-à-dire la manifestation de tous les vœux, de toutes les volontés, de tous les désirs [...]. Le droit de pétition doit disparaître devant l'action légitime de la souveraineté du peuple[50]. » C'est dire que le moment du vote absorbe et sature le champ du politique. L'expression de la société n'est dès lors concevable que sous les deux espèces d'une forme politique totalement institutionnalisée et formalisée, d'un côté, et d'une privatisation absolue des opinions, de l'autre. Le caractère composite de l'opinion publique comme pluralité de registres d'expression n'est pas reconnu. Il n'y a plus, en d'autres termes, d'entre-deux pensable entre les droits politiques et les droits personnels. Le vote et l'opinion sont désormais compris comme complètement dissociés. À cette séparation stricte des formes correspond, en outre, une distinction des sujets : l'individu et le citoyen sont chacun assignés à des rôles spécifiques. En témoigne de façon exemplaire la tentative lancée en 1851 d'interdire aux femmes et aux mineurs de rédiger des pétitions sur des affaires publiques[51]. Comme si le fait d'être tenu à l'écart des urnes devait interdire toute existence publique.

Le mouvement amorcé en 1848 va s'accentuer sous la IIIe République. Les pétitions ne jouent certes d'abord plus aucun rôle dans le processus de contrôle du gouvernement, comme sous la Restauration ou la monarchie de Juillet. Mais elles deviennent surtout déconnectées de tous les liens avec le travail parlementaire qui existaient encore auparavant. Depuis la Restauration, ce lien était assuré par les commissions des pétitions qui avaient l'obligation constitutionnelle d'examiner tous les envois adressés aux Chambres. Si beaucoup étaient simplement enregistrés ou transmis (aux ministres, aux commissions compétentes), un pourcentage important faisait l'objet d'un rapport en séance publique, rapport parfois suivi d'un débat. Certains jours, plusieurs dizaines de rapports étaient entendus. Une modification du règlement intérieur de l'Assemblée nationale va permettre en 1873 de rompre avec ce système. À partir de cette date, les pétitions ne font plus que l'objet d'un enregistrement formel et ne sont plus ni présentées ni, *a fortiori*, discutées. Le parlementaire à l'origine de cette proposition considère les pétitions de loin et de haut, n'hésitant pas à parler d'entrave aux travaux parlementaires. « Il ne faut pas, lâche-t-il, que des intérêts de minime importance détournent l'Assemblée de porter toute son attention aux grandes lois de réorganisation et de donner tous ses soins à l'étude des intérêts généraux de la France[52]. » Tout est dit dans cette formulation lapidaire qui recueille l'approbation sur tous les bancs : la présupposition d'une séparation radicale des intérêts particuliers et de l'intérêt général, en même temps que le caractère immédiat et absolu de ce dernier. Les lois constitutionnelles de 1875 officialisent peu après cette minoration du rôle des pétitions. En effet, le droit de pétition est alors déconstitutionnalisé et rentre simplement dans le domaine de la loi tout en étant inscrit dans le règlement des deux assemblées[53]. Il est ainsi cantonné dorénavant à la sphère étroite des intérêts privés et ne constitue plus une des formes de la vie démocratique. La loi du 22 juillet 1879 qui réorganise définitivement le traitement des pétitions par les Chambres supprime d'ailleurs significativement la commission *ad hoc*, qui constituait au début du XIXe siècle un des rouages importants de la vie politique et parlementaire.

Il y a certes des voix qui s'élèvent à gauche pour protester contre ces restrictions et qui dénoncent ce qu'ils considèrent comme des atteintes à la souveraineté du peuple. « Les pétitions sont une des formes du suffrage universel », disent par exemple certaines voix radicales[54]. Mais la grande masse des républicains ne voient pas les choses de cette façon et se félicitent, au contraire, de ce que le suffrage universel soit d'un même mouvement sacralisé et limité à l'urne électorale. C'est du même coup seulement sous les espèces d'une « généralité privée », totalement informelle, qu'a pu exister ensuite une voix de la société distincte de celle de ses représentants.

La deuxième naissance de l'opinion publique

Dès lors qu'est consacrée, à la fin du XIXᵉ siècle, la coupure rigide entre la vie des institutions politiques et l'expression de la société civile, la revendication d'une démocratie plus effective emprunte aussi des voies séparées. À côté de la recherche d'une correction « technique » des limites du système représentatif (avec l'adoption du référendum, le contrôle accru des élus, etc.) va également monter en puissance l'aspiration à une forme d'expression politique de la société plus immédiate et plus diffuse, affranchie des contraintes et des limites institutionnelles. L'idée d'un pouvoir de l'opinion va être réaffirmée et prendre un sens nouveau dans ce contexte. Au temps des Lumières, l'opinion — assimilée à la raison des élites — était comprise comme une puissance permettant de faire l'économie de l'idéal représentatif et démocratique. Au temps du suffrage censitaire, la valorisation du système de la publicité justifiait pareillement le refus du suffrage universel. L'opinion publique et la démocratie formaient alors un jeu à somme nulle. Mais dans tous ces cas de figure, l'opinion n'était appréhendée que comme une *force de pression*, diffuse et insaisissable, s'exerçant sur les gouvernants. À partir de la fin du XIXᵉ siècle, l'opinion publique va aussi être définie comme une *forme sociale* et une *forme politique*. Forme sociale, elle est distinguée de la foule ou des masses qui constituent des agrégats jugés aussi informes que menaçants. Gabriel Tarde sera en France le premier à systématiser cette distinction. Sa théorie psychologique et sociologique de l'imitation proposera une explication du mécanisme régissant la formation d'une opinion sociale commune[55]. L'opinion va de la sorte être considérée comme une manifestation pleinement adéquate de la généralité sociale. Mais l'opinion publique est aussi comprise comme une forme politique, c'est-à-dire comme une des modalités d'expression de la volonté générale. L'opinion et le suffrage peuvent alors être regardés comme des formes politiques complémentaires, et non plus concurrentes. L'idée d'une « démocratie d'opinion » qui naît dans ce contexte traduit ainsi l'entrée dans l'âge d'une démocratie accrue et développée.

L'avènement de cette démocratie nouvelle provoquée par la seconde naissance de l'opinion publique a eu très vite ses analystes et ses théoriciens. Elle est en Angleterre au centre des analyses de James Bryce dans *La République américaine* comme de celles de Dicey dans les *Leçons sur les rapports entre le droit et l'opinion publique en Angleterre*. La possibilité de redonner consistance à travers cette opinion à l'exigence d'une démocratie plus directe est mise en avant par ces auteurs. Bryce est le premier à parler en ce sens de « gouvernement par l'opinion publique[56] ». Il s'agit là pour lui d'une quatrième et ultime forme du gouvernement du peuple. Après avoir connu une évolution qui le conduisait d'un consentement initial passif et soumis au pouvoir à un contrôle réel, mais intermittent, de ce dernier par la procédure électorale, l'intervention de la multitude pourrait prendre à ses yeux une extension nouvelle avec l'action régulière de l'opinion. Elle désinstitutionnaliserait sans danger la politique, résolvant du même coup la question de l'entropie représentative, et se manifesterait de façon continue, répondant de cette façon à l'objection rousseauiste d'une démocratie « extraordinaire » cédant ordinairement la place à un fonctionnement de type oligarchique. Dans cette quatrième phase, souligne ainsi Bryce, il deviendrait possible de « connaître la volonté de la majorité à tout instant, sans avoir besoin de la faire passer par l'intermédiaire d'une assemblée des représentants, peut-être même sans avoir besoin du tout du mécanisme électoral. Dans cette phase, la suprématie de l'opinion publique serait devenue plus complète, parce qu'elle serait plus continue [...]. L'autorité semblerait résider tout le temps dans la masse des citoyens. Le gouvernement populaire en serait arrivé au point qu'il pourrait presque se dispenser des procédés légaux qu'emploie la majorité pour exprimer sa volonté dans les urnes électorales, ou, au moins, anticiper sur ces modes[57] ». De la sorte, conclut Bryce, « l'opinion publique ne régnerait pas seulement, mais gouvernerait ». Dicey emploie de son côté des formules analogues[58]. Tarde s'inscrit en France dans une perspective également voisine. Lui aussi cherche la voie d'une expression politique et sociale plus permanente que celle des élections.

Tout le problème était, à partir de là, de savoir comment donner forme à ce nouveau type de gouvernement. « Les difficultés mécaniques, comme on peut les appeler, du fonctionnement d'un pareil système de gouvernement sont évidentes », reconnaissait Bryce[59]. Tarde indiquera la voie en appelant à la mise en œuvre d'un système développé de statistiques politiques, dont les élections ne seraient qu'une des modalités[60]. La véritable « universalisation du suffrage universel » consiste ainsi pour lui dans la mise en place d'un appareil permanent d'analyse des vœux de la population[61]. C'est le sens qui sera octroyé, quelques décennies plus tard, au développement des sondages par ses promoteurs, donnant forme à la « machinerie » que Bryce appelait de ses vœux. Quels qu'aient pu être les débats entourant l'avènement de cette technique, la voie d'un dépassement de l'opposition précédente des Chambres et de la rue allait pratiquement s'ouvrir, transformant les visions précédentes de l'espace public.

X

LA RÉPUBLIQUE ET L'ATELIER

La république et l'atelier
La démocratie industrielle
Convergences et divergences

La république et l'atelier

La quête d'une souveraineté effective du peuple n'a pas simplement consisté à inventer des institutions et des procédures qui la rendent plus sensible et plus active. C'est aussi le champ de validité et d'application de ses principes que l'on a voulu élargir. La revendication d'une *démocratie industrielle* symbolise, à partir des années 1920, cette préoccupation d'extension, ouvrant la voie à un véritable mouvement d'universalisation des réquisits démocratiques. Le tournant est donc fondamental. Aussi convient-il d'en retracer brièvement la genèse pour en saisir pleinement la portée.

Le fait d'envisager la gestion des problèmes économiques à l'aide des concepts élaborés dans le domaine politique était totalement étranger à la culture politique révolutionnaire, pour retourner au point de départ. Même ceux qui appelaient, comme Babeuf, à une redistribution des richesses ne pouvaient raisonner dans ces termes. Si l'impératif d'égalité impliquait aux yeux de ce dernier une forme de socialisation de la propriété, le mode d'administration des outils de production ne constituait même pas un sujet de réflexion. Cela se comprend sans difficulté. L'économie restait d'abord essentiellement agricole, consistant dans la mise en valeur individuelle d'un capital, et l'activité industrielle était ensuite encore essentiellement artisanale. Nul ne doutait, en outre, que l'abolition des corporations et des maîtrises avait œuvré en faveur d'une plus grande égalité sur le plan économique. Il faut attendre les années 1830 et le premier essor du capitalisme pour que les choses changent. Le développement de l'industrie et celui du paupérisme qui l'accompagne mettent alors la question sociale au centre des débats et conduisent à considérer d'un œil neuf la vie économique. Témoin exemplaire de ce changement, la publication, dans la *Revue républicaine*, d'un article au titre éloquent : « Sur les moyens de faire descendre la République dans l'atelier[1] ». Son auteur est Martin Bernard, un ouvrier imprimeur, membre de la Société des droits de l'homme, assez représentatif du milieu des artisans politisés de l'époque. Il y fustige avec emportement l'avènement d'une nouvelle féodalité, la « féodalité industrielle[2] ». L'homme de l'atelier moderne n'est pour lui qu'une autre figure de l'homme du château d'autrefois. Il y a ainsi une analogie entre le serf et le prolétaire dont il déplore que ses contemporains ne soient pas suffisamment conscients. « Les préjugés ont tellement défiguré l'esprit des masses, se plaint-il, que l'on voit tel prolétaire qui comprend bien comment un roi est un rouage dont on peut se passer dans l'ordre *politique*, et qui se refuse à croire que le même fait puisse s'accomplir dans l'ordre *industriel*. Cependant la négation du *roi* en politique n'est-elle pas, par une conséquence logique, la négation du *maître* en industrie[3] ? » La conséquence de cette analyse est donc sans surprise : le projet révolutionnaire d'émancipation réalisé dans l'ordre politique doit désormais être prolongé sur le terrain économique. Il faut, écrit-il, « trouver les moyens de rendre l'idée républicaine aussi saisissable pour les prolétaires dans l'ordre industriel qu'elle l'est dans l'ordre politique[4] ». Ces formulations marquent une date : l'idée de transposer dans le mode de gestion de l'industrie les processus d'une révolution démocratique supposée accomplie dans l'ordre politique est esquissée pour la première fois. Mais elles sont prématurées. Si la dénonciation de la féodalité industrielle va se retrouver sous de multiples plumes, le projet d'étendre l'idée républicaine vient trop tôt. La république n'est d'abord tout simplement pas advenue dans l'ordre politique ; c'est la dénonciation du suffrage censitaire qui mobilise encore toutes les énergies. Dans l'ordre économique, c'est le mot d'ordre d'association qui exprime l'aspiration des ouvriers à profiter pleinement du fruit de leur travail[5]. Il faut attendre les lendemains de 1848, après la conquête du suffrage universel, pour que la thématique de Martin Bernard soit reprise et développée. L'expression de « démocratie industrielle » apparaît alors pour la première fois sous la plume d'un ingénieur qui appelle au morcellement de la propriété économique et à la multiplication des petits établissements pour libérer le travail[6]. Mais c'est surtout Proudhon qui va la populariser[7]. Le terme de « démocratie industrielle » désigne chez lui un système de « commandite du travail par le travail », c'est-à-dire une forme de société ouvrière dans laquelle c'est le capital humain qui est au poste de commande et acquiert des moyens matériels de production ; à l'inverse, donc, de l'entreprise capitaliste dans laquelle le capital achète de la force de travail. Proudhon a pour cela attentivement suivi tous les débats juridiques qui ont accompagné sous le Second Empire la réforme du droit des sociétés. Il a ainsi salué l'avènement de la société anonyme, qui réalise à ses yeux une « véritable république élective » avec son conseil d'administration élu par une assemblée générale des associés, soulignant qu'elle était une sorte de correspondant économique de l'institution politique du suffrage universel par la République de 1848[8]. Le socialiste bisontin n'a cessé de répéter dans cette direction que « dans la démocratie nouvelle, le principe politique devait être identique et adéquat au principe économique[9] ». Mais sa perspective n'est pas du tout d'importer dans l'entreprise les procédures du gouvernement représentatif. Il appelle simultanément à une régénération politique de l'idée démocratique et à une révolution de l'organisation économique, conduisant à un nouvel ordre commun, fondé sur un même principe de mutualité, qu'il qualifie de « fédératif ». Proudhon a en vue la constitution de « groupes naturels » et « autonomes », de type politique (les cités ou les provinces) aussi bien qu'économique (les mutuelles et les coopératives), susceptibles de s'autogouverner[10]. La démocratie se trouve chez lui d'un même mouvement pleinement achevée et généralisée à toutes les sphères de la vie sociale. « Nous avons donc, souligne-t-il en concluant l'exposé de son système, non plus une souveraineté du peuple en abstraction, comme dans la Constitution de 93 et celles qui l'ont suivie, et dans le *Contrat social* de Rousseau, mais une souveraineté effective des masses travailleuses, régnantes, gouvernantes[11]. »

Pour Proudhon, il s'agit ainsi plutôt de repenser le système politique sur le modèle de l'atelier (« l'atelier doit remplacer le gouvernement » selon sa célèbre formule) que d'appliquer la forme républicaine à ce dernier. Mais la préoccupation essentielle est bien qu'un même principe « démocratique » doit s'appliquer à la gestion de toutes les activités humaines. L'idée fait ensuite son chemin. Elle est reprise à leur façon par les catholiques sociaux. C'est, par exemple, à Marc Sangnier, l'animateur du *Sillon*, que l'on doit la célèbre formule : « On ne peut avoir la république dans la société tant qu'on a la monarchie dans l'entreprise[12]. »

À la fin du XIXe siècle, les socialistes, de leur côté, appréhendent la question dans des termes plus hésitants. La question de l'émancipation économique est première à leurs yeux et la plupart d'entre eux ne respectent guère un État qu'ils qualifient dédaigneusement de bourgeois. Mais ils continuent pourtant de penser l'idée socialiste dans un certain rapport à l'idée républicaine. Ce lien est particulièrement sensible chez un Jean Jaurès qui n'a cessé de resituer le combat socialiste dans l'œuvre entreprise par la Révolution française et prolongée en 1848. Le but du socialisme est clairement, pour lui, de mettre fin à la contradiction entre la nature du régime politique issu du mouvement révolutionnaire et celle du régime économique capitaliste. « Dans l'ordre politique la démocratie se réalise, notent ainsi Jaurès et ses amis, que nous avons déjà cités : tous les citoyens participent, au moins en droit, à la souveraineté ; *le suffrage universel est le communisme du pouvoir politique*. Dans l'ordre économique, au contraire, c'est une minorité qui est souveraine. C'est l'oligarchie du capital qui possède, dirige, administre, exploite[13]. » L'action à mener dans cette perspective est toute tracée : il s'agit de « faire passer dans l'ordre économique la démocratie partiellement réalisée dans l'ordre politique[14] ». Les guesdistes n'ont, quant à eux, jamais employé des formules aussi confiantes dans les vertus du suffrage universel. Ils n'ont cessé de dénigrer le système parlementaire et ont souvent théorisé leur considération purement tactique du fait électoral. Mais ils n'ont pourtant pas rompu le fil avec la culture républicaine. Jules Guesde parle ainsi volontiers de « prendre la Bastille économique », et il lui est arrivé d'écrire que le but du prolétariat moderne est de « républicaniser la propriété comme le tiers état a, au moins en partie, républicanisé le pouvoir[15] ».

Marx avait déploré en son temps l'état d'esprit des

socialistes français qui « entendent démontrer que le socialisme est la réalisation des idées de la société bourgeoise, énoncés par la Révolution ». C'était voir juste. Au-delà des différences de sensibilité, des querelles théoriques et des oppositions stratégiques, les socialistes hexagonaux ont toujours plus ou moins inscrit la tâche de l'émancipation prolétarienne dans la vision d'un prolongement et d'un accomplissement de l'œuvre inaugurée en 1789. L'idée du socialisme comme *république du travail* faisait facilement image [16]. Tout cela restait cependant encore très flou et n'était guère fondé sur une véritable philosophie de la démocratie. On se contentait d'analogies jugées éclairantes alors qu'elles n'étaient que suggestives. La perspective d'une socialisation de la propriété suffisait surtout à résumer l'entreprise socialiste, mettant toujours au second plan la question d'un développement de la démocratie susceptible de résoudre les apories fondatrices du gouvernement représentatif. L'idée d'une extension démocratique faisait ainsi sens en termes très généraux de culture politique, sans pour autant se traduire en termes programmatiques ou même être formalisée théoriquement. Les choses n'ont vraiment changé qu'avec le choc de la Grande Guerre.

La démocratie industrielle

« Vous croyez avoir assisté à une guerre : ce n'est pas vrai, vous avez assisté à une révolution. » Ce mot de René Viviani [17], qui fut le premier représentant français à la S.D.N., ne s'applique pas seulement aux relations internationales. La guerre de 1914-1918 a d'abord, on le sait, profondément bouleversé les rapports antérieurs de l'État avec la société, les exigences de la mobilisation industrielle conduisant à un accroissement jusqu'alors inconnu de l'intervention de la puissance publique dans l'économie. Mais la mobilisation correspondante de la main-d'œuvre a également induit un profond bouleversement du système social. Sollicités comme des acteurs clefs de l'effort de guerre, les ouvriers se voient soudain davantage considérés. Albert Thomas, le dirigeant socialiste devenu ministre, met ainsi en place dans les usines d'armement, en 1917, un système de délégués ouvriers élus pour traiter avec la direction des conflits et des problèmes de condition du travail [18]. Même si l'expérience reste modeste et limitée, un pas est accompli vers une forme de participation des travailleurs à la gestion. Léon Jouhaux, le chef de la C.G.T., demande, lui, dès 1916, que la classe ouvrière ait, en matière économique, « des droits identiques à ceux que le suffrage universel lui a accordés sur le terrain politique [19] ». Le terme de « démocratie industrielle » réapparaît dans ce contexte ; on croit même alors l'importer des États-Unis et de Grande-Bretagne — où l'on parle dès la fin du XIXe siècle d'*industrial democracy* —, peu de gens se souvenant que Charles Laboulaye et Proudhon en sont les véritables inventeurs. Le projet d'étendre les principes de la démocratie à la sphère de l'économie va rencontrer à ce moment un formidable écho. Il mobilise des acteurs sociaux de premier plan et donne naissance à de véritables réformes. Il ne s'agit donc plus d'une simple formulation à consonance utopique, comme chez Proudhon cinquante ans plus tôt, ou d'une référence vaguement indicative comme chez Guesde ou Jaurès. L'idée de démocratie industrielle va dorénavant s'inscrire dans les programmes, se décliner dans les revendications et s'incarner dans des institutions.

La C.G.T. est au cœur de la mobilisation. Elle parle plus volontiers de « contrôle ouvrier », mais il s'agit bien de la même chose. « On ne peut être complètement libre politiquement qu'à la condition de ne pas être serf économiquement », note le syndicat dès 1917, appelant en conséquence à des réformes qui permettent à la classe ouvrière « d'assurer son droit de contrôle, de gestion »[20]. Tout en souhaitant que les délégués soient fortement liés au syndicat, la C.G.T. appuie l'expérience lancée par Albert Thomas et invite à l'élargir. Dès la fin des hostilités, la centrale adopte un « Programme minimum » qui systématise ces approches[21]. Le projet d'établissement d'un Conseil économique du travail et l'appel à réaliser des nationalisations industrialisées accompagnent alors le mot d'ordre de contrôle ouvrier. La C.G.T. ne cessera pas de s'y référer ensuite. Ce que recouvre l'expression n'est pourtant pas parfaitement clair, et les différentes sensibilités présentes au syndicat en donnent des définitions assez éloignées. Pour la minorité anarchiste organisée autour des comités syndicalistes révolutionnaires, le contrôle ouvrier est compris comme le premier pas d'une révolution à l'usine. Il n'a de sens qu'inscrit dans un mouvement révolutionnaire de grève générale et d'occupation des entreprises conduisant à une expropriation du patronat. Marqués par la culture proudhonienne, ces minoritaires imaginent ainsi que les organes d'un tel contrôle puissent préfigurer les cellules primaires d'une nouvelle organisation de la production dans laquelle la gestion serait assurée par les travailleurs eux-mêmes[22]. Mais ils sont violemment hostiles à l'idée d'un contrôle ouvrier s'exerçant dans le cadre du régime capitaliste. Ils suspectent donc sur ce point les majoritaires de « collaboration de classe » et dénoncent leurs illusions. Ces derniers s'inscrivent, il est vrai, dans une perspective ouvertement réformiste. Il s'agit pragmatiquement pour eux de contraindre le pouvoir patronal et d'accroître le rapport des forces en faveur du syndicat (ils parlent d'ailleurs aussi bien de contrôle syndical que de contrôle ouvrier). Le terme de contrôle ouvrier recouvre en fait l'ensemble des institutions des procédures qui permettent d'organiser le contrat de travail et d'en surveiller les conditions d'application. L'importante loi de 1919 sur les conventions collectives est perçue dans ce cadre. Mais le rapport des forces avec le patronat ne permet guère d'escompter de grands pas en avant pour aller dans cette voie, comme en témoigne, en 1921, le cinglant refus des industriels de la métallurgie de mettre en place les commissions de contrôle pour l'application des conventions collectives demandée par la C.G.T.[23]. Aussi, assez rapidement, la majorité de la C.G.T. met-elle surtout l'accent sur les réformes de structure qui paraissent plus facilement réalisables, qu'elles puissent être liées à des initiatives directes du syndicat comme avec le Conseil économique du travail ou qu'elles puissent être mises en œuvre par une décision politique comme pour les nationalisations industrialisées.

Pour peiner à s'incarner dans la réalité face à un patronat arc-bouté sur ses prérogatives, le thème du contrôle ouvrier n'en devient pas moins de plus en plus accepté et banalisé. Signe des temps, c'est alors qu'est forgée l'expression « patronat de droit divin » qui rapporte la désapprobation implicite d'une attitude à la dénonciation d'un archaïsme. Elle est employée aussi bien par les catholiques sociaux, désireux de voir le capital et le travail collaborer pacifiquement[24], que par les syndicalistes, stigmatisant le patronat réactionnaire, ou par tous les modernisateurs aspirant à l'avènement d'une nouvelle entreprise. Ces différents milieux se retrouvent pour dénoncer les « monarchistes industriels[25] » et accuser les entreprises d'être régies par un régime royal qui resterait absolu et ne serait même pas constitutionnel. « La persistance de l'ancien régime a faussé, dans l'industrie comme dans la politique, le jeu des institutions nouvelles », résume-t-on[26]. Les chefs d'entreprise prêtent d'ailleurs eux-mêmes le flanc à une telle critique en répondant avec assurance à leurs multiples détracteurs de l'après-guerre que « l'industrie obéit toujours au principe du commandement unique qui est la caractéristique du gouvernement monarchique[27] ». Les militants de la C.G.T. ont beau jeu, dans ces conditions, de dénoncer une « servitude industrielle » d'un autre âge et de taxer d'intolérance les industriels qui se proclament politiquement des démocrates, et admettent donc que leurs ouvriers aient une influence sur la conduite des affaires de l'État, mais qui refusent que ces mêmes ouvriers puissent donner leur avis sur les choses de leur métier.

À travers ces oppositions et malgré toutes les approximations qui ont entouré les notions de démocratie industrielle ou de contrôle ouvrier, s'impose alors une certitude : la participation des producteurs à la gestion de l'industrie est aussi inéluctable au XXe siècle que l'a été, au XIXe siècle, la conquête du suffrage universel donnant aux citoyens un droit de regard sur les affaires publiques[28]. Un nombre croissant de gens s'accordent ainsi pour penser que le pouvoir absolu doit tomber dans l'usine comme il est tombé dans l'État. L'urgence de cette révolution est d'ailleurs d'autant plus ressentie que les formes d'organisation des entreprises commencent alors à connaître une formidable mutation avec l'introduction d'un taylorisme qui tend à déposséder encore davantage les ouvriers de toute maîtrise sur le processus de travail[29]. Elle se considère aussi d'autant plus légitime qu'elle est quasi universellement à l'ordre du jour. La France ne fait que suivre un mouvement général en cette matière. Il suffit de rappeler ici que c'est dès 1897 que Béatrice et Sidney Webb, les fondateurs du socialisme fabien, publient à Londres leur monumental ouvrage au titre emblématique, *Industrial Democracy*[30].

Dans tous les pays industrialisés, un esprit nouveau s'est développé avec la guerre. En 1916, un *Reconstruction Committee* est par exemple chargé en Angleterre de réfléchir à l'avenir des relations entre ouvriers et employés ; il appelle à la mise en place de conseils d'usine dans chaque entreprise et de conseils nationaux paritaires au niveau des branches industrielles[31]. Monte parallèlement en puissance dans ce pays, autour de personnalités comme Cole ou Hobson, le projet d'un *guild-socialism* qui conçoit le syndicat comme le vecteur d'une prise de contrôle progressive des moyens de production, à partir d'une sorte d'autogestion des ateliers (Cole parle d'*industrial self-government*[32]). Les interrogations sur le sujet circulent aussi largement aux États-Unis. L'après-guerre voit partout des initiatives qui se prennent et des réformes qui s'opèrent. Dans beaucoup d'endroits commencent à se mettre en place dans les entreprises des institutions représentatives des ouvriers et des employés, en même temps que des procédures de conciliation et d'arbitrage. Désignation de *shop-stewards* en Grande-Bretagne, institution des conseils d'entreprise en Allemagne, des *trade boards* dans l'industrie américaine du vêtement, expériences diverses en Autriche, en Belgique et en Italie : le mouvement est foisonnant[33]. Il est partout question de « contrôle ouvrier », de « gouvernement représentatif appliqué à l'industrie »[34], de « fabrique constitutionnelle » (l'expression est allemande), de *self-government*. Les réalisations sont souvent plus modestes que ce que ces expressions pourraient suggérer ; mais elles existent et tendent, de fait, à modifier le fonctionnement des entreprises. Si l'on est loin d'avoir encore réalisé ce qui pourrait s'apparenter à de la cogestion (on parle alors de « gestion conjointe »), des formes de consultation et des procédures de négociation ont effectivement commencé à être introduites dans la gestion, marquant l'entrée dans un nouvel âge des relations industrielles.

La vision du socialisme va s'en trouver modifiée pour beaucoup. La vigueur du mouvement conseilliste dans les insurrections révolutionnaires de l'après-guerre, de Moscou à Berlin ou à Turin, montre, certes, que la culture révolutionnaire classique reste très vivante ; elle trouve même un nouvel élan et une nouvelle justification après Octobre. Mais la voie est désormais aussi ouverte pour que l'idéal socialiste puisse se formuler comme mouvement d'extension à l'économique et au social des principes démocratiques. Cela redéfinit le terme même de social-démocratie. Un Édouard Bernstein l'a reconnu en Allemagne [35] comme un Henri de Man en Belgique [36]. Si elle ne progresse que modestement dans les faits, la démocratie industrielle s'impose ainsi au début des années 1920 dans un nombre croissant d'esprits. À côté des acteurs sociaux, une poignée de jeunes intellectuels prometteurs fait aussi ses premières armes en explorant cette galaxie. Célestin Bouglé, Georges Gurvitch, Maurice Halbwachs, André Philip et bien d'autres feront de la sorte leurs premiers pas de chercheurs en même temps que leur apprentissage idéologique et militant.

Convergences et divergences

Le mouvement est large, mais il n'est cependant pas général. En dehors des résistances d'un patronat rétrograde, bien d'autres réserves s'expriment. Si la guerre conduit beaucoup à considérer d'un œil neuf les relations de travail, elle entraîne aussi une suspicion accrue vis-à-vis de la politique. De multiples voix s'élèvent pour dénoncer l'inefficacité de l'État, la mauvaise organisation du pays par les pouvoirs publics et pour vouer aux gémonies un parlementarisme jugé aussi bavard qu'inefficace. Les nécessités de l'action font d'abord juger sévèrement les lenteurs de la délibération politique. « Quand le canon tonne, la démocratie n'a qu'à se taire », note ainsi Gustave Hervé en une formule qui marque, tandis qu'un jeune rédacteur du *Mercure de France* confie sans paraître soulever de protestations : « Plus je fais la guerre, plus je deviens aristocrate[37]. » Tous ceux qui n'avaient accepté que du bout des lèvres, comme un fait plus subi que désiré, la consécration du suffrage universel redressent la tête. Les antiennes d'un Émile Faguet dans *Le Culte de l'incompétence* sont reprises par des chœurs dorénavant plus fournis. Sa dénonciation de « la tarentule démocratique » devient un des lieux communs de la presse de droite et d'extrême droite qui rappelle avec délectation sa définition du politicien : « Un homme nul pour ce qui est des idées personnelles, médiocre comme instruction, partageant les sentiments généraux et les passions générales de la foule[38]. » La question de la compétence dans la démocratie devient un sujet central d'interrogation, même pour ceux qui ne sont pas aveuglés par une sourde volonté de revanche sur l'idée moderne d'égalité[39]. Ce n'est pas la haine de la démocratie, mais le rejet de l'amateurisme, qui meut ainsi nombre de jeunes esprits sincèrement avides de changement, plus sensibles à la nécessaire réforme de l'État qu'à la redéfinition du fonctionnement des entreprises. C'est même vrai dans une partie des rangs socialistes, comme en témoignent les *Lettres sur la réforme gouvernementale* de Léon Blum (1917) qui, loin d'inviter à « parlementariser » la vie des entreprises, estime à l'inverse que « le rôle d'un chef de gouvernement ne doit pas être conçu autrement que celui d'un chef d'industrie[40] ». C'est aussi le moment où

Fayol publie *L'Incapacité industrielle de l'État* (1921), en invitant à transformer en entreprises des services publics comme ceux des P.T.T.

Tout un courant technocratique se forme sur cette base dans les années 1920[41]. Un de ses représentants les plus notables, le conseiller d'État Henri Chardon, voit dans l'exagération du pouvoir politique le « vice organique de la République française ». « L'exagération de ce que nous appelons la politique, écrit-il, a rongé la France comme un cancer : la prolifération des cellules inutiles et malsaines a étouffé la vie de la nation[42]. » La jeune génération d'intellectuels et de hauts fonctionnaires qui entend œuvrer en conséquence à la construction d'une administration rationnelle, forte et autonome, accepte complètement, quant à elle, la légitimité du suffrage universel. Mais elle aspire à distinguer, plus nettement que par le passé, ce qui peut relever du champ de la politique, fondée sur le suffrage du nombre, et ce qui doit être confié à une administration constituée par la sélection d'une élite. L'erreur est, à ses yeux, de croire que l'élection peut suffire à tout dans une démocratie. « Après bien des tâtonnements, écrit en ce sens Henri Chardon, les démocraties arrivent à comprendre qu'à côté de la force politique qui, provenant du suffrage du nombre, permet seule au peuple de contrôler souverainement et de régir ses destinées mais qui restera toujours nécessairement instable et mouvante, comme le suffrage du nombre, elles doivent maintenir et développer une force d'action permanente, une force administrative qui, seule, peut assurer la vie journalière et le progrès de la nation. Sans force politique basée sur l'élection, plus de république ; mais sans force administrative, basée sur une sélection rigoureuse, plus de nation[43]. » On cherche davantage dans ces milieux à concilier l'autorité et la démocratie qu'à étendre le champ de validité de cette dernière. Ce sont les idées d'organisation rationnelle et de planification qui vont être les plus importantes en leur sein. Leur mot d'ordre est de contribuer à « industrialiser la République », dans une perspective de type saint-simonienne[44].

Les rapports à la question de la démocratie sont donc extraordinairement variés dans les années 1920[45]. Il y a les chantres de la démocratie industrielle sur lesquels nous avons surtout mis l'accent. Il y a aussi ces partisans d'un pouvoir technique accru pour lesquels le pouvoir du nombre doit se limiter à l'exercice d'un contrôle et d'une autorisation. Mais il y a encore les sectateurs d'un nouvel élitisme qui ont le culte de la force et haïssent les valeurs et les institutions de la démocratie. On ne peut, cependant, faire comme si ces approches découpaient des camps et des idéologies aux lignes de partage tracées avec évidence. Bien des éléments de ces différentes sensibilités se mêlent et se superposent chez beaucoup. Ce sont souvent moins les visions positives que les répulsions et les rejets qui mènent à de surprenantes proximités. Les années 1930 composeront, on le sait, l'inquiétant et tragique répertoire de ces rapprochements pervers. L'idée même de démocratie industrielle, pour ce qui nous intéresse ici, entretient des liens parfois complexes avec la vision saint-simonienne. Un Léon Jouhaux reprend à son compte le projet de substituer une administration des choses au gouvernement des hommes[46]. Référée à l'auteur du *Catéchisme des industriels* et à un Proudhon redécouvert dans les années 1920 comme un auteur clef[47], la démocratie industrielle renvoie du même coup à une conception singulièrement appauvrie de la vie démocratique. L'œuvre d'un Maxime Leroy, le grand compagnon de route du syndicalisme français du début du siècle, témoigne avec éclat de cette vision réductrice du politique[48].

L'extraordinaire observateur de *La Coutume ouvrière* a aussi été l'éditeur de Proudhon dans les années 1920. Le mot d'ordre qu'il propose à ses amis de la C.G.T. et aux réformateurs se résume simplement : il s'agit de substituer le producteur au citoyen. « Ce n'est plus une philosophie du pouvoir qui doit dominer nos institutions et notre action privée, écrit-il : c'est une philosophie du travail ou, si l'on préfère un mot plus vaste, une philosophie de la production [...]. Servir est régalien ; produire, démocratique[49]. » Pour lui, il faut donc entrer dans un monde positif et « déclarer close l'ère politique selon Montesquieu[50] ». Maxime Leroy rêve d'élaborer une « technique sociologique » qui se substitue à l'art gouvernemental, de telle sorte que la politique puisse devenir une science assimilée à la lecture des statistiques, à la gestion des bilans et à l'élaboration de plans de production. « À la notion de souveraineté, insiste-t-il, les syndicats font succéder celle du travail, car si nous ignorons où est le souverain populaire, fiction désormais liberticide, nous savons bien où est le travailleur, rude réalité émancipatrice[51]. » Le but de la révolution n'est donc pas de prendre le pouvoir existant, mais de constituer une « république des producteurs » dans laquelle l'autogouvernement des ateliers finisse par vider de toute substance le gouvernement. « Ce n'est pas la présidence de la République qu'il faut améliorer, mais nos rouages de la production », conclut-il[52]. Un de ses proches prend même tellement au sérieux cette substitution de producteur au citoyen qu'il suggère de priver de droit de vote les individus comme les rentiers ou les administrateurs de sociétés dont l'activité est estimée parasitaire[53] ! On est donc bien loin, dans ce cas, de l'idée d'une application des principes démocratiques à l'économie.

Si quelques réformes immédiates comme la nomination de délégués, le développement des conventions collectives, le contrôle sur les conditions de travail, font facilement l'unanimité dans la nébuleuse réformatrice qui se réclame d'un projet de démocratie industrielle, elles recouvrent de profondes divergences philosophiques. Le flottement du vocabulaire désignant l'objectif à atteindre en témoigne à sa façon. On parle indifféremment de « contrôle ouvrier », de « démocratie industrielle », de « république du travail », de « constitutionnalisme d'usine », de « république coopérative », de « démocratie ouvrière ». La masse des ouvrages qui portent ces titres constitue une impressionnante bibliothèque. Les idées se mêlent et s'emmêlent, comme les milieux qui se mobilisent autour de ces thèmes. Les sages professeurs réunis dans l'Association nationale pour la protection légale des travailleurs côtoient dans leur recherche les fonctionnaires militants du ministère du Travail, les gros bataillons de la C.G.T., les notables éclairés du Musée social, une poignée de patrons philanthropes et une cohorte de faiseurs de systèmes.

Au-delà de toutes ces convergences et divergences s'impose pourtant le constat de l'avènement d'une nouvelle économie du politique dans les années 1920. La montée en puissance du thème de la démocratie industrielle marque, avec la transformation du lien électoral et l'élargissement pratique de l'espace du politique, l'entrée dans cette démocratie moyenne dont nous avons évoqué la figure.

XI

DIFFÉRENCES ET RÉPÉTITIONS

Une nouvelle économie du politique
Les gouffres du XXe siècle
La démocratie négative
Une histoire ordinaire et son tournant
Le déclin de la volonté ?

Une nouvelle économie du politique

L'histoire de la démocratie en France, nous l'avons vu, a été faite depuis 1870 d'une série d'affrontements et de tâtonnements qui ont conduit, à distance de la République absolue rêvée par les pères fondateurs, à l'avènement progressif d'une *démocratie moyenne*. Si la Constitution n'a guère varié, l'esprit des institutions a, lui, bien changé, comme en témoigne de façon exemplaire l'ouvrage de Joseph Barthélemy et de Paul Duez consacré en 1926 au fonctionnement de la IIIe République[1]. Mais ce ne sont pas d'abord les « conventions » ou les « coutumes constitutionnelles » qui ont évolué, même si le tournant du 16 mai 1877 a marqué une date clef. L'essentiel des changements s'apprécie dans le cadre plus large d'une transformation des formes d'ensemble du jeu politique. Nous avons notamment analysé, tant ici que dans un ouvrage précédent[2], les conditions de l'avènement d'une démocratie des partis conduisant à modifier le lien représentatif. L'élargissement de l'espace public et des formes d'expression politiques a aussi contribué à relativiser bien des critiques adressées au système parlementaire. Même si l'absence de référendum a sérieusement limité les aspirations à une expression citoyenne élargie, le cadre de la vie politique est tout de même devenu plus ouvert sur la société. Les apories fondatrices n'ont certes pas été dépassées, pas plus que n'ont été désarmées les insatisfactions et les revendications d'une souveraineté plus effective du peuple. Mais, au moins, un espace à l'intérieur duquel les critiques et les réformes finissent par trouver une place positive a été dessiné. Cadre bien instable et fort imparfait, mais cadre permettant de sortir de l'ancienne et mortelle alternative entre le consentement résigné aux pesanteurs d'un ordre clos et les illusions d'un recommencement absolu. Le principal mérite du régime est bien, à cet égard, d'avoir permis, pour la première fois en France, de lier de façon évolutive le parlementarisme et la démocratie. Il est ainsi frappant de constater l'abîme qui sépare l'antiparlementarisme des années 1890 de celui de l'après-guerre. Le premier n'est pas seulement plus violent ; il est aussi plus désespéré et ne voit souvent d'issue, à défaut d'une improbable transfiguration des choses, que dans la dérision. Celui des années 1920 est parfois aussi virulent, mais il est plus positif ; il s'est greffé sur la formulation de propositions tangibles.

Quatre facteurs ont particulièrement pesé, à l'aube des années 1920 et 1930, pour construire la nouvelle économie du politique qui sous-tend l'avènement de cette démocratie moyenne. Les premiers éléments de la mise en place d'une *démocratie d'équilibre* dans l'ordre de la figuration du social, que nous avons analysés dans *Le Peuple introuvable*, ont d'abord conduit à apporter des éléments partiels de réponse à la crise de la représentation politique, réduisant d'autant les tensions liées à la recherche d'une expression plus directe des citoyens. Les interrogations sur les faiblesses du système français se sont ensuite déplacées, desserrant là aussi l'étau. Les insatisfactions proprement politiques ont été de leur côté partiellement éclipsées par d'autres revendications jugées plus pressantes. Les formes de l'expression populaire se sont enfin élargies, tant avec la banalisation des « manifestations » qu'avec les premiers pas des sondages d'opinion.

Il est toujours question de crise du gouvernement représentatif dans les années 1920 ou 1930. De savantes études viennent même apppuyer à cette époque la vieille dénonciation d'une confiscation de la démocratie. L'honorable Union interparlementaire en fait par exemple la matière d'une de ses premières grandes enquêtes [3]. Les universitaires développent, quant à eux, les investigations, en s'intéressant enfin à la vie réelle des institutions et plus seulement à la théorie du droit constitutionnel [4]. Les jeunes revues et les clubs de réflexion qui se multiplient alors s'arrêtent aussi à la question, de même qu'une poignée d'hommes politiques qui rêvent de refonder la démocratie française, à l'instar d'un Tardieu. Si l'on met à part le petit nombre de ceux qui, surtout à droite, vitupèrent avec des accents du passé contre la « pourriture parlementaire » ou qui notent de façon inquiétante que « le terme de démocratie est à éviter comme la peste [5] », l'essentiel des réflexions et des propositions sont plus instrumentales. Elles visent notamment à renforcer le pouvoir exécutif et à rompre avec le gouvernement d'assemblée. L'obsession de la plupart des réformateurs, marqués par les leçons de la guerre, est en effet au premier chef de rendre le pays plus efficacement gouvernable, en plaidant pour un nouvel équilibre des pouvoirs publics et un renforcement de la cohésion d'un conseil des ministres conçu comme une véritable équipe gouvernementale. Les divers milieux « révisionnistes » appellent aussi à des réformes plus ponctuelles concernant les procédures parlementaires. À distance de la « parlementarite » dénoncée par Charles Benoist[6], commence ainsi à se chercher la voie de ce qu'on appellera, un peu plus tard, un « parlementarisme rationalisé ». Le choix des modes de scrutin et la question d'une représentation des intérêts sont également souvent discutés[7]. La recherche d'une souveraineté plus active du peuple apparaît en revanche plus secondaire. Plusieurs voix appellent certes autour de Tardieu à instaurer un référendum de consultation et Millerand invite même à instaurer une procédure d'initiative populaire, tandis que Joseph Barthélemy souligne que « le référendum est le seul remède à l'omnipotence parlementaire. Il ne détruit pas le Parlement, il le contient[8] ». Ce n'est cependant pas autour de cette question que se nouent les enjeux et que s'organisent les débats les plus vifs. Si la S.F.I.O. défend toujours le référendum dans ses programmes, elle ne met pas la proposition au centre de son projet. Léon Blum invite bien son parti à « familiariser l'opinion populaire avec le système et la pratique du référendum », soulignant que « nous ne confondons pas le parlementarisme avec la démocratie politique »[9], mais les préoccupations de ce dernier sont ailleurs.

S'impose aussi à un nombre croissant d'esprits l'idée que l'avenir de la démocratie ne se joue pas seulement sur le terrain constitutionnel. C'est également à une *société* plus démocratique qu'on aspire. En témoigne la montée en puissance des thèmes du contrôle ouvrier et de la démocratie industrielle que nous avons précédemment évoqués. De fait, c'est largement autour de la redéfinition des conditions de gestion de la vie économique que se cherche, en ces années, la voie d'un approfondissement démocratique. De multiples réformes ont d'ailleurs donné simultanément crédit et consistance à cette perspective d'une démocratisation de l'entreprise. Dès juin 1936, les accords Matignon entre le patronat et les syndicats amènent ainsi le législateur à instituer dans toutes les entreprises des délégués ouvriers élus par les salariés, pour représenter ces derniers auprès de la direction en cas de réclamations individuelles. L'adoption parallèle d'une procédure d'extension des conventions collectives conduit à encadrer le pouvoir patronal dans la régulation du contrat de travail[10]. Contrairement à d'autres voix réformatrices, la C.G.T. n'appelle pas, alors, à la constitution d'une seconde chambre représentant les intérêts économiques et sociaux pour améliorer le fonctionnement de la démocratie[11]. Mais elle entend bien continuer, en revanche, à lutter pour l'extension de la démocratie économique *dans l'entreprise*, grâce à, notamment, la reconnaissance d'une compétence accrue de l'organisation syndicale dans la détermination et le contrôle du contrat de travail. D'autres mesures viendront ensuite consolider et étendre ces premiers pas. Les grandes lois de 1928 et 1930 sur les assurances sociales contribuent de leur côté à commencer de donner corps à une forme de citoyenneté sociale, qui élargit l'horizon des précédentes revendications plus étroitement politiques.

La période va voir, par ailleurs, les formes de l'expression sociale se dilater, tant avec la banalisation des manifestations, qu'avec les tout premiers développements des sondages. Fait significatif : le régime légal des manifestations est modifié en 1935, les tolérances antérieures cédant en partie la place à un cadre organisé[12]. La manifestation reste toujours une expression politique qui conserve un caractère irréductiblement marginal, rétif à un encadrement formel. Elle demeure à la frontière de l'institutionnalisation du politique et ne peut pas être l'objet d'une liberté publique ordinaire[13]. Elle est en effet une forme politique par essence instable et mouvante, continuellement susceptible de changer d'état, laissant toujours subsister un écart à sa propre définition. La manifestation explore toujours en ses limites et en ses bords l'exercice de la souveraineté. Mais quelque chose a cependant changé à son propos dans les années 1930, avec l'avènement d'une « nouvelle culture manifestante [14] ». La manifestation est alors devenue une expression encadrée d'une des figures limites de la souveraineté du peuple. Bien loin de correspondre à une forme archaïque du politique et d'être seulement la conséquence de dysfonctionnements de celui-ci, la manifestation est pour cette raison éminemment « moderne ». Elle appartient à un âge inquiet et développé de la citoyenneté. Elle accompagne et suit le suffrage universel autant qu'elle le précède. Même si c'est en lisière des opinions dominantes que la manifestation a le plus facilement recruté ses participants, elle s'est en fait, à partir de cette époque, banalisée et universalisée, concernant la société tout entière. Les patrons, les habitants des beaux quartiers et même les politiciens se sont désormais aussi exprimés dans la rue. La manifestation a clairement cessé d'appartenir aux damnés de la terre pour caractériser une modalité générale du lien social. Il faudrait certainement apporter des nuances à ce jugement, ne serait-ce que pour distinguer les étapes décisives d'une évolution. Mais le constat général n'en serait pas changé.

L'apparition des sondages va parallèlement prolonger cette extension des modalités non institutionnelles de l'expression sociale. C'est avec eux que la notion d'opinion publique devient pleinement instrumentale dans le champ politique. Les étapes de cette révolution indissociablement technique et politique ont suffisamment bien été analysées ailleurs pour qu'il ne soit pas utile d'y revenir ici [15]. Sauf, peut-être, pour souligner que si leur dimension démocratique était alors fortement perçue par certains (la C.G.T., pour ne donner qu'un exemple, se réjouissait ainsi dans l'entre-deux-guerres de leur arrivée [16]), ils connaîtront en

France un développement plus limité qu'aux États-Unis[17]. L'effet d'un Stoetzel ne peut ainsi se comparer à la révolution politique engendrée outre-Atlantique par Gallup à partir de 1935. Ces sondages présentent, certes, comme la manifestation, la caractéristique de constituer une forme mouvante d'expression de la souveraineté, échappant toujours à une objectivité qui pourrait épuiser leur programme et accomplir leur ambition. Au-delà de ces épreuves, de ces incertitudes et de ces limites, la voie d'une démocratie plus informelle était pourtant désormais ouverte avec eux. Entre la sage expression des urnes et les clameurs incontrôlées de la rue, s'est ainsi mise en place dans les faits une « troisième voie » de l'expression sociale. Hésitante et mal assurée, arrimée à une légitimité précaire, incertaine même de sa réelle consistance, elle n'en est pas moins peu à peu devenue aux yeux de tous une sorte de gardienne attentive de la souveraineté. Une forme de « manifestation permanente » du peuple s'est de cette façon paisiblement instituée, permettant une intervention effectivement plus forte de la population dans la vie publique.

L'avènement d'une nouvelle économie du politique qui résulte de ces évolutions et de ces différents changements de perspective apparaît pleinement lisible au moment du Front populaire. On voit bien alors que la présence de partis fortement constitués a modifié les termes du problème de la représentation. Même sans faire référence à la fameuse prétention des communistes à s'ériger en un véritable « ministère des masses », il est patent que le champ du politique s'est élargi et s'est pluralisé. La multiplication d'imposantes manifestations pendant cette période n'a fait que renforcer ce sentiment[18]. De mai à juillet 1936, la présence répétée de foules compactes sur le pavé parisien donne à beaucoup l'impression que la population est directement partie prenante de l'action du nouveau pouvoir.

La multiplication concomitante des grèves ne fait qu'accentuer l'idée d'une influence plus directe de la base sur le cours des choses. Cortèges de grévistes et rassemblements populaires constituent de véritables « fêtes de la souveraineté [19] ». Le fait d'une alternance politique de l'ampleur de celle qui a eu lieu en mai 1936 contribue par ailleurs puissamment à modifier la perception d'un système politique désormais allié. La mise en œuvre d'un programme de réforme, concédé autant qu'arraché par la grève, conduit, de son côté, à l'adoption d'une approche plus instrumentale des institutions. On voit fréquemment à ce moment la victoire d'un camp être assimilée à une sorte de revanche sur les pesanteurs de l'histoire, qui abolit d'un coup les anciennes résistances devant l'exercice d'un pouvoir plus actif du peuple, faisant presque se superposer dans certaines têtes le souvenir des audaces de la Commune de 1871 avec la vision du fonctionnement possible des organes réguliers de la République [20]. L'alternance est de la sorte perçue comme l'équivalent d'une refonte institutionnelle. Il est d'ailleurs significatif que le programme du Front populaire, fortement axé sur les problèmes économiques et sociaux, n'ait consacré aucune ligne aux questions constitutionnelles.

Ce ne sont cependant pas seulement ces enthousiasmes passagers et ces changements plus profonds de l'économie globale du politique qui ont conduit à la stabilisation d'une démocratie moyenne en France. L'existence d'une particularité française a également joué son rôle : c'est le fait que cette démocratie s'y est affirmée dans le cadre plus global d'un monisme républicain fortement teinté d'accents illibéraux. Le vieux fond illibéral de la culture politique révolutionnaire est toujours présent dans l'entre-deux-guerres. Il a traversé sans encombre le XIXe siècle, marquant sous des formes et à des degrés divers les différents régimes.

Quelques invariants constitutionnels d'importance ont été là pour le rappeler : dénégation de la représentativité des corps intermédiaires, abandon pratique du droit de dissolution, défiance répétée envers toute forme de contrôle de constitutionnalité. Il ne faut donc pas seulement apprécier le cas français sur une échelle linéaire qui irait du pur gouvernement représentatif à la démocratie directe, la confiscation du pouvoir constituant par le Parlement et le rejet du référendum soulignant sur ce point le « retard hexagonal ». La variable de l'illibéralisme a aussi contribué de façon essentielle à l'équilibre du modèle politique français. Elle a en quelque sorte permis à la culture politique républicaine de jouer sur deux tableaux. Cette dernière rassure la droite par sa modération démocratique, tandis qu'elle reste en connivence avec la gauche par son illibéralisme. La durée de la IIIe République n'est pas sans lien avec cet alliage politique très particulier.

Mais il faut pourtant encore insister sur un dernier facteur pour comprendre l'avènement d'une démocratie moyenne en France : le poids de l'environnement international. Au lendemain de la guerre, c'est ce qui apparaît indissociablement comme un modèle politique et un type de civilisation qui est crédité de la victoire. Les différents cycles politiques des pays occidentaux se trouvent du même coup synchronisés après 1918. Un type *comparable* de démocratie semble prêt à s'affirmer partout dans le monde. On voit d'ailleurs s'imposer à ce moment le vocable de « démocratie internationale[21] ». La France s'appuie dans un premier temps sur cette référence positive à une « démocratie victorieuse » pour trouver son centre de gravité. Mais la scène internationale offre rapidement un visage moins rassurant avec la montée en puissance des régimes totalitaires. Ce sera alors de façon plus négative, comme antithèse de ces régimes, sous les espèces d'une démocratie peut-être modeste mais heureusement rassurante, que se confortera la position de cette démocratie moyenne.

Les gouffres du XXe siècle

Une démocratie moyenne se met donc tant bien que mal en place à l'aube des années 1920. Mais cette modeste marche en avant est rapidement confrontée à la tourmente. Il ne s'est nullement agi d'une histoire paisible, banalement traversée par les tensions normales du monde social, rythmée par les cycles ordinaires des espérances et des déceptions, et faisant simplement alterner, sans danger, les avancées et les points d'arrêt au gré des audaces et des prudences. Le XXe siècle a en effet vu se creuser de nouveaux et terrifiants précipices serrant de près la route hésitante de la souveraineté du peuple : le communisme léniniste-stalinien et le national-socialisme. Si l'univers politique français du XIXe siècle avait donné naissance aux quatre figures qui avaient dessiné les bords inquiétants de l'expérience démocratique, c'est ailleurs qu'ont surgi au XXe siècle ces menaces accrues. Mais elles n'en ont pas moins directement conditionné l'expérience française, tant par les échos et les soutiens qu'elles ont pu y recueillir que du fait de l'universalisation de l'histoire politique. Aussi est-il important d'en rappeler, même brièvement, les caractéristiques, au regard de la question historique de la démocratie.

Adossés l'un et l'autre à une critique sans appel de la « démocratie bourgeoise » et du système représentatif issus du XIXe siècle, le léninisme-stalinisme et le nazisme ont chacun prétendu accomplir, voire dépasser, l'idéal démocratique en récusant toutes ses approximations antérieures. Ces deux faces de l'entreprise totalitaire moderne ont-elles inventé quelque chose de radicalement inédit ? C'est évidemment indiscutable dans les pratiques, puisque, sur des modes très distincts, ces deux pathologies de la politique moderne ont donné naissance à un déchaînement auparavant inconnu de l'*hubris* du pouvoir. Mais sur le fond, ces deux visions ne surgissent pas du néant. On peut les décrire et les comprendre comme des entreprises radicalisant à l'extrême les caractéristiques les plus saillantes des bords précédents de la démocratie. Le national-socialisme a ainsi absolutisé le principe d'incarnation déjà présent dans le césarisme tout en poussant à ses limites ultimes — celles d'une identité raciale excluante — la perspective d'une fusion entre représentants et représentés. Tout en s'étant inscrit à son origine dans une culture politique de l'insurrection, le léninisme-stalinisme a de son côté durci à l'extrême la vision essentialiste du politique. Sans avoir ici à retracer l'histoire complexe de ces deux figures extrêmes du retournement de l'émancipation moderne, ni à songer même à en dessiner les grands traits, il importe cependant de souligner très brièvement le lien qui unit de façon aggravée les pathologies du XXe siècle à celles du XIXe.

La vision essentialiste de la représentation s'impose au XIXe siècle comme une critique radicale de l'univers pluraliste-démocratique. Mais elle sert surtout, dans un premier temps, à instruire le procès du politique au nom du social. De Proudhon au syndicalisme révolutionnaire, une même critique s'est ainsi développée pour dénoncer le caractère mutilant d'un suffrage universel couronnant les individus abstraits au détriment de l'expression des groupes sociaux concrets. À l'atomisation des individus-électeurs, simples composantes numériques d'une supposée volonté générale, les premiers syndicalistes ont voulu substituer la cohésion réelle, enracinée dans l'organisation économique, du métier. D'où leur virulente dénonciation du « démocratisme », au nom d'une conception plus exigeante de la solidarité au sein des groupes professionnels. Loin d'être conçue comme une délégation, problématique par nature, la représentation n'avait de sens à leurs yeux que sous les espèces d'un rapport d'identification. La représentativité dérivait pour eux d'un présupposé sociologique — l'homogénéité du groupe de production — et non d'une arithmétique liée à un quelconque suffrage; elle était un donné social et non un construit politique[22]. Cette distinction n'avait cependant pas pour but de servir à repenser la démocratie. Elle avait plus directement pour objet de manifester la spécificité sociale du syndicalisme, tant dans sa culture que dans ses formes d'organisation, en soulignant sa distance avec les principes régissant l'ordre politique. Le propre du léninisme-stalinisme au XXe siècle va être, au contraire, de greffer cette culture sociale sur une conception directement politique et de l'instrumentaliser avec la mise en œuvre d'un parti totalisant.

La vision communiste s'inscrit bien, en effet, dans cette perspective essentialiste. Mais elle oppose sur cette base deux formes de démocratie : bourgeoise et prolétarienne, ou encore formelle et réelle[23]. Dès 1920, la dénonciation de la « démocratie formelle » est ainsi au cœur de la rhétorique du nouveau parti né à Tours, comme elle l'avait été auparavant du parti de Lénine. Le rejet des « institutions bourgeoises » et du « fétichisme démocratique » a un double sens. Il conduit d'abord à relativiser l'importance de la lutte électorale. Les conditions de participation à la compétition électorale et aux institutions parlementaires sont évaluées de façon purement tactique, en fonction des intérêts du moment et des exigences de la propagande du parti. Même si la participation de députés communistes à la vie parlementaire peut être justifiée, elle ne constitue pas un but en elle-même. Il ne s'agit en aucun cas de s'abandonner à la « superstition parlementaire », c'est-à-dire à « la naïve croyance à la conquête légale et pacifique du pouvoir[24] ». La perspective révolutionnaire reste l'horizon régulateur de toute action politique. L'Internationale communiste a défendu avec constance ce point de vue, considérant que l'action électorale n'avait de sens que rapportée à la lutte des masses, la tribune du « Parlement bourgeois » n'étant estimée digne d'attention par le parti que si elle pouvait constituer « un point d'appui secondaire de son action révolutionnaire[25] ». La dénonciation du fétichisme démocratique ne s'arrête cependant pas à ces considérations tactiques. Elle n'aurait d'ailleurs rien d'original à s'en tenir là, tant la stigmatisation de l'électoralisme avait été une constante dans le mouvement socialiste naissant du XIXe siècle[26]. Elle a une portée philosophique plus profonde.

Le suffrage universel est critiqué comme une duperie structurelle parce qu'il dissimule les divisions sociales de classe derrière l'égalité apparente des bulletins de vote. La « volonté générale » qu'il prétend dégager n'a donc aucune consistance, elle n'est, de fait, que la façade mensongère de la domination de la bourgeoisie. La réalité de la démocratie doit donc se mesurer à l'aune de la « nature de classe » du pouvoir et non en fonction de la conformité à des critères procéduraux. Seul peut être qualifié de démocratique un système politique qui satisfait les intérêts de l'immense majorité, c'est-à-dire ceux de la classe ouvrière. La démocratie, en d'autres termes, est un concept social avant d'être un concept constitutionnel. Impossible, donc, d'utiliser le même mot pour désigner deux ordres de réalité aussi différents : il n'y a pas de « démocratie en général » ; il n'y a pas de « démocratie pure »[27]. Les communistes français opposent un moment dans cet esprit les deux termes de *soviétisme* et de démocratie pour souligner l'impossibilité de parler au singulier de la question[28], avant d'en revenir plus classiquement aux distinctions bourgeoise/prolétarienne, formelle/réelle. La principale conséquence de cette définition est, on le sait, d'amener à considérer, selon une célèbre formule, que la dictature du prolétariat est « un million de fois plus démocratique que n'importe quelle démocratie bourgeoise[29] », dans la mesure où elle représente et défend les intérêts du peuple. L'apologie du nouveau système mis en place en 1917 trouve là sa justification. « Seul l'appareil soviétique n'est pas une fiction démagogique du gouvernement par le peuple », rétorquent à leurs détracteurs les communistes français[30]. La vision communiste de la démocratie radicalise donc bien l'approche essentialiste du politique.

Il y a un double présupposé sociologique dans cette conception. Le premier est que la classe ouvrière et ses alliés, qui forment le peuple, constituent une « écrasante majorité », alors que la bourgeoisie n'est composée que d'une mince couche d'exploiteurs ; ces derniers ne réussissant à maintenir leur domination contre nature que par la force et par les artifices d'une fiction politique qui dissimule les oppositions radicales d'intérêts derrière le présupposé d'une communauté politique en elle-même consistante. Le second présupposé est que ce peuple est essentiellement uni, qu'il forme un *groupe homogène*. La cohérence du peuple est en effet ce qui fonde l'évidence de ses intérêts et de sa volonté. La volonté générale ne résulte donc pas d'une arithmétique des préférences et des opinions individuelles, prétendument exprimés de façon libre dans la procédure électorale. Elle est volonté d'une communauté unie et cohérente. Aux antipodes de la vision libérale classique qui conçoit la société comme un entrelacs complexe de positions et d'intérêts également légitimes, la perspective communiste est celle d'une approche communautariste du social[31]. Un théoricien marxiste du début du XXe siècle va jusqu'à écrire sur cette base que « dans le sens rigoureux du terme, un peuple n'existe même pas dans un État capitaliste[32] ». D'où la justification du parti unique qui est la « forme » d'une classe objectivement homogène[33]. D'où aussi la tentation permanente des régimes communistes de mettre en scène l'unanimité sociale dans la présentation des résultats électoraux comme manifestation d'une société sans divisions[34].

Le présupposé d'homogénéité a lui-même deux conséquences. Il conduit d'abord à simplifier la question de la volonté générale et à transformer les termes du problème de la représentation. Il n'y a plus, en effet, de différence entre représentation et connaissance sociale dès lors que le peuple est un : les positions des sujets se résorbent complètement dans ce cas dans l'objectivité des situations. Le parti et la classe se confondent ainsi sans difficultés. Le principe d'homogénéité conduit par ailleurs aussi à une certaine indifférence des formes politiques. Dès lors que la démocratie est l'expression d'un intérêt social *déjà donné*, il n'y a plus de distinction autre que purement formelle entre démocratie directe et gouvernement représentatif. Le représentant est une pure icône de la classe, issu qu'il est d'un parti lui-même simple forme de cette classe. Un emboîtement de ces équivalences permet en fin de compte à celui que Soljenitsyne appelait l'*egocrate* de dire avec assurance « la société, c'est moi[35] ». Se trouvent de la sorte *simultanément résolus* les deux problèmes de la figuration démocratique et des modes d'expression adéquats de la souveraineté du peuple. Car le problème de la figuration du social ne recèle aucune difficulté quand la société ne présente plus de différences qu'il faudrait identifier pour les traduire. Le peuple, de son côté, règne sans conteste sous les espèces de masses supposées directement actives, tant dans leurs représentants que dans les multiples organisations qui les encadrent ; le représenté est censé pleinement vivre dans le représentant. La démocratie « réelle » peut, en conséquence, prétendre accomplir la démocratie formelle et transcender leur distinction initiale.

Pour illustrer cet accomplissement, les communistes se présentent d'ailleurs volontiers comme la force politique qui a réussi à donner chair au projet d'une démocratie mandataire et à la recherche d'une stricte coïncidence des représentants et des représentés. Le principe de la révocabilité de l'élu est ainsi supposé être mis en pratique dans le parti, et il est même constitutionnellement organisé et garanti par la Constitution stalinienne de 1936 en U.R.S.S.[36]. Le parti s'attache pareillement à souligner la parfaite correspondance sociologique entre ses candidats et la population[37]. L'U.R.S.S. est certes présentée au premier chef comme ayant édifié un système qui donne un contenu concret aux droits et aux libertés, puisque les travailleurs disposent d'imprimeries, de salles de réunion et d'autres facilités matérielles qui leur permettent d'être de véritables acteurs de la vie politique. Mais elle est aussi mise en avant comme le pays qui met en pratique les principes, bafoués ailleurs, d'un authentique gouvernement représentatif. Les choix des candidats peut y être une stricte « sélection des meilleurs », puisque toutes les perturbations et les manipulations sociales ou personnelles du lien représentatif sont supposées avoir été écartées[38]. Les procédures représentatives y ont été tellement améliorées qu'il n'y a plus, en fait, de différence substantielle entre gouvernement direct et système représentatif dans ce cas, soutiennent les thuriféraires du système. On insiste donc sur le grand nombre des soviets, le foisonnement des commissions, la multiplication des réunions, la grande dimension des assemblées représentatives elles-mêmes. Les ouvrages de propagande en faveur du régime accumulent orgueilleusement les données quantitatives sur ces points. L'un d'entre eux recense ainsi à longueur de pages les 50 000 soviets, les deux millions de personnes élues députés des soviets de tous niveaux, les 300 000 commissions qui ont fonctionné en une année, les centaines de milliers de rapports, de questions posées, de réunions organisées... pour en déduire triomphalement que « 82 millions de personnes ont participé à la discussion du programme du P.C.U.S.[39] ! ». La quantité est donc censée se muer en qualité, au point que démocratie directe et gouvernement représentatif finissent par se superposer dans les faits. Marcel Cachin va jusqu'à estimer, en une extraordinaire formule, qu'il s'agit de « la seule forme connue de représentation directe du prolétariat dans son ensemble[40] ».

Le fétichisme des formes et la prétention à leur dépassement vont de pair dans ce cas, résolvant ainsi toutes les apories constitutives du gouvernement démocratique. La séduction intellectuelle qu'a pu exercer ce modèle provient de cette extraordinaire capacité de la rhétorique communiste à mêler l'eau et le feu, la prétention à l'accomplissement de la démocratie représentative en même temps que sa négation radicale. En elle peuvent se lier un hyperformalisme et le culte d'une démocratie jugée plus « réelle ». La vision communiste du politique offre en quelque sorte la perspective d'un véritable rachat salvateur des formes de la démocratie. Au bout du chemin, c'est la dissolution de la démocratie qui se confond avec son accomplissement. Lénine a consacré à ce thème des pages célèbres dans *L'État et la révolution*, reprenant à Marx la formule du « dépérissement de la démocratie[41] ». L'utopie d'une société autorégulée dans laquelle nul pouvoir ne vient contraindre les hommes[42] voisine sans difficulté avec le fait d'une société absorbée par l'État, tant celui-ci n'est appréhendé que comme l'instrument purement passif de celle-là. La négation de la démocratie et la prétention à l'accomplir peuvent se rejoindre de façon troublante, dans une torsion perverse des mots et des choses. « La dictature est la démocratie », peut dire, *in fine*, le maître des mots aux hommes qui acceptent que ses bonnes intentions affichées l'autorisent à gouverner durement leurs imaginations et leurs intelligences.

Le nazisme prétend aussi apporter une réponse aux apories constitutives du régime politique moderne. Il n'est intellectuellement compréhensible, comme le communisme, que s'il est resitué dans le cadre de l'histoire critique du parlementarisme et de la démocratie libérale qui s'est déployée depuis la fin du XIXe siècle[43]. L'œuvre de Carl Schmitt offre là un observatoire commode de la genèse conceptuelle de cette deuxième pathologie de la démocratie[44]. L'évolution de sa pensée des années 1920 aux années 1930 montre très bien comment s'est opéré le passage d'une réflexion interrogative et suspicieuse sur les transformations de la démocratie à un appel à son dépassement dans une perspective dangereusement essentialiste.

Dans un de ses premiers ouvrages, *Parlementarisme et démocratie*, publié en 1923[45], le grand juriste inaugure sa réflexion en instruisant le procès du parlementarisme. Cela n'a alors rien d'original, on l'a vu, tant sont nombreuses, à droite comme à gauche, les voix qui multiplient les critiques contre un type de régime accusé de bien des maux, tant dans ses principes organisateurs, jugés aveuglément formalistes, que dans ses modes de fonctionnement, estimés trop ouverts aux dérives. Mais son analyse tranche avec les anathèmes habituels. S'il déplore sans surprise, comme tant d'autres, le caractère abstrait et réducteur de l'exercice d'un suffrage universel qui privatise et individualise la vie politique, il n'en reste pas là. L'intérêt de sa démarche est de construire méthodiquement l'opposition entre démocratie et parlementarisme. La première est définie par la recherche d'un principe d'identité entre gouvernés et gouvernants, alors que le second est régi par une procédure d'autorisation ayant pour but de rendre possible une discussion ouverte entre des représentants indépendants. Alors que la démocratie s'efforce de faire vivre le peuple en tant que puissance et unité, l'univers libéral se satisfait d'une souveraineté fragmentée et limitée. La réalisation de la démocratie suppose donc pour Carl Schmitt de rompre avec l'univers libéral[46]. Cette distinction des deux principes d'identité (comme qualité sociale) et de représentation (comme procédure) est systématisée quelques années plus tard dans sa monumentale *Théorie de la constitution*[47], où il examine les conditions dans lesquelles ils peuvent se lier dans l'État moderne. Cela n'est possible à ses yeux qu'à la condition de considérer la représentation comme le processus par lequel l'unité politique devient incarnée dans la figure de l'État. La représentation « démocratique » consiste ainsi essentiellement en un travail d'incarnation, alors que la représentation libérale a simplement pour but de légitimer une délégation. À l'univers fragmenté et divisé dont se satisfait et se nourrit la vision libérale du monde, il oppose du même coup, lui aussi, la perspective d'un monde homogène. « L'égalité démocratique, écrit-il, est essentiellement *homogénéité*, l'homogénéité d'un peuple[48]. » Le libéralisme sanctifie d'un même mouvement l'individu séparé et l'humanité diversifiée, alors qu'il s'agit pour Carl Schmitt de considérer le peuple, en son unité, comme le seul sujet pertinent du politique[49]. À l'élection qui isole les individus, il oppose donc logiquement l'acclamation (dont le plébiscite peut être considéré comme une forme moderne) qui les réunit et les constitue en un chœur commun[50].

La vision nationale-socialiste se greffe sur cet antilibéralisme. Mais elle ne saurait pourtant être confondue avec lui, tant cette culture s'est déclinée sur des modes profondément distincts en ce début du XXe siècle. Le syndicalisme révolutionnaire, le traditionalisme catholique [51], le positivisme technocratique, le corporatisme ont ainsi été, à côté du marxisme-léninisme, quelques-unes des cultures politiques qui se sont définies contre le libéralisme et le parlementarisme. La particularité du national-socialisme va être de privilégier la perspective d'une alternative autoritaire. Il procède pour cela à une double radicalisation, dont Schmitt s'est lui-même fait le théoricien dans un texte de 1933, *État, mouvement, peuple* [52]. Il absolutise d'abord le principe d'incarnation-représentation en mettant en avant la notion de guidance *(Führertum).* Le chef accomplit ainsi le principe représentatif-incarnatif tout en donnant son plein effet à la puissance de la collectivité ; la souveraineté devient *à travers lui* immédiatement active [53]. La différence avec la vision libérale d'un pouvoir faible est là revendiquée avec éclat. Parallèlement, le national-socialisme précipite le réquisit d'homogénéité et d'unité sous les espèces de la race. « Sans le principe de l'identité raciale, note abruptement Schmitt, l'État national-socialiste ne pourrait pas exister, et l'on ne pourrait pas penser sa vie juridique [54]. » La race est en effet censée dans ce cas tout simplifier. Elle est une métaphore terriblement efficace, parce que présumée ancrée dans la nature, de l'unité sociale. En elle est supposée s'exprimer avec évidence l'homogénéité recherchée du peuple. « Le national-socialisme, argumente-t-il encore, ne pense ni par abstractions, ni par stéréotypes. Il protège et prend soin de chaque véritable substance du peuple là où il la rencontre, dans l'espace naturel, la race ou l'état *(Stand)* [55]. » La puissance du tout et la faiblesse de l'individu se superposent sans tension sur ce mode. À l'intersection de ces deux radicalisations des principes d'incarnation et d'homogénéité, le parti joue un rôle charnière. Il n'est pas, note Schmitt, « un "parti" dépassé au sens où l'on entend le système pluraliste des partis ». Il est plus profondément « le corps de la guidance en charge de l'État et du peuple [56] ». En lui se nouent parfaitement le corps du peuple et la détermination du *Führer*. La volonté s'est ainsi pleinement faite chair : l'action du *Führer* maintient fort et vivant le pouvoir primitif du peuple et constitue le mémorial actif de cette volonté première [57]. Cette action prétend ainsi accomplir, sur un mode bien particulier, la promesse d'un peuple souverain.

Le déploiement de ces deux perversions concurrentes et parallèles de l'idée démocratique va complètement changer le cours du XXe siècle. En justifiant, d'abord, des régimes avec l'histoire desquels s'est largement confondu le répertoire des malheurs et des horreurs. Mais aussi en instillant dans l'imaginaire démocratique un ensemble d'images et d'arguments qui ne cesseront de peser, même si c'est de façon fort différente pour le léninisme-stalinisme et pour le nazisme, la perversité de ce dernier ayant été plus immédiatement et plus évidemment lisible dans les années 1930.

La démocratie négative

L'avènement du communisme, du fascisme et du nazisme sur les décombres de la Grande Guerre a bien bouleversé les termes dans lesquels se posait la question de la démocratie, en France comme ailleurs. Les nouveaux régimes et les nouvelles idéologies qui les portaient ont d'abord constitué des références attractives pour une partie de ceux que l'impuissance du parlementarisme révoltait ou que les prudences excessives de la république impatientaient ; elles ont aussi, pour le fascisme et le nazisme, permis de donner un air de radicalité à une trouble haine de la démocratie. Ces attirances et ces tentations ont été maintes fois décrites. Mais elles ne doivent pas être surestimées. Le fait notable est même que ces tempêtes n'aient pas davantage fait chanceler les institutions de la IIIe République. Alors que de multiples pays européens succombaient aux promesses vénéneuses du totalitarisme, la France est en effet restée, selon l'expression de Thibaudet, « la seule grande nation continentale de l'ancien continent où se soient maintenues les conditions d'un libéralisme moyen[58] ». Même si les lois du hasard sont impénétrables et les formules de la chimie politique imprécises, il n'en reste pas moins qu'il faut tenter d'éclaircir cette question décisive de la persistance d'une *démocratie moyenne* dans la France de l'entre-deux-guerres. Le paradoxe est qu'elle s'installe effectivement dans la période qui voit ailleurs les extrêmes prospérer. Nous avons précédemment analysé la nouvelle économie globale du politique qui avait conduit à son avènement. Il reste maintenant à expliquer sa résistance à la menace totalitaire.

La première explication que l'on peut donner de ce phénomène est d'ordre presque mécanique. Elle invite à considérer que le maintien de cette démocratie moyenne procède essentiellement d'une *réaction* majoritaire du corps social aux dangers ressentis du communisme et du fascisme. On le comprend assez bien : les pathologies politiques du XXe siècle ont constitué en même temps des tentations et des *garde-fous*. Les prudences et les réserves se sont ainsi parfois dressées avec succès face aux impatiences et aux débordements. Le résultat tient à une question d'arithmétique. Un des éléments de celle-ci réside dans l'absence de symétrie dans le face-à-face du fascisme et du communisme. Une partie majoritaire de l'opinion s'est montrée en France *à la fois* antifasciste et anticommuniste (y compris à gauche, ce qui est décisif) ; ce qui n'a pas été le cas en Allemagne où l'anticommunisme a directement nourri le fascisme. Bien des impatiences et des insatisfactions latentes se sont tues face au fait totalitaire. À la recherche d'une souveraineté du peuple plus effective a ainsi succédé le consentement à une vision plus limitée du politique. Le mécanisme de cette réaction n'avait alors rien de nouveau. De Benjamin Constant aux libéraux doctrinaires de la monarchie de Juillet et aux pères fondateurs de la IIIe République s'était déjà manifesté un même désir d'exorciser le déchaînement des passions politiques en célébrant les bienfaits d'une politique modeste et apaisée. C'est dans la confrontation à des « dérèglements » appréhendés comme également menaçants (la Terreur, les émeutes du début des années 1830, la Commune) que s'était perpétuée depuis la période révolutionnaire une même culture de la démocratie modérée. Mais ces tentatives précédentes avaient à chaque fois échoué, se brisant au 18 Brumaire, aux journées de février 1848 ou aux résistances plus diffuses des forces politiques et sociales à la fin du XIXe siècle. En revanche l'essai est transformé dans l'entre-deux-guerres. La raison principale de ce changement tient d'abord au fait que ce ne sont plus des prudences intellectuelles ou des préjugés sociaux qui fondent dans les années 1930 la défense d'une vision réaliste et quelque peu désenchantée du politique. Le retournement des démocraties contre elles-mêmes n'est plus seulement évoqué comme une possibilité et une menace, rattachées à des épisodes historiques circonscrits : il est devenu un *fait* massif, inscrit dans des institutions puissantes et conquérantes. Le consentement à une démocratie modérée est du même coup dérivé d'une expérience directe du corps social. Livrée à elle-même, l'histoire des idées pourrait égarer sur ce point, tout attachée qu'elle est légitimement à s'intéresser d'abord aux doctrines les plus saillantes. Mais la description d'un entre-deux-guerres dominé par l'irruption des régimes et des pensées totalitaires ne correspond qu'à une partie de la réalité. La voix, certes plus discrète et plus lisse, des majorités doit aussi être entendue pour comprendre l'histoire de cette période.

La démocratie moyenne s'impose donc aussi sous les espèces d'une *démocratie négative* dans l'entre-deux-guerres. La peur du totalitarisme conduit à se satisfaire comparativement d'une démocratie imparfaite, si ce n'est même, parfois, à en célébrer les vertus. La manière dont se tissent alors les liens entre histoire sociale et histoire philosophique n'est plus la même qu'au XIXe siècle : les peurs sociales et les préjugés se liaient complètement aux problèmes de fond, alors que c'est désormais moins le cas. La vieille défiance contre le pouvoir du nombre subsiste, mais elle s'est atténuée. La question de la démocratie est davantage comprise dans sa dynamique interne. Malgré les menaces et les anathèmes proférés, il est ainsi impossible de faire majoritairement admettre que l'anticommunisme procède seulement d'une peur de classe. Le combat sur ce point a été décisif, on le sait, tant la rhétorique léniniste-stalinienne y voyait une des clefs de la justification du système soviétique. Mais c'est justement cette réduction d'une profonde divergence philosophique sur la nature de la démocratie à un simple conflit social qui ne s'est pas opérée à cette époque. Les conditions dans lesquelles la S.F.I.O. s'est clairement et constamment opposée au bolchevisme en ont amplement témoigné. Face à un Maurice Thorez qui se plaignait que la France soit « un pays infesté par la démocratie[59] », un Léon Blum a toujours souligné avec force que le communisme reposait sur une perversion des principes démocratiques et qu'il revenait simplement à mettre en place une « dictature sur le prolétariat[60] ».

D'un autre côté, la perception des termes de l'histoire de la démocratie s'est progressivement trouvée modifiée par la nouvelle compréhension du rapport entre représentants et représentés véhiculée à partir du début du siècle par les sciences sociales. Bryce, Michels, Ostrogorski ou Pareto ont alors chacun montré à leur façon les conditions dans lesquelles des formes d'aristocratie renaissaient dans la démocratie. Les constats cyniques ou désabusés — que l'on songe à Pareto parlant de la démocratie comme de « l'art de berner *dèmos* [61] » ou à Weber estimant que la notion de volonté du peuple n'est qu'une fiction [62] — se sont appuyés chez eux sur la considération de données jugées objectives. Un Michels parlait ainsi de la « loi d'airain de l'oligarchie [63] ». Ce qui était auparavant compris comme un conflit entre ceux d'en haut et ceux d'en bas est peu à peu aussi appréhendé comme une division presque fonctionnelle, régie par des mécanismes objectifs dont il serait illusoire de penser qu'ils puissent être surmontés, du moins complètement. L'érection du député en véritable type social, que nous avons déjà signalée, témoigne de cette fonctionnalisation de la perception du lien électoral. Le fait que presque tous les partis puissent apparaître concernés dans des termes voisins, au-delà de la revendication d'une situation d'exception par certains d'entre eux [64], ne fait que renforcer ce sentiment. À l'ancienne dialectique des peurs et des impatiences s'est substituée la tension plus sourde de la résignation et de la déception. Les prudences dérivées de la menace totalitaire et les désenchantements issus d'une histoire déjà longue des gouvernements représentatifs se sont mêlés dans l'entre-deux-guerres pour limiter les attentes de nombreux citoyens. La démocratie a dorénavant souvent été réduite dans les têtes à un régime protecteur des libertés, à distance de l'ambition plus ancienne d'une souveraineté commandante du peuple. « Le principe démocratique, écrivent alors d'éminents professeurs, doit seulement être compris comme un idéal rationnel à tempérer par des considérations d'ordre pratique[65]. » La démocratie est appréhendée comme une sorte d'idée régulative, au sens kantien du terme, et non plus comme une norme directrice.

Fait significatif, c'est à ce moment de la dissociation reconnue d'un idéal et d'une réalité que le terme même de démocratie change imperceptiblement de sens. Il va cesser de renvoyer à la vision d'un peuple législateur et magistrat, pour désigner au premier chef un régime protecteur des libertés, dissolvant du même coup la tension précédente entre la liberté des Anciens et celle des Modernes. À partir des années 1930, la démocratie devient avant tout pensée comme l'inverse de la dictature ; elle n'est plus prioritairement rapportée au problème du dépassement des pesanteurs du système représentatif et à la critique sociologique des formes aristocratiques. Une page décisive se tourne avec ce glissement sémantique. Cette appréhension nouvelle de la démocratie a été simultanément légitimée intellectuellement dans des termes inédits. Pas tant en France qu'à l'étranger, d'ailleurs. Si l'on met à part un Élie Halévy, ce sont en effet surtout les Kelsen, Popper et Schumpeter qui reformulent philosophiquement, dans les années 1930 et 1940, l'ambition démocratique à l'âge du totalitarisme et du réalisme sociologique. Ils vont ériger la modestie démocratique en argument théorique, invitant à substituer une vision purement procédurale de la légitimation politique à la métaphysique antérieure de la souveraineté du peuple.

Élève de Max Weber, le juriste autrichien Hans Kelsen a joué un rôle clef dans la rédaction de la Constitution autrichienne de 1919, y faisant inscrire, pour la première fois dans une constitution écrite, un mécanisme de contrôle juridictionnel de la constitutionnalité des lois. Il publie en 1929 *La Démocratie. Sa nature.*

parlementarisme, plus que celui de la mise en place de procédures de participation plus directe. Aucun mouvement d'opinion n'exprime, par exemple, l'aspiration à une élection directe des gouvernants ; aucun groupe ne descend dans la rue pour revendiquer un pouvoir plus actif des citoyens. C'est aussi à ce moment que se met véritablement en place une démocratie des partis, ces derniers ayant définitivement pris forme moderne, à droite comme à gauche. Il n'y a donc rien d'*intellectuellement* notable à signaler dans ces années quant à l'histoire de la démocratie française. Toutes les grandes réformes de la période ont plutôt consisté à mettre en place les éléments d'une citoyenneté économique et sociale beaucoup plus consistante, avec l'institution des comités d'entreprise, la mise en place du système de Sécurité sociale ou encore l'installation d'un Conseil économique et social. La réalisation d'un nombre conséquent de nationalisations industrielles et financières a aussi contribué à ne pas faire une urgence de la réforme des institutions, tandis que les débuts de l'expansion économique donnaient enfin aux Français le sentiment positif qu'ils vivaient dans un pays qui bouge.

La démocratie moyenne de la fin des années 1940 et des années 1950 est pourtant restée fragile. Les malfonctionnements et des défauts précédents du parlementarisme se sont en effet trouvés fortement exacerbés par la difficulté rencontrée pour donner une solution à toute une série de défis, au premier rang desquels figure, bien sûr, la gestion du problème algérien. L'avènement dans ce contexte de la Ve République a alors ouvert la voie à une évolution très sensible de la démocratie française. Il ne peut évidemment être ici question d'aborder, même rapidement, la question de l'interprétation de la République gaullienne. De multiples travaux de constitutionnalistes et d'historiens ont déjà largement fait le travail. Mais au moins peut-on souligner qu'il est nécessaire de considérer ce régime du point de vue d'une *histoire longue* de la démocratie française, au-delà de toutes les contingences qui semblent immédiatement avoir commandé son irruption. C'est l'introduction du référendum en 1958, puis celle, en 1962, de l'élection au suffrage universel du chef de l'État, qui doivent à cet égard retenir notre attention[77]. S'il a fallu un changement de république pour y parvenir, c'est pourtant toujours à l'intérieur du cadre de la précédente démocratie moyenne qu'il faut situer ces innovations. Elles ont participé d'un mouvement général d'évolution des démocraties, finissant par fermer, après les remous et les procès d'intention que l'on sait, la longue parenthèse ouverte en France un siècle plus tôt par la hantise du césarisme. Rien n'était pour autant résolu. En a amplement témoigné dans les années 1960 l'émergence des nombreux mouvements revendiquant une « démocratie de base » accrue. Une floraison d'associations et de mouvements civiques d'un nouveau type en ont propagé l'exigence, et parfois expérimenté les formes. L'apparition du mot d'ordre d'autogestion a alors rassemblé sous une bannière commode ces aspirations et ces expériences.

Cette autogestion a traversé comme un météore le ciel politique français des années 1970. Rarement la fortune d'un mot aura été si subite et si éclatante. Lorsqu'il est forgé, vers 1960, le néologisme est décalqué du terme serbo-croate qui qualifie le mode de gestion des entreprises yougoslaves reposant sur un conseil élu par les salariés[78]. Il a alors une consonance presque « technique » et appartient au vocabulaire du monde coopératif. Tout change avec les événements de Mai 1968. La référence à l'autogestion s'élargit alors brusquement. « À la monarchie industrielle et administrative, il faut substituer des structures démocratiques à base d'autogestion » : en proposant cet objectif au

« mouvement[79] », la C.F.D.T. lui donne un langage. La référence à l'autogestion devient rapidement le collecteur commode de la somme d'espérances et de promesses qui s'expriment confusément en Mai. On était désormais bien loin de considérations limitées à la gestion des entreprises. L'autogestion aura vite ses revues et même ses centres de recherche. Partie de la C.F.D.T., des milieux libertaires et du P.S.U., la vague autogestionnaire submerge toute la gauche, et même au-delà. Le terme d'autogestion est en peu de temps sur toutes les lèvres et sous toutes les plumes. Il devient presque le *mot de passe* des années 1970.

Comment définir cette autogestion que l'on célèbre comme la grande idée neuve de la période ? Le vague qui l'entoure fait alors paradoxalement sa force. La chose n'est pas inédite : la vie politique s'est toujours nourrie de mots qui récoltaient la moisson des désirs pour fabriquer le pain des rêves. Il s'agit d'abord pour beaucoup de rebaptiser un combat pour l'émancipation que le socialisme bureaucratique et le marxisme officiel ont défiguré et que la démocratie libérale a rétréci. Le thème de l'autogestion a contribué de cette façon à canaliser une puissante recomposition du paysage politique français en servant de support à la constitution d'une alternative à la culture politique étatique auparavant dominante. Le drapeau du « socialisme autogestionnaire » a permis à une nouvelle sensibilité politique de s'affirmer positivement, en en finissant avec la notion antérieure de gauche « non communiste », purement négative. On s'est donc mis à parler de « courant » socialiste démocratique autogestionnaire. Une « deuxième gauche » s'est identifiée et constituée sur cette base[80].

Le courant autogestionnaire a ainsi redessiné dans les années 1970 la carte politique française, anticipant à sa manière le déclin du vote communiste dans les années 1980. L'importance du terme d'autogestion ne peut cependant être seulement rapportée à cette conséquence. Elle a tenu au premier chef à l'écho des thèmes dont il a été porteur. Tôt émancipée de tout renvoi à un modèle institutionnel précis de gestion des entreprises, la référence à l'autogestion a plutôt traduit l'émergence d'un nouveau rapport à la démocratie. Sur trois plans principalement. Elle a d'abord exprimé un mouvement de refus et de contestation de tous les systèmes centralisés et hiérarchiques, et traduit de cette façon l'aspiration à une sorte d'*extension généralisée* des procédures démocratiques à la gestion des différentes sphères de la vie sociale. Elle a ensuite marqué la recherche d'un dépassement des limites procédurales de la démocratie représentative traditionnelle. Elle a enfin correspondu à une nouvelle appréhension du rapport entre vie publique et vie privée, l'« autogestion de soi » étant perçue comme le corollaire aussi légitime que logique des réformes d'ordre plus institutionnel.

Bien au-delà des mots d'ordre précédents de référendum ou de démocratie industrielle, l'idée d'autogestion a renvoyé à la perspective d'une sorte de *démocratie généralisée*. Autogestion dans l'entreprise certes, mais aussi dans la ville, dans l'école, dans la famille même. Toutes les institutions ont alors semblé susceptibles d'être autogérées. Certains n'ont même pas hésité à envisager l'autogestion dans la police ou dans l'armée ! On s'est mis, d'une façon générale, à parler d'« autogestion du quotidien[81] ». Le développement dans cette décennie 1970 d'une *grass roots democracy*, avec la multiplication des comités de quartier, d'associations de consommateurs, de multiples groupes d'intervention civique et de tout ce qui a été génériquement baptisé de « nouveaux mouvements sociaux », a donné, il est vrai, une sorte de consistance à cet impératif. Consonant avec le mot d'ordre soixante-huitard « Changer la vie », simultanément au faîte de sa popularité (le parti socialiste finissant même par se l'approprier), cette perspective a alors exprimé une recherche de responsabilité et de conquête d'une autonomie accrue dans toutes les sphères de l'activité sociale. Ne se satisfaisant pas de voter à gauche, certains ont aussi voulu à cette époque « vivre à gauche[82] ». Mais il n'était en même temps nullement question pour ces apôtres de la foi autogestionnaire de prôner une quelconque parlementarisation généralisée ; ni non plus de simplement renouer avec les idéologies du gouvernement direct ou du mouvement conseilliste. L'idée d'autogestion a plutôt visé, à sa façon confuse et généreuse, à dépasser à la fois les formes traditionnelles de la démocratie représentative et à refuser la voie des « démocraties populaires » caractérisées par une réfraction de la société dans l'État. Comment ? En concevant implicitement la démocratie comme une culture autant que comme une procédure. C'est pourquoi la résonance du thème autogestionnaire a été aussi puissante que son instrumentalisation restait vague. Mais c'est pourquoi également l'âge de l'autogestion fut aussi bref.

À travers ces innovations et ces revendications, la démocratie française a suivi son cours que l'on peut qualifier d'ordinaire jusque dans les années 1970, les perplexités et les utopies se liant dans une histoire normalement contrastée et disputée. Tout a changé dans les années 1980. Une série de bouleversements ont conduit à reposer dans des termes inédits la question des formes adéquates de la souveraineté du peuple. La victoire électorale de la gauche en 1981 a d'abord modifié pour une partie du pays la perception des urgences : à chaque fois qu'est mis en place un nouveau gouvernement, ses soutiens comptent plus sur son action d'en haut que sur leur propre mobilisation à la base pour faire avancer leurs revendications. Il y a eu ainsi une sorte d'« effet mécanique », lié au simple fait de l'alternance, pour expliquer, par exemple, la mise au second plan d'un thème comme celui de l'autogestion, la priorité étant soudain donnée à tout un ensemble de réformes immédiatement instrumentalisables du sommet[83]. Mais cet effet ne doit pas être surestimé. Le nouveau malaise dans la démocratie des années 1980 n'a d'ailleurs été aucunement propre à la France. Il a été partout sensible. Deux facteurs principaux doivent être considérés pour en prendre la mesure : la globalisation des marchés, avec la révolution des formes de la régulation qui l'ont accompagné, et la chute du communisme.

La chute du communisme a eu pour conséquence majeure de transformer complètement les termes de l'expérience démocratique. Le camp des démocraties n'ayant plus d'ennemis — aussi puissants que lui en tout cas —, il en est résulté un mouvement de décompression. Les qualités négatives et contrastives de la démocratie s'en sont trouvées d'un coup dévalorisées et ont resurgi les interrogations sur son fondement et ses moyens.

La mondialisation économique a conduit, quant à elle, à un sentiment de déprise croissante des hommes sur la réalité. Les progrès de la construction européenne, soudain révélés à la conscience du grand public par son impact pratique sur la vie du pays, ont accru le trouble, comme en ont témoigné avec éclat les débats à l'occasion du référendum organisé en 1992 pour ratifier le traité de Maastricht. Toute une partie de l'opinion s'est sentie transposée dans un monde sur lequel les citoyens n'avaient plus guère de prise. De multiples réformes, pourtant attendues, ont même été dans ce contexte perçues négativement comme des menaces conduisant à restreindre les marges de manœuvre du politique. Il en a été ainsi avec la mise en place des instances de régulation qui desserraient la mainmise de l'État sur les médias ou l'organisation de certaines libertés. Il en a encore été de même avec la consolidation du Conseil constitutionnel, accusée par certains de brider l'action de la représentation nationale. Le langage politique des années 1980 et 1990 n'a fait qu'aviver ce malaise : les gouvernants ont de plus en plus invoqué les « contraintes » pour justifier leurs politiques, faisant du fatalisme un trouble allié qui les dispensait d'afficher positivement leur action réformatrice.

Ces différents facteurs ont contribué au développement d'un malaise démocratique inédit dans les années 1990, le sentiment nouveau d'un déclin de la volonté se superposant aux insatisfactions antérieures sur les dysfonctionnements « ordinaires » du gouvernement représentatif. Les citoyens ont été nombreux, du même coup, à estimer que la loi des hommes ne cessait d'être congédiée et à faire du refus de l'impuissance le vecteur d'un désir diffus et confus de sursaut. Les choses sont-elles pourtant aussi simples ? C'est à comprendre ce qui se cache réellement derrière ces sentiments et ces réactions qu'il faut s'attacher.

Le déclin de la volonté ?

Comment comprendre ce tournant des années 1990, qui a étrangement vu s'accroître le désenchantement des démocraties au moment où la chute du communisme semblait consacrer leur suprématie ? Procède-t-il seulement d'une concession silencieuse aux facilités idéologiques du temps ? D'un abandon irréfléchi, parce que longtemps insensible, aux conséquences délétères de la construction européenne ? D'une démission discrète du politique face aux nouvelles puissances de l'économie-monde ? Les aveuglements des hommes et les renoncements des gouvernements ont certainement leur part, que chacun appréciera selon ses critères propres, dans ce basculement historique. Toute situation est en partie faite de décisions manquées et d'événements non maîtrisés. Mais il ne s'agit pas, à l'évidence, seulement de cela. On ne peut se contenter d'appréhender ce problème dans les termes simples d'une sorte de physique politique, jaugeant le rapport des forces « positives » de la volonté dans leur opposition aux forces « négatives » d'une supposée démission. Ce qui est en jeu va beaucoup plus loin et concerne l'essence même du politique, en même temps que le sens de la démocratie. Que peut la politique ? Qu'est-ce que vouloir en politique ? Ce sont ces deux questions radicales qui sont effectivement posées. Le déclin apparent d'une démocratie de la volonté renvoie ainsi tout bonnement à une interrogation sur les fondements de la politique moderne. Si quelque chose s'effondre, c'est d'abord une certaine conception historique de la politique comme « science de la volonté[84] ». Conception qui était directement dérivée d'une vision théologico-politique de la puissance, en même temps que liée au présupposé d'une société à la fois *une* et *inconsistante* en elle-même. C'est de là qu'il faut partir pour mener l'enquête sur le désarroi politique sur lequel s'ouvre le XXIe siècle.

Retournons à l'origine, si l'on peut dire : l'histoire de la politique moderne est bien inséparable d'une exaltation de la volonté[85]. Machiavel crée, le premier, la rupture avec l'ordre ancien en montrant que la politique n'est pas essentiellement poursuite d'une action vertueuse ou mise en forme d'un régime conforme aux lois de la nature. La politique devient avec lui l'art singulier qui a pour but d'ériger la cité en puissance autonome, de la constituer en acteur souverain de sa propre histoire. Du même coup, le prince n'est plus un maître ordinaire dont il faudrait seulement guider ou encadrer l'action pour qu'elle s'exerce en conformité avec les réquisits de la morale et de la justice. Il devient l'agent historique d'un travail d'incarnation d'une volonté collective, permettant à la cité d'exister en elle-même et par elle-même dans le temps. Rousseau amplifie, deux siècles et demi plus tard, cette rupture, en appelant à confondre le prince et le peuple. La démocratie devient avec le *Contrat social* le régime qui se définit par le fait qu'il est radicalement fondé sur la volonté humaine. Le problème est que ce sacre de la volonté générale n'a pas été exempt d'ambiguïtés. En elle se sont en effet superposés le principe d'une émancipation et l'affirmation d'une prétention à se substituer à toutes les puissances qui l'avaient précédée. D'où le procès, tôt instruit, du volontarisme politique suspecté de nourrir un orgueil risquant de conduire les hommes à l'abîme. De Louis de Bonald à Donoso Cortès, toute une lignée de penseurs traditionalistes ont ainsi hâtivement brossé le tableau de ce qu'ils qualifiaient de « folie démocratique ». Méditant sur les avatars de la Révolution française, les libéraux appelleront parallèlement à une politique plus modeste qui mette à distance l'exercice d'une volonté trop entreprenante.

Sacre de la volonté et « haine de la volonté[86] » se feront face de la sorte, les réactions des uns et les prudences des autres se mêlant pour nourrir l'interrogation sur les dangers et les fragilités que recèle le programme rousseauiste. Ces préventions n'étaient pas sans fondements. Bien des malheurs du XIXe siècle et plus encore du XXe siècle, nous l'avons vu, ont procédé de la tentative de redonner artificiellement sens et forme magnifiée à une puissance collective qui peinait à exister ordinairement. Mais la volonté politique ne s'est heureusement pas seulement manifestée sous les seules espèces de son *hubris*. Elle a aussi existé plus modestement et plus paisiblement dans le quotidien des actions publiques et des réformes, constituant une sorte d'horizon de fait indépassable de l'action politique moderne. Le désir de faire l'histoire et de s'arracher aux pesanteurs de la nature et au poids des héritages n'a cessé de guider l'utopie positive des hommes et des femmes de bâtir un monde habitable pour tous. Et ce d'autant plus que chaque individu, pris séparément, a découvert au fil de son émancipation qu'il se sentait moins assuré de lui-même. L'âge de la démocratie comme sacre de la volonté collective et l'âge de la psychanalyse comme reconnaissance de la déprise de soi se sont pour cela facilement accordés [87]. Il y a de la sorte une dimension qui a également été d'ordre anthropologique dans le projet politique moderne. La politique a semblé vouée à racheter la faiblesse des individus par l'érection d'une puissance sociale rédemptrice.

La route de ce projet n'a pas emprunté, on le sait, la forme d'une paisible avenue. La pente des abandons et des résignations a toujours été forte. De même qu'a été récurrent le désenchantement né du constat que la réalité ne se soumettait pas aisément aux projections imaginées de la volonté. D'où les tentations permanentes de surmonter les timidités de l'action et la résistance des faits en en appelant à l'avènement de circonstances exceptionnelles, jugées seules capables de redonner effectivité et éclat sensible à une volonté défaillante ou contrariée. Comme s'il fallait faire advenir l'épreuve de situations limites pour que la politique retrouve consistance et visibilité. La célébration martiale d'un décisionnisme affranchi des lenteurs de la délibération a ainsi, hélas, été un moment comprise — certes différemment à droite et à gauche — comme la voie royale d'une restauration de la volonté [88]. De même que s'est souvent affirmée, dans une perspective identique, la foi aveugle dans la technique, pour espérer mobiliser et révolutionner un monde que l'action des hommes s'avérait lente à changer [89]. Ainsi le sacre de la volonté a-t-il toujours été un problème et une solution. Jamais le rapport à la volonté politique n'a pu être simple, banalement rapporté à l'évidence de sa mise en œuvre immédiate. Celle-ci a toujours eu besoin d'être mise en scène pour apparaître lisible. C'est la fonction dramaturgique souvent attribuée à la rhétorique politique dans la démocratie. Il faut théâtraliser les décisions pour les constituer en gestes offensifs et efficaces. La démocratie est simultanément exercice *et* religion de la volonté. D'où l'importance des actions ou des réalisations qui peuvent parfois faire image avec évidence. C'est par exemple le cas, en France, de la politique séculaire des « grands travaux ». Monuments et bâtiments publics de prestige sont là pour témoigner aux yeux de tous de la matérialité de la puissance publique. Ils manifestent avec éclat qu'un « je le veux » du chef de l'État emporte des conséquences visibles et durables. La philosophie politique de la volonté, qui est au cœur de l'imaginaire démocratique, s'est de la sorte progressivement muée en une véritable *religion de la volonté*, avec son catéchisme, ses prêtres, ses rites, ses sacrements et, parfois, ses miracles.

C'est tout ce système qui s'est brutalement lézardé à la fin du XXe siècle. De multiples facteurs, politiques, sociologiques, voire symboliques, ont concouru à précipiter cette situation. Le premier, et probablement le plus important, procède des transformations qui ont affecté les différentes formes de régulations économiques et sociales. La vision classique de l'exercice de la volonté politique présupposait un État fort, seul capable de prendre en charge une société dispersée, sans consistance propre. Faute de pouvoir prétendre instituer la société, sauf dans de rares circonstances, l'action politique avait ainsi volontiers confondu régulation et exercice de la volonté. Ce mouvement a particulièrement été sensible en France où un organisme comme le Plan a été, pendant au moins les trente ans qui ont suivi 1945, censé projeter de façon organisée l'orientation du pays dans ses diverses composantes et ses divers domaines. Plus qu'ailleurs, l'idée de volonté s'était ainsi superposée en France à celle de régulation. Or les conditions de cette dernière ont été complètement bouleversées dans le dernier quart du XXe siècle.

La « dérégulation » qui a accompagné la mondialisation économique est-elle donc le grand coupable du déclin de la volonté politique ? On ne peut se contenter de comprendre dans ces termes le processus ainsi qualifié. S'il enregistre le déclin relatif de certains acteurs comme l'État, il correspond également à la multiplication des décideurs et des intervenants particuliers. Autrement dit, c'est l'accroissement de la capacité d'auto-organisation de la société civile qui est le phénomène remarquable. Un système complexe d'intérêts et de volontés s'est substitué à l'ancien type idéal de *la* volonté politique, qui présupposait l'unité de l'acteur. Il en est résulté un type de régulation économique et sociale beaucoup plus disséminé et diffracté. Les régulations n'ont donc pas disparu, mais elles ont perdu leur globalité et surtout leur lisibilité. La société n'en a pas cessé de « vouloir », mais elle n'exprime ce vœu qu'en sourdine, prétendant même parfois s'être fait imposer par des forces innommées les choix implicites dont elle n'était pas fière[90]. La société civile mène bien une « politique », mais une politique discrète et silencieuse, résultant d'une multitude de délibérations à voix basse et de choix discrets, jamais ouvertement raccordés. Il n'y a donc pas de théâtralisation possible des ajustements de marché ou de dramaturgie des négociations décentralisés[91] ! Le sentiment d'un effacement du politique correspond ainsi à un problème réel, en même temps qu'il repose sur la confusion de la régulation avec un exercice simple de la volonté.

La société s'est en conséquence et parallèlement complexifiée. Ce qui a aussi conduit à faire perdre de son évidence à la notion de volonté collective. La stigmatisation d'une souveraineté confisquée apparaissait claire lorsque l'unité de la société et l'évidence d'un désir commun allaient de pair ; on a rappelé précédemment à ce propos l'importance du thème de l'unanimité sociale dans toutes les visions radicales de la démocratie du XVIIIe au XXe siècle [92]. Il n'en va plus de même lorsque le peuple se montre introuvable et qu'il n'a plus la forme d'une totalité évidemment cohérente. Le principe d'une volonté forte et visible se dissipe quand s'éclipse le sujet qui était supposé l'exprimer. Derrière le thème du déclin de la volonté se cache la difficulté à effectuer certains arbitrages pour redonner consistance au lien social. Le « défaut de volonté » ne renvoie pas tant là à une faiblesse de caractère des gouvernants qu'à un aveuglement de la société sur elle-même. Il correspond à un *état social* dans lequel s'est distendu le sens des obligations collectives. Son invocation est du même coup un moyen de tenter d'exorciser les lâchetés et les démissions de citoyens qui se refusent à considérer lucidement les effets de leur comportement sur le reste de la société.

Mais ce ne sont pas seulement les changements affectant les modes de régulation et les formes du « nous » qui ont conduit à bouleverser le rapport à l'idée de volonté politique. C'est également un rapport plus désenchanté à la précédente religion de la volonté. La mise en scène du politique s'est d'abord affadie en un temps où l'invocation des « contraintes extérieures » est devenue l'une des figures obligées du discours politique. À l'âge du gouvernement à bon marché et du mot d'ordre généralisé de baisse des impôts, la modestie, même sincèrement réformatrice, n'est pas faite pour enthousiasmer les citoyens. La volonté et les gouvernants s'en sont affaissés de concert. Les sciences sociales ont de leur côté discrètement accru le désenchantement. En démontant le mécanisme des effets inattendus, la sociologie a par exemple fortement contribué à écourter le règne de la volonté politique, en soulignant son manque d'effectivité pratique. Le côté sublime et puissant de cette volonté a été sérieusement dévalorisé par la mise à nu des mécanismes réels de bricolage et de gestion approximative des décisions collectives. Tous ces facteurs ont contribué à désacraliser le politique.

Ce désenchantement a été partout ressenti. Mais il a produit des effets particulièrement sensibles en France, pour des raisons structurelles et politiques. L'État y a d'abord historiquement joué un rôle plus central, prétendant y incarner une exigence collective forte. La recomposition, à partir des années 1980, de ses formes d'intervention a de ce fait été ressentie avec une acuité particulière, donnant plus fortement le sentiment d'une démission et d'un abandon. Les facteurs politiques ont également compté. En même temps que s'estompait la figure de l'État keynésien régulateur, le gaullisme voyait son identité historique se dissiper. Ce n'était pas seulement une page politicienne qui se tournait. Le gaullisme incarnait en effet un *style politique* très particulier, justement centré sur la dramatisation permanente. Héritier croisé d'une culture politique de la résistance et de la dissidence et d'une culture militaire de l'action et de la décision, le gaullisme a longtemps pu symboliser, pour ses partisans mais aussi au-delà, une démocratie de la volonté [93]. Les manières théâtralisantes propres au Général ne faisaient qu'accroître cette perception. La décomposition du gaullisme a symboliquement exacerbé en France le désenchantement démocratique. Le déclin du parti communiste et l'effondrement de l'U.R.S.S. ont prolongé cette perception, tant en congédiant l'image d'un grand soir compensateur de toutes les pesanteurs de l'histoire qu'en dédramatisant les termes d'un affrontement politique dorénavant inscrit dans les cycles ordinaires de l'alternance. La scène politique cessait dès lors d'être le lieu d'un choc frontal et vital de principes et de volontés donnant aux adversaires le sentiment d'un mise en jeu essentielle, dans l'affirmation d'eux-mêmes comme dans la résistance à l'autre.

Exposée dans ces termes, l'histoire de ce « déclin de la volonté » suggère que c'est surtout une *métaphysique de la volonté* qui s'est effacée à la fin du XXe siècle. Il est désormais tout simplement impossible de continuer à penser la démocratie sur le mode théologico-politique qui était implicitement le sien. Il n'est pas sûr que « tous les concepts de la théorie politique so[ie]nt des concepts théologiques sécularisés », comme l'a soutenu Carl Schmitt[94]. Mais c'est indéniablement le cas pour ce qui concerne la volonté générale. Le *Contrat social* a bien compris la nouvelle puissance des hommes comme une forme laïcisée du pouvoir divin, appelée elle aussi à inventer un peuple[95]. Et il a supposé que cette volonté ne pouvait prendre forme que si la société formait un corps uni, une totalité personnifiable. C'est cette dernière représentation qui s'est pratiquement trouvée mise en défaut. Arrimée à l'idée d'une mise en forme et d'une mise en scène d'une volonté créatrice toute-puissante, la souveraineté du peuple a-t-elle cessé de faire sens ? Certainement pas. Mais il va maintenant falloir la comprendre dans des termes radicalement désacralisés, en rupture avec le précédent imaginaire démiurgique dans lequel avait implicitement grandi le projet démocratique. Ce n'est pas renoncer à faire l'histoire des hommes ou, du moins, à la maîtriser. Mais c'est proposer d'entrer dans un *âge ordinaire du politique* en cessant de croire que celui-ci ne prend pleinement sens que dans le fer et le sang des circonstances exceptionnelles ou qu'il n'existe que comme la création fugace d'un verbe entraînant. Un âge ordinaire et désacralisé qu'il faut simultanément penser à l'écart des restaurations impossibles, des nostalgies perverses ou des démissions discrètes.

CONCLUSION

Les voies nouvelles de la souveraineté du peuple

Les deux illusions
La souveraineté complexe
Les temporalités plurielles du politique
L'émancipation généralisée

La voie d'une démocratie ordinaire et exigeante à la fois n'est pas facile à trouver. Elle suppose d'abord de recenser les illusions et les tentations susceptibles de la menacer. La tentation première, et la plus répandue, est tout simplement de donner congé à l'idée de souveraineté du peuple. Nombreux sont ainsi ceux qui pensent que les démocraties doivent désormais se contenter de répondre à leur définition minimale, négative. Une foule d'auteurs attentifs ou d'idéologues pressés répètent ainsi platement Popper ou Schumpeter, en déclarant définitivement dépassée la perspective d'une société qui viserait à s'autogouverner. Le triple règne du marché, des droits de l'homme et de l'opinion constitue pour eux un idéal suffisant, capable qu'il est de maintenir à distance le spectre toujours menaçant d'une souveraineté qui se retournerait en implacable tyrannie. De nouvelles frontières, comme celles, au loin, du droit d'ingérence, de la réorganisation des formes de coopération entre nations ou, au plus près, du développement des solidarités locales, peuvent certes continuer encore à mobiliser les énergies dans ce cadre. Le triomphe de la démocratie négative ne signifierait donc pas forcément la fin de l'histoire. Mais, à coup sûr, la fin d'un cycle très long des représentations héritées du politique. Le problème est que la plupart de ces auteurs, hier qualifiés de « théoriciens empiristes » de la démocratie et aujourd'hui imprécisément baptisés « libéraux », assimilent trop rapidement la juste dénonciation du « constructivisme social » à la disqualification de tout projet collectif positif, rejoignant, de fait, la démonstration d'un Hayek qui ne voyait aucun intermédiaire pensable et possible entre l'ordre spontané du marché et la dictature totalitaire[1]. Ces auteurs ne distinguent également pas assez la « métaphysique de la volonté générale », dont nous avons souligné l'épuisement, et la démocratie définie, nous allons y revenir, comme la tentative d'instituer un ensemble d'individus en une communauté. À rebours de la vision frileuse et confortable d'une démocratie définitivement désenchantée, il est ainsi nécessaire de redonner une centralité accrue à la fonction politique[2]. À la condition, bien sûr, de repenser et de reformuler cette dernière de manière radicale.

Les deux illusions

Un préalable à cette tâche s'impose, cependant : il consiste à dénoncer *les formes illusoires* qui s'offrent, séduisantes, pour constituer des formes trompeuses de restauration de la volonté collective. On peut en distinguer essentiellement deux, de sens opposé : *l'illusion souverainiste*, et *l'illusion mondialiste*. La première vise à redonner sens et puissance à la vie politique en stigmatisant les « abandons de souveraineté ». Mais elle le fait en présupposant que la question de la souveraineté se joue uniquement au niveau de l'État et des relations internationales. Défense de la nation et reconquête de la souveraineté du peuple sont alors comprises comme strictement équivalentes. Les champions de cette approche font comme si la question de la souveraineté du peuple était uniquement d'ordre « externe » et « institutionnel ». En même temps qu'ils stigmatisent les démissions supposées des gouvernants, ils ne savent qu'en appeler à la restauration d'une volonté enchantée. D'où l'affichage permanent d'une nostalgie résistancialiste, mêlant le culte du Général à celui de l'auteur de *L'Étrange Défaite*, associant de façon improbable Jeanne d'Arc, les soldats de l'an II, Napoléon et Clemenceau. On finit par croire qu'une posture morale suffit à régler les problèmes constitutionnels et à résoudre les interrogations philosophiques. La souveraineté n'est pensée là que dans un effort d'héroïsation du quotidien, toujours comme si seules les circonstances exceptionnelles pouvaient permettre de penser la démocratie[3]. À défaut de celles-ci, des batailles imaginaires et des résistances de papier sont projetées et simulées. Le problème de fond de cette approche qualifiée de souverainiste est qu'elle présuppose résolue la question des formes pertinentes de la souveraineté du peuple. Elle conçoit la souveraineté comme une sorte de capital fixe, donné et connu, qu'il suffirait de rétablir en annulant les décisions ayant conduit à sa dissipation inattentive ou malveillante (qu'il s'agisse des empiétements de Bruxelles ou de ceux du Conseil constitutionnel). C'est supposer que la détermination des procédures du gouvernement représentatif ne recelait aucune des interrogations dont l'histoire de la démocratie a pourtant été traversée. C'est présumer encore que le peuple constitue sous les espèces de la nation un sujet évident, naturellement uni en un bloc sans failles. Fantasmatiquement restauratrice donc, la perspective souverainiste met ainsi de côté les deux problèmes qui constituent la difficulté démocratique : celui de la détermination de ses formes politiques et celui de sa constitution sociologique.

L'illusion mondialiste est le double inversé de la précédente. Elle sous-entend aussi qu'il n'y a rien de neuf à dire ou à penser quant au contenu de l'idée démocratique, le seul problème résidant dans le décalage entre la dimension héritée des institutions et le nouvel espace des problèmes à prendre en charge. Le projet est donc de *transposer* au niveau mondial, ou européen, les procédures du gouvernement représentatif. De multiples propositions ont été formulées dans cet esprit pour faire exister une citoyenneté et une démocratie planétaire : mise en place d'une seconde chambre de l'O.N.U. où se retrouveraient O.N.G., entreprises et syndicats pour discuter des enjeux et des formes de la mondialisation ; création de forums capables d'exprimer une « opinion mondiale » sur les grands problèmes et de favoriser l'émergence d'une *planet governance*[4], etc. Ces différentes suggestions ont en commun de ne pas discuter les fondements et le fonctionnement de la démocratie d'opinion ou du gouvernement représentatif.

C'est à ces questions qu'il faut retourner et nous confronter maintenant. Non pour prétendre donner une « solution » aux apories qui ont constitué la démocratie comme un problème. Mais au moins pour tâcher d'indiquer ce que pourraient être les axes d'un programme de travail visant à redéfinir l'impératif démocratique à l'âge d'une société civile pleinement émancipée. La présentation de ces éléments constituera la matière d'un prochain livre. Nous nous limiterons donc ici à en présenter sommairement quelques-unes des têtes de chapitres, explorant successivement les voies d'une nouvelle souveraineté complexe, la pluralisation des temporalités du politique et, enfin, la perspective d'une émancipation généralisée.

La souveraineté complexe

La conception traditionnelle de la souveraineté du peuple, nous y avons déjà insisté, participe d'une vision moniste du politique. On peut parler à son propos de *souveraineté polarisée*. D'une double façon. Elle présuppose d'abord que le vote est le principe unique de formation de cette souveraineté : l'expression de la volonté générale est appréhendée dans le cadre d'un jeu à somme nulle entre les différents pouvoirs. L'accroissement du rôle d'une instance non élue est ainsi mécaniquement perçu comme une atteinte au pouvoir des urnes. La souveraineté est en fait pensée sur un mode identique à celui de l'indépendance (pour laquelle le développement de l'interdépendance signifie automatiquement une perte). Une polarisation « sociologique » se superpose, en second lieu, à cette polorisation « mécanique » : la souveraineté moniste du peuple suggère son unité. Les divisions sont ressenties comme une pathologie sociale ou un résidu historique, et l'unanimité est comprise comme la figure normale et désirable de l'expression sociale. Le césarisme a exacerbé cette polarisation que la République a aussi revendiquée sur un mode un peu amorti. L'épuisement de la métaphysique antérieure de la volonté a sonné le glas de cette conception. Mais cela ne signifie pas pour autant que l'idée d'une souveraineté active du peuple s'en trouve dénuée de tout contenu, vouée à un dépérissement conséquent. À condition de concevoir cette dernière sur un mode pluraliste et non plus moniste.

La souveraineté du peuple, il faut le rappeler, s'est d'ailleurs *pratiquement* exprimée sur un mode pluriel tout au long des XIXe et XXe siècles. Nous avons précédemment étudié quelques-unes de ses formes non institutionnelles, comme l'opinion et la manifestation (en notant aussi au passage les réticences de la culture politique républicaine à les reconnaître). Mais elle n'a guère été *pensée* de cette façon. Sauf, peut-être, pendant la Révolution française, lorsque certains publicistes cherchaient en 1791 à trouver des formes d'expression politique intermédiaires entre la démocratie directe et les procédures représentatives, ou lorsque Condorcet avait préparé en 1793 le premier projet de constitution. Un Lezay-Marnézia avait aussi invité, dans le même esprit, à « pluraliser les ressorts » du pouvoir social pour le rendre plus effectif[5]. Il faut maintenant repartir de ces intuitions oubliées pour les systématiser.

La perspective d'une souveraineté complexe doit s'apprécier tant dans ses formes que dans ses procédures. La pluralité des formes est la plus simple et la plus évidente. Elle correspond au fait que le vote n'est qu'un des modes d'expression des préférences et des volontés. Or il y a bien d'autres façons, pour un individu ou une collectivité, de prendre la parole, de formuler des opinions, d'exercer un contrôle, d'émettre un jugement, de maintenir une surveillance, de manifester un accord ou une opposition, de participer, en un mot, à la vie publique. Une sorte de « citoyenneté sociale » a pris ainsi consistance, à côté de la citoyenneté politique formellement liée au rituel électoral[6]. Ce ne sont évidemment pas les mêmes types de sanctions et d'obligations qui régissent ces deux registres. Mais ils sont, de fait, devenus complémentaires, s'intégrant dans une même économie du politique, comme l'ont souligné de multiples travaux de sociologie ou de science politique[7]. L'« influence » exercée par les citoyens, pour employer l'expression la plus large, est clairement, aux yeux de tous les acteurs, la résultante de ces divers modes d'intervention. Mais la pluralisation de la souveraineté ne se manifeste pas seulement sur ce registre. Elle peut aussi prendre la forme d'une *démultiplication des niveaux de la représentation.*

Les représentants du peuple sont certes d'abord ceux qu'il a élus. Mais pas uniquement. Peuvent également être considérés comme des représentants ceux qui parlent, qui agissent et qui décident « au nom du peuple ». C'est notamment le cas des juges, qu'ils soient judiciaires ou constitutionnels [8] ; mais c'est aussi, par extension, le caractère que revêtent de multiples autorités de régulation. La représentativité est en effet une qualité qui peut avoir deux origines : fonctionnelle ou procédurale [9]. La *représentativité fonctionnelle* est celle qui est organisée et reconnue par les textes organisant la vie publique, qu'il s'agisse des lois ou surtout de la Constitution, alors que la représentativité procédurale est directement constatée par le corps électoral. La vision moniste du politique n'a longtemps voulu reconnaître que la représentativité procédurale, dérivant de l'onction électorale. Avec toutes les conséquences que l'on connaît [10]. La perspective d'une souveraineté complexe rompt avec cette approche, en faisant de la reconnaissance du pluralisme représentatif la clef d'un type de gouvernement plus fidèle et plus attentif à la volonté générale. La prise en compte d'une dimension fonctionnelle dans le processus représentatif est-elle un mauvais coup porté à la souveraineté du peuple, des instances non élues s'arrogeant un pouvoir qui viendrait limiter celui des représentants immédiatement consacrés par les urnes ? On ne peut raisonner dans ces termes, car c'est bien le peuple lui-même, dans le cas de la Constitution, ou ses représentants directs qui ont mis en place ces fonctions (la représentativité d'un juge constitutionnel n'est en outre mécaniquement pas plus indirecte que celle d'un sénateur élu au second degré mais, en fait, nommé par son parti). Les deux formes de représentativité sont ainsi complémentaires, même si elles sont toujours *in fine* hiérarchisées et ordonnées, la légitimation électorale constituant la clef de voûte de l'édifice. La diversification des représentants est même, dans ce cas, la condition d'une soumission globale plus effective du gouvernement représentatif aux citoyens. Laboulaye dit de façon très éclairante à ce propos qu'une constitution doit être comprise comme « la garantie prise par le peuple contre ceux qui font ses affaires, afin qu'ils n'abusent pas contre lui du mandat qui leur a été confié [11] ». La démultiplication de la souveraineté contribue dans cette mesure à l'accroître et non à l'amoindrir. Ce qui amène, notons-le, même rapidement, à transformer complètement les termes du débat sur le rapport entre démocratie directe et gouvernement représentatif. Ils forment en effet un jeu à somme positive avec une représentation démultipliée, et non plus un jeu à somme nulle. On peut même aller jusqu'à dire que l'équivalent le plus proche de la démocratie directe consiste dans cette perspective en un système de *représentation généralisée.* Les différents pouvoirs et fonctions représentatifs finissent dans ce cas par se contrôler et se surveiller mutuellement avec autant d'efficacité que pourrait le faire un peuple toujours sur la brèche. Un système de réflectivité en abîme constitue alors la scène politique en une sorte de salle des miroirs. Cela conduit notamment à resituer et à relativiser la question de l'extension du référendum, souvent abusivement présentée comme le vecteur majeur d'un progrès démocratique [12].

Les rapports du libéralisme et de la démocratie peuvent aussi être compris de façon neuve dans cette perspective. Dans la souveraineté complexe, la multiplication des instances fonctionnelles — souvent qualifiées de « libérales » au sens où elles bornent la toute-puissance des élus — est un moyen positif de l'accroissement de l'influence de la société dans le processus politique. La situation est donc rigoureusement inverse de celle qui prévalait avec le modèle de la démocratie illibérale, dans laquelle une souveraineté plus conséquente du peuple finissait par impliquer l'encadrement de certaines libertés publiques (de manière à réaliser une meilleure polarisation du politique). La démocratie peut, au contraire, être pleinement et absolument libérale avec l'affirmation de la souveraineté complexe. Démocratie et prudence, ou démocratie et raison, cessent du même coup d'être antinomiques [13]. Le progrès de la démocratie passe donc, là encore, par une certaine désacralisation de l'élection [14], même si celle-ci reste, bien sûr, inconditionnellement la garantie, fondatrice et ultime à la fois, opérant toujours périodiquement une relégitimation et une hiérarchisation des différentes formes de pouvoirs et de représentation.

La souveraineté complexe trouve sa justification comme forme politique adéquate d'une expression plus fidèle, parce que fonctionnellement *et* matériellement démultipliée, du peuple. Mais elle correspond aussi au caractère « introuvable » du peuple. Loin de former un bloc, dont une unanimité livrerait le secret de la substance, le peuple reste une puissance que nul ne peut seul posséder ou prétendre incarner. Le peuple est le sujet central et absent du processus politique ; il excède toujours les approximations que l'on en donne. À travers les élections, il existe sous une forme instantanée et évanescente. Il ne se matérialise donc que de façon approchée. Parce qu'il est ainsi complexe, inachevé, toujours renouvelé, le peuple ne peut être saisi que par une représentation démultipliée et diffractée. À l'inverse de ce qu'affirmaient les théoriciens libéraux des années 1830 qui s'appuyaient sur cette relativisation sociologique pour appeler à limiter la souveraineté du peuple [15], il faut au contraire souligner que la reconnaissance de la complexité du peuple doit conduire à accroître ses moyens d'expression.

Comprise dans ces termes, la démocratie est donc une forme politique par essence inachevée ; elle reste toujours une approximation d'elle-même que seule une complexification de la souveraineté permet de rendre moins imparfaite.

Si l'avenir de la démocratie emprunte la voie indiquée, le problème de sa resymbolisation constituera un enjeu décisif. L'histoire de la souveraineté du peuple souligne en effet l'importance des mécanismes de la théâtralisation du pouvoir. Comment mettre en scène la nouvelle souveraineté complexe et célébrer un peuple désormais absent ? Ce ne peut être en reproduisant ou en réadaptant la vieille métaphysique de la volonté. La symbolisation du politique ne sera plus alors une transfiguration chaleureuse et enchantée de la réalité, mais l'entreprise de rappel permanent d'une tâche à accomplir : la constitution d'un peuple introuvable en une communauté politique vivante.

Les temporalités plurielles du politique

Démultiplier donc les formes et le sujet de la souveraineté. Mais pas seulement. C'est aussi le temps de la démocratie qui doit être reconsidéré. Or force est de constater sur ce point l'indifférence de la théorie politique à cette dimension. La durée des institutions et les rythmes de la démocratie ne sont, de fait, pas conçus comme des variables décisives. Les temporalités du politique sont envisagées comme de simples contraintes techniques. Elles sont tout au plus rapportées à une physique et à une chimie élémentaires du pouvoir. On soulignera, par exemple, qu'un terme législatif trop long tend à exacerber la distance entre le représentant et le représenté ou, à l'inverse, qu'un mandat exécutif trop court réduit la gouvernabilité du système. Le temps est appréhendé comme une variable purement mécanique, accroissant ou réduisant les contradictions et les tensions ordinaires de la démocratie. La question centrale reste toujours dans ce cas implicitement celle du rapport entre gouvernement direct et système représentatif. Mais c'est une vision trop restrictive des choses. L'utopie d'une *démocratie immédiate* joue en effet un rôle aussi décisif que celle d'une démocratie directe. L'examen de cette figure peut pour cela constituer un biais intéressant pour tenter de commencer à élaborer la question du rapport de la démocratie au temps.

Partons d'une formule de Renan. « Le gouvernement direct, note ce dernier, est l'état où la volonté générale ne serait plus que le caprice de chaque heure[16]. » L'auteur de *La Réforme intellectuelle et morale* souligne ainsi ce qui pourrait être considéré comme une *limite logique* d'une certaine conception du règne de la souveraineté du peuple. Si la démocratie est le régime de cette souveraineté, il faut que la fidélité à l'exercice de la volonté générale soit constante. Elle devrait donc, dans l'idéal, pouvoir être constatée et vérifiée de façon permanente. Or le problème est que cette permanence, cette immédiateté, conduirait paradoxalement à la détruire : elle finirait dans ce cas par se dissoudre en se segmentant et en devenant soumise à de perpétuelles variations. L'obstacle à une démocratie immédiate n'est donc pas simplement d'ordre mécanique, renvoyant à l'impossibilité de l'organiser pratiquement. Il est d'ordre philosophique. Si la volonté générale ne peut être un « caprice de l'instant », pour reprendre la formule imagée de Renan, c'est qu'elle est *substantiellement* une élaboration du temps. Le rapport de la démocratie immédiate à la démocratie représentative n'est donc pas de même nature que celui de la démocratie directe à cette dernière. L'impossibilité d'une démocratie directe présente en effet davantage un caractère mécanique, même si, comme on l'a vu, elle est loin de ne tenir qu'à ce facteur[17].

L'examen de ce paradoxe logique de l'immédiateté suggère ainsi que la démocratie ne prend sens et forme que comme *construction d'une histoire*. On ne peut donc se contenter ni d'une définition procédurale (les mécanismes de la décision et de la légitimation) ni d'une approche essentialiste (prenant en compte la « qualité sociale » du pouvoir et des représentants). La démocratie est une fonction du temps. Cette qualification *a contrario*, dérivée du constat de l'impossibilité logique d'une démocratie immédiate, est corroborée sociologiquement. Le peuple, comme sujet politique collectif, est en effet lui-même une figure du temps. Il *est* substantiellement une histoire. La démocratie n'est donc pas seulement le système qui permet à une collectivité de se gouverner elle-même, elle est aussi le régime dans lequel se construit une identité commune. La mémoire est dans cette mesure une variable clef de la démocratie. Elle articule les temporalités de la volonté, noue la liberté et l'identité, dissocie la reconnaissance positive de la tradition de l'enfermement en elle[18].

Ces remarques conduisent à souligner que la possibilité technique d'une « télédémocratie », à l'âge d'Internet, ne constitue en aucune manière une réponse aux apories constitutives du régime politique moderne. Les idées d'assemblée électronique permanente *(electronic town meeting)* ou de démocratie presse-bouton *(televote)* ont de fait eu le vent en poupe dans les années 1990, suggérant l'entrée prochaine dans un âge où l'ensemble des citoyens pourraient en permanence conduire eux-mêmes le pays[19]. Certains n'ont même pas hésité à célébrer un monde dans lequel le poids des citoyens en politique se ferait de cette façon aussi permanent et omniprésent que celui des consommateurs en économie[20]. Ce qui invalide cette conception ne tient pas seulement à la sous-estimation qu'elle implique du moment délibératif[21], mais dérive plus profondément du fait qu'elle revient à gommer la dimension historique de la démocratie. C'est d'ailleurs aussi la critique principale que l'on peut adresser à toutes les prétentions médiatiques et sondagières de faire vivre la démocratie de façon plus efficace que le système politique en prétendant amener les citoyens à manifester de façon continue leurs sentiments, alors que les urnes ne les sollicitent qu'à intervalles assez éloignés. De telles procédures ne doivent pas seulement être suspectées au motif de leur caractère informel ou d'une fiabilité technique contestable. Le plus problématique réside dans leur présomption que l'immédiateté constitue la qualité la plus désirable de l'expression du peuple.

À rebours de ces approches, il faut insister sur la nécessaire pluralisation des temporalités de la démocratie. La construction d'une histoire ainsi que la gestion du présent impliquent en effet d'articuler des rapports très différents au temps social. Temps vigilant de la mémoire, temps long de la constitution, temps variable des diverses institutions, temps court de l'opinion doivent s'ajuster et s'harmoniser. Assurément, la vie politique est faite d'inévitables collisions de ces diverses temporalités. Ces dernières sont d'ailleurs explicitement prévues par les institutions. Les rythmes ordinaires de la démocratie s'entrecroisent et se superposent, les durées des différents mandats étant variables, de même que les dates des différentes élections ne coïncident pas et que des scrutins partiels viennent toujours déborder les calendriers établis. Le principe de la dissolution — dont on a pu dire qu'elle constituait une des « formes officieuses de la démocratie directe » (Georges Burdeau) — conduit, lui aussi, à perturber ces temporalités et à resynchroniser les expressions de la souveraineté du peuple. Mais la pluralisation des temporalités de la démocratie que nous évoquons dépasse le seul cadre institutionnel : elle lie les différentes facettes de la volonté, appelant à ce qu'aucune d'entre elles ne vienne éclipser les autres.

Cette vision, il faut le souligner, ne se contente donc pas de renouer avec les écrivains du XIXe, comme Fouillée, Renan ou même Barrès, qui invitaient chacun à leur façon à considérer le peuple comme une réalité qui ne déployait son unité que de manière transgénérationnelle. On se souvient, par exemple, de la formule de Barrès qui définissait la nation comme « la possession d'un antique cimetière et la volonté de faire valoir cet héritage indivis ». Pour ces auteurs, la prise en compte du temps conduisait surtout à penser la limite de la volonté immédiate à partir d'une problématique de la dette sociale[22]. Si l'on excepte un Fouillée, qui voyait dans cette réalité le fait générateur d'un quasi-constat entre les générations, la perspective était généralement conservatrice ou réactionnaire. Il s'agissait de faire peser sur les vivants une sorte de souveraineté des morts et de mettre ainsi au pouvoir la tradition.

La visée d'une reconnaissance des pluralités du temps politique a au contraire pour but d'étendre et de démultiplier la participation civique. La dégradation de la démocratie — ou même sa négation — provient presque toujours, en sens inverse, d'un refus de cette complexité. Visée des conservateurs qui voudraient voir triompher le seul temps de la tradition, piège de la démocratie illibérale polarisée sur la vie des institutions, attention médiatique accordée aux pulsations instantanées du public, célébration révolutionnaire du seul surgissement constituant : c'est à chaque fois une appréciation trop étroite des temps de la démocratie qui conduit à la mutiler ou à la nier. Cela invite d'ailleurs en retour à apprécier dans ce même cadre le sens des conflits entre militants, journalistes, élus, gouvernants, intellectuels, juges. Chacune de ces figures de la scène politique et sociale se pose en effet implicitement en gardien d'une certaine temporalité, du sein même de la particularité de ses fonctions. *Gardiens des temporalités du politique* : la reconnaissance de ce caractère aux différents acteurs que nous avons mentionnés conduit à élargir la compréhension que nous avons de la vie de la démocratie et de son développement. Démultiplication des formes et conjugaison des temps se recoupent en ce point pour inviter à considérer la perspective d'une *démocratie plurielle* [23].

Cela permet, une fois encore, d'appréhender dans des termes rénovés la question des rapports entre droit et démocratie, pouvoir judiciaire et pouvoir législatif. Au lieu de les considérer comme antagoniques ou même, plus positivement, comme des puissances heureusement appelées à se contenir mutuellement, il est possible de les penser dans un cadre unifié : le droit constitutionnel relève par exemple d'une temporalité longue de la démocratie, alors que les décisions du pouvoir exécutif ou les formulations du législatif s'inscrivent dans des cycles plus courts. Hors de cette approche, les engagements du passé, même le plus proche, risqueraient toujours d'être perçus comme l'acceptation absurde que « la volonté se donne des chaînes pour l'avenir » (Rousseau) ; la seule existence d'une constitution pourrait être considérée comme une insupportable limitation de la volonté générale [24]. Seul « le caprice de l'instant » finirait à la limite par être démocratiquement admissible. C'est à rebours de cette vision qu'il faut donner une épaisseur temporelle au projet d'une construction démocratique et le lier au développement de l'État de droit. On peut considérer dans cette perspective le droit comme une sorte de mémoire de la volonté générale, dont Victor Hugo a donné une belle formule : « Le droit rayonne dans l'immuable ; le suffrage universel agit dans le momentané. Le droit règne ; le suffrage universel gouverne[25]. » C'est bien en ce sens qu'il faut raisonner. Le développement des libertés et la consolidation de la démocratie participative peuvent alors être poursuivis de concert.

L'émancipation généralisée

La pluralisation des *temps* et des *formes* de la démocratie doit se prolonger dans une reconsidération des *champs* du politique. Le problème central de la modernité réside, à cet égard, dans le rapport indécis entre les deux impératifs de l'indépendance personnelle et du pouvoir social. Le libéralisme et la démocratie, pour réutiliser à nouveau ce binôme, sont en effet apparus depuis deux siècles comme des frères jumeaux en même temps que comme des frères séparés ou même ennemis. Frères jumeaux, car ils représentent les deux volets d'un même programme moderne d'émancipation. D'un côté, la mise en puissance de la collectivité. Le but de la démocratie est là de substituer un principe d'auto-institution du social à tous les pouvoirs antérieurs imposés de l'extérieur. De l'autre côté, l'affirmation d'un principe d'autonomie personnelle des individus. L'objectif libéral est de protéger chacun contre les pouvoirs, quels qu'ils soient. Locke et Rousseau ont incarné ces deux moments et ces deux faces de l'émancipation moderne. Le problème est que ces frères jumeaux se sont aussi vite révélés comme des frères ennemis. La démocratie est ainsi parfois apparue comme risquant de conduire à une tyrannie des majorités. À l'inverse, l'objectif de protection radicale des individus a pu sembler vider de son sens l'idée d'un projet collectif, la société des individus minant toute idée de communauté politique. L'histoire politique des XIXe et XXe siècles a très largement été dérivée de cette contradiction. Celle-ci permet notamment de comprendre l'oscillation entre les moments de *démocratie illibérale* (le bonapartisme) et les périodes de *libéralisme non démocratique* (la Restauration et la monarchie de Juillet, par exemple) que nous avons analysée. L'équilibre finalement trouvé a résulté d'un bricolage prudentiel ; mais bricolage toujours instable comme en a témoigné la spectaculaire progression des démocraties illibérales à la fin du XXe siècle[26].

Cette tension fondatrice peut être aujourd'hui reconsidérée. Pour des raisons anthropologiques, sociologiques et politiques à la fois. Les raisons anthropologiques tiennent au rapport nouveau entre soi et les autres qui s'est progressivement tissé. L'individu moderne est devenu *à la fois* plus autonome et plus inscrit dans une dynamique de l'interaction sociale, à mille lieues de la perspective atomistique qui était implicitement celle de l'individualisme libéral naissant[27]. Cela ne signifie pas que l'individu soit devenu plus absorbé dans la collectivité, transformé en cet « individu-masse » que redoutaient, il y a un siècle, les pionniers des sciences sociales. Cela renvoie seulement au fait que les modes de production de l'identité se sont complexifiés et différenciés, n'étant plus seulement fondés sur une logique de la similarité et sur une appartenance mécaniquement inclusive ; qu'ils impliquent dorénavant le déploiement d'un processus de reconnaissance et de différenciation liés. Un peu d'individualisme moderne avait éloigné du social, beaucoup en a rapproché, pourrait-on résumer de façon schématique. La perception du « social » s'est parallèlement et simultanément modifiée. Il est moins conçu comme l'agglomération d'existences particulières, distribuées en des groupes clairement distincts et stables, que comme le système complexe des figures dessinées par des homologies de trajectoires et des communautés de situations, formant un enchevêtrement de liens aussi multiples que variables. *Il associe des histoires et des expériences,* et pas seulement des qualités essentielles. Constitution de la cité et construction de soi deviennent du même coup beaucoup plus confondus; conquête de l'autonomie et affirmation de la puissance sociale se superposent; développement des droits et vie de la démocratie s'entrelacent.

Les différents registres de l'émancipation ont ainsi commencé à se décloisonner. Ce mouvement avait, de fait, été perceptible dès l'après-1968, notamment en France où le thème de l'autogestion avait lié dans des termes auparavant inédits libération individuelle et changement politique. En même temps qu'elle avait participé de la mutation indissociablement cognitive, culturelle, organisationnelle et politique des années 1970, l'idée d'autogestion avait accompagné l'entrée dans un monde où l'émancipation ne pouvait plus être comprise que sur un mode indissociablement individuel *et* social. Souci de soi et combat politique s'efforçaient de ne plus être antinomiques, conduisant à une réévaluation fondamentale de l'horizon antérieur du militantisme. De façon certes confuse, la vague autogestionnaire avait contribué à introduire à cette époque une compréhension nouvelle de l'impératif démocratique, conduisant à le désinstitutionnaliser et à l'élargir. Son reflux ultérieur n'a pas marqué l'échec de ce tournant. Il a surtout résulté d'un processus de décantation, dissipateur et réorganisateur à la fois, de ce thème, dissociant l'enregistrement d'une mutation du langage encore archaïque (aux accents « gauchistes » aussi bien que naïvement utopiques) dans lequel elle s'était exprimée[28]. Si l'âge de l'autogestion a pu en conséquence paraître passé, celui d'une nouvelle exigence démocratique n'en a pas moins perduré. La vie de la démocratie n'a dorénavant pu se limiter ni au moment du vote ni à la seule sphère politique. Elle accomplit de la sorte vraiment, mais en le radicalisant, la vision de ceux qui en donnaient une définition sociétale au XIXe siècle. L'antagonisme antérieur entre les deux approches de la démocratie, politique et civile, s'en est du même coup trouvé presque résorbé. La montée en puissance, dans les années 1980, de la notion de citoyenneté en a ensuite également témoigné. L'exigence d'un élargissement de celle-ci — on s'est mis à parler de « nouvelle citoyenneté économique », de « citoyenneté sociale » — s'est peu à peu substituée au seul projet d'une extension des procédures démocratiques[29]. C'est sous les espèces du triomphe du droit que s'est finalement généralisée sur ce mode l'idée démocratique. Au bout du chemin, cette dernière a donc insensiblement cessé d'être considérée comme une simple méthode politique : elle est devenue une norme morale et sociale.

La nouvelle perception de l'impératif démocratique invite, de cette façon, à considérer le caractère multiforme de l'émancipation des hommes. Le but de la démocratie n'est pas là de déployer une force, mais de conduire un processus d'émancipation généralisée, liant et mettant en cohérence les expériences personnelles et les situations sociales. La notion de souveraineté ne conserve un sens, en son sein, que si elle est aussi conçue comme un multiplicateur des libertés et des opportunités, et que loin d'indiquer une clôture elle marque une ouverture[30].

L'interpénétration des formes d'émancipation conduit à reformuler l'objet même du politique. Dorénavant, il n'est pas seulement de mettre en puissance le peuple ; mais, plus radicalement, de l'instituer en une collectivité cohérente. Le concept politique central n'est plus celui de volonté, mais celui de justice. On passe ainsi d'une démocratie de la volonté à une *démocratie de l'institution,* dont le but est d'organiser la vie commune par le règlement de la distribution des droits et des biens entre les hommes et les femmes. La discussion de normes de justice et leur administration est en son cœur[31]. Cette perspective va, bien sûr, à contre-courant de toutes les approches souverainistes pour lesquelles le peuple existe comme un donné immédiatement cohérent, à l'identité évidente, suffisamment déterminée par la confrontation à un « extérieur ». Elle considère, en effet, que la volonté du peuple est un problème à résoudre autant qu'une solution à mettre en œuvre. À forte distance, donc, du fantasme populiste pour lequel le peuple préexiste à la démocratie sous les espèces d'une totalité idéalisée. Fantasme qui ne cesse de se nourrir de la dangereuse exaltation d'une homogénéité excluante. Le rejet de l'étranger devient dans ce cas la figure par laquelle les termes de la dette sociale sont esquivés. La nation procède alors d'une simple opposition à des tiers ; elle n'est pas fondée sur des obligations réciproques constituant un espace de redistribution à faire vivre. À rebours de cette vision factice et perverse de l'unité sociale, le but est, au contraire, d'organiser positivement et lisiblement le lien social en ses différences.

L'idée républicaine avait correspondu à cet objectif au XIXe siècle. Mais les termes de cette entreprise ont changé. Il ne suffit plus, aujourd'hui, de se référer à des principes juridiques généraux sur la laïcité, l'État de droit ou l'égalité des chances pour produire la nation. Ces principes doivent prendre chair dans la matière économique, sociale, fiscale. Au-delà de la question clef du multiculturalisme, organiser la vie commune d'être divers suppose de parler d'État-providence et de politique redistributive, en traçant en permanence la ligne de partage entre les différences acceptées et les inégalités insupportables. Le peuple de la démocratie est un peuple fragile, toujours inachevé et non un peuple bloc. Au lieu de magnifier une unité introuvable, il s'agit donc, au contraire, de rendre en permanence sensibles, pour tenter de les surmonter, les tensions de la vie commune. Loin d'appeler à un hypothétique retour de la « volonté » d'un État qui surplomberait les hommes et transcenderait leurs différences, il faut plutôt partir d'un constat lucide sur la société réelle que produisent les interactions de la société civile. Au-delà même de l'analyse et de la critique éventuelle des dysfonctionnements des mécanismes de marché, ce sont là l'ensemble des *civil society failures* qu'il s'agit d'appréhender pour les traiter[32]. Cette approche, notons-le, conduit à faire se superposer les perspectives redistributrices qui étaient celles du socialisme avec les préoccupations institutrices du social de la démocratie. Elle redonne une unité perdue aux visions du progrès politique.

Mais l'impératif démocratique ne se limite pas à cette entreprise. Il prolonge désormais cette tâche en invitant à universaliser le projet de l'émancipation des hommes. La démocratie tend en effet à déborder son cadre national originaire et s'attache à concevoir à l'échelle plus large du monde l'émancipation et la justice. Les formes pluralisées du politique avaient déjà conduit, de leur côté, à poser en des termes neufs la question du champ démocratique. Si les mécanismes de l'élection restent encore pour l'essentiel nationaux (avec pour nous l'exception des élections au Parlement européen), l'espace public s'est quant à lui partiellement mondialisé, entraînant des formes de surveillance et de contrôle auparavant inédites. L'espace de l'émancipation se trouve pareillement et conséquemment élargi. La formation, certes difficile, de normes internationales en matière de droits de l'homme en témoigne. Le mouvement est maintenant lancé, aussi irrémédiable que celui de la conquête du suffrage universel au XIXe siècle. Il n'empruntera pourtant vraisemblablement pas la même voie. La mondialisation de la démocratie n'accouchera probablement que d'une « démocratie » partielle, limitée à la garantie de quelques droits, à distance de l'adoption de procédures électorales communes, souvent même cantonnée à des tâches purement régulatrices. Cet extraordinaire élargissement de notre champ de vision et d'implication ne doit pas égarer. Il y a loin de l'accroissement d'un champ de conscience à une mise en institution. Il y a loin, aussi, de l'internationalisation croissante des mécanismes de régulation à l'avènement d'une forme de souveraineté supranationale. La souveraineté de régulation n'est pas la souveraineté d'institution[33]. C'est pour cela que l'idée démocratique n'est pas prête de rompre les liens qui l'unissaient à la catégorie de nation. Pas du tout. Pour une raison très simple : la nation reste toujours un objet à construire, elle est encore à réaliser, au carrefour des données de la mémoire, des normes élaborées de la justice et des réquisits d'une émancipation généralisée. La nation « ouverte », que l'on peut opposer à la nation close du souverainisme, a ainsi devant elle un avenir qui reste à écrire.

Rien n'empêche *a priori* que les nations puissent un jour mourir ou se transformer. Mais force est de constater que ce n'est pas du tout une question qui est à l'ordre du jour. Bien loin de pouvoir songer à un dépassement par le haut des nations, nous sommes plutôt aujourd'hui confrontés au risque de leur désagrégation *par le bas*. En même temps que s'internationalisent des éléments de droit et des formes de régulation, des solidarités se rétrécissent parallèlement. En témoigne la multiplication des mouvements sécessionnistes dans le monde. Au lieu de simplement renvoyer à un repliement des cultures et à une exaltation positive des identités, ces mouvements traduisent souvent des reculs des normes acceptées de la solidarité.

Plutôt que d'opérer de coûteuses redistributions, certains souhaitent limiter la dimension des États-nations à des corps plus homogènes. Les tentations sont aujourd'hui fortes en Europe : les Flamands et les Wallons ne veulent plus faire État-providence commun en Belgique, les premiers trouvant qu'ils paient trop pour les seconds ; un nombre croissant d'Italiens du Nord (Padanie) appellent à une séparation politique d'un Sud jugé trop pauvre ; les Tchèques et les Slovaques se sont séparés pour les mêmes raisons. Il n'y a dorénavant plus aucun argument économique qui s'oppose à ces mouvements. Ce n'était pas le cas autrefois. Des grands États-nations pouvaient être socialement coûteux, mais ils étaient nécessaires pour constituer de grands marchés. Le XIXe siècle avait ainsi marqué la montée en puissance des grandes nations. Pas seulement pour des raisons militaires. On pensait qu'elles valaient mieux que les petites parce qu'elles profitaient d'un grand marché intérieur et, donc, d'une économie plus forte. Les unités allemande et italienne se sont constituées sur ce modèle, dont la référence reste aujourd'hui encore les États-Unis. Protégés par un protectionnisme militant, les États-Unis ont en effet permis à leurs entreprises d'accomplir de formidables économies d'échelles, les faisant entrer en plein dans le gigantisme du capitalisme naissant. Un grand marché, un État fédéral puissant dès qu'il s'agit de protéger le marché intérieur et une monnaie unique pour souder ce marché (celle-ci ayant d'ailleurs tardé, comme en Europe, à être fondée institutionnellement) : les efforts d'unité nationale du siècle dernier se sont fondés sur cet exemple, comme ceux de la construction européenne encore aujourd'hui.

Cette vision n'a plus cours aujourd'hui. La puissance économique, la dimension territoriale et la masse démographique peuvent être découplées. La globalisation permet aux petites nations d'avoir facilement accès aux marchés les plus étendus. Les succès de minuscules cités-États comme Hong Kong ou Singapour montrent que l'existence d'un grand marché intérieur n'est plus la condition de la richesse et de la croissance. La théorie économique souligne même aujourd'hui que les petites nations « coûtent » moins cher que les grandes. Plus un État-nation est vaste, plus est forte l'hétérogénéité des populations qui le composent. Et plus seront importants, en conséquence, les coûts de redistribution pour gérer ces différences. Plus une nation sera petite et homogène et moins ses dépenses d'État-providence seront élevées, en sens inverse[34]. Les bénéfices économiques de la grande taille équilibraient autrefois son coût social. C'est beaucoup moins le cas aujourd'hui, et c'est ce qui permet d'expliquer, en partie tout au moins, le vaste mouvement de sécessions politiques à l'œuvre dans le monde. Derrière le nationalisme culturel ou politique qui est apparemment seul à l'œuvre s'affirme silencieusement une approche appauvrie de la solidarité.

En même temps que s'ouvrent les frontières et les consciences, le sens du participable et du partageable s'est ainsi rétréci. Nos sociétés sont devenues moralement de plus en plus schizophrènes, faisant paisiblement coexister la compassion sincère devant la misère du monde et la défense farouche des intérêts acquis. Le dépérissement de l'espace proprement civique en est la cause : la solidarité n'est pas assez fortement structurée par lui. Le sentiment de solidarité a du même coup du mal à s'exprimer de façon cohérente, il « flotte », en quelque sorte, entre le très proche et le très lointain. Le développement de l'« humanitaire », concomitant d'une fuite croissante devant les prélèvements fiscaux et sociaux, en est le symptôme. S'opposent toujours plus visiblement dans nos sociétés deux conceptions de la solidarité : la *solidarité d'humanité*, d'un côté, et la *solidarité de citoyenneté* de l'autre. La première témoigne d'une conscience nouvelle et élargie des responsabilités sans frontières des hommes les uns envers les autres. Mais cette extension de la conscience est liée à un devoir minimal de solidarité : empêcher, si possible, que des personnes puissent être soustraites au monde commun par la mort de faim ou le génocide. Elle correspond à une exigence financière que les Nations unies fixent conventionnellement à un chiffre de l'ordre de 1 % de la richesse mondiale. La solidarité de citoyenneté est beaucoup plus exigeante. Elle implique à la fois de réaliser une certaine égalité des chances et d'arriver à une proximité, même très relative, des niveaux de vie. Dans les pays industrialisés, elle se traduit par des prélèvements obligatoires qui oscillent entre 35 % et 50 % de la richesse nationale. La différence philosophique entre les deux conceptions est ainsi liée à une différence matérielle considérable. La grande tentation actuelle, partout à l'œuvre, est de voir reculer cette exigeante solidarité de citoyenneté au profit d'une solidarité d'humanité moins dispendieuse économiquement et plus spectaculaire médiatiquement. Le sentiment de solidarité se mondialise, mais le contenu de celle-ci s'amenuise : c'est la face morale cachée, et tue, de la globalisation.

Une vision renouvelée et exigeante de la nation a pour cette raison encore un avenir. Elle a pour mission de réaliser en petit ce que le monde ne peut pas encore faire en grand. C'est en elle que peuvent se nouer positivement le général et le particulier. Entre le proche et le lointain, elle est une pierre d'attente, elle dessine la forme d'une expérimentation pratique de l'universel. Les interrogations sur la mondialisation et les réflexions sur la solidarité convergent de la sorte pour remettre au cœur de nos sociétés la question de la démocratie dans son lien à celle de la nation. Loin de disparaître dans le vide qui se serait creusé entre la vie accrue des individus et l'ouverture accélérée au monde, l'idée de souveraineté du peuple a un long avenir devant elle. Mais elle n'aura de sens que resituée dans le mouvement irrémédiablement complexe des temps et des formes au travers desquels tentera de s'esquisser le sens d'une vie commune.

NOTES

Introduction

ÉVIDENCES ET ÉQUIVOQUES

1. George Orwell, « Politics and the English Language », in *Shooting an Elephant and Other Essays*, Londres, 1950, pp. 84-101.

2. On trouve sur ce point dans les archives de Sieyès (Archives nationales : 284 AP) de très intéressantes notes des années 1770. On peut lire à ce propos les précieuses études de Pasquale Pasquino regroupées dans *Sieyès et l'invention de la constitution en France,* Paris, Odile Jacob, 1998. Voir aussi *Des manuscrits de Sieyès, 1773-1799,* publié sous la direction de Christine Fauré, Paris, Honoré Champion, 1999.

3. La formule est de Sieyès, qui précise : « Se laisser / faire représenter est la seule source de la prospérité civile » (*Travail : ne favorise la liberté qu'en devenant représentatif,* in *Papiers Sieyès*, Archives nationales : 284 AP 2, dossier 13). Il précise plus tard : « Tout est représentation dans l'état social. Elle se trouve partout dans l'ordre privé comme dans l'ordre public ; elle est la mère de l'industrie productive et commerciale, comme des progrès libéraux et politiques. Je dis plus, elle se confond avec l'essence même de la vie sociale [...]. Il est constant que se faire représenter dans le plus de choses possibles, c'est accroître sa liberté, comme c'est la diminuer

que d'accumuler des représentations diverses sur les mêmes personnes » (*Opinion de Sieyès sur plusieurs articles des titres IV et V du projet de constitution*, Paris, 2 thermidor an III, pp. 5-6).

4. *Observations sur le rapport du comité de constitution concernant la nouvelle organisation de la France*, Versailles, 2 octobre 1789, p. 35.

5. *Ibid.*

6. Manuscrit de 1795 (Archives nationales : 284 AP 5, 1-4), cité par Murray FORSYTH, *Reason and Revolution. The Political Thought of the Abbé Sieyès*, Leicester University Press, 1987, p. 147.

7. *Ibid.* BARNAVE note de son côté : « Le peuple est souverain; mais dans le gouvernement représentatif, ses représentants sont ses tuteurs, ses représentants peuvent seuls agir pour lui, parce que son propre intérêt est presque toujours attaché à des vérités politiques dont il ne peut avoir la connaissance nette et profonde » (discours du 31 août 1791 sur le pouvoir constituant, *Archives parlementaires de 1789 à 1860* [dorénavant *A.P.*]. *Recueil complet des débats législatifs et politiques des Chambres françaises*, publiés par M. Mavidal et E. Laurent, 1re série, 1789 à 1799, t. XXX, p. 115). Dans un *Supplément au Contrat social applicable particulièrement aux grandes nations* (Paris, 1791), Paul-Philippe GUDIN écrit : « Les députés du peuple forment une assemblée d'hommes d'élite : moins nombreuse qu'une assemblée populaire, elle est moins entraînée par les oreilles et a des yeux pour se diriger. Ce n'est pas un peuple qui écoute en tumulte un orateur, et qui accepte ou rejette avec des cris, sa proposition, après avoir entendu bien ou mal un long monologue; ce sont des hommes instruits et éloquents qui dialoguent entre eux » (p. 17).

8. Discours de Sieyès du 7 septembre 1789, *A.P.*, t. VIII, p. 594. L'expression revient à plusieurs reprises sous sa plume.

9. « La France ne doit pas devenir un *État fédéral*, composé d'une multitude de républiques, unies par un lien politique quelconque. La France est et doit être *un seul tout* » *(ibid.)*.

10. *Ibid.*

11. Discours du 11 août 1791, *A.P.*, t. XXIX, p. 366.

12. Stanislas CLERMONT-TONNERRE, *Analyse raisonnée de la Constitution française décrétée par l'Assemblée nationale*, Paris, 1791, p. 123.

13. *A.P.*, t. VIII, p. 257.

14. SIEYÈS, *Vues sur les moyens d'exécution dont les représentants de la France pourront disposer en 1789*, s.l., 1789, p. 127.

15. *A.P.*, t. VIII, p. 556.

16. SIEYÈS, *Bases de l'ordre social*, manuscrit de 1795 (284 A.P. 5, 1-6) reproduit dans P. PASQUINO, *Sieyès et l'invention de la Constitution en France, op. cit.*, p. 185. Ce texte constitue une sorte de brouillon du discours du 2 thermidor an III.

17. Discours du 5 septembre 1789, *A.P.*, t. VIII, p. 582.

18. Expression employée le 3 juillet 1789 par LALLY-TOLLENDAL, dans sa réponse à Talleyrand sur les mandats impératifs, *A.P.*, t. VIII, p. 204.

19. *A.P.*, t. VIII, p. 560.

20. SALLE, député de Lorraine, discours du 1er septembre 1789, *A.P.*, t. VIII, p. 530. « Le veto suspensif est une sorte d'appel à la nation », dit-il encore (*ibid.*, p. 529).

21. Discours du 4 septembre 1789, *A.P.*, t. VIII, p. 559.

22. Le duc de LA ROCHEFOUCAULD note ainsi : « On ne doit pas s'effrayer de l'espèce de convulsion que pourra produire la dissolution de la législature, ni même l'influence que les ministres du Roi pourraient avoir dans les élections ; ces cas de dissolution seront rares » (*A.P.*, t. VIII, p. 549). PÉTION dit aussi que « les appels au peuple seraient très rares » (*ibid.*, p. 584).

23. PÉTION, *A.P.*, t. VIII, p. 582. Il n'y a donc pas à être « effrayé » par la procédure, note Salle (*ibid.*, p. 530).

24. RABAUT SAINT-ÉTIENNE, *A.P.*, t. VIII, p. 569. Il ajoute : « Lui seul est pouvoir, les autres ne sont que des autorités. »

25. L'expression est de MALOUET, *A.P.*, t. VIII, p. 535.

26. PEUCHET, *De l'appel au peuple*, s.l., 1789, p. 4. PEUCHET va d'ailleurs beaucoup plus loin dans sa vision d'une souveraineté active du peuple. Il précise en effet : « Nous croyons que tout ce qui pourrait intéresser une ville ou le territoire qui en dépend, tous les objets de police, les jugements en matière d'emprisonnement, les propositions d'établissements, de réformes pourraient être proposés à l'assemblée

du peuple, c'est-à-dire de particuliers, ayant le droit de cité ; et que tous les objets qui intéresseraient la généralité du royaume [...] seraient de la compétence de *l'appel au peuple* dans toutes les assemblées de l'État » (*ibid.*, pp. 20-21). L'adoption d'une telle procédure, estime-t-il, aurait l'avantage de rompre heureusement avec l'« habitude de regarder la démocratie comme un monstre » (*ibid.*, p. 24).

27. Cf. Egon ZWEIG, *Die Lehre vom « pouvoir constituant ». Ein Beitrag zum Staatsrecht der französischen Revolution*, Tübingen, 1909, ainsi que la thèse de Maurice FONTENEAU, *Du pouvoir constituant en France et de la révision constitutionnelle dans les constitutions françaises depuis 1789*, Caen, 1900.

28. La formule est de Portalis l'Ancien, citée par Denis SERRIGNY, *Traité du droit public des Français*, Paris, 1846, t. I, p. 59. De multiples commentateurs ont souligné depuis cette dimension de version sécularisée du pouvoir divin, de créer un ordre sans y être soumis, qu'il y a dans le pouvoir constituant.

29. On peut ici renvoyer à l'ouvrage d'Olivier BEAUD, *La Puissance de l'État* (Paris, P.U.F., 1994), dans lequel il distingue une conception législative et une conception judiciaire de la souveraineté.

30. Il est d'ailleurs significatif de constater que *Les Soupirs de la France esclave* de Jurieu ont été plusieurs fois réédités au début de la Révolution. Jurieu écrit : « L'exercice de la souveraineté qui dépend d'un seul n'empêche pas que la souveraineté soit dans le peuple, comme dans sa source et même son premier sujet » (cité par Franck PUAUX, *Les Défenseurs de la souveraineté du peuple sous le règne de Louis XIV*, Paris, 1917, p. 37).

31. Adresse du district des Minimes du 3 décembre 1789, citée par Maurice GENTY, *L'Apprentissage de la citoyenneté, Paris 1789-1795*, Paris, Messidor, 1987, pp. 35-36.

32. On trouvera sur ce point de nombreux éléments dans la thèse de Maurice GENTY (*Le Mouvement démocratique dans les sections parisiennes du printemps 1790 au printemps 1792*, Université de Paris-I, 1991, 4 vol.), ainsi que dans la contribution de Kåre TØNNESSON, « La démocratie directe sous la Révolution française. Le cas des districts et sections de

Paris », *in* Colin LUCAS (éd.), *The French Revolution and the Creation of Modern Political Culture,* vol. II, Oxford, Pergamon Press, 1988.

33. Voir les analyses très éclairantes d'Arthur P. MONAHAN, *Consent, Coercion and Limit : The Medieval Origins of Parliamentary Democracy*, Montréal et Kingston, McGill-Queen's University Press, 1987.

34. *A.P.*, t. VIII, p. 583. RABAUT SAINT-ÉTIENNE note de son côté : « Le souverain est une chose une et simple, puisque c'est la collection de tous sans en excepter un seul » (*ibid.*, p. 569).

35. Cité par Albert SOBOUL, *Les Sans-culottes parisiens en l'an II. Mouvement populaire et gouvernement révolutionnaire (2 juin 1793-9 thermidor an II),* Paris, 1958, p. 582.

36. Discours de RABAUT SAINT-ÉTIENNE du 4 septembre 1789, *A.P.*, t. VIII, p. 569.

37. *Révolutions de Paris,* t. II, n° XVII, 7 novembre 1789, p. 3. « Il ne faut pas se laisser abuser par les mots », répète de son côté PÉTION, *A.P.*, t. VIII, p. 583.

38. On lit ainsi dans l'article précédemment cité des *Révolutions de Paris* : « L'abus des mots a toujours été un des principaux moyens qu'on a employés pour asservir les peuples. César ne se fit pas nommer roi, mais *dictateur.* Cromwell ne se donne que le titre de *protecteur.* Nos rois laissèrent prendre à nos cours de justice le nom de *parlements,* qui ne convenait qu'à l'assemblée de la nation » *(ibid.)*.

39. *Lettre à Monsieur d'Alembert sur les spectacles,* éd. critique par Max FUCHS, Lille et Genève, 1948, p. 155.

40. *De l'esprit des lois,* livre II, chap. II.

41. *Considérations sur le gouvernement ancien et présent de la France,* Amsterdam, 1765, p. 8.

42. Jacques Pierre BRISSOT, *Plan de conduite pour les députés du peuple aux états généraux de 1789,* s. l., avril 1789, p. 21. Voir aussi, sur ce point, les indications données par Robert Boswell PALMER, « Notes on the Uses of the Word "democracy", 1789-1799 », *Political Science Quarterly,* juin 1953 ; Jens A. CHRISTOPHERSEN, *The Meaning of « Democracy » as Used in European Ideologies from the French to the Russian Revolution,* Oslo, Universitetsforlaget, 1966, et par Ray-

monde MONNIER, « Démocratie et Révolution française », *Mots. Les langages du politique*, n° 59, juin 1999.

43. Je me permets de renvoyer sur ce point aux données rassemblées dans mon article « L'histoire du mot démocratie à l'époque moderne », *La Pensée politique*, n° 1, 1993, dont je reprends ici quelques éléments.

44. SIEYÈS, *Vues sur les moyens d'exécution*, *op. cit.*, p. 127. Dans les *Délibérations à prendre dans les assemblées de bailliage*, il parle aussi de prévenir la formation de l'esprit aristocratique par la régénération triennale du corps législatif.

45. *Motion faite à l'Assemblée générale des représentants de la Commune*, le 20 novembre 1789, par l'abbé Fauchet, p. 4.

46. *Seconde motion de M. l'abbé Fauchet, sur les droits des représentants et du peuple, faite à l'Assemblée générale des représentants de la Commune de Paris, le 25 novembre 1789*, pp. 9-10 et 3-4. Il redoute « de voir les droits du peuple immolés à l'aristocratie représentative, après qu'ils l'ont été si longtemps aux aristocraties ministérielles, nobles, ecclésiastiques, parlementaires, financières, qui se faisaient sentir jusque dans les dernières fractions de la puissance exécutive » (*ibid.*, p. 2).

47. Cf., par exemple, les numéros IX, XII, XIV, XVII, XIX, XX des *Révolutions de Paris* à l'automne 1789. Le thème est également omniprésent dans *L'Ami du peuple*. On trouvera beaucoup d'éléments intéressants dans les adresses et délibérations des assemblées de district, affichettes et brochures diverses de l'automne 1789 rassemblées au département des manuscrits de la B.N. (N.a.fr., 2633 à 2715).

48. Cf. les indications données sur l'usage de ce terme par Ferdinand BRUNOT, *Histoire de la langue française des origines à 1900*, Paris, 1937, t. IX, 2e partie, pp. 646-648.

49. RAMOND, *À mes concitoyens et aux représentants de notre commune, sur le plan de municipalité de la ville de Paris*, Paris, 26 août 1789, p. 8.

50. Cf. M. DELEPLACE, « La notion d'anarchie pendant la Révolution française » (1789-1791), *Annales historiques de la Révolution française*, janvier-mars 1992.

51. Cf., par exemple, MOUNIER, *A.P.*, t. VIII, p. 560.

52. Voir le texte pénétrant de Judith SHKLAR, « The Ameri-

can Idea of Aristocracy », in *Redeeming American Political Thought*, University of Chicago Press, 1998.

53. James Wilson défend par exemple la notion d'aristocratie naturelle en estimant que la référence à une aristocratie « ne signifie rien d'autre dans ce cas qu'un gouvernement des meilleurs » (Discours du 4 décembre 1787 à la Convention de Pennsylvanie, *in* Jonathan Elliot, *The Debates in the Several States Conventions on the Adoption of the Federal Constitution*, Washington, 1836, vol. II, p. 473).

54. *Le Fédéraliste* (n° 58) note dans cet esprit : « Plus on rendra une assemblée représentative nombreuse et plus elle aura de ces infirmités inséparables des assemblées populaires. [...] L'aspect extérieur du gouvernement peut devenir plus démocratique ; mais l'âme qui l'anime sera plus oligarchique. La machine sera agrandie, mais les mouvements en seront dirigés par des ressorts moins nombreux et souvent plus secrets » (traduction française, Paris, L.G.D.J., 1957, p. 489).

55. Melanchton Smith s'exprime très clairement sur ce point dans ses fameux discours des 21 et 23 juin 1788.

56. C'est ce qui les rend paradoxalement très proches de John Adams qui estimait dans ses *Thoughts on Government* (1776) qu'une bonne assemblée représentative « devait être, en miniature, un portrait exact du peuple dans son ensemble » (reproduit *in* Philip B. Kurland et Ralph Lerner [éd.], *The Founder's Constitution*, The University of Chicago Press, 1987, vol. I, p. 108). *The Federal Farmer* (lettre VII) fait par ailleurs explicitement référence à la doctrine du gouvernement mixte et de la représentation des classes chez Montesquieu.

57. *Le Fédéraliste*, article 63, *op. cit.*, p. 528.

58. La République est ainsi pour Madison le régime qui « offre un remède » aux problèmes ouverts par la modernité politique, comme il le souligne dans le célèbre article 10 du *Fédéraliste*. « Une République, j'entends par là un gouvernement dans lequel l'idée de représentation existe, écrit-il [...]. La Démocratie et la République diffèrent en deux points essentiels : 1° la délégation du gouvernement dans la République, à un petit nombre de citoyens élus par le peuple ; 2° le plus grand nombre de citoyens et la plus vaste étendue de

pays sur lesquels la République peut s'étendre » (*Le Fédéraliste, op. cit.*, p. 73). Voir Robert W. SHOEMAKER, « Democracy and Republic as Understood in Late Eighteenth-Century America », *American Speech*, mai 1966, et Philippe RAYNAUD, « L'idée républicaine et le fédéraliste », *in* François FURET et Mona OZOUF, *Le Siècle de l'avènement républicain*, Paris, Gallimard, 1993.

59. Cf. Bertlinde LANIEL, *Le Mot « Democracy » aux États-Unis de 1780 à 1856*, Publications de l'université de Saint-Étienne, 1995.

60. J'emprunte l'expression à Jean-Marie DONEGANI et Marc SADOUN, *La Vᵉ République. Naissance et mort*, Paris, Gallimard, « Folio Histoire », 1999.

Les bords de la démocratie

L'IMPOSSIBLE DÉMOCRATIE REPRÉSENTATIVE

1. François ROBERT, *Le Républicanisme adapté à la France*, Paris, 1790, pp. 90-91.

2. Louis de LAVICOMTERIE, *Du peuple et des rois*, Paris, 1791, p. 111.

3. Cf. Raymonde MONNIER, « Paris au printemps 1791. Les sociétés fraternelles et le problème de la souveraineté », *Annales historiques de la Révolution française*, n° 287, janvier-mars 1992 ; Maurice GENTY, *L'Apprentissage de la citoyenneté. Paris, 1789-1795*, Paris, Messidor, 1987.

4. *La Bouche de fer*, n° 1, octobre 1790, p. 7 (souligné par l'auteur). Dans un esprit plus négatif, Louis-Sébastien MERCIER a aussi utilisé ce terme pour redéfinir la notion traditionnelle de souveraineté. « Le peuple, écrit-il, ne peut qu'avoir la souveraineté, et s'il prétend au-delà, il s'égare et se perd. Le peuple n'a-t-il donc pas assez de sa force redoutable, et qu'il doit craindre lui-même tout le premier ? N'a-t-il pas assez de cette inspection rigoureuse, de cette surveillance perpétuelle qu'il peut déployer autour du corps législatif, et

que rien ne peut lui ravir. N'a-t-il pas dans tous les temps une communication ouverte avec la puissance qu'il s'est donnée ? N'a-t-il pas le droit de pétition qu'il conserve essentiellement et qui devient, en d'autres termes, une vraie censure ? N'est-il pas présent à toutes les délibérations ? N'a-t-il pas une foule immense d'écrits pour prévenir les erreurs ? » (*Jean-Jacques Rousseau considéré comme l'un des premiers auteurs de la Révolution*, Paris, 1791, t. II, p. 14).

5. L'expression est théorisée dans François Xavier LANTHENAS, *De la liberté indéfinie de la presse et de l'importance de ne soumettre la communication des pensées qu'à l'opinion publique*, Paris, 17 juin 1791.

6. Nicolas BERGASSE, *Sur la manière dont il convient de limiter le pouvoir législatif dans une monarchie*, Paris, septembre 1789 (reproduit in *A.P.*, t. IX, p. 120).

7. *Ibid.*

8. Le thème est, semble-t-il, développé pour la première fois par l'abbé FAUCHET dans sa *Motion faite à l'assemblée générale des représentants de la Commune*, le 20 novembre 1789, et dans l'ouvrage *De la religion nationale*, Paris, 1789. « La législation, pour être complète, écrit-il dans le premier texte, doit faire le cercle entier : partir du peuple, y retourner et revenir au centre d'où elle régit ensuite tous les rayons d'un vaste empire » (p. 4). RABAUT SAINT-ÉTIENNE et PÉTION s'expriment aussi dans ce sens lors du débat sur le veto royal, ce dernier esquissant pour la première fois la formule d'un référendum législatif. Cf. le chapitre « Du consentement général aux lois » de la brochure de RABAUT SAINT-ÉTIENNE, *Principes de toute constitution soumis à l'Assemblée nationale*, août 1789 (reproduit in *A.P.*, t. VIII, pp. 406-407), et le discours du 5 septembre 1789 de PÉTION (*A.P.*, t. VIII, pp. 582-584). BARÈRE lance de son côté l'idée d'un « veto de la loi ».

9. René-Louis de GIRARDIN, *Discours sur la nécessité de la ratification de la loi par la volonté générale*, Paris, 1791 (discours prononcé à la séance du 7 juin 1791 de la Société des amis des droits de l'homme et du citoyen).

10. « Pour que la loi puisse être réellement l'expression pratique de la volonté générale, estime-t-il, il faut que tous les citoyens puissent concourir à sa formation [...]. Ce droit précieux est, et l'essence, et l'existence même de la souverai-

neté » (*ibid.*, p. 4). On notera que Girardin fonde sa proposition sur ce qu'il qualifie de « droit imprescriptible et solennellement proclamé par l'article VI de la Déclaration des droits de l'homme et du citoyen » (il est d'ailleurs fait explicitement référence à cet article dans le sous-titre de l'ouvrage).

11. BRISSOT, *Discours sur les conventions*, Paris, 1791 (prononcé à la Société des amis de la Constitution, séance aux Jacobins, le 8 août 1791).

12. *Ibid.*, p. 3.

13. *Op. cit.*, p. 18.

14. Dans *Qu'est-ce que le tiers état ?*, Sieyès est le premier à distinguer « représentants ordinaires » et « représentants extraordinaires » (éd. critique avec une introduction par Edme Champion, Paris, P.U.F., 1982, p. 71). CLERMONT-TONNERRE dissociera plus tard « la représentation extraordinaire nommée Convention ou pouvoir constituant » et « la représentation ordinaire, nommée Législature ou Assemblée nationale, et qui est un pouvoir constitué » (Discours du 21 septembre 1789, *A.P.*, t. IX, p. 59).

15. Voir tout particulièrement Bruce ACKERMAN, *We the People*, vol. I, *Foundations*, Cambridge, Mass., The Belknap Press of Harvard UP, 1991.

16. Si Rousseau prend si nettement ses distances avec le principe représentatif, c'est justement parce qu'il cherche à radicaliser la distance avec les fausses conceptions anciennes de la souveraineté du peuple pour penser cette dernière comme une puissance d'institution. C'est seulement dans cette prise de distance que peut être comprise la démocratie des Modernes.

17. Lettre de Claude FAUCHET à la Société des jacobins, le 18 mai 1791, reproduite dans Sigismond LACROIX, *Actes de la Commune de Paris pendant la Révolution*, Paris, 1894-1921, t. VII, p. 604.

18. Cf. *Discours sur la nécessité de la ratification de la loi par la volonté générale*, *op. cit.*, pp. 19-20.

19. « Ce qui intéresse tout le monde doit être traité et approuvé par tout le monde ». Voir André GOURON, « Aux origines médiévales de la maxime *Quod omnes tangit* », in *His-*

toire du droit social. Mélanges en hommage à Jean Imbert, Paris, P.U.F., 1989.

20. On voit par exemple des membres de la droite de la Constituante célébrer le pouvoir de l'opinion dans le but de minimiser l'intérêt d'un gouvernement représentatif, alors qu'un Brissot y voit le moyen de perfectionner ce dernier et de dépasser ses limites.

21. ANDRÉ, le 30 août 1791, *A.P.*, t. XXX, p. 68.

22. BARNAVE, le 31 août 1791, *A.P.*, t. XXX, p. 115. C'est la distinction même du pouvoir constituant et du pouvoir constitué que contredit, au bout du compte, Barnave. Cf. Jean-Luc CHABOT, « Barnave et le pouvoir constituant », in *Constitution et révolution aux États-Unis d'Amérique et en Europe (1776-1815)*, sous la direction de Roberto Martucci, Macerata, 1995.

23. Cf., par exemple, FROCHOT, *A.P.*, t. XXX, p. 99. « Si l'on nie cette assertion, poursuit-il, le procès est fait par là même au gouvernement représentatif » (*ibid.*). ANDRÉ dit de son côté : « Le vœu présumé de la nation pour les changements à faire dans la constitution doit être émis par le Corps législatif » (*A.P.*, t. XXX, p. 111).

24. FROCHOT, *A.P.*, t. XXX, p. 100.

25. Discours cité de BARNAVE, *A.P.*, t. XXX, p. 115.

26. Discours du 9 juillet 1792, *A.P.*, t. XLVI, p. 270.

27. Cité par F. BRAESCH, *La Commune du dix août 1792. Étude sur l'histoire de Paris du 20 juin au 2 décembre 1792*, Paris, 1911, p. 128.

28. *Adresse*, du 30 juillet 1792, de la section du Théâtre-Français. Citée par A. SOBOUL, *Les Sans-culottes parisiens en l'an II, op. cit.*, p. 508.

29. Cf. ce que dit Brissot le 9 juillet 1792 : « Qui suis-je ? Un représentant du peuple. À cette tribune, je ne suis donc plus *moi* ; je suis *lui* ; je puis composer pour moi ; je ne puis composer pour lui. Son intérêt, voilà ma loi, ma règle invariable » (*A.P.*, t. XLVI, p. 264).

30. CONDORCET, *Instruction sur l'exercice du droit de souveraineté* (9 août 1792), in *Œuvres de Condorcet*, Paris, 1847, t. X, p. 533 (voir aussi *A.P.*, t. XLVII, p. 615).

31. Le 25 juillet 1792, l'Assemblée rend le célèbre décret qui ordonne la permanence des assemblées de sections.

32. Intervention de Chabot, le 25 juillet 1792, *A.P.*, t. XLVII, p. 128.

33. Cité par F. Braesch, *La Commune du dix août 1792, op. cit.*, p. 387.

34. Cité par A. Soboul, *Les Sans-culottes parisiens en l'an II, op. cit.*, p. 512. Cet exercice populaire de la justice a principalement marqué la crise de septembre 1792.

35. *Adresse* présentée par Condorcet le 13 août 1792 (*A.P.*, t. XLVIII, p. 97).

36. Décret du 21 septembre 1792.

37. Projet d'avril 1793 (*A.P.*, t. LXIII, p. 205).

38. Les positions de Robespierre, l'été 1792, sur le problème du gouvernement représentatif sont développées dans deux de ses articles publiés dans *Le Défenseur de la Constitution* (n° 5 et 11 ; reproduits dans *Œuvres complètes de Robespierre*, t. IV, *Les Journaux*, Paris, 1939). L'expression de « gouvernement représentatif absolu » se trouve dans le premier (*op. cit.*, p. 144) tandis qu'il dénonce violemment dans le second le « despotisme représentatif » (*ibid.*, p. 328).

39. Charles Lambert (député de la Côte-d'Or), *De la révocabilité des représentants du peuple, et en général de tous les fonctionnaires publics, seul moyen d'avoir une véritable démocratie avec un gouvernement représentatif et de prévenir les insurrections populaires*, Paris, juin 1793 (reproduit in *A.P.*, t. LXVII, p. 325).

40. Alphonse Aulard a bien souligné cet accord presque unanime pour établir une république représentative en 1793. D'après lui, l'idée que le peuple pût et dût exercer directement sa souveraineté ne fut formulée que par un membre de l'assemblée électorale de Seine-et-Oise qui proposa un mandat d'après lequel les députés « demanderaient que le peuple exerçât sa souveraineté non par des délégués, mais par lui-même » (*Histoire politique de la Révolution française*, Paris, 1901, p. 257).

41. Dans ses *Lettres d'un bourgeois de New-Haven à un citoyen de Virginie sur l'inutilité de partager le pouvoir législatif entre plusieurs corps*, in *Œuvres de Condorcet*, *op. cit.*, t. IX, p. 84.

42. Cf. Patrice Gueniffey, « Brissot », *in* Fr. Furet et M. Ozouf, *Dictionnaire critique de la Révolution française, op.*

cit. Dans la deuxième partie de son ouvrage *Droits de l'homme*, publié en 1791, Thomas Paine écrit : « La pure démocratie était la société qui se gouvernait sans l'assistance de moyens secondaires ; en greffant la représentation sur la démocratie, nous parvenons à un système de gouvernement capable d'embrasser et de réunir tous les différents intérêts, l'étendue du territoire et la population quelque nombreuse qu'elle puisse être » (édition présentée par Claude Mouchard, Paris, Belin, 1987, p. 209).

43. L'expression est de Didier Thirion, *La Pierre angulaire de l'édifice constitutionnel*, Paris, mai 1793 (reproduit dans *A.P.*, t. LXVII, p. 407).

44. Rabaut-Pomier, discours du 22 mai 1793 (*A.P.*, t. LXV, p. 192). Pour bien comprendre la façon dont sont alors appréhendés les rapports de la démocratie et de la représentation, voir l'importante discussion du 13 mai 1793 sur la caractérisation du régime à mettre en place (*A.P.*, t. LXIV, pp. 627-628). « Sans doute, dit alors Pétion, il sera représentatif, mais il doit y avoir un mélange de démocratique car il faut que le peuple ait le droit de censure, il faut qu'il puisse à son gré changer ses magistrats et faire réformer ses lois. » Pour qualifier cette formule, Pétion parle significativement de « gouvernement mixte ».

45. *A.P.*, t. LXIV, pp. 433 et 430. Il note d'ailleurs de façon significativement embarrassée à propos du terme gouvernement représentatif : « Ce mot a besoin d'être expliqué, comme beaucoup d'autres, ou plutôt il s'agit bien moins de définir le gouvernement français que de le constituer » (*ibid.*, p. 432).

46. Blaviel, *Réflexions préliminaires sur la constitution française et sur l'organisation d'un gouvernement populaire* (*A.P.*, t. LXVII, p. 249). Dans son rapport du 17 avril 1793, Romme attire l'attention sur le fait que l'emploi d'un « mot équivoque » peut alors « entraîner des suites funestes » (*A.P.*, t. LXII, p. 264).

47. Daunou parle de « République démocratique » dans son *Essai sur la Constitution* (*op. cit.*, p. 358). L'expression « souveraineté représentative » se trouve chez Jean-Louis Seconds (*De l'art social ou des vrais principes de la société politique*, reproduit in *A.P.*, t. LXII, p. 544). Étienne Barry

parle de « République populaire » dans son *Essai sur la dénonciation politique*, Paris, 1793. POULTIER appelle de ses vœux une « constitution vraiment démocratique » (*A.P.*, t. LXII, p. 462).

48. Voir, par exemple, la brochure célèbre de Jean VARLET, *Projet d'un mandat spécial et impératif aux mandataires du peuple à la Convention nationale*, décembre 1792 (reproduit dans *A.P.*, t. LIV, pp. 719-722).

49. Sur ces tendances, voir Claudine WOLIKOW, « 1789-1793, l'émergence de la "démocratie représentative" », in *L'An I et l'apprentissage de la démocratie*, sous la direction de Roger Bourderon, Saint-Denis, Éditions P.S.D., 1995.

50. *Rapport* de CONDORCET, présenté le 15 février 1793 au nom du comité de constitution, *A.P.*, t. LVIII, p. 583. Résumant l'esprit du projet de Condorcet, SALLE dira : « Il concevait la forme représentative en donnant à la démocratie tout ce qu'elle pouvait avoir d'influence chez un peuple immense » (*A.P.*, t. LXVII, p. 394).

51. *Ibid.*, p. 584.

52. On peut noter que Condorcet envisage dès 1791 l'élection du pouvoir exécutif, cf. *Sur l'institution d'un Conseil électif* (23 juillet 1791), in *Œuvres de Condorcet*, *op. cit.*, t. XII.

53. BRISSOT, *Discours sur les conventions*, *op. cit.*, p. 5. C'est moi qui souligne.

54. C'est l'intitulé du titre VII de son projet de constitution. Cf. Michel PERTUÉ, « La censure du peuple dans le projet de constitution de Condorcet », in *Condorcet, mathématicien, économiste, philosophe, homme politique*, sous la direction de Pierre CRÉPEL et Christian GILAIN, Paris, Minerve, 1989. L'idée de censure avait déjà été évoquée comme une possibilité future dans les *Lettres d'un bourgeois de New-Haven*, *op. cit.*, pp. 79-80.

55. Rapport cité, p. 585.

56. *Ibid.*, p. 604. Voir sur ce point la thèse de Michel FRIDIEFF, *Les Origines du référendum dans la Constitution de 1793*, Paris, 1931.

57. Pour une première approche, voir Michel PERTUÉ, « Les projets constitutionnels de 1793 », in *Révolution et république*, sous la direction de Michel VOVELLE, Paris, Kimé,

1994, ainsi que la thèse de François GALY, *La Notion de constitution dans les projets de 1793*, Paris, 1932.

58. David WILLIAMS, *Observations sur la dernière constitution de la France*, Paris, avril 1793 (reproduit in *A.P.*, t. LXIII, p. 589).

59. *Ibid.*

60. *Quelques idées sur une constitution populaire dans un grand État,* brochure anonyme publiée dans le n° 190 (avril 1793) des *Révolutions de Paris* (reproduite dans *A.P.*, t. LXIII, p. 300).

61. Voir, dans cette optique, P.C.F. DAUNOU, *Essai sur la Constitution*; P.J.D.G. FAURE, *Observations sur le gouvernement de la France*; Jean-Marie CALÈS, *Notes sur le projet de Constitution* (reproduits in *A.P.*, t. LXII et LXIII). Cette formule est la plus présente.

62. Cf. par exemple BACON, *Examen impartial des bases de la nouvelle Constitution*, février 1793 (reproduit dans *A.P.*, t. LXIII, p. 603).

63. Cf. son discours du 16 juin 1793, avec le projet de décret correspondant, *A.P.*, t. LXVI, pp. 583-586.

64. Qui ne compte pas moins de 29 articles substantiels. Élus immédiatement dans les assemblées primaires, dotés d'un large pouvoir d'investigation, les « hommes de la conscience du peuple » formant ce tribunal peuvent contraindre l'Assemblée à prendre en compte certains objets ou même décider d'en appeler directement aux assemblées primaires.

65. Guy KERSAINT, *De la Constitution et du gouvernement qui pourraient convenir à la République française* (reproduit in *A.P.*, t. LXVII, voir pp. 426-427, sur la formation et les fonctions du tribunal des censeurs).

66. *Op. cit.*, p. 422.

67. Fort gênés pour le contredire sur le fond, les Montagnards critiqueront surtout la forme du projet, accusé d'être trop long et trop compliqué. Dès le 17 février 1793, COUTHON dit ainsi, aux Jacobins, que le texte lui apparaît « d'une abstraction affectée », estimant qu'une constitution doit être « à la portée de tout le monde » (*in* Alphonse AULARD, *La Société des jacobins,* Paris, 1896, t. V, p. 29).

68. Discours du 14 juin 1793, *A.P.*, t. LXVI, p. 530.

69. « Je veux, dit-il le 10 mai 1793, que tous les fonctionnaires publics nommés par le peuple puissent être révoqués par lui » (*A.P.*, t. LXIV, p. 432). L'article 14 de son projet de Déclaration des droits, présenté le 24 avril 1793, prévoit : « Le peuple est le souverain ; le gouvernement est son ouvrage et sa propriété, les fonctionnaires publics sont ses commis. Le peuple peut, quand il lui plaît, changer son gouvernement et révoquer ses mandataires » (*A.P.*, t. LXIII, p. 199).

70. « Le mot de représentant, dit-il le 16 juin 1793, ne peut être appliqué à aucun mandataire du peuple, parce que la volonté ne peut se représenter. Les membres de la législature sont les mandataires à qui le peuple a donné la première puissance ; mais dans le vrai sens, on ne peut pas dire qu'ils le représentent [...]. C'est un abus de mots » (*A.P.*, t. LXVI, p. 578). Pour une fois, ce point de vue de Robespierre est d'ailleurs repoussé par la Convention, Ducos ayant fait remarquer : « La volonté du peuple peut être représentée ; car sans cela il n'y aurait de gouvernement légitime que la démocratie pure » *(ibid.)*.

71. Alors qu'Aulard insistait sur la continuité entre les deux projets, les analyses contemporaines mettent davantage l'accent sur les divergences. Pour la mise au point la plus récente sur le sujet, voir l'ouvrage collectif *La Constitution du 24 juin 1793. L'utopie dans le droit public français ?*, Dijon, Éditions universitaires de Dijon, 1997.

72. Discours du 10 juin 1793, *A.P.*, t. LXVI, p. 258 (le discours d'HÉRAULT DE SÉCHELLES et son projet constitutionnel se trouvent aux pages 256-264). Notons qu'Hérault parle indifféremment de juré ou de jury national.

73. De nombreux commentateurs font l'erreur de le rapprocher de ce que Condorcet appelait aussi le jury national. Chez Condorcet, il s'agit d'une institution limitée à la sphère juridictionnelle, chargée de se prononcer sur les crimes de haute trahison. Elle est proche de la Haute Cour nationale prévue par la Constitution de 1791.

74. *A.P.*, t. LXVI, p. 258.

75. Cf. à ce propos l'intervention de RAMEL-NOGARET le 16 juin 1793 : « Je fais observer à la Convention que la question du juré national a été discutée dans le comité avec la

plus grande attention; nous nous sommes convaincus qu'il était le *palladium* de la liberté » (*A.P.*, t. LXVI, p. 587).

76. Intervention de THURIOT, le 16 juin 1793 (*A.P.*, t. LXVI, p. 577). CHABOT note de son côté le 11 juin : « N'établissons pas deux pouvoirs qui puissent rivaliser ensemble; n'exposons pas le peuple à se diviser d'opinion entre le corps législatif et le juré national » (*A.P.*, t. LXVI, p. 284).

77. Discours cité du 10 mai 1793, *A.P.*, t. LXIV, p. 430.

78. THIRION, le 16 juin 1793, *A.P.*, t. LXVI, p. 576.

79. *Ibid.*, p. 577.

80. *Ibid.*

81. « Je pense, dit-il en conclusion de son discours qui entraîne le rejet du jury, que nous devons réunir nos lumières pour présenter des vues sur cet objet » *(ibid.)*.

82. Proposition du 24 juin 1793, *A.P.*, t. LXVII, pp. 139-140. Elle comporte cinq articles : « Art. 1er. Le peuple exerce sa censure dans les assemblées primaires sur la conduite publique des membres du corps législatif. Art. 2. Tout député est jugé à la fin de chaque législature par les assemblées primaires qui l'ont élu. Art. 3. Nul député n'est réélu à la législature, ni nommé à aucune fonction publique qu'après l'honorable acquittement du peuple. Art. 4. Les assemblées primaires dans le cas de censure déclarent que le député n'a pas répondu à la confiance du souverain. Art. 5. Le peuple se garantit lui-même de l'oppression de ses mandataires; son droit est dans sa souveraineté; ses moyens gradués sont dans les lois, dans son génie et dans sa justice. »

83. *A.P.*, t. LXVII, p. 139.

84. GUYOMAR note dans le débat : « J'appuie ce projet pour que la responsabilité morale des députés ne soit pas illusoire » *(ibid.)*. HÉRAULT précise de son côté : « Les avantages de notre projet sont : 1) la popularité; 2) de présenter sans cesse aux représentants du peuple leurs devoirs; 3) de les tenir prêts à rendre leurs comptes, s'ils en sont requis, avant d'exercer de nouvelles fonctions » *(ibid.)*.

85. L'argument est développé dans la séance du 24 juin par THURIOT (*A.P.*, t. LXVII, p. 139).

86. Cf. les *Observations* du citoyen RAFFRON qui suggèrent la mise en place d'un « conseil de censure »; les *Observations sur le plan de constitution* d'Antoine-Hubert WANDELAINCOURT

qui appelle à « rétablir les antiques censeurs » ; le *Projet de constitution* de Jean-François BARILLON fait une suggestion analogue (projets publiés dans *A.P.*, t. LXVII, en annexe à la séance du 24 juin 1793). Il faut noter que ces différents projets diffèrent cependant très sensiblement de ceux qui étaient formulés quelques mois plus tôt. Les différents auteurs conçoivent en effet les censeurs comme des agents de moralisation et de surveillance. Au chapitre « Des censeurs » de ses *Fragments d'institutions républicaines* de juin 1793, SAINT-JUST écrit en ce sens : « Il faut dans toute révolution un dictateur pour sauver l'État par la force, ou des censeurs pour le sauver par la vertu » (in *Œuvres complètes, op. cit.*, p. 960).

87. Jacques THURIOT craint ainsi que certains départements puissent être « égarés par des intrigants » (Discours du 24 juin 1793, *A.P.*, t. LXVII, p. 140). Il faut en effet rappeler que les Girondins proposaient alors l'appel au peuple dans les assemblées primaires pour que les électeurs puissent refuser ou renouveler la confiance à leurs représentants.

88. Le point est justement souligné par Lucien JAUME dans son ouvrage *Le Discours jacobin et la démocratie,* Paris, Fayard, 1989, p. 329.

89. Discours cité du 15 février 1793, *A.P.*, t. LVIII, p. 587.

90. Position résumée par SALLE, le 31 août 1791, *A.P.*, t. XXX, p. 107.

91. Discours cité du 31 août 1791, *A.P.*, t. XXX, p. 114.

92. BRISSOT, *Discours sur les conventions, op. cit.*, p. 22.

93. Discours cité de SALLE, *A.P.*, t. XXX, p. 108. Salle fait en outre très justement remarquer qu'« une insurrection n'est légitime que quand elle est générale, que quand elle est unanime ; l'unanimité seule peut légitimer l'emploi de la force » (*ibid.*, p. 107). BOURDON DE LA CRONIÈRE note de son côté que « les conventions sont la seule manière d'insurrection qui convienne à un grand peuple » (intervention du 8 août 1791 à la Société des jacobins, *in* Alphonse AULARD, *La Société des jacobins*, Paris, 1892, vol. III, p. 81).

94. Discours cité du 15 février 1793, *A.P.*, t. LVIII, p. 583.

95. *A.P.*, t. LXVII, p. 139.

96. *A.P.*, t. LXIII, p. 387.

97. Dans la même veine, voir également les interventions

de GENSONNÉ, SALLE et VERGNIAUD (*A.P.*, t. LXIII, pp. 113-115).

98. Interventions de GARNIER et de RABAUT-POMIER, 22 avril 1793, *A.P.*, t. LXIII, pp. 113 et 114. Voir aussi la brochure de Sylvain PÉPIN, *Observations* (*ibid.*, pp. 292 *sq.*).

99. Une *Adresse du peuple d'Arras au peuple de Paris* y voit la manifestation d'un art politique auparavant inconnu. « Peuples de l'univers, vous apprendrez de nous le grand art des insurrections », y lit-on (cité par Jacques GUILHAUMOU, « Nous/Vous/tous : la fête de l'union du 10 août 1793 », *Mots*, n° 10, mars 1985).

100. Article 31 de son projet de Déclaration des droits, présenté le 24 avril, *A.P.*, t. LXIII, p. 199.

101. Patrice GUENIFFEY définit fort à propos l'esprit de la Révolution comme « un absolutisme représentatif mêlé de retours insurrectionnels de la démocratie directe » (*Le Nombre et la Raison, op. cit.*, p. IV). « La réalité de 1793, notent, de leur côté, François FURET et Denis RICHET, ce n'est pas le césarisme, c'est le parlementarisme » (*La Révolution française*, Paris, Fayard, 1973, p. 208).

102. Cf. l'article 35 de la Déclaration de juin 1793 : « Quand le gouvernement viole les droits du peuple, l'insurrection est pour le peuple et pour chaque portion du peuple, le plus sacré et le plus indispensable des devoirs. »

103. Voir sur ce point les indications données par A. SOBOUL, *Les Sans-culottes parisiens en l'an II, op. cit.*, pp. 542-547. Dans son *Histoire de la langue française*, Ferdinand BRUNOT signale aussi ce glissement (cf. t. IX, *La Révolution et l'Empire*, Paris, 1937, p. 855).

104. Discours du 10 octobre 1793 (19 vendémiaire an II). Dès le 28 août, Claude BASIRE note : « La simple exécution des lois constitutionnelles, faites pour les temps de paix, serait impuissante au milieu des conspirations qui nous gouvernent » (*A.P.*, t. LXXIII, p. 128). Voir sur ce point l'article éclairant d'Olivier JOUANJAN, « La suspension de la Constitution de 1793 », *Droits*, n° 17, 1993.

105. *La Philosophie dans le boudoir*, in *Œuvres du marquis de Sade*, Paris, Pauvert, 1986, t. III, p. 510. Voir sur ce point les commentaires intéressants de Claude LEFORT (« Sade : le

boudoir et la cité », in *Écrire à l'épreuve du politique,* Paris, Calmann-Lévy, 1992).

106. Même si le discours de Robespierre résonne parfois, pour des raisons tactiques, d'étranges accents libéraux : « Fuyez la manie ancienne des gouvernements de vouloir trop gouverner, dit-il par exemple le 10 mai 1793 [...]. Rendez à la liberté individuelle tout ce qui n'appartient pas naturellement à l'autorité publique » (*A.P.*, t. LXIV, p. 431). Il veut alors rabaisser le pouvoir exécutif pour accroître le rôle de la Convention.

107. La formule est de Marc-Antoine Jullien, citée par Raymonde MONNIER, *L'Espace public démocratique. Essai sur l'opinion publique à Paris de la Révolution au Directoire,* Paris, Kimé, 1994, p. 235.

108. Cité par Lucien JAUME, *Échec au libéralisme. Les Jacobins et l'État,* Paris, Kimé, 1990. On trouvera également, sur cette dimension de la représentation-incarnation chez les Jacobins, d'excellentes analyses dans son autre ouvrage, *Le Discours jacobin et la démocratie, op. cit.*

109. NECKER reproche très vivement aux Montagnards cette « mysticité » dans un texte écrit au printemps 1793 : « Ils sont toujours vous ces élus, écrit-il, et vous dans une exactitude parfaite. Leur intérêt, leur volonté sont les vôtres [...]. Et c'est toujours le mot *représentant* qui détermine une si aveugle confiance ! Le mot donne l'idée d'un autre soi-même » (« Réflexions philosophiques sur l'égalité », in *Œuvres complètes de M. Necker,* Paris, 1820-1821, t. X, p. 435).

110. François FURET, *Penser la Révolution française,* Paris, Gallimard, 1978, p. 86. Après Thermidor, un des reproches adressé à Robespierre et ses amis sera justement d'avoir prétendu se confondre en tant que représentation avec le peuple.

111. Cité par Patrice GUENIFFEY, « Les assemblées et la représentation », *in* Colin LUCAS (éd.), *The French Revolution and the Creation of Modern Political Culture,* vol. II, *The Political Culture of the French Revolution*, Oxford, Pergamon Press, 1988.

112. Séance du 15 juin 1793, *A.P.*, t. LXVI, p. 542.

113. Discours cité du 10 mai 1793, *A.P.*, t. LXIV, p. 431.

114. Dans son *Discours sur la proposition d'entourer la Convention nationale d'une garde armée,* prononcé aux Jacobins le 22 octobre 1792, SAINT-JUST note que « le peuple concentre sa volonté dans sa Convention » (*Œuvres complètes,* Paris, Éditions Gérard Lebovici, 1984, p. 370).

115. SAINT-JUST, *Discours sur la constitution de la France,* in *Œuvres complètes, op. cit.,* p. 423.

116. Discours du 18 mai 1791 sur la rééligibilité des députés, *A.P.*, t. XXVI, p. 204.

117. C'est un des leitmotive dans ses interventions de 1793 et 1794. Cf., par exemple, dans son discours du 10 mai 1793 : « Posez d'abord cette maxime incontestable : que le peuple est bon, et que ses délégués sont corruptibles ; que c'est dans la vertu et dans la souveraineté du peuple qu'il faut chercher un préservatif contre les vices et le despotisme du gouvernement » (*A.P.*, t. LXIV, p. 430). Il parle encore le 8 thermidor an II, la veille de sa chute, des « représentants dont le cœur est pur ».

118. Voir sur ce point les travaux classiques de Bronislaw BACZKO et de Mona OZOUF.

119. Rapport fait à la Convention nationale sur la théorie du gouvernement démocratique, séance du 1er floréal, an II (*A.P.*, t. LXXXIX, p. 95). P. GUENIFFEY écrit de façon très suggestive que l'on peut parler à propos de la Convention « de représentation d'un peuple qui n'existe pas encore, contre le peuple qui existe » (« Les assemblées et la représentation », art. cité, p. 252).

120. Rapport cité de BILLAUD-VARENNE, *A.P.*, t. LXXXIX, p. 99.

121. Cité dans les *Mémoires* de LA RÉVELLIÈRE-LÉPEAUX, Paris, 1895, t. I, p. 229. Voir également sur ce point Clive CHURCH, « Du nouveau sur les origines de la constitution de 1795 », *Revue historique de droit français et étranger,* n° 4, 1974.

122. La « discussion sur les moyens de terminer la Révolution » se déroule du 1er au 5 fructidor an III (*Moniteur,* t. 25, pp. 526-561).

123. ROEDERER, « De la Constitution », *Journal de Paris,* 27 germinal an III (16 avril 1795), reproduit dans les *Œuvres du comte P. L. Roederer,* Paris, 1853-1859, t. VI, p. 69. « Une

Constitution, écrit-il encore, n'est autre chose qu'un grand et durable instrument, construit pour établir et maintenir l'ordre dans une grande société [...]. L'ordre, l'ordre ! voilà l'objet de toute Constitution, la tâche de tout gouvernement, le principe de toute prospérité publique » (Introduction au premier numéro du *Journal d'économie publique, de morale et de politique*, 10 fructidor an IV ; reproduit dans les *Œuvres du comte P. L. Roederer, op. cit.*, t. VI, pp. 158-159).

124. DAUNOU, Discours du 16 messidor, *Gazette nationale ou Le Moniteur universel*, réimpr. Paris, 1854 (désormais *Moniteur*), t. 25, p. 148.

125. Intervention de Mailhe, *ibid.*

126. LA RÉVELLIÈRE-LÉPEAUX, Discours du 19 messidor, *Moniteur*, t. 25, p. 171. « Pour vouloir une république démocratique nous n'en aurons point du tout, dit-il encore sous les applaudissements ; pour vouloir donner la liberté politique à ceux qui ne sauraient, qui ne pourraient point en jouir, on leur fera perdre même la liberté civile. Voilà où l'on mène avec les principes extravagants dont on nous fatigue depuis cinq années » *(ibid.)*.

127. ESCHASSÉRIAUX, Discours du 29 messidor, *Moniteur*, t. 25, p. 270.

128. BOISSY D'ANGLAS, Discours du 5 messidor, *Moniteur*, t. 25, p. 94. LAKANAL explique de son côté : « Nos malheurs passés démontrent la nécessité de diviser le corps législatif en deux branches » (*ibid.*, p. 268).

129. Voir l'ouvrage toujours utile de Joseph BARTHÉLEMY, *Le Rôle du pouvoir exécutif dans les républiques modernes*, Paris, 1906.

130. Cf. les contributions rassemblées dans l'ouvrage de Gérard CONAC et Jean-Pierre MACHELON (éd.), *La Constitution de l'an III. Boissy d'Anglas et la naissance du libéralisme constitutionnel*, Paris, P.U.F., 1999. Voir aussi *La Constitution de l'an III ou l'ordre républicain*, Actes du colloque de Dijon, 3 et 4 octobre 1996, Éditions universitaires de Dijon, 1998.

131. Cf. son célèbre discours du 2 thermidor (*Moniteur*, t. 25, pp. 291-297). Voir aussi le développement de ces projets dans *Opinion de Sieyès sur les attributions de l'organisation du jury constitutionnaire proposé le 2 thermidor* (Discours du

18 thermidor, reproduit dans le *Moniteur* du 26 thermidor an III, voir *Moniteur,* t. 25, pp. 442-452).

132. La Commission des onze avait invité en avril 1795 les citoyens à faire parvenir leurs suggestions en matière constitutionnelle. Les mémoires envoyés furent plus nombreux qu'en 1793.

133. Ces différents projets sont présentés de façon synthétique par Françoise BRUNEL, « Aux origines d'un parti de l'ordre : les propositions de constitution de l'an III », in *Mouvements populaires et conscience sociale,* XVIIe-XIXe *siècles,* Paris, Maloine, 1985, et par Sergio LUZZATTO, « La Constitution de l'an III et l'opinion thermidorienne », in *Constitution et Révolution aux États-Unis d'Amérique et en Europe, op. cit.*

134. L'idée était d'organiser dans les départements des séances parlementaires « imitatives de celles de la Convention » pour maintenir l'unité de la souveraineté nationale (projet présenté par S. LUZZATTO, *op. cit.,* pp. 408-409).

135. Cf. BOISSY D'ANGLAS, qui note : « Serait-il politique, serait-il utile à la tranquillité de séparer un peuple en deux portions, dont l'une serait évidemment sujette et l'autre souveraine » (Discours du 5 messidor an III, *Moniteur,* t. 25, p. 93). Même son de cloche chez Daunou : « Représentants du peuple, dit-il, vous ne partagerez point le peuple en plusieurs classes; vous ne fermerez à aucune les portes de vos assemblées primaires » (*ibid.,* p. 214).

136. L'expression est de G. CONAC, in *La Constitution de l'an III, op. cit.,* p. 284.

137. Adrien LEZAY, *Qu'est-ce que la Constitution de 93 ?,* Paris, an III.

138. Mme de STAËL, *Réflexions sur la paix intérieure* (1795), in *Œuvres complètes de Mme de Staël,* Paris, 1838, t. I, p. 58. Voir aussi *Des circonstances actuelles qui peuvent terminer la Révolution et des principes qui doivent fonder la République en France* (1798), édition critique par Lucia OMACINI, Genève, Droz, 1979.

139. Voir ses premières formulations dans le livre XVI de ses *Principes de politique* (1806), édités par Étienne Hofmann, Genève, Droz, 1980.

140. Charles THÉREMIN, *De l'incompatibilité du système*

démagogique avec le système d'économie politique des peuples modernes, Paris, an VIII, pp. 7-8.

141. Discours du 29 germinal an III, présentant le premier état des réflexions de la commission de préparation de la nouvelle constitution (*Moniteur,* t. XXIV, pp. 244-245). Voir les développements de Michel TROPER, « La Constitution de l'an III ou la continuité : la souveraineté populaire sous la Convention », in *1795. Pour une République sans révolution,* sous la direction de Roger DUPUY et Marcel MORABITO, Presses universitaires de Rennes, 1996.

142. BOURDON (de l'Oise), le 25 vendémiaire an III (*A.P.,* t. XCIV, p. 210).

143. Cf. A. LAJUSAN, « Le plébiscite de l'an III », *La Révolution française,* n° 60, 1911 (série de trois articles).

144. Arrêté du 28 pluviôse an VI (*Moniteur,* t. XXIX, pp. 157-158).

145. Circulaire du 30 pluviôse an VII (*Moniteur,* t. XXIX, pp. 612-613).

146. Préface de 1794 à une traduction du *De cive* de HOBBES. Cité par SAINTE-BEUVE dans l'article consacré à Roederer des *Causeries du lundi* (s.d., t. VIII, p. 344).

147. Dans *Bases de l'ordre social,* il va même plus loin : « La souveraineté prise pour un pouvoir suprême qui dominerait et embrasserait tout n'existe pas » (*op. cit.,* p. 184).

148. *Limites de la souveraineté,* manuscrit de l'an III (284 AP 5, 1-4), reproduit par P. PASQUINO dans *Sieyès et l'invention de la constitution en France, op. cit.,* p. 179.

149. Voir sur cette question la mise au point de Mauro BARBERIS, « Thermidor, le libéralisme et la modernité politique », in *1795. Pour une République sans révolution, op. cit.* C'est en cela que Sieyès s'oppose au libéralisme de Coppet. Sur le rapport entre le Sieyès de 1789 et celui de 1795, voir aussi Bronislaw BACZKO, « Le contrat social des Français : Sieyès et Rousseau », *in* K. M. BAKER (éd.), *The French Revolution and the Creation of Modern Political Culture,* vol. I, *The Political Culture of the Old Regime,* Oxford, Pergamon Press, 1987.

150. Le point est fortement souligné dans *Théorie constitutionnelle de Sieyès, Constitution de l'an VIII. Extrait des Mémoires inédits* de M. BOULAY DE LA MEURTHE, Paris, août

1836. « Personne n'admettait plus franchement que lui le principe fondamental de tout gouvernement libre, celui de la souveraineté du peuple, écrit Boulay : c'est dans le peuple qu'il plaçait la source de tous les pouvoirs publics ; c'est, par conséquent, du peuple que, selon lui, devaient émaner tous les pouvoirs directement ou indirectement » (p. 17). Boulay note que Sieyès souhaitait surtout adopter ce principe en définissant le peuple comme un corps organisé et non comme une multitude.

L'ORDRE CAPACITAIRE

1. François Guizot souligne dans cet esprit le caractère à ses yeux purement circonstanciel de la théorie de la souveraineté du peuple. « Elle a été, écrit-il, le prétexte rationnel d'une nécessité pratique. C'est une expression simple, active, provocante, un cri de guerre, le signal de quelque grande métamorphose sociale, une *théorie de circonstance et de transition* » (*Des moyens de gouvernement et d'opposition dans l'état actuel de la France,* Paris, 1821, pp. 145-146). Du même coup, et logiquement « quand la circonstance n'est plus, quand la transition s'est opérée, le thème tombe, c'est-à-dire que les mots qui l'expriment ne réveillent plus les mêmes idées, n'emportent plus le même sens » (*ibid.*, p. 146).

2. Discours du 14 mars 1838, *in* F. Guizot, *Histoire parlementaire de France,* Paris, 1863, t. III, p. 153.

3. F. Guizot, *Mémoires pour servir à l'histoire de mon temps,* Paris, 1858, t. I, pp. 158-159. Pour une approche d'ensemble de la philosophie politique de Guizot et des doctrinaires, je me permets de renvoyer à Pierre Rosanvallon, *Le Moment Guizot,* Paris, Gallimard, 1985, qui développe de façon détaillée certains des thèmes abordés dans ce chapitre.

4. Tout en reconnaissant que l'inflexion décisive a été donnée par Sieyès. « C'est à Sieyès, écrit-il ainsi, que nous devons le principe le plus nécessaire à reconnaître, dans toute organisation politique, la limitation de la souveraineté. Il y avait du courage à le proclamer au sein de la Convention qui avait terriblement abusé de la souveraineté illimitée » (« Souvenirs historiques. À l'occasion de l'ouvrage de M. Bignon », Pre-

mière lettre, *Revue de Paris,* février 1830, reproduit dans *Benjamin Constant publiciste, 1825-1830,* recueil de textes édité par Ephraïm HARPAZ, Genève, Slatkine, 1987, p. 176). Voir sur ce point le recueil *Benjamin Constant et la Révolution française, 1789-1799,* Genève, Droz, 1989.

5. Le livre VIII de ses *Fragments d'un ouvrage abandonné sur la possibilité d'une constitution républicaine dans un grand pays* a pour titre : « D'un pouvoir neutre ou préservateur, nécessaire dans toutes les constitutions » (ce manuscrit inédit de 1806 a été publié pour la première fois par Henri GRANGE, en 1991, aux éditions Aubier).

6. Benjamin CONSTANT, *Principes de politique applicables à tous les gouvernements, in* B. CONSTANT, *De la liberté des Modernes,* textes choisis et annotés par Marcel GAUCHET, Paris, 1980, p. 269.

7. *Ibid.*, p. 271.

8. *Ibid.*, pp. 270-271.

9. B. CONSTANT, « De la souveraineté », *Le Temps,* 12 février 1830, reproduit *in* B. CONSTANT, *Positions de combat à la veille de juillet 1830. Articles publiés dans « Le Temps », 1829-1830,* recueil édité par Ephraïm HARPAZ, Genève, Slatkine, 1989, p. 102.

10. Discours du 27 mai 1820, reproduit *in* Prosper de BARANTE, *La Vie politique de Royer-Collard. Ses discours et ses écrits,* Paris, 1861, t. II, pp. 32-33.

11. Discours du 17 mai 1820, reproduit *ibid.,* p. 18. Sa défense de la monarchie constitutionnelle repose donc logiquement sur le postulat que le roi est une institution et non une personne.

12. Introduction dans *Le Globe* à un article de Guizot intitulé « De la souveraineté » (25 novembre 1826, t. IV, p. 235).

13. Il rédige en outre, de 1821 à 1823, le manuscrit d'un ouvrage intitulé « De la souveraineté ». J'ai édité et annoté cet important manuscrit de 1823, *Philosophie politique : de la souveraineté,* en annexe à la réédition de F. GUIZOT, *Histoire de la civilisation en Europe,* Paris, Pluriel, 1985.

14. F. GUIZOT, *Du gouvernement de la France depuis la Restauration et du ministère actuel,* Paris, 1820, p. 201.

15. F. GUIZOT, *Philosophie politique : de la souveraineté, op. cit.,* pp. 319-320.

16. *Ibid.*, p. 366.

17. *Histoire des origines du gouvernement représentatif (cours de 1820-1822)*, Paris, 1856, t. II, p. 133. « Le mot, poursuit-il, a été mal compris parce qu'on s'est formé une idée fausse de la souveraineté et de la liberté. Ceci nous oblige de remonter plus haut » *(ibid.)*.

18. Discours du 24 février 1816 sur les élections, *in* P. de Barante, *La Vie politique de Royer-Collard, op. cit.*, t. I, pp. 231-232.

19. *Ibid.*, p. 227.

20. « Je crois avoir prouvé, conclut-il, que, hors l'élection populaire et le mandat, la représentation n'est qu'un préjugé politique qui ne soutient pas l'examen, quoique très-répandu et très-accrédité » (*ibid.*, p. 229).

21. *Ibid.*, p. 224.

22. *Histoire des origines du gouvernement représentatif, op. cit.*, t. II, p. 134.

23. « Des esprits moins puissants que le sien, et, par cela même, moins capables de se soustraire au joug des nécessités sociales, ont cru pouvoir conserver le principe sans accepter toutes ses conséquences, résume-t-il [...]. Alors a reparu en dépit de Rousseau, et de Rousseau raisonnant avec justesse, la théorie de la représentation, c'est-à-dire de la représentation des volontés » (*ibid.*, t. II, pp. 135-137).

24. F. Guizot, « Des garanties légales de la presse », *Archives philosophiques, politiques et littéraires*, Paris, 1818, t. V, p. 186.

25. *Histoire des origines du gouvernement représentatif, op. cit.*, t. I, p. 124. On ne s'étonne pas que ce soit en découvrant quelques-uns de ces textes que Habermas ait estimé que Guizot avait donné la première formulation classique du « règne de l'opinion publique » (Jürgen Habermas, *L'Espace public. Archéologie de la publicité comme dimension constitutive de la société bourgeoise*, Paris, Payot, 1978).

26. *Histoire des origines du gouvernement représentatif, op. cit.*, t. II, p. 242.

27. *Philosophie politique : de la souveraineté, op. cit.*, p. 381.

28. Expression attribuée à Guizot par Émile Faguet, *Politiques et moralistes du XIXe siècle*, Paris, *s. d.*, t. I, p. 94.

29. Charles de Rémusat, *De la liberté de la presse,* Paris, 1819, p. 12.

30. *Ibid.*, p. 35.

31. *Histoire des origines du gouvernement représentatif, op. cit.*, t. II, p. 150.

32. F. Guizot, « Élections », in *Discours académiques, suivis de trois essais de philosophie littéraire et politique,* Paris, 1861, p. 406.

33. *Histoire des origines du gouvernement représentatif, op. cit.*, t. I, p. 98.

34. *Le Globe* du 11 mars 1829, t. VII, p. 157.

35. Art. cité, « Élections », p. 385.

36. Discours du 8 février 1831, *Histoire parlementaire de France, op. cit.*, t. I, p. 214.

37. Boissy d'Anglas dit dans ce sens : « Nous devons être gouvernés par les meilleurs : les meilleurs sont les plus instruits et les plus intéressés au maintien des lois » (Discours du 5 messidor an III, *Moniteur,* t. XXV, p. 92).

38. Cette perspective a également été celle de tous les grands penseurs réactionnaires post-révolutionnaires, comme Bonald, qui prônaient une reconstitution sociale (qui ne pouvait être pour eux que le retour à une société d'ordres), pour sortir de l'anarchie liée à l'avènement de l'individu. Le XIXe siècle est bien, à cet égard, le *siècle de la sociologie.* Dans des optiques évidemment différentes, Auguste Comte, Guizot ou Bonald se font sociologues par nécessité problématique. Ils ont en commun de chercher les conditions d'un nouveau mode d'encastrement du politique dans le social. La naissance de la sociologie peut être appréhendée comme une réponse à ce qui est perçu comme la faillite de la philosophie politique classique (du XVIe au XVIIIe siècle). Elle est tentative de donner forme et intelligibilité à une société qui n'a plus de *prises* institutionnelles évidentes par où elle peut être à la fois comprise et conduite.

39. *Histoire des origines du gouvernement représentatif, op. cit.*, t. II, p. 149.

40. *Ibid.*, p. 150. « Le système représentatif, écrit-il encore, se propose de découvrir et de concentrer les supériorités réelles et naturelles du pays pour les appliquer à son gouvernement » (*ibid.*, p. 305).

41. Je ne développe pas ce point qui est longuement traité dans mon ouvrage *Le Moment Guizot, op. cit.* (cf. le chapitre « Le sacre des capacités »).

42. Discours sur le projet de loi électorale de 1820, *in* duc Victor de BROGLIE, *Écrits et discours,* Paris, 1863. « Nous croyons, écrit dans le même esprit SISMONDI, que le gouvernement représentatif est une heureuse invention pour mettre en évidence les hommes éminents qui se trouvent dans une nation » (*Études sur les constitutions des peuples libres,* Bruxelles, 1836, p. 51). Prosper DUVERGIER DE HAURANNE note également que « le gouvernement représentatif a pour but principal de porter à la direction des affaires les hommes les meilleurs et les plus capables » (*Des principes du gouvernement représentatif et de leur application,* Paris, 1838, p. XX).

43. Art. cité, « Élections », p. 395. « Le gouvernement représentatif, dit encore GUIZOT, n'est donc pas le gouvernement de la majorité numérique pure et simple, c'est le gouvernement de la majorité des capables » (*Histoire des origines du gouvernement représentatif, op. cit.*, t. I, p. 111).

44. F. GUIZOT, *Des moyens de gouvernement et d'opposition dans l'état actuel de la France, op. cit.*, p. 164. C'est moi qui souligne. « Le pouvoir appartient à la supériorité. Entre égaux, il ne serait jamais né », poursuit-il *(ibid.).*

45. Mme de STAËL, *Des circonstances actuelles qui peuvent terminer la Révolution et des principes qui doivent fonder la République en France,* éd. citée *supra* (chap. I, p. 87 n. 2), p. 164.

46. On peut rapidement en rappeler le fonctionnement inscrit dans la Constitution : chaque arrondissement élit une « liste de confiance du premier degré » formée du dixième de leurs membres ; les listes communales qui en résultent procèdent à nouveau à une réduction du dixième pour former les listes départementales ; une troisième réduction de même proportion aboutit à la formation d'une liste nationale de notabilités. Les membres de la liste nationale ne peuvent y être définitivement inscrits qu'après avoir été acceptés par le *collège des Conservateurs* (appelé Sénat conservateur dans la Constitution de l'an VIII). Les membres de ces listes procèdent à l'élection, selon leur niveau, des fonctionnaires locaux, départementaux et des représentants nationaux. Pour une

description précise du mécanisme, voir *Théorie constitutionnelle de Sieyès, Constitution de l'an VIII*, extrait des *Mémoires inédits* de M. BOULAY DE LA MEURTHE, Paris, août 1836; J. BOURDON, *La Constitution de l'an VIII*, Rodez, 1941. Voir aussi le mémoire de Paul GAUCHER, *Les Projets constitutionnels de Sieyès et la Constitution de l'an VIII* (I.E.P. de Paris, 1954-1955), qui reproduit utilement de nombreux textes.

47. *Théorie constitutionnelle de Sieyès, op. cit.*, p. 6.

48. Discours du 13 ventôse an IX (4 mars 1801), in *Œuvres du comte P. L. Roederer*, Paris, t. VII, 1858, p. 140.

49. « Du gouvernement représentatif », *Journal de Paris*, 17 frimaire an VIII, repris in *Œuvres du comte P.L. Roederer, op. cit.*, t. VI, p. 393.

50. Voir ses *Bases de l'ordre social, op. cit.*

51. MAINE DE BIRAN, d'abord proche des doctrinaires, finit par les critiquer vivement pour cette raison, dénonçant en eux des « sectaires politiques », prétendant « régenter les peuples et les gouvernements au nom d'une certaine opinion qu'ils appellent raison publique, dont ils se constituent les organes ou les interprètes exclusifs » (cité par Agnès ANTOINE, « Maine de Biran et la Restauration », *Commentaire*, n° 76, hiver 1996-1997).

52. Discours du 13 mars 1834, *A.P.*, 2e série, t. LXXXVII, p. 438. Voir aussi le célèbre discours du 3 mai 1837 de Guizot sur le pouvoir des nouvelles classes moyennes (*Histoire parlementaire de France, op. cit.*, t. III, pp. 66-95).

53. Les républicains des années 1830 concentreront sur ce point leur critique du régime. « La politique est-elle une science spéciale ? [...]. Évidemment non, note *La Revue républicaine* [...]. La question électorale est mal placée sur le terrain de la capacité politique. Si la véritable question était là, il faudrait loyalement renoncer à la réalisation d'un gouvernement représentatif quelconque, aristocratique ou populaire » (« Introduction », t. I, 1834, pp. 27-28). « La capacité politique de certaines classes est un roman doctrinaire ou libéral », lit-on encore dans cette publication (« Revue du progrès social », t. II, 1834, p. 213).

54. F. GUIZOT, *Mémoires pour servir à l'histoire de mon temps, op. cit.*, t. III, p. 14.

55. Discours à la Chambre des députés du 22 janvier 1822,

A.P., 2e série, t. XXXIV, p. 133. « L'aristocratie, la démocratie, dit-il encore, ne sont pas de vaines doctrines livrées à nos disputes : ce sont des puissances [...]. Avant que nous parlions d'elles, elles sont ou ne sont pas » *(ibid.)*.

56. Il définit la démocratie comme l'absence de séparation entre gouvernés et gouvernants et propose pour la réaliser de diviser le pays en « cités élémentaires », de façon à rendre possible le « gouvernement du peuple par le peuple ».

57. Armand Carrel, article publié le 9 décembre 1835 dans le *National*, repris in *Œuvres politiques et littéraires d'Armand Carrel*, Paris, 1858, t. IV, pp. 378-381.

58. Discours du 7 octobre 1831 dans lequel il se propose d'« expliquer le mot de démocratie », *A.P.*, 2e série, t. LXX, pp. 439-440.

59. Cf. son très important article « De l'esprit de réaction, Royer-Collard et Tocqueville », *Revue des Deux Mondes*, 15 octobre 1861. « Ce sont les doctrinaires, note-t-il, qui mirent le plus en lumière cette distinction, bien aperçue par Sieyès au commencement de la Révolution, et qui s'attachèrent avec le plus d'insistance à en faire ressortir toutes les conséquences » (p. 795). « L'égalité des droits, c'est le vrai nom de la démocratie », écrit-il encore *(ibid.)*.

60. *Ibid.*

61. Discours du 5 octobre 1831, *in* F. Guizot, *Histoire parlementaire de France, op. cit.*, t. I, p. 316.

62. Dans un ouvrage contemporain (*Commentaire sur « l'Esprit des lois » de Montesquieu*, 1819), Destutt de Tracy distingue ainsi trois degrés de civilisation : premier degré, démocratie ou despotisme (ignorance/force) ; deuxième degré, aristocratie avec un ou plusieurs chefs (opinions/religion) ; troisième degré, représentation avec un ou plusieurs chefs (raison/philosophie).

63. Art. cité, p. 801.

64. Cf. les onze sens du mot « démocratie » que James T. Schleifer recense chez Tocqueville dans *The Making of Tocqueville's Democracy in America*, Chapel Hill, University of North Carolina, 1980.

65. Manuscrits de Yale, cités par J.-C. Lamberti, *Tocqueville et les deux démocraties*, Paris, P.U.F., 1983, p. 33.

66. Manuscrits de Yale, *ibid.*, p. 30.

67. Cf. la présentation de son introduction, *op. cit.*, t. I, pp. VIII-XIII.

68. *Ibid.*, p. VIII.

69. *Revue française*, novembre 1837, t. III, pp. 139-225.

70. Art. cité, p. 224.

71. *Ibid.*, p. 194.

72. *Le Temps*, 31 juillet 1830. Voir aussi sur ce point la *Lettre de M. de Cormenin sur la charte et sur la pairie*, Paris, 1831.

73. Intervention de PERSIL à la Chambre le 7 août 1830, *A.P.*, 2e série, t. LXIII, p. 68.

74. Un La Fayette se prononce par exemple en ce sens, tandis que fleurissent les brochures qui rappellent un certain état d'esprit de 1791. Je renvoie sur ce point à mes développements dans *La Monarchie impossible. Histoire des chartes de 1814 et 1830*, Paris, Fayard, 1994.

75. Adolphe THIERS, *La Monarchie de 1830*, Paris, 1830, p. 41 (voir sur ce point tout le chapitre IV : « La monarchie de Juillet avait-elle besoin d'une ratification populaire ? »).

76. « Il n'y a pas si petite commune, qui n'ait envoyé son maire, son capitaine ou son colonel de la Garde nationale », écrivait THIERS (*ibid.*, p. 40). Cette pseudo-ratification a été plus tard amèrement regrettée, certains partisans du régime estimant après 1848 qu'il fallait voir là une des causes essentielles de l'échec de la monarchie de Juillet.

77. Discours du 20 août 1842, *Annales du Parlement français*, session de 1842, Paris, 1842, t. V, p. 97.

78. *Ibid.*, p. 82.

79. Silvestre PINHEIRO-FERREIRA, *Cours de droit public interne et externe*, Paris, 1830, t. I, p. 160.

80. Prosper de BARANTE, *Questions constitutionnelles*, Paris, 1849, p. 4.

81. S. PINHEIRO-FERREIRA, *Cours de droit public, op. cit.*, t. I, p. 168. Voir dans le même sens les développements de Louis-Antoine MACAREL, *Éléments de droit politique*, Paris, 1833 (voir principalement le titre II, « De la souveraineté »).

82. Denis SERRIGNY, *Traité de droit public des Français*, Paris, 1846, t. I, pp. 34 et 38.

83. BERRIAT SAINT-PRIX, *Commentaire sur la charte constitutionnelle*, Paris, 1835, pp. 35-36. « En ce sens, poursuit-il,

qu'il exclut tout principe contraire ; par exemple, celui qui fonderait l'autorité sur la grâce de Dieu, ou sur une possession immémoriale, ou même sur les lumières prétendues de ceux qui l'exercent » *(ibid.)*. Voir aussi J.-L.-E. ORTOLAN, *Cours public d'histoire du droit politique et constitutionnel*, Paris, 1844.

84. Discours du 4 octobre 1831, *A.P.*, 2e série, t. LXX, p. 361.

85. Discours du 18 août 1842, *Annales du Parlement français*, vol. cité, p. 35.

86. F. GUIZOT, *De la démocratie en France*, Paris, janvier 1849, pp. 12-13.

87. *Ibid.*, pp. 9-10.

88. *Ibid.*, p. 65.

89. « De la démocratie dans les sociétés modernes », art. cité, p. 197.

90. *Ibid.*, p. 225.

LA CULTURE DE L'INSURRECTION

1. Cité par Paul THUREAU-DANGIN, *Histoire de la monarchie de Juillet*, Paris, 1884, t. I, p. 417. Sur l'ensemble de cette agitation, voir Werner GIESSELMANN, « *Die Manie der Revolte* ». *Protest unter der Französischen Julimonarchie (1830-1848)*, Munich, R. Oldenbourg Verlag, 1993, 2 vol.

2. Rapporté par Charles de RÉMUSAT, *Mémoires de ma vie*, Paris, 1959, t. II, p. 580.

3. *Lettre de M. de Cormenin sur la charte et sur la pairie*, Paris, 1831, p. 2.

4 *La Tribune*, 2 octobre 1831.

5. *Les Misérables*, Paris, Gallimard, « La Pléiade », 1951, p. 1104. Il faut lire sur ce thème l'ensemble du chapitre, magnifiquement inspiré, « Le 5 juin 1832 ».

6. Cf. le chapitre « La Charybde du faubourg Saint-Antoine et la Scylla du faubourg du Temple » dans *Les Misérables*, *op. cit.*

7. Voir les contributions de Thomas BOUCHET, d'Emmanuel FUREIX et d'Alain PAUQUET dans *La Barricade*, sous la

direction d'Alain Corbin et Jean-Marie Mayeur, Paris, Publications de la Sorbonne, 1997.

8. *Paris révolutionnaire*, Paris, 1833, 4 vol. Le recueil est composé d'une série d'articles célébrant les grands moments historiques de l'action révolutionnaire à Paris. Il a été composé par les grands noms de l'opposition radicale de l'époque : Trélat, Raspail, Cavaignac, Flottard, Marrast, Pyat, Laponneraye, etc.

9. *Ibid.*, t. I, p. LXXIII.

10. Voir principalement les différents ouvrages de Maurice Dommanget : *Auguste Blanqui, des origines à la révolution de 1848*, Paris, 1969 ; *Auguste Blanqui et la révolution de 1848*, Paris, 1972 ; *Un drame politique en 1848 (Blanqui et le document Taschereau)*, Paris, 1948 ; *Blanqui et l'opposition révolutionnaire à la fin du Second Empire*, Paris, 1960 ; *Blanqui à Belle-Île*, Paris, 1935 ; *Blanqui, la guerre de 1870-71 et la Commune*, Paris, 1947 ; *Auguste Blanqui au début de la IIIe République*, Paris, 1971 ; *Les Idées politiques et sociales de Blanqui*, Paris, 1957. Il faut aussi se reporter à Samuel Bernstein, *Auguste Blanqui*, Paris, 1970, et à la somme de Karl Hans Bergmann, *Blanqui : Ein Rebell in 19. Jahrhundert*, Francfort, Campus Verlag, 1986. La consultation de l'ensemble des manuscrits conservés à la Bibliothèque nationale (reliés en une vingtaine de gros volumes) est indispensable. Ils contiennent en particulier des notes et de la correspondance très importantes (cités comme *Papiers Blanqui*).

11. C'est le titre resté célèbre du livre de Gustave Geffroy, *L'Enfermé*, Paris, 1926 (2 vol.).

12. Blanqui, « Pourquoi il n'y a plus d'émeutes », *Le Libérateur*, n° 1, 2 février 1834, reproduit dans Louis Auguste Blanqui, *Œuvres*, t. I, *Des origines à la révolution de 1848*, textes rassemblés et présentés par Dominique Le Nuz, Nancy, Presses universitaires de Nancy, 1993, p. 268 (cette édition critique, la meilleure, a été interrompue).

13. Note du 7 avril 1860. Cité par M. J. Villepontoux et D. Le Nuz, « Révolution et dictature », in *Blanqui et les blanquistes*, Paris, Sedes, 1986, p. 107. « La Révolution, note de son côté Henry Celliez, un proche des milieux blanquistes, est un fait constant et continu ; elle est la manifestation de

l'activité sociale [...]. La Révolution n'est donc jamais finie » (*Devoir des révolutionnaires*, Paris, 1840, p. 3).

14. *Sur la Révolution*, 1850. Reproduit dans Louis Auguste BLANQUI, *Écrits sur la révolution, Œuvres complètes*, t. I, *Textes politiques et lettres de prison*, présenté et annoté par Arno MÜNSTER, Paris, Galilée, 1977, p. 307 (cette édition des œuvres, également interrompue, complète celle, plus récente, de Dominique Le Nuz pour les écrits postérieurs à 1848). Dans ses notes, il assimile « le cataclysme frappant de mort la société décrépite » à un « phénomène créateur » (*Papiers Blanqui*, N.a.fr., 9580, f° 68). Il écrit aussi le 5 juillet 1852 à Charles Fauvety : « Rien ne résout les problèmes comme un grand bouleversement social » (*ibid.*, 9580, f° 37).

15. Cf. le célèbre appel blanquiste *Aux Communeux* (1871) : « Nous sommes révolutionnaires [...] parce que nous savons que la faiblesse, comme la légalité, tue les révolutions, que l'énergie les sauve » (reproduit dans Charles DA COSTA, *Les Blanquistes*, Paris, 1912, p. 48).

16. *Avis au peuple* (toast du 25 février 1851), in *Écrits sur la révolution, op. cit.*, t. I, p. 331. « Les armes et l'organisation, note-t-il encore, voilà l'élément décisif du progrès » *(ibid.)*.

17. « Qui a du fer a du pain ! note Blanqui [...]. La France hérissée de travailleurs en armes, c'est l'avènement du socialisme » (*Papiers Blanqui*, N.a.fr., 9584-2, f° 19). Expressions reprises dans le « toast » du 25 février 1851 *(op. cit.)*.

18. *La Force, in* Gustave TRIDON, *Œuvres diverses*, Paris, 1891.

19. *Ibid.*, p. 97. « Malheureusement, écrit-il encore, la démocratie n'a ni l'expérience, ni le tempérament de la force » (*ibid.*, p. 108).

20. *Adresse à la Société des amis du peuple*, 2 février 1832, reproduit dans *Œuvres* (éditées par D. LE NUZ), *op. cit.*, t. I, p. 207. L'expression revient souvent sous sa plume.

21. *Le Procès des quinze. Défense du citoyen Louis Auguste Blanqui devant la Cour d'assises*, Paris, 12 janvier 1832, reproduit in *Œuvres, ibid.*, p. 194. L'expression de Guizot est rapportée par Walter BENJAMIN dans *Paris, capitale du* XIXe *siècle*, Paris, Cerf, 1989, p. 164.

22. Cf. l'édition critique, BLANQUI, *Instructions pour une*

prise d'armes, suivi de *L'Éternité par les astres*, textes établis et présentés par Miguel ABENSOUR et Valentin PELOSSE, Paris, 1972.

23. *Ibid.*, p. 21.

24. Il avoue ainsi sa fascination pour un exposé entendu sur ce sujet en prison. « Un M. d'Havrincourt, note-t-il de sa prison en 1850, est venu exposer la théorie stratégique de la guerre civile. Il ne faut jamais laisser séjourner les troupes dans les foyers d'émeute. Elles s'y pervertissent au contact des factieux, et refusent de mitrailler à l'heure des répressions... Le véritable système, c'est la construction de citadelles dominant les villes suspectes, et toujours prêtes à les foudroyer. On y tient ses soldats en garnison, à l'abri de la contagion populaire » (Auguste BLANQUI, *Critique sociale*, Paris, 1885, t. II, pp. 232-233).

25. Maréchal BUGEAUD, *La Guerre des rues et des maisons*, manuscrit inédit présenté par Maïté Bouyssy, Paris, Jean-Paul Rocher, 1997, p. 113.

26. « En présence de l'ennemi, écrit-il, plus de partis ni de nuances. Avec un pouvoir qui trahissait la nation, le concours était impossible. Le gouvernement sorti du grand mouvement du 4 septembre représente la pensée républicaine et la défense nationale » (*La Patrie en danger*, Paris, 1871, p. XXVII).

27. *Ibid.*, p. 18.

28. Expressions citées par M. DOMMANGET, *Les Idées politiques et sociales d'Auguste Blanqui*, *op. cit.*, pp. 174-176.

29. *Papiers Blanqui*, N.a.fr., 9581-1, f° 145.

30. *Papiers Blanqui*, N.a.fr., 9590-1, f° 377. L'expression se trouve aussi dans *Critique sociale*, *op. cit.*, t. I, p. 208. « Paris, écrit-il encore, est à la fois la tête et le cœur et le bras de la France » (*Papiers Blanqui*, N.a.fr., 9592-1, f° 497).

31. G. TRIDON, *Les Hébertistes* (1864), reproduit in *Œuvres diverses*, *op. cit.*, p. 19.

32. « Notre drapeau, c'est l'égalité », *Le Libérateur*, n° 1, 2 février 1834, reproduit dans *Œuvres*, *op. cit.*, t. I, pp. 260-261.

33. *Critique sociale*, *op. cit.*, t. II, p. 99.

34. Discours du 12 juin 1848, *in* Alphonse de LAMARTINE,

La France parlementaire (1834-1851). Œuvres oratoires et écrits politiques, Paris, 1865, t. V, p. 327.

35. Expression employée dans ses *Notes inédites sur Robespierre* (1850), reproduites dans *Écrits sur la révolution*, *op. cit.*, p. 315.

36. *La Patrie en danger, op. cit.*, p. 262.

37. Ouvrage reproduit dans *Œuvres diverses, op. cit.* « La Révolution, y lit-on, n'est pas ce théâtre à phrases, dépassé continuellement par le mouvement parisien, cette scène épique et tragique où déclament des orateurs emportés par le flot populaire ; elle réside dans les entrailles de la plèbe, les piques des faubourgs, les mugissements des sections et des clubs, dans ces hommes obscurs ou exécrés, toujours en action, qui exaspéraient les forts, ranimaient les faibles, semaient partout la haine des tyrans et des dogmes, et ramenaient dans la voie révolutionnaire, à la bouche des canons, les conventionnels, beaucoup trop surfaits » (*ibid.*, p. 19).

38. Blanqui écrit la préface de l'ouvrage. Voir la correspondance avec Tridon dans les *Papiers Blanqui*, N.a.fr., 9592-2, f°s 55-316.

39. *Le Procès des quinze (12 janvier 1832), op. cit.*, p. 191.

40. Expressions glanées par Maurice DOMMANGET dans la correspondance (inédite) de Blanqui avec Félix Lacambre (cf. *Les Idées politiques et sociales de Blanqui, op. cit.*, p. 225).

41. *La Patrie en danger, op. cit.*, p. 266.

42. *Ibid.*, p. 113.

43. *Ibid.*, p. 265.

44. *Ibid.*, p. 278.

45. *Papiers Blanqui*, N.a.fr., 9591-2, f° 375, *s.d.*

46. « La Comédie des programmes » est le titre donné à un article publié par Blanqui dans *L'Égalité*, le 16 juin 1878 (il reproduit un texte rédigé en avril 1851). Il y parle encore de « mirage fantastique des programmes », des « brouillards du royaume d'utopie ».

47. *Papiers Blanqui*, N.a.fr., 9584-2, f° 155.

48. Jugement formulé devant Lafargue, le gendre de Marx. Rapporté par Alexandre ZÉVAÈS, *Auguste Blanqui, patriote et socialiste français*, Paris, *s.d.*, p. 127.

49. Une lettre du 5 juillet 1852 au fouriériste Charles Fauvety l'a résumé en quelques fortes phrases. « L'organisation

présente, écrit-il, est une barrière qui nous masque l'avenir et le couvre d'un brouillard presque impénétrable. De là tant de systèmes divers qui se croient tous en possession exclusive de la vérité [...]. Rien ne résout les problèmes comme un grand bouleversement social [...]. C'est qu'une Révolution fait jaillir comme l'éclair de l'esprit de tous, ce qui flottait comme un nuage dans la pensée de quelques-uns. C'est maintenant aux tempêtes à renouveler l'atmosphère » (*Papiers Blanqui*, N.a.fr., 9580, f° 37).

50. « Communisme et proudhonisme, raille-t-il, se disputent avec acharnement au bord d'un fleuve, pour décider si l'autre rive est un champ de maïs ou un champ de blé. Ils s'entêtent à résoudre la question avant de franchir l'obstacle. Ah ! passons d'abord ! nous verrons là-bas ! » (*Papiers Blanqui*, N.a.fr., 9580, f° 51).

51. Sur ce point très intéressant de l'évolution des blanquistes, voir : Patrick H. HUTTON, *The Cult of the Revolutionary Tradition : the Blanquists in French Politics, 1864-1893*, Berkeley, University of California Press, 1981 ; Jolyon Michael HOWORTH, « The Myth of Blanquism under the Third Republic (1871-1900) », *The Journal of Modern History*, septembre 1976 ; Jacques NÉRÉ, « Les blanquistes au temps du boulangisme », in *Blanqui et les blanquistes, op. cit.* ; Marc CRAPEZ, *La Gauche réactionnaire, mythes de la plèbe et de la race*, Paris, Berg International, 1997.

52. *Propagande démocratique*, Paris, *s.d.* (vers 1835), p. 1 (reproduit dans *Révolutionnaires et néo-babouvistes de 1835 à 1847*, in *Les Révolutions du XIXe siècle*, 2e série, *1834-1848*, Paris, Edhis, *s.d.*, t. VI).

53. Les deux *Pétitions* sont reproduites dans les *Écrits sur la révolution, op. cit.*, t. I, pp. 162-166.

54. *Deuxième pétition pour l'ajournement des élections*, *op. cit.*, p. 166.

55. C'est le cas d'Alphonse ESQUIROS, auteur du célèbre ouvrage *Histoire des Montagnards* (1847). « Le suffrage universel pratiqué comme il l'a été par les membres du Gouvernement provisoire est à nos yeux l'une des tromperies de la Révolution de 1848, écrit ce dernier dans *L'Accusateur public*. Loin d'exprimer les intérêts démocratiques, ce système a, au contraire, donné des forces à l'aristocratie du

monopole. Cela devait être. La classe bourgeoise ayant le privilège de l'instruction, de la fortune, de la lecture devait apporter dans les opérations du scrutin une tactique et un savoir-faire dont la classe ouvrière ne se doute pas. (« Déceptions », n° 1, 11 juin 1848.) Mais Esquiros, sans être blanquiste, est très proche, puisqu'il appartient en 1848 au Club du peuple (cf. Suzanne WASSERMANN, *Les Clubs de Barbès et de Blanqui en 1848*, Paris, 1913).

56. *La Patrie en danger*, *op. cit.*, p. 272.

57. *Papiers Blanqui*, N.a.fr., 9590-1, f° 380. Blanqui n'est même pas loin de penser, comme certains philosophes sensualistes du XVIIIe siècle, qu'une large partie du peuple reste à la lisière de l'humanité, dans une sorte d'animalité. « Combien d'animaux mêmes se montrent les émules, sinon les supérieurs de l'homme dans la manipulation de la matière, note-t-il. Ce n'est pas la dextérité manuelle, c'est l'idée seule qui fait l'homme » (*ibid.*, f° 379).

58. Victor HUGO, *Choses vues*, t. II (1847-1848), édition établie par Hubert Juin, Paris, Gallimard, « Folio », 1972, p. 447.

59. Voir, sur ce point, l'ensemble des citations recueillies dans la thèse de Maurice PAZ, *Auguste Blanqui, le révolutionnaire professionnel*, Aix-en-Provence, 1974, pp. 88-90.

60. « Il a passé par quelques cerveaux socialistes on ne sait quelle idée saugrenue d'octroyer à la plus belle moitié du genre humain les droits politiques, électorat, éligibilité, écrit-il. Elle ne manquerait pas d'en user pour son suicide » (*Papiers Blanqui*, N.a.fr., 9592-1, f° 127). « Sous peine de ruine, poursuit-il, l'urne politique ne doit être abordable au sexe faible *qu'une génération après la chute du Christianisme*. Tant qu'il restera un prêtre les hommes feront prudemment de se garer des femmes. [...] Commencez par mettre dehors la religion, puis vous laisserez entrer le genre féminin » (*ibid.*, souligné par lui).

61. Sur les juifs manipulateurs du peuple, voir la stupéfiante lettre à Rougié du 7 août 1852. « Le suffrage universel, écrit-il, est une chose jugée. C'est un vieux bibelot de la rollinerie qui a donné sa mesure. Il est toujours pour les loups, jamais pour les moutons. [...] C'est l'intronisation définitive de Rothschild, l'avènement des juifs. Voilà une singu-

lière réalisation des idées de février » (*Papiers Blanqui*, N.a.fr., 9584-1, f°s 70-71).

62. *La Patrie en danger*, *op. cit.*, p. 271.

63. *Ibid.*, p. 273.

64. Lettre à Félix Lacambre du 30 mars 1863, reproduite *in* M. DOMMANGET, *Blanqui et l'opposition révolutionnaire à la fin du Second Empire*, *op. cit.*, p. 29.

65. *Papiers Blanqui*, N.a.fr., 9590-1, f° 107.

66. *Rapport* lu à la Société démocratique française, à Londres, dans la séance du 18 novembre 1839 et publié à Londres en 1840 (reproduit dans *Révolutionnaires et néo-babouvistes de 1835 à 1847*, *op. cit.*, t. VII).

67. *Ibid.*, p. 39.

68. « Réfutation de l'article "Babouvisme" inséré dans le *Journal du peuple* », *L'Égalitaire, journal de l'organisation sociale*, n° 2, juin 1840, p. 56.

69. La plus récente édition est celle donnée par les Éditions sociales (Paris, 1957, 2 vol.). Le livre de Buonarroti « est *Le Prince* de la sociale », dit Maxime LEROY (*Histoire des idées sociales en France*, Paris, Gallimard, 1954, t. III, p. 345).

70. Voir S. BERNSTEIN, « Le néo-babouvisme d'après la presse (1837-1848) », in *Babeuf et les problèmes du babouvisme*, Paris, 1963, et Alain MAILLARD, *La Communauté des égaux. Le communisme néo-babouviste dans les France des années 1840*, Paris, Kimé, 1999.

71. Cf. Alessandro GALANTE-GARRONE, *Philippe Buonarroti et les révolutions du* XIX*e siècle*, Paris, 1975, et Elisabeth EISENSTEIN, *The First Professional Revolutionist : Filippo Michele Buonarroti (1776-1837)*, Cambridge (Mass.), 1959.

72. *Conspiration pour l'égalité*, *op. cit.*, t. I, pp. 79 et 82.

73. *Ibid.*, p. 82. « Il y a justice et nécessité, poursuit-il, que d'eux-mêmes ils s'investissent de la dictature de l'insurrection, qu'ils en prennent l'initiative, qu'ils revêtent le glorieux titre de conjurés pour la liberté, qu'ils s'érigent en magistrats sauveurs de leurs concitoyens » (*ibid.*, p. 85).

74. *Ibid.*, p. 77.

75. Reproduit dans *Critique sociale*, *op. cit.*, t. I, pp. 173-220.

76. *Ibid.*, pp. 207-208. On peut noter pour l'anecdote que les blanquistes de la fin du XIXe siècle aimaient à citer une page

des *Souvenirs* de Tocqueville pour justifier leurs positions. « Il y eut, écrit ce dernier, des révolutionnaires plus méchants que ceux de 1848, mais je ne pense pas qu'il y en ait eu de plus sots ; ils ne surent ni se servir du suffrage universel ni s'en passer. S'ils avaient hardiment saisi la dictature, ils auraient pu tenir [l'Assemblée] quelque temps dans leurs mains. Mais ils imaginèrent niaisement qu'il suffisait d'appeler la foule à la vie politique pour l'attacher à leur cause et que, pour faire aimer la République, c'était assez de donner des droits sans procurer des profits » (Paris, Gallimard, 1964, pp. 115-116).

77. Intervention devant la cour de Bourges (mai 1849), rapportée par A. S. Morin, *Les Hébertistes modernes,* Paris, 1870, p. 13.

78. *Papiers Blanqui,* N.a.fr., 9590-1, f° 377.

79. *La Patrie en danger, op. cit.*, pp. 74-75.

80. Pour lui, l'établissement du communisme est l'unique sauvegarde de l'individu, alors que « l'individualisme en est l'extermination » (*Critique sociale, op. cit.*, t. I, p. 189).

81. Blanqui aboutit à une doctrine du dépérissement de l'État. Dans des « notes » datées de novembre 1848, il souligne ainsi que « le gouvernement par excellence, fin dernière des sociétés, c'est l'absence de gouvernement » (*Papiers Blanqui,* N.a.fr., 9581, f° 24). Dans un manuscrit de 1867, il envisage pareillement l'avenir sous les espèces d'un *self-government* (*ibid.,* 9590-1, f° 106).

82. *Deuxième pétition pour l'ajournement des élections, op. cit.*, p. 166.

83. « Qui fait la soupe doit la manger », article non publié, rédigé par *Le Libérateur* (mars 1834) in *Œuvres, op. cit.*, t. I, p. 293.

84. *Le Communisme, avenir de la société,* note citée, p. 212. « Entre ces deux choses, instruction et communisme, écrit-il encore, le lien est si étroit que l'une ne saurait faire sans l'autre » (*ibid.*, p. 178).

85. *Ibid.*

86. *Ibid.*, p. 190.

87. Publié en 1872. Sur le sens de l'athéisme radical des blanquistes, voir les remarques judicieuses de M. Crapez, *La Gauche réactionnaire, op. cit.*

88. *Papiers Blanqui*, N.a.fr., 9592-3, f° 6. « Ce n'est point la

dextérité manuelle, c'est l'idée seule qui fait l'homme, écrit-il encore. L'instrument de la délivrance n'est point le bras, mais le cerveau » (*ibid.*, 9590-1, f° 379).

89. « Des milliers de gens d'élite, écrit-il par exemple, languissent dans les bas-fonds de la misère. Ils sont l'horreur et l'effroi du capital. Le capital ne se trompe pas dans sa haine. Les *déclassés*, arme invisible du progrès, sont aujourd'hui le ferment secret qui gonfle sourdement la masse et l'empêche de s'affaisser dans le marasme. Demain, ils seront la réserve de la révolution » (*Papiers Blanqui*, N.a.fr., 9590-1, f° 382).

90. *Première pétition pour l'ajournement des élections*, *op. cit.*, p. 164.

91. *Papiers Blanqui*, N.a.fr., 9581, f° 24. « Ce sont eux, poursuivait-il, qui font la besogne sérieuse et durable ; ils tiennent dans leurs mains l'avenir de la société. »

92. Friedrich ENGELS, « Introduction » à Karl MARX, *Les Luttes de classes en France (1848-1850)*, Paris, Éditions sociales, 1970, p. 16.

93. Avis au peuple (toast du 25 février 1851), in *Écrits sur la révolution*, *op. cit.*, p. 329.

94. Ces deux journées furent le théâtre d'actions de type insurrectionnel. La première vit l'envahissement de l'Assemblée par une manifestation de militants de la cause polonaise ; la seconde fut marquée par une importante manifestation des représentants de la gauche républicaine à Paris.

95. Lettre à Maillard du 6 juin 1852, in *Écrits sur la révolution*, *op. cit.*, p. 355.

L'ABSOLUTISATION DU VOTE

1. Julien LE ROUSSEAU, *De l'organisation de la démocratie*, Paris, 1850, p. 189. « Le principe démocratique n'est encore qu'une abstraction », déplore-t-il du même coup (*ibid.*, p. 44).

2. Jean-Baptiste MILLIÈRE, *Constitution de la démocratie ou le gouvernement direct du peuple par lui-même*, Le Puy, 1851, p. 8. Voir aussi dans ses *Études révolutionnaires* (Paris, 1851) le chapitre « De l'usurpation de la souveraineté ».

3. Victor CONSIDERANT, *La Solution ou le gouvernement direct du peuple*, 4e éd., Paris, mars 1851, pp. 16-18. Les cita-

tions qui précèdent sont tirées de cet ouvrage (pp. 13, 25, 52, 69). « Le peuple, écrit-il encore, marche le jour dit aux boîtes électorales. Il y dépose son vote et voilà sa souveraineté dans des tirelires dont il n'a plus la clef » (*ibid.*, p. 22).

4. *Gouvernement direct. Organisation communale et centrale de la République. Projet présenté à la nation pour l'organisation de la Commune, de l'enseignement, de la force publique, des finances, de l'État,* par les citoyens H. BELLOUARD, BENOÎT (Du Rhône), F. CHARASSIN, A. CHOUIPPE, ERDAN, Ch. FAUVETY, GILARDEAU, Ch. RENOUVIER, J. SERGENT, etc., Paris, 1851, p. 2. Si l'avertissement aux lecteurs est signé Renouvier et Fauvety, c'est le philosophe qui fut le véritable auteur du livre. Cf. Louis FOUCHER, *La Jeunesse de Renouvier et sa première philosophie (1815-1854),* Paris, 1927, pp. 155-170.

5. Par exemple Charles-François CHEVÉ dans son *Catéchisme socialiste*, Paris, 1850, pp. 5-6.

6. L.-J. DURIEUX, *Plus d'élections, plus de représentants du peuple, par un système nouveau et légal. 1851 puis 1852*, Paris, 1851, p. 8 (propose un tirage au sort annuel).

7. Cf. John OSWALD, *Le Gouvernement du peuple, ou plan de constitution pour la république universelle*, Paris, 1793 (cf. la nouvelle édition avec introduction et notes données par Yves BLAVIER, Paris, Éd. de la Passion, 1996). Il se limite à préconiser l'élection de tous les fonctionnaires et la ratification des lois par le suffrage universel.

8. Cf. Théodore DEZAMY, *Code de la communauté*, Paris, 1843, pp. 250-256. Étienne CABET appelle explicitement de ses vœux une « démocratie représentative » (*Comment je suis communiste*, Paris, 1840, p. 11).

9. Cf., sur cette importante figure du socialisme allemand qui restera une référence théorique majeure en France et outre-Rhin jusqu'à la fin du siècle, l'article d'Emma RITTINGHAUSEN, « Maurice Rittinghausen », *La Revue socialiste*, vol. XVII, mai 1893.

10. La brochure rassemble les trois articles publiés dans *La Démocratie pacifique* les 8, 15 et 22 septembre 1850.

11. Reprise des articles publiés les 17 et 24 novembre, puis 8 décembre. La première édition est de décembre 1850. La quatrième est de mars 1851, témoignant du succès de la bro-

chure. Sauf mention contraire, tous les ouvrages et brochures cités dans les pages qui suivent ont été publiés en 1851.

12. Pour une première approche de cette littérature, voir Fabrizio BRACCO, « Democrazia diretta e democrazia rappresentativa nel dibattito tra democratici e socialisti in Francia, 1850-1851 », *Annali della facoltà di scienze politische, materiali di storia*, 7, t. II, Università di Perugia, 1982-1983, ainsi que Marcel DAVID, « Le "gouvernement direct du peuple" selon les proscrits de la seconde République », in *La Pensée démocratique*, Presses universitaires d'Aix-Marseille, 1996.

13. *Op. cit.* Cet important ouvrage ne se trouve curieusement pas à la B.N.F.

14. L'ouvrage qui appelle à une « souveraineté directe et complète du peuple » invite à supprimer toutes les délégations de pouvoir. Il fut lu et très commenté.

15. Sous-titré *De la souveraineté. Gouvernement direct du peuple.* Resté inédit, on en trouve le manuscrit à la Bibliothèque de l'Assemblée nationale où sont déposés l'essentiel des papiers de Pecqueur. Sur ce document, dont je n'ai pas pu prendre connaissance directement, voir Jean-Pierre FERRIER, *La Pensée politique de Constantin Pecqueur*, Paris, 1969, pp. 56-68.

16. Joseph BENOIT (du Rhône) et Frédéric CHARASSIN étaient ainsi des militants néo-babouvistes lyonnais très connus.

17. LEDRU-ROLLIN, « Du gouvernement direct du peuple », *La Voix du proscrit*, 19 avril 1851, p. 359. L'article donne une liste de 4 journaux parisiens et de 21 journaux dans les départements qui soutiennent l'idée (liste reprise dans *La Démocratie pacifique* du 27 avril 1851). Elle est incomplète : *La République universelle* de PRADIÉ est notamment oubliée.

18. Considerant le note à la dernière page de *La Solution ou le gouvernement direct du peuple* : « L'idée de l'application actuelle du gouvernement direct vient de l'Allemagne. Je le confesse en toute humilité. » Mais cette phrase, présente dans la première édition, fut supprimée dans les suivantes ! CONSIDERANT a aussi raconté sa rencontre avec RITTINGHAUSEN et sa découverte de l'idée dans *Les Quatre Crédits* (Paris, 1851, pp. 152-154). C'est le second ouvrage de Considerant,

généralement ignoré, qui aborde la question du gouvernement direct en soutenant, du point de vue d'une analyse principalement économique, que le peuple peut vivre sans gouvernement.

19. Voir la polémique entre *Le Populaire de 1841* (14 mars 1851) et *La Voix du proscrit* (réponse de Charles Delescluze le 13 avril 1851).

20. Cf. Pierre Pradié, « De l'organisation du gouvernement direct », *La République universelle*, t. II, 1er mai 1851, pp. 123-124.

21. Ledru-Rollin, *Du gouvernement direct du peuple*, Paris, 1851, p. 4.

22. Voir son éditorial, « Aide-toi, le ciel t'aidera », dans le premier numéro du 27 octobre 1850. Voir aussi « La Constitution de 1793 » (numéros 3 et 4 des 10 et 17 novembre 1850).

23. Charles Ribeyrolles, « Le gouvernement direct du peuple », *La Voix du proscrit*, 2 mars 1851, p. 261. « La tradition a été rompue en 1793 [...]. Renouons avec la chaîne des temps », note de son côté Ledru-Rollin (*Plus de Président, plus de représentants*, *op. cit.*, p. 8). Dans le *Populaire*, Georges Vauzy demande, pour cette raison, à propos du gouvernement direct, si « tout cela est bien nouveau », se référant également à la Constitution de 1793, « supérieure à celle de 1848 » (« Respect à nos traditions révolutionnaires », éditorial du 13 décembre 1850).

24. « Le mandataire ne peut être représentant ; c'est un abus de mots, et déjà, en France, on commence à revenir de cette erreur. » Louis Blanc n'aura pas de mal à lui opposer des citations contraires de Robespierre !

25. Contrairement aux constituants de 1793, Ledru-Rollin se prononce cependant pour la mise en place d'un président du pouvoir exécutif, élu par l'assemblée des délégués et révocable par elle.

26. Voir, par exemple, l'article consacré à l'expérience dans *La Démocratie pacifique* du 10 novembre 1850.

27. M. Rittinghausen, *La Législation directe par le peuple et Ledru-Rollin* (mars 1851), repris dans le recueil *La Législation directe par le peuple et ses adversaires* (1852), nouv. éd., Bruxelles, 1891, p. 66.

28. Sur cette distinction, voir les indications données par

Emma Rittinghausen dans son article « Maurice Rittinghausen », art. cité, p. 581. Rittinghausen déplorera la confusion entre les deux termes de législation directe et de gouvernement direct, y voyant la perte d'attraction progressive du dernier concept. Cf. sa « Quatrième lettre sur la législation directe », publiée dans *Le Prolétaire* (4 mai 1856), reproduite dans ses « Lettres sur la législation directe », *La Revue socialiste*, t. XXIII, mars 1896, p. 337.

29. M. Rittinghausen, *La Législation directe par le peuple ou la véritable démocratie*, *op. cit.*, pp. 24-25.

30. Il est étonnant de constater que dans les treize longs articles qu'il consacre dans *La Démocratie pacifique* (du 25 mai au 30 novembre 1851) à répondre aux critiques du gouvernement direct, Rittinghausen en reste constamment aux principes et n'aborde pas les problèmes de fonctionnement du système (articles repris dans *La Législation directe par le peuple et ses adversaires*, *op. cit.*).

31. M. Rittinghausen, *La Législation directe par le peuple ou la véritable démocratie*, *op. cit.*, pp. 27-28.

32. V. Considerant, *La Solution ou le gouvernement direct du peuple*, *op. cit.*, pp. 67-69.

33. *Ibid.*, p. 26.

34. Id., *Les Quatre Crédits*, *op. cit.*, p. 154. J.-B. Millière en conclut dans le même esprit que « les partis disparaîtront pour ne laisser subsister que des opinions » (*Constitution de la démocratie*, *op. cit.*, p. 55).

35. V. Considerant, *La Solution ou le gouvernement direct du peuple*, *op. cit.*, p. 55.

36. J.-B. Millière, *Constitution de la démocratie*, *op. cit.*, p. 51.

37. M. Rittinghausen, *Lettres sur la législation directe* (initialement publiées à Bruxelles en 1855 et 1856 dans *Le Prolétaire*), dans le recueil cité, p. 333. « Quand on est dans le vrai, note de son côté Considerant, les choses s'arrangent toujours avec beaucoup plus de facilité qu'on ne l'imagine. La fausseté complique ; la vérité simplifie » (*La Solution ou le gouvernement direct du peuple*, *op. cit.*, p. 49).

38. *Ibid.*, p. 47. « De nos jours, à quoi s'occupent bon nombre des membres du corps législatif, demande de son côté Millière ? Leur temps est consacré à peu près exclusive-

ment à deux choses : le renversement des institutions républicaines et le partage du pouvoir [...]. Si l'on retranchait du *Bulletin* toutes les lois qui, depuis trois ans, ont été faites pour restreindre nos droits et détruire les libertés conquises en février, il en resterait fort peu et le Peuple aurait pu les voter en quelques jours » (J.-B. MILLIÈRE, *Constitution de la démocratie, op. cit.*, p. 49).

39. *Gouvernement direct, op. cit.*, p. 322.

40. *Ibid.*, p. 323.

41. Cf. P. ROSANVALLON, « L'idéal du gouvernement à bon marché », in *L'État en France de 1789 à nos jours*, Paris, Éd. du Seuil, 1990.

42. Voir aussi son article « Du gouvernement direct du peuple » (6 mars 1851) repris dans Émile de GIRARDIN, *Questions de mon temps*, Paris, 1858, t. XI, pp. 132-159.

43. Cf. son intervention à l'Assemblée constituante du 10 avril 1791 (*A.P.*, t. XXIV, p. 691).

44. *Gouvernement direct, op. cit.*, p. 333.

45. *Ibid.*, p. 356. Voir toute la description de sa « division de l'assemblée en comités » (*ibid.*, pp. 331-360).

46. *Ibid.*, p. 44.

47. V. CONSIDERANT, *La Solution ou le gouvernement direct du peuple, op. cit.*, p. 51 (et p. 52 pour les citations qui suivent).

48. *Gouvernement direct, op. cit.*, p. 303.

49. V. CONSIDERANT, *La Solution ou le gouvernement direct du peuple, op. cit.*, p. 43.

50. *Ibid.* C'est moi qui souligne. « La question du sphinx démocratique se trouve résolue, dit-il encore, car si le gouvernement est le peuple, c'est-à-dire le sphinx lui-même, il ne se dévorera pas. »

51. *Gouvernement direct, op. cit.*, p. 357.

52. *Ibid.*, p. 6. C'est lui qui souligne.

53. *Ibid.*, p. 7.

54. Et répondre par là aux critiques de Louis Blanc qui accusait les partisans du gouvernement direct de tendre à multiplier les souverainetés et de ressusciter donc le girondinisme.

55. *Ibid.*

56. *Ibid.*, p. 26.

57. *Ibid.*, p. 4.

58. Pour le Renouvier de la maturité, voir la thèse de Marie-Claude FIGEAT-BLAIS, *Charles Renouvier (1815-1903), une philosophie de la République*, Paris, E.H.E.S.S., 1998.

59. *Gouvernement direct, op. cit.*, p. 303.

60. Je renvoie sur ce point aux développements que j'ai consacrés à cette question dans *Le Capitalisme utopique. Histoire de l'idée de marché*, nouv. éd., Paris, Éd. du Seuil, 1999.

61. M. RITTINGHAUSEN, *La Législation directe par le peuple ou la vraie démocratie, op. cit.*, p. 47.

62. L'argument ne cessera d'ailleurs d'être ensuite utilisé pour disqualifier la procédure du référendum.

63. L'expression est de Rittinghausen.

64. *Gouvernement direct, op. cit.*, p. 318. Pour lui, la distinction minorité/majorité n'aura plus aucun sens politique, devenant purement circonstancielle et factuelle. L'existence d'une minorité ne sera donc plus le signe d'une absence d'unanimité.

65. Voir sa lettre à Engels du 8 août 1851, *in* Karl MARX, Friedrich ENGELS, *Correspondance*, t. II (1849-1851), Paris, Éditions sociales, 1971, p. 274. On peut aussi noter que Rittinghausen n'avait pu obtenir que la question du gouvernement direct soit débattue au congrès de Bâle (1869) de la Ire Internationale. C'était la preuve des critiques et des réserves qui l'entouraient.

66. Pierre-Joseph PROUDHON, *Idée générale de la Révolution au XIXe siècle*, in *Œuvres complètes de P.-J. Proudhon*, nouv. éd. par C. BOUGLÉ et H. MOYSSET, Paris, 1923, p. 180. L'ensemble de la quatrième étude, « Du principe d'autorité », est consacré à discuter Considerant, Ledru-Rollin et Rittinghausen. Voir aussi la septième étude : « Dissolution du gouvernement dans l'organisation économique ». On trouve aussi dans les *Carnets* de nombreuses notes sur cette question (cf. *Carnets de P.-J. Proudhon*, édités par Pierre Haubtmann, Paris, 1974, t. IV).

67. *Op. cit.*, p. 184. La démocratie conduit pour cette raison à une « inévitable défection du pouvoir à la cause populaire ». On peut noter que certains théoriciens socialistes proposent alors l'emploi d'un nouveau mot, « pantocratie », pour marquer la différence entre ce qui serait la forme pleinement

accomplie de la souveraineté du peuple et la simple « démocratie », étape intermédiaire désignant de façon plus limitée le pouvoir du plus grand nombre. Cf. Benjamin COLIN, « Plus de gouvernement », *L'Homme. Journal de la démocratie universelle*, 19 avril 1856 (ce journal des exilés français à Jersey a été réédité par Edhis).

68. Proudhon parle du *Contrat social* comme d'un « chef-d'œuvre de jonglerie oratoire » et note : « La vogue de Rousseau a coûté à la France plus d'or, plus de sang, plus de honte, que le règne détesté des trois fameuses courtisanes » (*Idée générale de la Révolution au XIX*e *siècle*, *op. cit.*, p. 195).

69. *Ibid.*, p. 199.

70. Un des principaux théoriciens suisses du référendum au XIXe siècle, Théodore CURTI, écrit dans cet esprit : « Si Rittinghausen et Considerant n'ont pu enlever aucun succès pratique, leurs écrits n'en sont pas moins dans l'histoire de la législation directe comme de *majestueuses pierres d'attente* » (*Le Référendum*, trad. franç., 1905, p. 209).

LA DÉMOCRATIE ILLIBÉRALE

1. Lettre à M. le rédacteur du *Journal du Loiret*, 21 octobre 1843, in *Œuvres de Louis-Napoléon Bonaparte*, Paris, 1848, t. I, p. 134.

2. Lettre à son précepteur, Narcisse Vieillard, en date du 29 janvier 1836 (cité *in* Philippe SÉGUIN, *Louis-Napoléon le Grand*, Paris, Le Livre de Poche, 1992, p. 72).

3. Dans sa « Proclamation à l'armée » faite à Strasbourg, il écrit : « Je m'avance devant vous comme représentant de la souveraineté du peuple » (cité par Adrien DANSETTE, *Louis-Napoléon à la conquête du pouvoir*, Paris, 1961, p. 115).

4. Louis BLANC, *Révélations historiques*, Leipzig, t. II, 1859, pp. 222-223.

5. Le projet se trouve encore dans l'édition de 1848 des *Œuvres de Louis-Napoléon Bonaparte* (*op. cit.*, t. I, pp. 82-96). Mais il sera retiré des éditions qui paraissent sous le Second Empire !

6. *Débarquement de Louis-Bonaparte à Boulogne. Sa proclamation au peuple français*, s.d. (1840).

7. Cité par Robert PIMIENTA, *La Propagande bonapartiste en 1848*, Paris, 1911, p. 58.

8. Le suffrage universel est immédiatement rétabli alors, après qu'il eut été fortement restreint par la loi du 31 mai 1850.

9. J'emprunte l'expression de démocratie illibérale à Fareed ZAKARIA (« De la démocratie illibérale », *Le Débat*, n° 99, mars-avril 1998, article traduit de la revue *Foreign Affairs*). Mais je lui donne un sens plus précis, comme on le verra plus loin.

10. Cf. R. PIMIENTA, *La Propagande bonapartiste en 1848*, *op. cit.*, pp. 58-59.

11. *Ibid.*, p. 59.

12. *Adresse*, précédant la publication de la Constitution du 14 janvier 1852 (*Bulletin des lois de la République française*, n° 479, p. 53). Voir, sur cette question, Denis KETCHEDJIAN, *La Théorie de l'appel au peuple sous le Second Empire*, D.E.S. de science politique, Université de Paris, faculté de droit, 1964.

13. Émile OLLIVIER, *L'Empire libéral*, Paris, t. XIII, 1908, p. 329.

14. *Ibid.*, p. 325.

15. Lettre du 28 mai 1872 à un lord anglais. Cf. Bernard MÉNAGER, « Le bonapartisme pouvait-il être parlementaire ? », *in* Jean TULARD, *Pourquoi réhabiliter le Second Empire ?*, Paris, Bernard Giovanangeli, 1998.

16. Émile OLLIVIER, *L'Empire libéral*, *op. cit.*, t. XIII, p. 327. C'est moi qui souligne.

17. Pour une première approche du problème, voir les contributions rassemblées dans Frédéric BLUCHE (sous la dir. de), *Le Prince, le peuple et le droit. Autour des plébiscites de 1851 et 1852*, Paris, P.U.F., 2000.

18. Cf. Patrick LAGOUEYTE, *Candidature officielle et pratiques électorales sous le Second Empire (1852-1870)*, Université de Paris-I, 1990, 5 vol.

19. Pierre de LA GORCE note que cette conception des élections législatives comme équivalant à un « plébiscite supplémentaire » (selon une formule employée le 1er février 1852 dans le *Constitutionnel*) a été très tôt formulée par les parti-

sans du régime (*Histoire du Second Empire*, Paris, 1894, t. I, p. 55).

20. *Ibid.*, p. 329. C'est toujours moi qui souligne. C'est sur la base de ce raisonnement qu'un Laboulaye se rapproche d'ailleurs *in fine* du régime (voir *Plébiscite du 8 mai 1870. Lettre adressée par M. Édouard Laboulaye au comité plébiscitaire de Rueil*, Versailles, 28 avril 1870, et « Le Plébiscite de 1870 », *in* Édouard LABOULAYE, *Questions constitutionnelles*, Paris, 1872).

21. É. OLLIVIER, *L'Empire libéral*, *op. cit.*, t. XIII, p. 323.

22. « Nous voulons le plébiscite, parce qu'il remettra chacun à sa place, note de son côté le baron Jérôme DAVID. La grande voix de la nation ne se dirige pas comme une intrigue parlementaire » (Discours du 5 avril 1870, *Annales du Sénat et du Corps législatif*, *op. cit.*, p. 294).

23. É. OLLIVIER, *L'Empire libéral*, *op. cit.*, t. XIII, p. 325.

24. *Ibid.*, t. V, pp. 97-98.

25. Adolphe GRANIER DE CASSAGNAC, *La Révision de la constitution*, Paris, 1851, p. 45.

26. É. OLLIVIER, *L'Empire libéral*, *op. cit.*, t. XIII, p. 273. Prosper MÉRIMÉE, très lié au régime, note dans le même esprit : « La démocratie parlementaire est une des pires formes de gouvernement dans un pays qui manque d'une forte aristocratie » (lettre du 22 mai 1869, in *Lettres à Panizzi, 1850-1870*, Paris, Calmann-Lévy, t. II, 1881, p. 362).

27. Cf. « La crise anglaise », *in* Pierre GUIRAL, *Prevost-Paradol (1829-1870), pensée et action d'un libéral sous le Second Empire*, Paris, 1955. Voir aussi J. R. JENNINGS, « Conceptions of England and Its Constitution in Nineteeth-Century French Political Thought », *The Historical Journal*, vol. XXIX, n° 1, 1986.

28. LABOULAYE consacre des essais à Tocqueville. Mais il écrit lui-même directement *De la constitution américaine et de l'utilité de son étude* (1850), *Les États-Unis et la France* (1862), *Histoire politique des États-Unis* (3 vol., 1855-1866). Sur cette dimension de son œuvre, voir Walter D. GRAY, *Interpreting American Democracy in France. The Career of Edward Laboulaye, 1811-1883*, Newark, University of Delaware Press, 1994. Rapprocher de Françoise MÉLONIO, *Tocqueville et les Français*, Paris, Aubier, 1993.

29. Discours prononcé le 22 janvier 1866 à l'ouverture de la session législative, *Annales du Sénat et du Corps législatif*, Paris, 1866, t. I, p. 2.

30. Cf., notamment, É. OLLIVIER, *L'Empire libéral, op. cit.*, t. XIII, pp. 327-328.

31. Discours du 4 avril 1870, *Annales du Sénat et du Corps législatif*, Paris, 1870, t. III, p. 274.

32. Émile OLLIVIER, *Principes et conduite*, Paris, 1875, p. 114. L'exercice par le peuple du pouvoir constituant est expressément reconnu par l'article 14 de la Constitution de 1870.

33. Seuls quelques légitimistes proposent en 1848 la ratification populaire de la Constitution. Ils ne sont suivis que par 42 députés sur 775 votants (voir *Compte rendu des séances de l'Assemblée nationale*, 1848, t. IV et V, séances des 15 septembre et 23 octobre 1848). En 1851, si les bonapartistes ou quelques républicains isolés comme Laboulaye demandent la ratification, la grande majorité des républicains, emportés par les arguments de Cavaignac et Quinet, s'y oppose vivement.

34. É. OLLIVIER, *L'Empire libéral, op. cit.*, t. XIII, p. 328. Dans ses *Rêveries politiques* (1832), Louis-Napoléon notait déjà à propos des bases du projet de constitution qu'il présentait : « Le peuple aurait le pouvoir électif et de sanction » (in *Œuvres de Louis-Napoléon Bonaparte*, Paris, 1848, t. I, p. 77). Il ajoutait : « Un peuple a toujours le droit de revoir, de réformer et de changer sa constitution. Une génération ne peut assujettir à ses lois les générations futures. »

35. Cité par Adrien DANSETTE, *Du 2 décembre au 4 septembre*, Paris, 1972, p. 16.

36. « La souveraineté du peuple est garantie, écrit-il, parce qu'à l'avènement de chaque nouvel empereur, la sanction du peuple sera demandée. S'il refuse, les deux Chambres proposeront un nouveau souverain. Le peuple n'ayant pas le droit d'élection, mais seulement celui d'approbation, cette loi ne présente pas les inconvénients de la royauté élective » (*Rêveries politiques, op. cit.*, p. 79).

37. Déclaration à l'Audience du 28 septembre 1840, *Œuvres de Louis-Napoléon Bonaparte, op. cit.*, t. I, p. 27.

38. Paul GRANIER DE CASSAGNAC, *Pour Dieu et pour la*

France, Paris, 1905, t. I, p. 72. « Si le plébiscite est contre l'Empereur, note-t-il encore, l'Empereur s'en va purement et simplement (*ibid.*, p. 171).

39. *Ibid.*, p. 172.

40. Voir, sur ce point décisif, l'intéressant témoignage d'Adolphe GRANIER DE CASSAGNAC : « Le Prince m'explique l'esprit de la Constitution » (*Souvenirs du Second Empire*, Paris, 1881, t. II, pp. 81-86).

41. É. OLLIVIER, *L'Empire libéral, op. cit.*, t. V, p. 105.

42. *Ibid.*, p. 108.

43. A. de LA GUÉRONNIÈRE, *Napoléon III. Portrait politique*, Paris, 1853, p. 93.

44. « Discours sur les principes politiques de l'Empire » (Saint-Étienne, 12 août 1863), in *Le Duc de Persigny et les doctrines de l'Empire*, Paris, 1865, p. 164. La formule « homme-peuple » se trouve à ma connaissance utilisée pour la première fois dans le titre d'une courte brochure saint-simonienne, *Napoléon ou l'homme-peuple*, Paris, *s.d.* (mars 1832). « Le peuple c'est moi, disait le petit caporal, et le petit caporal avait raison, y lit-on [...]. Il voulait dire par là que lui plus que tous les autres connaissait le peuple, vivait de sa vie » (p. 1).

45. Reprenant une formule de THIERS dans ses *Idées napoléoniennes, op. cit.*, p. 37.

46. Napoléon III, *Histoire de Jules César*, 1865-1866, t. I, p. 280. Voir, sur ce point, les informations développées par Juliette GLIKMAN, *L'« Histoire de Jules César » de Napoléon III*, Mémoire de maîtrise, Université de Paris-I, 1994.

47. Victor COUSIN, *Introduction à l'histoire de la philosophie*, Paris, 1868, p. 203. « Un grand homme est peuple et il est lui tout ensemble [...]. Un peuple est tout entier dans ses grands hommes », écrit-il encore (*ibid.*, p. 206).

48. Cf. Jean BOUTIER, Alain DEWERPE, Daniel NORDMAN, *Un tour de France royal. Le voyage de Charles IX (1564-1566)*, Paris, Aubier, 1984.

49. Cf. Bernard GUENÉE et Françoise LEHOUX, *Les Entrées royales françaises de 1328 à 1515*, Paris, Éd. du C.N.R.S., 1968 ; Joseph CHARTROU, *Les Entrées solennelles et triomphantes à la Renaissance (1484-1551)*, Paris, 1928 ; Lawrence M. BRYANT, « La cérémonie de l'entrée à Paris au Moyen

Âge », *Annales. E.S.C.*, mai-juin 1986. Voir aussi les contributions de Franck Collard et Danielle Quéruel, *in* Sylvette Guilbert (sous la dir. de), *Fêtes et politique en Champagne à travers les siècles*, Presses universitaires de Nancy, 1992.

50. Cf. Christian Laborde, « Les voyages du roi : les représentations du pouvoir royal sous la Restauration », *in* Jean William Dereymez, Olivier Ihl et Gérard Sabatier (sous la dir. de), *Un cérémonial politique : les voyages officiels des chefs d'État*, Paris, L'Harmattan, 1998 ; Alain Corbin et Nathalie Veiga, « Le Monarque sous la pluie. Les voyages de Louis-Philippe Ier en province (1831-1833) », in *La Terre et la cité. Mélanges offerts à Philippe Vigier*, Paris, Créaphis, 1994.

51. Cf. André Laurence, *Le Voyage impérial et sa mise en scène sous le Second Empire*, Mémoire de maîtrise, Université de Paris-I, 1990.

52. Roederer, *Des voyages des chefs de gouvernement*, reproduit dans les *Œuvres du comte P.L. Roederer*, *op. cit.*, t. VI, 1857, p. 460.

53. Cf. Rosemonde Sanson, « La République en représentation. À propos des voyages en province des présidents de la Troisième République (1879-1914) », in *La France démocratique. Mélanges offerts à Maurice Agulhon*, Paris, Publications de la Sorbonne, 1998.

54. Cf. Nicolas Mariot, « Propagande par la vue, souveraineté régalienne et gestion du nombre dans les voyages en province de Carnot (1888-1894) », *Genèses*, septembre 1995.

55. Maurice Deslandres, *Histoire constitutionnelle de la France de 1789 à 1870*, Paris, 1933, t. II, p. 509.

56. Pour une première approche, voir Bernard Manin, « Volonté générale ou délibération ? Esquisse d'une théorie de la délibération politique », *Le Débat*, n° 33, janvier 1985, et Jean Gaudemet, « Unanimité et majorité (observations sur quelques études récentes) », in *Études historiques à la mémoire de Noël Didier*, Paris, 1960.

57. Appel du 23 avril 1870, reproduit dans É. Ollivier, *L'Empire libéral*, *op. cit.*, t. XIII, p. 335.

58. Cf. P. Lagoueyte, *Candidature officielle et pratiques électorales sous le Second Empire*, *op. cit.*, t. III, p. 1104. L'auteur qualifie ces villages de « bastions de l'unanimité » (*ibid.*, p. 1097). Sur la superposition de ces deux cultures, voir les

intéressantes remarques de Christine GUIONNET, *L'Apprentissage de la politique moderne. Les élections municipales sous la monarchie de Juillet*, Paris, L'Harmattan, 1997.

59. Les républicains mettaient d'ailleurs en avant ce risque d'un résultat partagé pour récuser la procédure plébiscitaire. Dans ce cas, soulignaient-ils, la division de la société apparaîtrait flagrante, de façon fort dommageable. La division serait en effet radicalisée et polarisée (alors qu'elle est plus diffuse et moins visible quand elle s'exprime à travers l'élection d'un grand nombre de députés).

60. Remettant à l'empereur les résultats du plébiscite du 8 mai 1870, le président du Corps législatif souligne : « En acclamant par plus de sept millions de suffrages la nouvelle forme de l'Empire, le pays, qui a le sens instinctif de ses intérêts et de sa grandeur, vous dit : Sire, la France est avec vous » (*Moniteur*, 22 mai 1870).

61. Cf. les gravures donnant les résultats des plébiscites reproduites dans le cahier d'illustrations.

62. Discours du 26 janvier 1857, in *Le Duc de Persigny et les doctrines de l'Empire*, *op. cit.*, p. 89. On peut noter ici que les Suisses diront quelques années plus tard : « Le référendum a fait de nous un peuple », soulignant qu'ils avaient resserré avec l'usage de cette procédure leur sentiment de former une nation (cf. Théodore CURTI, *Le Référendum. Histoire de la législation populaire en Suisse*, Paris, 1905, p. 355).

63. Cf. les indications données sur ce point dans la thèse d'Emmanuel GONSSOLLIN, *Le Plébiscite dans le droit international actuel*, Paris, 1921, ainsi que dans l'étude documentaire *Plebiscite and Referendum* réalisée par la section historique du Foreign Office (H.M.S.O., Londres, 1920).

64. Cf. Paul MATTER, *Cavour et l'unité italienne (1856-1861)*, Paris, 1927, 3 vol., et Roberto MARTUCCI, *L'invenzione dell'Italia unita, 1855-1864*, Milan, Sansoni, 2000.

65. On notera, d'ailleurs, que les règles du droit de vote pour ces plébiscites de rattachement différaient de celles adoptées pour les élections politiques ordinaires. Alors que le suffrage universel masculin était adopté pour les plébiscites, c'est le suffrage restreint qui continuait d'être adopté ordinairement. Les démocrates italiens souligneront le paradoxe d'un pays formé par le suffrage universel, puis refusant

ensuite de le mettre en œuvre dans son organisation politique interne.

66. Cf., sur ce point, les indications intéressantes de J. TRÉSAL, dans *Comment la Savoie et Nice sont devenues françaises*, Paris, 1910. Voir aussi J. TRÉSAL, *L'Annexion de la Savoie à la France (1848-1860)*, Paris, 1913.

67. Cf. André DAVID, *Les Plébiscites et les cessions de territoires*, Paris, 1918 ; J. GIROUD, *Le Plébiscite international. Étude historique et critique de droit des gens*, Le Puy, 1920.

68. L'application du décret n'avait été suspendue que pour des raisons circonstancielles, les sociétés politiques étant jugées d'une utilité militante rémanente tant que la Révolution n'était pas achevée et le nouvel ordre politique stabilisé.

69. On peut signaler quelques textes particulièrement importants à consulter : SOUFFLOT DE MEREY, *Considérations sur le rétablissement des jurandes et des maîtrises*, Paris, 1805 ; VITAL-ROUX, *Rapport sur les jurandes et les maîtrises et sur un projet de statuts et règlements pour MM. les marchands de vin*, Paris, 1805. Pour une première approche, voir Jean TULARD, « Le Débat autour du rétablissement des corporations sous le Consulat et l'Empire », in *Histoire du droit social. Mélanges en hommage à Jean Imbert*, Paris, P.U.F., 1989 ; Michael David SIBALIS, « Corporatism After the Corporations : the Debate on Restoring the Guilds under Napoleon I and the Restoration », *French Historical Studies*, vol. XV, n° 4, automne 1988.

70. Cf. REGNAUD DE SAINT-JEAN D'ANGÉLY, *Rapport sur l'exercice de la profession de marchand et des arts et métiers*, Paris, 11 août 1810.

71. Cf. Paul VINSON, « Un essai de représentation professionnelle pendant les Cent-Jours », *La Révolution française*, t. 67, juillet 1914, et René WARLOMONT, « La représentation économique dans l'acte additionnel aux constitutions de l'Empire », *Revue internationale d'histoire politique et constitutionnelle*, juillet-septembre 1954.

72. *Idées napoléoniennes* (1839), in *Œuvres de Napoléon III*, Paris, 1869, t. I, p. 56.

73. *Ibid.*, p. 21. Sur sa vision d'un État fort, voir aussi son célèbre discours du 15 octobre 1852 à Bordeaux.

74. L'expression est employée par Louis Napoléon dans

ses *Idées napoléoniennes*. Mais on la trouve déjà chez NAPOLÉON Ier (voir sur ce point sa fameuse « Note », insérée dans le *Moniteur* du 19 décembre 1808).

75. Émile OLLIVIER, *Commentaire de la loi du 15 mai 1864 sur les coalitions*, Paris, 1864, p. 52. S'interrogeant sur l'œuvre de Le Chapelier, Émile LAURENT note : « Plus maintenant de monopole ou de privilège. Mais la victoire n'a-t-elle pas été trop complète, n'aurait-on pas sacrifié le bien en même temps que le mal ? N'aurait-on pas immolé avec le principe exclusif et antilibéral de la jurande ou corporation close le principe si libéral et si large de la communauté ou corporation libre ? » (*Le Paupérisme et les associations de prévoyance*, Paris, t. I, 1865, p. 6).

76. Dans la célèbre série des « Brochures ouvrières », voir, par exemple, *L'Organisation des travailleurs par les corporations nouvelles*, Paris, 1861. C'est aussi toute la question des rapports entre le proudhonisme et l'Empire qui se noue autour de ce thème.

77. On appelle « Programme de Nancy » l'ouvrage *Un projet de décentralisation* (1865). Publié anonymement, il fut soutenu par la plupart des notables libéraux et républicains qui voyaient dans l'idée décentralisatrice un levier d'opposition à l'Empire.

78. Cf. Brigitte BASDEVANT-GAUDEMET, *La Commission de décentralisation de 1870*, Paris, P.U.F., 1973. Ce point a bien été souligné par Sudhir HAZAREESINGH qui montre l'importance des écrits bonapartistes sur la décentralisation (cf. son chapitre « The Paradoxes of Bonapartist Democracy » de l'ouvrage *From Subject to Citizen. The Second Empire and the Emergence of Modern French Democracy*, Princeton U.P., 1998).

79. Discours de Limoges (en 1858), cité par B. BASDEVANT-GAUDEMET, *La Commission de décentralisation de 1870, op. cit.*, p. 24.

80. Voir son important discours prononcé à l'ouverture de la session législative le 22 janvier 1866, *Annales du Sénat et du Corps législatif*, 1866, t. I, Annexes, p. 2. Napoléon III, a-t-on remarqué, avait toujours ce mot à la bouche : « Pas de politique. »

81. *Annales du Sénat et du Corps législatif*, session de 1867,

t. II, Annexe à la séance du 13 mars 1867, p. 20. Le Rapport de Peyrusse va dans le même sens : « Les réunions publiques nombreuses qui sortent de la situation privée où les place la Constitution, note-t-il, s'élèvent contre elle et finissent par la détruire » (Annexe à la séance du 12 juin 1867, *ibid.*, t. VII, p. 51).

82. *A.P.*, 1re série, t. XXXI, p. 617. Le décret du 30 septembre 1791 stipule : « Nulle société, club, association de citoyens ne peuvent avoir, sous aucune forme, une existence politique. » Le Chapelier commente : « Les sociétés, les réunions paisibles de citoyens, les clubs, sont inaperçus dans l'État. Sortent-ils de la situation privée où les place la constitution, ils s'élèvent contre elle, ils la détruisent au lieu de la défendre » *(ibid.)*.

83. « Tandis que la révolution a duré, dit par exemple Le Chapelier, cet ordre de choses a presque toujours été plus utile que nuisible » *(ibid.)*. Les sociétés populaires ont en effet dans ce cadre une utilité militante et pédagogique. Mais alors que Le Chapelier juge que leur dissolution est rendue possible par le fait que « la révolution est terminée », Robespierre les considère circonstanciellement encore indispensables (« Je ne crois pas que la révolution soit finie », donne-t-il comme argument).

84. Les premiers comités électoraux organisés en France sont mis en place à l'occasion des élections de 1828 (à travers le réseau de la société libérale « Aide-toi, le ciel t'aidera »). Alors que le droit d'association et de réunion est très sévèrement restreint par une loi de 1834, les comités électoraux continuent à se mettre en place sans entraves (ils jouent notamment un grand rôle aux élections de 1846).

85. Le grand débat avait alors été de savoir si les comités électoraux devaient être des organisations quasi publiques, regroupant tous les républicains, pour désigner les candidats, ou s'il était admissible qu'il puisse y avoir un pluralisme des comités.

86. Circulaire aux préfets du 20 janvier 1852 publiée dans le *Moniteur universel* du même jour.

87. « Circulaire très confidentielle », du ministre de l'Intérieur, Billault, aux préfets en date du 1er juin 1857. Reproduite dans Patrick LAGOUEYTE, *Candidature officielle et pra-*

tiques électorales sous le Second Empire, op. cit., t. I, Annexes, p. 11.

88. Cf. *Le Procès des treize*, Paris, 1864 ; *Le Procès des treize en appel*, Paris, 1864 ; *Le Procès des treize en cassation. Question des comités électoraux*, Paris, 1865. On trouvera aussi des éléments intéressants sur ce problème des partis dans le *Procès de l'Association internationale des travailleurs*, Paris, juillet 1870, 2 vol. Voir, sur ces questions, Georges-Denis WEIL, *Le Droit d'association et de réunion devant les chambres et les tribunaux*, Paris, 1893, et Paul NOURRISSON, *Histoire de la liberté d'association en France depuis 1789*, Paris, 1920, 2 vol.

89. *Procès des treize en appel*, réquisitoire du procureur général, *op. cit.*, p. 335. « La loi, dit-il encore, ne veut pas d'un gouvernement dans le gouvernement. »

90. *Procès des treize*, réquisitoire de l'avocat impérial, *op. cit.*, p. 112.

91. Empruntés à Montesquieu, les termes de « menu peuple » et de « principaux » avaient maladroitement été utilisés par Arago, l'un des avocats des accusés.

92. Outre la défense des inculpés, voir les développements d'Eugène PELLETAN, *Les Treize. Lettre à M. le substitut Mahler*, Paris, 1864. L'auteur souligne qu'il ne suffit pas d'avoir le droit de suffrage et qu'il faut avoir les moyens de l'exercer. Il déplore que le candidat d'opposition soit, sous l'Empire, « un grain de poussière livré à lui-même » (p. 28).

93. Projet rapporté par l'intéressé au cours du procès des treize en première instance (*op. cit.*, p. 17).

94. Rapporté par Carnot au cours du même procès (*ibid.*, p. 23). Voir aussi, sur ce point capital, les pièces saisies et publiées par le substitut du procureur (*Gazette des tribunaux*, 6 et 7 août 1864, pp. 762-767).

95. Voir également la brochure publiée dès 1861 par quatre ouvriers (CHABAUD, COQUARD, BERTHÉLEMY, VIGUIER), *Le Peuple, l'Empereur et les anciens partis*, qui anticipe sur certains points cette thématique.

96. Voir sur ce point toutes les indications données par P. GUENIFFEY, *Le Nombre et la Raison, op. cit.*

97. La Convention rejette ainsi vivement en juin 1793 le projet d'une démocratie qui serait animée par ces sociétés et

non pas organisée par le fonctionnement régulier des pouvoirs constitués. Cf. le sort qui est fait à Boissel qui propose que « les sociétés populaires et leurs frères des tribunes remplacent les assemblées primaires » (*Les Entretiens du Père Gérard sur la Constitution,* reproduits in *A.P.*, t. LXVI, p. 635).

98. Bourdon (de l'Oise), *A.P.*, t. XCIX, p. 210. Voir aussi l'article exemplaire de Roederer, « Des sociétés populaires », publié dans *Le Républicain* du 30 brumaire an III (20 novembre 1794) ; reproduit dans les *Œuvres de Roederer, op. cit.*, t. VII, pp. 17-22.

99. Première déclaration de Louis-Napoléon devant le Corps législatif en 1852.

100. Voir, par exemple, le fameux discours de Thiers « Les principes de 1789 » du 26 février 1866 (*Discours parlementaires de M. Thiers*, Paris, 1881, t. X). Voir également les deux volumes de l'ouvrage de Jules Simon, *La Liberté*, Paris, 1859.

101. Le décret du 24 novembre 1860 introduit une véritable inflexion du régime, ouvrant la voie à « l'Empire libéral » par l'introduction de formes parlementaires auparavant inexistantes (droit d'adresse ; droit d'amendement pour le Corps législatif ; création de ministres sans portefeuille défendant la politique du gouvernement devant les Chambres).

102. Discours du 19 mars 1866, *Annales du Sénat et du Corps législatif*, Paris, 1866, t. III, p. 194. Émile Ollivier note de son côté : « Le livre n'exprime qu'une opinion individuelle dont chacun peut peser le poids, adopter ou rejeter. Il y a plus dans le journal ; c'est un véritable pouvoir d'État, exercé sans délégation de personne et sans responsabilité » (*Solutions politiques et sociales*, Paris, 1894, pp. 113-114).

103. Discours du 16 mars 1866, *Annales du Sénat et du Corps législatif, op. cit.*, p. 138.

104. *Ibid.*, p. 139. « Est-ce que le bon sens, dit-il encore, ne se révolte pas à l'idée de créer bénévolement, sans nécessité, à côté des pouvoirs existants, à côté de l'Empereur, du Sénat, du Corps législatif, un pouvoir politique immense et nouveau, qui serait désormais indépendant dans sa sphère et dont l'autorité délimitée et définie se poserait en rivale du gouvernement régulier établi par tous ? » *(ibid.)*.

105. Adolphe Granier de Cassagnac, *L'Empereur et la démocratie moderne*, Paris, 1860, p. 21.

106. *Ibid.*

107. « Où est, dans cette constitution habituelle de la presse périodique, le droit politique et la délégation du pays, demande-t-il ? Où est, pour ces capitalistes ou pour ces écrivains, n'ayant d'autres liens que leur intérêt ou leurs convenances, l'investiture qui les ferait les directeurs, les contrôleurs des corps politiques, les juges du gouvernement ? Où est ce sacerdoce, dont quelques journalistes parlent de temps en temps ? Qu'on dise comment la presse périodique pourrait dominer tous les pouvoirs publics, sans posséder les prérogatives du moindre d'entre eux ? » (*ibid.*, p. 22). C'était déjà l'argument central employé sous la Restauration par les adversaires de la liberté de la presse. « Pour être député, il faut être l'élu des électeurs, disaient-ils ; le journaliste s'investit lui-même de son ministère redoutable » (cité par É. Ollivier, *Solutions politiques et sociales, op. cit.*, p. 114).

108. *L'Empereur et la démocratie moderne, op. cit.*, p. 22.

109. Paris, 1864. L'auteur y dénonce avec violence « le droit abusif que se sont arrogés des journaux de diriger le suffrage universel » (*ibid.*, p. 5). « L'exercice de la liberté de la presse, martèle de son côté Cassagnac, est une faculté éminemment aristocratique, en ce sens qu'elle suppose la réunion toujours difficile et rare de certains capitaux et de certains talents » (*ibid.*, p. 24).

110. *Ibid.*, p. 23.

111. Cf., sur ce point, Émile de Girardin, « L'État journaliste », in *Force ou richesse. Question de 1864*, Paris, 1865, pp. 575-582. L'expression d'« État journaliste » avait été lancée par Havin, le directeur du journal républicain d'opposition *Le Siècle*.

112. Le décret organique du 17 février 1852 prévoyait de très lourdes sanctions financières pour toute contravention à l'article 42.

113. Circulaire du 27 mars 1852. Reproduite dans Eugène Pierre, *Traité de droit politique, électoral et parlementaire*, Paris, 2e éd., 1902, t. I, p. 1109.

114. Jusqu'en 1861, seuls les comptes rendus résumés des débats étaient disponibles.

115. *Senatus-consulte* du 2 février 1861 modifiant l'article 42 de la Constitution. Si plusieurs questions avaient été à l'ordre du jour dans une même séance, il était cependant permis de ne publier que le compte rendu des débats portant sur l'un des points.

116. Rapport du 29 janvier 1861. Reproduit dans J. B. DUVERGIER, *Collection complète des lois, décrets, ordonnances, règlements et avis du conseil d'État*, Paris, 1861, t. LXI, p. 53. « Les actes de la politique, dit-il encore, sont l'accomplissement souvent pénible d'un devoir social ; ils ne sont pas faits pour être tournés chaque matin en parodie, comme s'il s'agissait des scènes imaginaires du théâtre » (*ibid.*, p. 54).

117. É. OLLIVIER, *L'Empire libéral, op. cit.*, t. V, p. 100.

118. Le terme de « bonapartisme » est utilisé pour la première fois en 1816 d'après Berke VARDAR, *Structure fondamentale du vocabulaire social et politique en France, de 1815 à 1830*, Istanbul, 1973.

119. Sur les usages du mot césarisme sous le Second Empire, voir Jean DUBOIS, *Le Vocabulaire politique et social en France de 1869 à 1872*, Paris, 1962, et Salvo MASTELLONE, « Imperialismo e cesarismo », *Il pensiero politico*, vol. XI, n° 2, 1978.

120. Marx se contente par exemple banalement de parler de « dictature », ou de « gouvernement fort et absolu », faisant porter dans son ouvrage, *Le 18-Brumaire de Louis-Napoléon*, toute son analyse du bonapartisme sur les caractéristiques sociales du régime (supposé s'appuyer sur les « paysans parcellaires »). Cf. Maximilien RUBEL, *Karl Marx devant le bonapartisme*, Paris, 1960, et Wolfgang WIPPERMANN, *Die Bonapartismustheorie von Marx und Engels*, Stuttgart, 1983.

121. Alexis DE TOCQUEVILLE, *De la Démocratie en Amérique*, Paris, Gallimard, 1961, t. I, p. 413. Voir, sur ce point, les commentaires de Melvin RICHTER, « Toward a Concept of Political Illegitimacy. Bonapartist Dictatorship and Democratic Legitimacy », *Political Theory*, mai 1982.

122. Il avait cependant été suffisamment intéressé par la question pour envisager vers 1850-1851 de consacrer un essai à Napoléon et au bonapartisme.

123. Walter BAGEHOT, « Caesareanism As It Now Exists », *The Economist*, 4 mars 1865, repris dans ses *Collected Works*,

édités par *The Economist*, Londres, 1965-1986, t. IV, pp. 111-116.

124. Il note ainsi que le Second Empire constitue « *the best finished democracy which the world has ever seen* » (art. cité, p. 112).

125. Il discute la notion de « démocratie césarienne », pour la critiquer d'ailleurs, dans un article de 1866. Cf. Émile OLLIVIER, *Le 19 janvier. Compte rendu aux électeurs de la 3e circonscription de la Seine*, Paris, 1869, pp. 281-287.

126. On peut se reporter sur ce point aux réflexions pionnières de Gerhard LEIBHOLZ qui analyse dans l'entre-deux-guerres le bonapartisme comme une « démocratie autoritaire » ou une « démocratie massive ». « La combinaison du libéralisme et de la démocratie, note-t-il, n'a pas un caractère de nécessité inéluctable [...]. La démocratie s'est alliée au cours de l'histoire avec des éléments antilibéraux » (« La nature et les formes de la démocratie », *Archives de philosophie du droit et de sociologie juridique*, n° 3-4, 1936, p. 136).

127. Gustave CUNÉO D'ORNANO, *Le Peuple et l'empereur*, Paris, 1875, p. 6.

128. Raymond-Théodore TROPLONG, *Rapport sur le senatus-consulte soumis aux délibérations du Sénat, pour demander le rétablissement de l'Empire* (6 novembre 1852), in *Documents historiques relatifs au rétablissement de l'Empire*, Paris, 1852, p. 20.

129. Pour une première approche, voir John ROTHNEY, *Bonapartism after Sedan*, Ithaca, Cornell University Press, 1969, et Haren OFFEN, *Paul de Cassagnac and the Authoritarian Tradition in Nineteenth-Century France*, New York, Garland Publishing, 1991.

Une démocratie moyenne

L'IMPOSSIBLE RÉPUBLIQUE ABSOLUE

1. Cf. par exemple l'introduction de Jacques François DUPONT au premier numéro de la *Revue républicaine* : « La

nécessité du vote universel se résume dans notre langue politique par ces mots synthétiques : souveraineté nationale » (t. I, 1834, p. 25).

2. Discours du 4 octobre 1831, *A.P.*, 2e série, t. LXX, p. 361.

3. Cité dans la thèse d'André DAUTERIBES, *Les Idées politiques d'Édouard Laboulaye, 1811-1883,* Université de Montpellier-I, t. I, 1989, p. 374.

4. John Stuart MILL, *Le Gouvernement représentatif,* Paris, 1865, chap. III. Voir l'importante préface de Charles DUPONT-WHITE à l'édition de cette traduction française. Cf. également Denis F. THOMPSON, *John Stuart Mill and Representative Government,* Princeton UP, 1976.

5. C'est le titre que Mill donne à l'un des plus célèbres chapitres de son traité.

6. J'emprunte l'expression au titre du beau livre d'Odile RUDELLE, *La République absolue. Aux origines de l'instabilité constitutionnelle de la France républicaine, 1870-1879,* Paris, Publications de la Sorbonne, 1982.

7. Cf. *Lettre de M. de Cormenin sur la charte et la pairie,* Paris, 1831, ainsi que *Lettres de Messieurs de Saint-Roman et de Cormenin sur la souveraineté du peuple,* Paris, 1832.

8. Firmin LAFERRIÈRE, *Cours de droit public et administratif,* Paris, 1839 (voir le chapitre « Souveraineté du peuple » qui ouvre le cours).

9. Voir, par exemple, du côté libéral Edmond VILLEY, « La souveraineté nationale », *Revue du droit public et de la science politique en France et à l'étranger* (désormais *Revue du droit public*), t. XXI, janvier-février 1904, ou encore Charles Benoist. De l'autre côté, la grande critique juridique du concept même de souveraineté se trouve dans l'œuvre de Léon Duguit (qui lui oppose le concept de solidarité).

10. Un philosophe comme Charles Renouvier applaudit alors à toutes les stigmatisations de la volonté générale comme « fiction métaphysique », estimant que la notion de souveraineté du peuple « plonge dans d'insolubles énigmes de politique théorique ». Cf., sur ce point, la thèse citée de Marie-Claude FIGEAT-BLAIS.

11. Adhémar ESMEIN, *Éléments de droit constitutionnel,* 8e éd., Paris, t. I, 1927, pp. 315-316.

12. Esmein publiera une étude sur cette question : « L'una-

nimité et la majorité dans les élections canoniques» (*Mélanges Fitting*, Paris, 1908, t. I).

13. Jean Charles Léonard SISMONDI, *Recherches sur les constitutions des peuples libres*, Genève, Librairie Droz, 1965, p. 91. Voir l'ensemble du chapitre II, « De la souveraineté du peuple ». « Pour reconnaître au peuple le pouvoir souverain, notait de son côté Henry Fonfrède, un influent publiciste bordelais des années 1830 et 1840, on est d'abord obligé de le considérer comme revêtu d'une unité compacte, de lui supposer une volonté *unique* et *complète*, tandis qu'il y a toujours en lui au moins deux volontés, celle de la majorité et celle de la minorité ; et que fort souvent ni l'une ni l'autre n'est un acte de volition moral et complet qui puisse faire loi ; de sorte que sur beaucoup de questions, il n'a réellement ni majorité, ni minorité, ni unanimité : c'est un vaste chaos fractionné en mille déterminations incomplètes, incapables de rien décider » (Henry FONFRÈDE, *De la société, du gouvernement et de l'administration*, in *Œuvres de Henry Fonfrède*, Bordeaux, 1844, t. I, p. 63). Voir l'ensemble du livre III, « De la souveraineté ».

14. Cf. « Le catalogue des nostalgies », in *Le Sacre du citoyen*, *op. cit.*, pp. 315-323.

15. Voir sur ce point le livre important de Marie-Joëlle REDOR, *De l'État légal à l'État de droit. L'évolution des conceptions de la doctrine publiciste française, 1879-1914*, Paris, Économica, 1992, ainsi que son article « C'est la faute à Rousseau... les juristes contre les parlementaires sous la Troisième République », *Politix*, n° 32, 4e trimestre 1995.

16. Il faudrait mentionner aussi ici le livre influent d'Eugène d'EICHTAL, *Souveraineté du peuple et gouvernement* (Paris, 1895), qui analyse le conflit entre deux significations de la souveraineté nationale qui traverse la Révolution.

17. Voir Olivier JOUANJAN, « La Constitution de 1791 dans la doctrine constitutionnelle libérale française du XIXe siècle », et Didier MAUSS, « La Constitution de 1791 à travers les manuels de droit constitutionnel du XXe siècle », in *1791. La Première Constitution française. Actes du colloque de Dijon, 26 et 27 septembre 1791*, Paris, Économica, 1993.

18. Cf. Guillaume BACOT, *Carré de Malberg et l'origine de la distinction entre souveraineté du peuple et souveraineté natio-*

nale, Paris, Éd. du C.N.R.S, 1985; Philippe RAYNAUD, « Droit naturel et souveraineté nationale dans la pensée juridique française », *Commentaire*, n° 22, été 1983; ainsi que Christoph SCHÖNBERGER, « De la souveraineté nationale à la souveraineté du peuple », *Revue française d'histoire des idées politiques*, n° 4, 2e semestre 1996. Notons aussi que c'est la farouche opposition de ces juristes à l'idée d'une souveraineté directement appropriée qui les conduit à repousser l'idée de représentation proportionnelle, cette dernière reposant sur la notion de souveraineté personnelle (voir les développements classiques de Nicolas SARIPOLOS, *La Démocratie et l'élection proportionnelle. Étude historique, juridique et politique*, Paris, 1899, 2 vol.).

19. Bien sûr, on laisse là de côté la question pourtant décisive du rôle que joue chez Carré de Malberg la notion de souveraineté nationale dans l'analyse de dogmatique juridique pour rendre compte de l'État français. Cf. Olivier BEAUD, « La souveraineté dans la "Contribution à la thèse générale de l'État" de Carré de Malberg », *Revue du droit public*, septembre-octobre 1994.

20. Raymond SALEILLES, « La représentation proportionnelle », *Revue du droit public*, t. IX, mai-juin 1898, p. 226.

21. V. E. ORLANDO, « Du fondement juridique de la représentation politique », *Revue du droit public*, t. III, janvier-février 1895, p. 32.

22. Edmond VILLEY, « La souveraineté nationale », *Revue du droit public*, t. XXI, janvier-février 1904, p. 23.

23. John Stuart MILL notait déjà franchement dans cet esprit que « si le but de la représentation est d'obtenir des députés intellectuellement plus capables que la moyenne des électeurs, il est normal qu'un député soit parfois d'une opinion différente de celle professée par la majorité de ses commettants » (ma traduction; cf. *Le Gouvernement représentatif*, *op. cit.*, pp. 260-261; voir tout le chapitre XII, « Du mandat impératif »).

24. Jules GRÉVY, *Le Gouvernement nécessaire*, Paris, 1873, p. 16.

25. Émile LITTRÉ, *De l'établissement de la Troisième République*, Paris, 1880, pp. 518-519.

26. C'est la thèse que j'ai défendue aussi bien dans *Le*

Moment Guizot (Gallimard, 1985 ; voir le chapitre « Les sous-sols de la République ») que dans *Le Sacre du citoyen* (*op. cit.*, voir le chapitre « L'éducation de la démocratie »).

27. Émile de LAVELEYE, *Le Gouvernement dans la démocratie*, Paris, 1891, t. II, p. 53.

28. Cf., par exemple, A. FOUILLÉE, « La philosophie du suffrage universel », *Revue des Deux Mondes*, 1er septembre 1884, ainsi que le chapitre « Nécessité d'une élite dans la démocratie », de *La Démocratie politique et sociale en France*, Paris, 1910 ; nombreux articles de Renouvier sur ces questions dans *La Critique philosophique*.

29. L'ouvrage est publié en 1883. On peut noter que le premier livre à appréhender le problème des pathologies de la volonté dans son lien au fait démocratique est celui du docteur Karl GRODDECK, *De la maladie démocratique, nouvelle espèce de folie*, Paris, 1850 (l'ouvrage est réputé avoir influencé Nietzsche).

30. *La Psychologie des foules*, Paris, 1895.

31. Discours du 12 mars 1873, *in* Louis BLANC, *Discours politiques (1847 à 1881)*, Paris, 1882, p. 158. « Vive adhésion à gauche », note le compte rendu. Il dit à une autre occasion que le suffrage universel « met la force au service de la lumière », ou encore qu'il est « la légitimité dans la puissance » (*ibid.*, pp. 180 et 183).

32. P.-J. PROUDHON, *Idée générale de la Révolution au XIXe siècle, op. cit.*, p. 213.

33. Félix PÉCAUT, « Qu'est-ce qu'un député ? », *Revue de métaphysique et de morale*, avril-juin 1920, p. 259.

34. Cf. Jean ESTÈBE, « Le parlementaire », *in* Jean-François SIRINELLI (éd.), *Histoire des droites en France*, Paris, Gallimard, t. III, p. 334. Voir aussi Daniel GAXIE, *Les Professionnels de la politique*, Paris, P.U.F, 1973, et Michel OFFERLÉ (éd.), *La Profession politique, XIXe-XXe siècles*, Paris, Belin, 1999.

35. François ROUSSEL, « Du mandat législatif », *Revue politique et parlementaire*, t. XIV, décembre 1897, p. 594.

36. Cf. Matteï DOGAN, « La stabilité du personnel parlementaire sous la IIIe République », *Revue française de science politique*, avril 1953. L'auteur a calculé que la durée effective moyenne des mandats a été de dix ans et six mois sous la

IIIe République, près de la moitié des députés ayant été élus trois fois au plus.

37. Projet déposé le 15 octobre 1888.

38. Discours de Saint-Dié du 2 octobre 1887, in *Discours et opinions de Jules Ferry*, Paris, 1898, t. VII, p. 94.

39. Cf. Louis de BELLEVAL, *Le Complot contre le suffrage universel. Le projet de MM. Floquet et Ferry,* Paris, 1888. Les boulangistes pourront de la sorte lancer fièrement une « Association pour la défense du suffrage universel ».

40. L'indemnité de 25 francs par jour de session était souvent comparée aux 40 sous versés dans les Ateliers nationaux. Cf. Catherine DUBIEF, *Histoire de l'indemnité parlementaire en France,* Mémoire pour le D.E.S. de science politique, Université de Paris-II, 1973, ainsi que Raoul TEISSIÉ-SOLIER, *L'Indemnité parlementaire en France. Historique et régime actuel,* Paris, 1910.

41. Cf. André BARON, *Du caractère juridique de l'indemnité parlementaire,* Paris, 1905.

42. L'ouvrage de Jouvenel est publié en 1914, celui de Tardieu en 1937 (comme deuxième volume de la série *La Révolution à refaire*).

43. Voir, sur cette question, les débats et documents parlementaires qui ont été rassemblés dans le volume *Annales de l'Assemblée nationale. Révision des lois constitutionnelles (du 4 au 13 août 1884)*, Paris, 1884. Voir aussi Didier MAUSS, « Les idées constitutionnelles des républicains au temps de Paul Bert à travers la révision constitutionnelle du 14 août 1884 », *in* Léo HAMON (éd.), *Les Opportunistes. Les débuts de la République aux républicains,* Paris, Éd. de la M.S.H., 1991.

44. Cf. les indications données par Antoine PROST, *Vocabulaire des proclamations électorales de 1881, 1885 et 1889,* Paris, 1974.

45. Voir O. RUDELLE, *La République absolue, op. cit.,* ainsi que la thèse de Jérôme GRÉVY, *Les Opportunistes, milieu et culture politique, 1871-1889,* Paris, I.E.P., 1996, 2 vol. (une version allégée a été publiée sous le titre *La République des opportunistes, 1870-1885,* Paris, Perrin, 1998).

46. Maurice DESLANDRES, « La crise de la science politique », *Revue du droit public,* t. XIII, janvier-février 1900, p. 28.

47. Cité par E. d'Eichtal, *Souveraineté du peuple et gouvernement, op. cit.*, p. 218. « Le suffrage universel, note de son côté d'Eichtal, fonctionne non plus en quelque sorte à l'état de consultation du pays pour trancher par la désignation de représentants élus sur un programme bien net, de grands dissentiments entre citoyens, mais en tant qu'instrument de gouvernement et d'administration quotidienne, ayant peu à peu absorbé en lui-même ou mis sous sa coupe tous les pouvoirs de contrôle et de direction » (*ibid.*, p. 201).

48. Paul Laffitte, « La vraie constitution de 1875 », *Revue du droit public*, t. III, janvier-février 1895, p. 86.

49. De Marcère, « La Constitution et la Constituante », *Revue politique et parlementaire*, t. XIX, février 1899, p. 227.

50. Émile Faguet, « La politique de Renan », *Le Correspondant*, 10 juin 1909, p. 876.

51. *Ibid.*, p. 874. Voir également son fameux essai, *Le Culte de l'incompétence*, Paris, 1910. Dans un autre ouvrage, *Les Préjugés nécessaires* (1911), il va jusqu'à éructer : « La démocratie est l'apothéose de l'incompétence ; le démocratisme est le culte des zéros » (p. 241).

52. *Ibid.*

53. Maurice Deslandres, préface à G. Lowes Dickinson, *Le Développement du Parlement pendant le* XIX*e siècle*, Paris, 1906, p. XLIII.

54. *Ibid.*, pp. XLV et XLIII.

55. *Ibid.*, pp. XLVI.

56. Leur titre est donné dans sa version française, lorsqu'ils ont été traduits.

57. En l'absence d'un ouvrage de synthèse sur ces auteurs et sur ces œuvres, on peut se référer à Gaetano Quagliariello, *La politica senza partiti. Ostrogorski e l'organizzazione della politica tra Ottocento e Novecento*, Bari, Laterza, 1993. L'auteur a rassemblé une documentation de premier ordre, notamment fondée sur le dépouillement de correspondances manuscrites d'Ostrogorski avec Bryce et Macmillan, et de Bryce avec Boutmy. Voir aussi E. Ions, *James Bryce and American Democracy, 1870-1922*, Toronto, 1968.

58. Cf. Roberto Michels, *Les Partis politiques. Essai sur les tendances oligarchiques des démocraties*, trad. fr., 1911. L'ouvrage a été très lu et très discuté en France.

59. Wilfredo Pareto publie *les Systèmes socialistes* en 1902-1903, et son monumental *Traité de sociologie générale* en 1916. *La Transformation de la démocratie* paraît plus tardivement, en 1921.

60. Bryce est traduit en 1900-1902 pour la première édition en quatre volumes ; Dicey et Dickinson en 1906 ; Lowell en 1908 ; Ostrogorski paraît en français en 1903. Notons que plusieurs de ces ouvrages ont été édités dans la « Bibliothèque internationale de droit public », dirigée par Gaston Jèze, qui a effectué entre 1900 et 1914 la traduction d'ouvrages étrangers fondamentaux.

61. Je renvoie sur ce point à mon introduction « Lire Ostrogorski » à une réédition abrégée de *La Démocratie et les partis politiques* (Paris, Éd. du Seuil, 1979).

62. Mais les livres importants d'Émile Boutmy sont consacrés à l'Angleterre : *Le Développement de la constitution et de la société politique en Angleterre*, Paris, 1898 ; *Essai d'une psychologie politique du peuple anglais au XIXe siècle*, Paris, 1901.

63. Cf., par exemple, « Les concours d'agrégation des facultés de droit », *Revue du droit public*, t. XIII, mars-avril 1900, pp. 180-182.

64. Maurice Deslandres était professeur de droit à Dijon. Voir notamment son article cité *supra* (n. 46, p. 518), « La crise de la science politique », publié dans trois livraisons du premier semestre 1900 de la *Revue du droit public*, ainsi que sa longue préface, citée, à l'ouvrage de Dickinson.

65. Ostrogorski était fort sévère pour cette raison avec ces auteurs. « Que l'école "juridique", écrivait-il à leur propos, continue, s'il lui plaît, à purger l'enseignement du droit public de tout élément historique et philosophique, mais qu'elle respecte au moins les faits sans les mettre dans le lit de Procuste de ses théories » (cité dans la préface très documentée de G. Quagliariello à Moisei Ostrogorski, *La democrazia e i partiti politici*, Milan, Rusconi, 1991, p. 77).

66. Le seul livre à se rapprocher un peu de ces maîtres est dû à la plume d'un anglais, J. E. C. Bodley, *La France. Essai sur l'histoire et le fonctionnement des institutions politiques françaises*, Paris, 1901.

67. Esmein est le premier à employer la première expression dans son important article « Deux formes de gouverne-

ment », *Revue du droit public*, t. I, janvier-février 1894 ; la seconde semble avoir été forgée par Joseph BARTHÉLEMY et Paul DUEZ dans leur *Traité élémentaire de droit constitutionnel*, Paris, 1926.

68. Cf. par exemple Ch. RENOUVIER, « De l'intrusion des foules dans le gouvernement », *La Critique philosophique*, 31 octobre 1872. Pour une approche d'ensemble des conceptions politiques d'Alain, voir la thèse de Marie-Thérèse SUR, *Alain et la théorie démocratique*, Université de Caen, mai 1976.

69. Voir les multiples références dans ses trois recueils de propos politiques : *Éléments d'une doctrine radicale*, Paris, 1925, *Propos de politique*, Paris, 1934, et *Propos sur les pouvoirs*, nouv. éd., Paris, Gallimard, 1985.

70. *Éléments d'une doctrine radicale, op. cit.*, p. 128.

71. « Jean-Jacques, écrit-il, est le premier et peut-être le seul qui ait gratté le pouvoir jusqu'à l'os. [...] La solution est dans le *Contrat social*, qui nomme souverain le peuple assemblé, et qui nomme tout le reste, que ce soit roi, consul, colonel, juge ou député, magistrat seulement, entendez serviteur du peuple » (*Propos de politique, op. cit.*, pp. 232-233).

72. *Propos sur les pouvoirs, op. cit.*, p. 37. Voir aussi l'ensemble des propos rassemblés par l'éditeur sous le titre « La démocratie comme contre-pouvoir institutionnalisé » (*ibid.*, pp. 213-229).

73. *Éléments d'une doctrine radicale, op. cit.*, p. 195. « La vraie démocratie est en train de se montrer, estime-t-il encore [...]. Et comment se montre-t-elle ? Non pas par des partis une fois comptés, ni par des élus une fois élus, mais par des réactions continuelles de l'opinion publique agissant directement sur les élus » (*Propos sur les pouvoirs, op. cit.*, p. 224). Alain a pour cette raison toujours défendu le scrutin d'arrondissement contre la proportionnelle, estimant que le premier permettait un meilleur contrôle sur les élus. Il a aussi vivement défendu le système des comités électoraux, assimilé, à l'époque, à Émile Combes. « Le combisme, écrit-il, n'est autre chose que l'action permanente de l'électeur sur l'élu » (*Éléments d'une doctrine radicale, op. cit.*, p. 173).

74. Voir les très nombreux propos rassemblés par l'éditeur sous le titre « L'objection de la compétence », dans *Propos sur*

les pouvoirs, op. cit., pp. 79-146. Son éloge du bon sens est adossé à une référence à Descartes dont François Azouvi a justement souligné qu'elle était alors devenue « le signe politique d'une adhésion aux principes de la société démocratique et du régime parlementaire » (« Descartes », *in* Pierre Nora (éd.), *Les Lieux de mémoire,* t. III, *Les France,* vol. 3, Paris, Gallimard, 1992, p. 764).

75. Voir, sur ce point, les analyses éclairantes de Jacques Julliard dans l'introduction à son recueil *Autonomie ouvrière, essai sur le syndicalisme d'action directe,* Paris, Éd. du Seuil-Gallimard, 1988.

LA RÉVOLUTION SILENCIEUSE DU MANDAT

1. « Peuple, donne-moi ton mandat. Voici ma circulaire : je suis seigneur, mais candidat, je deviens donc populaire », in *La Voix du peuple ou les républicaines de 1848*, Paris, 1848, p. 185.

2. Cf. les chansons *Le Ventru ou Compte rendu de la session de 1818* et *Le Ventru aux élections de 1819*. 15 000 francs : montant de l'indemnité parlementaire fortement augmentée en 1906, provoquant une énorme vague d'antiparlementarisme.

3. La libéralisation du droit de réunion, assurée par la loi du 6 juin 1868, avait entraîné partout dans le pays la tenue d'une multitude de réunions publiques. Cf. Alain Dalotel, Alain Faure, Jean-Claude Freiermuth, *Aux origines de la Commune. Le mouvement des réunions publiques à Paris, 1868-1870,* Paris, 1980.

4. Le « programme de Belleville » et la réponse de Gambetta sont reproduits dans les annexes de l'ouvrage de Jacques Kayser, *Les Grandes Batailles du radicalisme, 1820-1901*, Paris, 1962, pp. 318-320. Ils n'ont significativement pas été reproduits dans les *Œuvres complètes* de Gambetta.

5. Cf., par exemple, Félix Pyat, *Le Mandat impératif, par un paysan*, Paris, 1873, ou Louis Pauliat, *Le Mandat impératif, Paris*, 1872. Voir également Louis Blanc, « Du mandat

impératif », *Questions d'aujourd'hui et de demain*, série Politique, t. I, Paris, 1873, pp. 347-366.

6. Victor Poupin, *Le Mandat impératif*, Paris, 1873, pp. 179 et 71.

7. *Ibid.*, pp. 76 et 72.

8. Cf. « Du pouvoir constituant », *Revue des Deux Mondes*, 15 octobre 1871.

9. *Annales de l'Assemblée nationale*, t. XLII, séance du 10 novembre 1875, p. 95 (discussion en première lecture de l'article 13 du projet de loi constitutionnelle : « Tout mandat impératif est nul et de nul effet ») ; *ibid.* pour les citations qui suivent.

10. *Ibid.*, séance du 30 novembre 1875, pp. 345-346.

11. Parlant des États-Unis où il considère les électeurs du second degré liés par un mandat impératif par la nomination du président, Émile Ollivier note : « La même évolution s'accomplira chez nous. Comment ? Si on le savait, on l'empêcherait » (*Principes et conduite*, Paris, 1875, p. 119).

12. Voir les indications données dans la somme d'Édouard Philipon, *Le Mandat impératif. Étude de droit constitutionnel comparé*, Paris, 1882.

13. Notamment au fameux congrès de Marseille, en octobre 1879. Voir, par exemple, l'intervention significative d'Ernest Roche : « Tant que le mandat impératif n'existera pas, le représentant du peuple, l'ouvrier même, si humble, si docile la veille du scrutin, peut devenir le lendemain un maître, un tyran inexorable » (*Séances du Congrès ouvrier socialiste de France. Troisième session tenue à Marseille du 20 au 31 octobre 1879*, Marseille, 1879, p. 590). Voir aussi les articles publiés sur ce thème dans *Le Prolétaire* (dans « Les candidatures ouvrières et la révolution », n° 62 du 6 décembre 1879, le principe de la lettre de démission en blanc des candidats ouvriers est considéré comme « fondamental » ; cf. encore « Des assemblées représentatives », n° 53 du 4 octobre 1879).

14. Intervention citée d'Ernest Roche, p. 588.

15. Pour une consultation commode, voir les programmes reproduits dans Léon de Seilhac, *Les Congrès ouvriers en France de 1876 à 1897*, Paris, 1899.

16. Cf. le programme de Clemenceau pour les élections de

1881 (reproduit dans J. KAYSER, *Les Grandes Batailles du radicalisme, op. cit.*, pp. 326-329).

17. Cf. le programme voté en 1885 du Comité départemental radical-socialiste de la Seine.

18. Cf. A. PROST, *Vocabulaire des proclamations électorales, op. cit.* (*supra* n. 44, p. 518).Voir aussi Paul HOURIE, *Les 557 Députés et leurs programmes électoraux, 1881-1885,* Paris, 1882.

19. René VIVIANI, *Petite République française*, 8 juin 1893.

20. Article de la loi du 30 novembre 1875 prohibant le mandat impératif. Sur ces propositions, voir les thèses de Gaston BRIOT, *Du mandat législatif en France*, Paris, 1905, et de Pierre DANDURAND, *Le Mandat impératif*, Bordeaux, 1896.

21. Proposition de loi déposée le 7 mars 1889 par J.-T. ROQUE DE FILLOL.

22. Sur la manière dont est envisagé ce droit de révocation, voir l'article détaillé d'Henri GALIMENT, « Le mécanisme du mandat impératif », *La Revue socialiste*, t. XVIII, décembre 1893.

23. Cf. ci-dessus. Voir aussi la proposition de Chauvière et Vaillant (deux héritiers du blanquisme) en 1894.

24. La procédure fut utilisée à plusieurs reprises par des comités électoraux mécontents. Mais les lettres de démission envoyées au président de la Chambre furent déclarées nulles et de non-effet, étant en contravention avec l'article 13 de la Constitution.

25. Cf. la thèse de Camille KOCH, *Les Origines françaises de la prohibition du mandat impératif*, Nancy, 1905.

26. F. GUIZOT, « Débat sur la question du mandat impératif donné par les électeurs aux députés » (Chambre des députés, 21 et 31 août 1846), in *Histoire parlementaire de France*, Paris, 1864, t. V, pp. 288-300.

27. On voit là que l'idée de mandat impératif trouve facilement un écho dans une culture politique qui nie l'autonomie du pouvoir exécutif et qui estime qu'un très petit nombre de lois suffit à réguler la vie sociale.

28. Réponse d'Achille DELORME, du centre gauche, à Alfred NAQUET, le 10 novembre 1875 (*Annales de l'Assemblée nationale, op. cit.*, t. XLII, p. 96).

29. Propos cités par J. GRÉVY, *Les Opportunistes, milieu et*

culture politiques, 1871-1889, thèse citée (*supra* n. 45, p. 518), t. II, p. 568.

30. Outre celles que nous avons déjà citées, mentionnons tout particulièrement : Joseph Marty, *De la nature du mandat donné par les électeurs aux membres des assemblées législatives en droit français*, Toulouse, 1890 ; Charles Borgeaud, *De l'évolution actuelle du régime représentatif*, Paris, 1890 ; Marc Millon, *Le Mandat impératif*, Rocroi, 1902. Les articles sur la question sont très nombreux dans la *Revue du droit public* et dans la *Revue politique et parlementaire.*

31. Cf. *Séances et travaux de l'Académie des sciences morales et politiques*, Paris, 1889, t. 131, pp. 297-316.

32. La présentation de Courcelle-Seneuil, « De la théorie du mandat législatif », est aussi reproduite dans son recueil *La Société moderne. Études morales et politiques*, Paris, 1892 (ici, p. 103).

33. A. Esmein, *Éléments de droit constitutionnel, op. cit.*, t. I, p. 337.

34. *Ibid.*, p. 435. Ces arguments et ces jugements n'avaient rien de vraiment neuf. Nous les avons ainsi déjà souvent rencontrés dans les discours révolutionnaires comme dans les écrits libéraux des années 1820 ou 1830. Ils sont cependant présentés chez Esmein avec une ampleur et une rigueur particulières.

35. La formule est de Raymond Saleilles, dans le compte rendu qu'il donne du livre de Saripolos, *La Démocratie et l'élection proportionnelles*, dans la *Revue historique du droit français et étranger*, t. XXIII, 1899, p. 593. « Le député, poursuit-il, n'a de représentant que le nom [...]. Il est l'organe chargé d'une fonction, la fonction législative. Pour la remplir, il n'a pas à tenir compte de la volonté de ceux qui l'ont nommé : il ne doit avoir en vue que la fonction même qu'il remplit » (*ibid.*, p. 595).

36. Même un Guizot le reconnaît. « Le gouvernement représentatif, dit-il, n'est possible régulièrement, efficacement, que par la formation des grands partis politiques, et les grands partis politiques ne sont possibles que par le sérieux et la fidélité dans les engagements politiques. Vous le voyez, je n'élude pas la difficulté, je reconnais tout ce qu'il y a de nécessaire, de naturel, de légitime dans les liens qui

se forment entre les électeurs et les élus, et entre les membres des assemblées elles-mêmes. Mais, messieurs, s'ensuit-il que ces liens, ces engagements n'aient absolument aucune limite ? » (Discours cité du 21 août 1846, p. 294).

37. Cité par É. PHILIPON, *Le Mandat impératif, op. cit.*, pp. 146-147.

38. Discours cité du 30 novembre 1875, p. 343.

39. Dans son rapport du 22 juillet 1875 sur les lois constitutionnelles, *Annales de l'Assemblée nationale*, t. XLI, p. 19.

40. Léon DUGUIT, *Traité de droit constitutionnel*, 3ᵉ éd., Paris, 1927, t. II, p. 549. Les premières formulations développées de cette thèse se trouvent dans ses *Études de droit public*, t. II, *L'État, les gouvernements et les agents*, Paris, 1903, pp. 161-226.

41. Voir, notamment, Georges-Marcel LABROUSSE, *La Nature juridique de l'élection politique*, Bordeaux, 1901. On trouvera une bonne synthèse de ces questions dans les thèses de Mures AXENTE, *La Nature juridique de la représentation populaire vue sous l'angle des rapports entre électeurs et élus*, Paris, 1940, et de Dominique TURPIN, *De la démocratie représentative*, Clermont-Ferrand, 1978, 2 vol.

42. Voir sur ce point Odile RUDELLE, « Le légicentrisme républicain », *in* F. FURET et M. OZOUF, *Le Siècle de l'avènement républicain, op. cit.*

43. Voir les ouvrages de référence sur le sujet : Pierre ALBERTINI, *Le Droit de dissolution et les systèmes constitutionnels français*, Paris, 1977, et Philippe LAUVAUX, *La Dissolution des assemblées parlementaires*, Paris, Économica, 1983.

44. L'expression est de Denis BARANGER, *Parlementarisme des origines*, Paris, P.U.F., 1999, p. 22, qui consacre des développements éclairants et novateurs à cette question à propos du cas anglais.

45. Préface de Maurice DESLANDRES à G. L. DICKINSON, *Le Développement du Parlement pendant le* XIXᵉ *siècle, op. cit.* (*supra* n. 53, p. 519), p. XLV.

46. Voir sur ce point les développements éclairants et précis d'O. RUDELLE, *La République absolue, op. cit.*, pp. 81-92.

47. Projet de résolution présenté dans la séance du 11 novembre 1881. Ce document, comme l'ensemble des rapports et débats qui ont suivi cette initiative, ont été rassem-

blés dans *Programmes, professions de foi et engagements électoraux de 1881*, t. I, Paris, 1882 (*Chambre des députés*, Annexe n° 808 au procès-verbal de la séance du 9 mai 1882).

48. Cité dans *Programmes, professions de foi et engagements électoraux de 1881, op. cit.*, p. 4. Les rapports et interventions cités ci-dessous sont reproduits dans le même document.

49. Intervention du 11 février 1882, *ibid.*, p. 18.

50. Joseph Delpech, « Chronique constitutionnelle », *Revue du droit public*, vol. XXI, janvier-février 1904, p. 120.

51. *Rapport sommaire*, fait le 21 novembre 1881 par Alfred Naquet, in *Programmes, professions de foi et engagements électoraux de 1881, op. cit.*, p. 11. Naquet adopte dans ce rapport une position très en retrait par rapport à celle qu'il défendait en 1875 quand il prônait le mandat impératif !

52. *Rapport* de Camille Pelletan, *ibid.*, p. 31.

53. *Ibid.*, p. 32.

54. Cf. le texte finalement voté le 6 mars 1882 : « La Chambre nommera dans ses bureaux une commission de vingt-deux membres chargés de réunir et de publier les textes authentiques des programmes et engagements électoraux des députés, et d'opérer, dans un rapport général, sans commentaire ni interprétation, le classement méthodique des opinions émises. »

55. Cf. sur ce point Pierre Avril, « Les origines de la représentation parlementaire », *Commentaire*, n° 30, été 1985.

56. Le signe de cette superposition est que l'électeur ne se contente plus de la réélection comme sanction satisfaisante de la responsabilité politique. Il souhaite aussi que des formes de contrôle et de pression puissent s'exercer pendant la durée même du mandat électoral. Dans ce cas, le changement de « temporalité » de la responsabilité politique conduit à en changer la « substance ».

57. Recueillis et annotés par Émile Delage à partir de 1885. Voir aussi une publication comme celle de P. Hourie, *Les 557 Députés et leurs programmes électoraux, op. cit.*

58. Cf. principalement la série 8° Le ^{91} à la B.N.F. On en trouve aussi dans les séries Le ^{89}, Le ^{90} et Le ^{94}.

59. *Mandat législatif du citoyen Ernest Roche, député du*

XVIIIe *arrondissement de Paris. Compte rendu général,* Paris, 1893, p. 3.

60. Cf. par exemple son discours du 12 août 1881, in *Discours et plaidoyers politiques de M. Gambetta,* Paris, 1883, t. IX, p. 426.

61. Cf. sur ce point les caricatures nombreuses et fréquentes dans L'*Assiette au beurre* ou L'*Almanach du Père Peinard.*

62. Paris, 1901, 2 vol.

63. Voir sur ce point les nombreuses indications factuelles rassemblées dans la thèse de François MIQUET-MARTY, *Aux origines du parti politique moderne. Les groupes sociaux à l'épreuve du formalisme démocratique en France, 1848-1914,* Paris, E.H.E.S.S., 1996. On peut également se reporter à Raymond HUARD, *La Naissance du parti politique en France,* Paris, Presses de la F.N.S.P., 1996.

64. Cf. les indications données sur ce point par É. PHILIPON, *Le Mandat impératif, op. cit.* (voir le chapitre IV, « Le mandat impératif aux élections législatives de 1881 »).

65. Cité par H. BOUCHET, *La Conception de la représentation dans la Constitution de 1875, op. cit.*, p. 27.

66. L'expression est employée par Jean-Baptiste GODIN dans *La République du travail et la réforme parlementaire,* Paris, 1889.

67. Date à laquelle est rétabli le scrutin de liste. Mode de scrutin qui a toujours été associé par les républicains avancés à la notion de véritable scrutin politique, permettant de voter pour des idées plus que pour des personnes (cf. les multiples déclinaisons de ce thème par Gambetta).

68. Edmond SCHERER, *La Démocratie et la France,* Paris, 1883, p. 23.

69. « Le député, sa fonction, son mandat », *La Critique philosophique,* 22 octobre 1881, p. 185. Il est, en conséquence, violemment opposé au scrutin de liste et à toute idée de mandat impératif. « Toute tentative d'introduire les mandats impératifs, écrit-il, [...] est forcément une tentative d'usurpation d'un certain nombre de citoyens sur les droits des autres » (*ibid.*, p. 186).

70. Paul LAFFITTE, *Lettres d'un parlementaire,* Paris, 1894, p. 200 (voir tout le chapitre « Comités et candidats »).

71. *Ibid.*, p. 203.

72. « Ce qui est plaisant, note encore Laffitte, c'est que les mêmes hommes qui reprochent tous les jours au Sénat d'être le produit du vote à deux degrés ne s'aperçoivent pas en faisant choisir les candidats par les comités qu'ils sont en train d'introduire les deux degrés dans le suffrage universel » (*ibid.*, p. 201).

73. « Ce n'est même pas l'élection à deux degrés, tempête Joseph Reinach. L'élection dans ce cas, suppose en effet la participation directe de l'électeur à la confection des listes. Où trouver dans l'espèce trace de cette participation ? » (*La Politique opportuniste, 1880-1889*, Paris, 1890, p. 86).

74. Ad. Hatzfeld, « Le mandat électoral », *Revue politique et parlementaire,* t. XXIII, 10 mars 1900, p. 596.

75. « Aux ouvriers », *Le Peuple constituant,* 24 avril 1848. À rapprocher de l'observation de Taine : « Deux ou trois conciliabules parisiens établissent deux ou trois listes pour les départements ; un chien savant pourrait voter à la place des électeurs. » Cf. aussi Alphonse Lucas, *Les Clubs et les clubistes. Histoire complète, critique et anecdotique des clubs et des comités électoraux fondés à Paris depuis la Révolution de 1848*, Paris, 1851.

76. Cf., par exemple, les indications données dans Streten Maritch, *Histoire du mouvement social à Lyon sous le Second Empire*, Paris, 1930, pp. 94-95.

77. Ostrogorski suggère la suppression des partis permanents, qualifiés de « partis-omnibus », et invite à les remplacer par des groupements temporaires forgés pour traiter une question particulière.

78. La volonté, pour dire les choses encore autrement, n'est pas un attribut ontologique ou historique de l'individu. Elle a toujours une dimension dialogique.

79. Cf., sur ce point, les développements très éclairants de P. Gueniffey, *Le Nombre et la Raison, op. cit.*

80. A. Naquet, *Rapport* cité, p. 6.

81. Cf., *supra,* le chapitre sur le césarisme.

82. *Le Temps,* éditorial du 31 juillet 1871.

83. Sur l'histoire des élections primaires aux États-Unis, qu'il faudrait ici reprendre de façon comparative, voir, pour une première approche : Charles Edward Merrian et Louise Overacker, *Primary Elections,* Chicago, 1928 ; le numéro

spécial « The Direct Primary » de la revue *The Annals* (The American Academy of Political and Social Science), mars 1923 ; William CROTTY et John JACKSON III, *Presidential Primaries and Nominations*, Washington D. C., Congressional Quarterly Press, 1985.

84. Charles BEAUSSIRE, *Pétitions à l'Assemblée nationale. I. Pétitions sur la loi électorale*, Nantes, 6 avril 1871.

85. *Commission des Trente*, Procès verbaux manuscrits, séance du 22 décembre 1873 (Archives nationales : C*II 611).

86. Émile BEAUSSIRE, « La véritable réforme électorale et l'abstention », *Revue des Deux Mondes*, 1er février 1872, p. 665. Sur cette question importante, voir aussi : la « Quinzaine politique » d'A. BOUCHER, *Le Correspondant*, 25 décembre 1873 ; « La Nouvelle Commission des Trente », par Ernest DUVERGIER DE HAURANNE, *Revue politique et littéraire*, 7 février 1874.

87. Intervention du 11 février 1882, *op. cit.*, p. 24.

88. Intervention de Georges GRAUX du 6 mars 1882, *op. cit.*, p. 35.

89. *Ibid.*, p. 34.

90. Gerhard LEIBHOLZ, « La nature et les formes de la démocratie », *Archives de philosophie du droit et de sociologie juridique*, n° 3-4, 1936, p. 142.

91. Sur le tournant de 1910 qui institutionnalise les groupes, cf. Pierre GUIRAL et Guy THUILLIER, *La Vie quotidienne des députés en France de 1871 à 1914*, Paris, Hachette, 1980, pp. 230-234, ainsi que les indications données par Eugène PIERRE, *Traité de droit politique, électoral, et parlementaire, Supplément*, 3e éd., Paris, 1914, et par Christian BUNIET, *Les Règlements des assemblées parlementaires en France depuis 1871*, Lyon, Éd. de l'A.G.E.L., 1967. Les groupes parlementaires seront définitivement consacrés et, avec eux, leur prédominance sur les élus, en 1932.

92. Résolution du congrès de Saint-Étienne.

93. Art. 55 du *Règlement du parti* (Parti socialiste-S.F.I.O., *1er Congrès national tenu à Paris les 23, 24 et 25 avril 1905*, Paris, s.d.). L'article 38 prévoit aussi que « le groupe socialiste au Parlement présente, chaque année, un rapport au Congrès national » ; les parlementaires doivent en outre reverser une partie de leur indemnité au parti. Sur la ques-

tion générale de la discipline de parti, voir Mohammed KHEITMI, *Les Partis politiques et le droit positif français*, Paris, L.G.D.J., 1964 ; Jean-Claude MASCLET, *Le Rôle du député et ses attaches institutionnelles sous la Vᵉ République*, Paris, L.G.D.J, 1979 ; André PHILIP, « Parti et discipline », *Cahiers de la République*, mars 1961.

94. Pour une première approche de cette presse, voir Jacques LETHÈVE, *La Caricature et la presse sous la IIIᵉ République*, Paris, 1961 ; Philippe ROBERTS-JONES, « La presse satirique illustrée de 1860 à 1890 », *Études de presse*, n° 14, 1956 ; Paul DUCATEL, *Histoire de la IIIᵉ République vue à travers l'imagerie populaire et la presse satirique*, t. II et III, Paris, 1975-1976.

95. Cf. Jacques NÉRÉ, *Le Boulangisme et la presse*, Paris, 1964.

96. Sur le député comme *type social*, à l'instar du capitaliste ou du Juif, voir les développements d'Elizabeth et Michel DIXMIER, *L'Assiette au beurre, journal satirique illustré*, Paris, 1974, pp. 76-83.

97. Salis était soutenu par un « comité des équilibres et des protestations nationales ». Voir Librairie Espagnon et Lebret, *Manifestes politiques*, n° 32, Paris, 1992, notice n° 520.

98. Voir la documentation reproduite dans l'ouvrage d'Alphonse ALLAIS, *Le Capitaine Cap. Ses aventures, ses idées, ses breuvages*, nouv. éd., Paris, Jean-Jacques Pauvert, 1963 (notamment la première partie, « Le Capitaine Cap devant le suffrage universel »).

99. De Ferdinand Lop en 1939 à Mouna Aguigui en 1968. Voir François CARADEC et Noël ARNAUD, *Encyclopédie des farces et attrapes et des mystifications*, Paris, 1964.

LA QUESTION DU RÉFÉRENDUM

1. « Référendum. Polit. Droit que certaines constitutions donnent aux citoyens de se prononcer directement par voie de plébiscite sur les questions politiques ou économiques qui les intéressent. »

2. Le premier supplément du *Larousse du XIXᵉ siècle* (1878) notait ainsi : « Négocier *ad referendum* : négocier en se réser-

vant de demander l'approbation du gouvernement au nom duquel on négocie. »

3. Émile de Laveleye, *Le Gouvernement dans la démocratie*, Paris, 1891, t. II, p. 147.

4. *Annales de la Chambre des députés*, session de 1888, t. III, p. 448. On notera que le mot référendum n'avait pas été précédemment utilisé par le principal théoricien du boulangisme, Alfred Naquet (cf. notamment ses *Questions constitutionnelles*, Paris, 1883).

5. Cf. John Rothney, *Bonapartism after Sedan*, Ithaca, Cornell University Press, 1969.

6. Cf. Alfred Naquet, *Un discours-programme*, Paris, 1875. Sur ces différents projets, voir Albert Sarraut, *Le Gouvernement direct en France*, Paris, 1899, pp. 342-349.

7. *Annales de l'Assemblée nationale*, séances du 11 août 1884, pp. 100-116.

8. Cf. ses articles des années 1870 dans *Le Pays* et des années 1890 dans *L'Autorité*, reproduits dans *Pour Dieu, pour la France*, Paris, 1905, 8 vol. Il écrit toujours en 1900 que « le plébiscite, c'est la démocratie » (article de *L'Autorité* reproduit dans *op. cit.*, t. I, pp. 270-272). Voir Haren Offen, *Paul de Cassagnac and the Authoritarian Tradition in Nineteenth Century France*, New York, Garland Publishing, 1991.

9. Cf. son grand livre programme, *La République de Napoléon*, Paris, 1894. Il écrit en conclusion de son ouvrage : « Il faut à la République française un peuple agissant ou un élu puissant, un peuple empereur ou un Empereur » (p. 554).

10. L'article premier du programme législatif élaboré pour les élections de 1885 met en tête des objectifs du parti : « législation directe du peuple, c'est-à-dire sanction et initiative populaires en matière législative » (VIe Congrès de la région Centre — en l'absence de congrès nationaux pendant cette période — tenu à Paris du 3 au 10 mai 1885, reproduit dans *Le Prolétariat*, 23 mai 1885).

11. Appel reproduit dans l'organe possibiliste, *Le Parti ouvrier*, du 21 avril 1888.

12. Sur la conception de la démocratie des possibilistes, voir David Stafford, *From Anarchism to Reformism. A Study of the Political Activities of Paul Brousse within the First Inter-*

national and the French Socialist Movement, 1870-1890, University of Toronto Press, 1971.

13. Cf. « Le Référendum », *La Revue socialiste*, vol. IX, mars 1889 (introduction à des textes de Laveleye et Rittinghausen).

14. Cf. A. Bonthoux, « La législation directe » (février 1889) ; Charles Baggio, « La révision rationnelle » (octobre 1889).

15. Cf. Jean-Baptiste Godin, *Le Gouvernement, ce qu'il a été, ce qu'il doit être et le vrai socialisme en action*, Paris, 1883. Voir le chapitre « Législation direction » (pp. 169-179).

16. Édouard Vaillant, « Pour le gouvernement direct », *Le Parti socialiste*, 17-24 septembre 1893 (reproduit dans Maurice Dommanget, *Édouard Vaillant, un grand socialiste, 1840-1915*, Paris, 1956, pp. 413-414). Voir ce dernier ouvrage ainsi que celui de Jolyon Howorth (*Édouard Vaillant. La création de l'unité socialiste en France ; la politique de l'action totale*, Paris, 1982) pour son action à la tête de cette ligue.

17. Édouard Vaillant, *Révision par le peuple*, Paris, 1895, p. 3.

18. *Impressions de la Chambre des députés*, session de 1899, n° 1321, pp. 684-685.

19. Vaillant développe longuement la différence entre référendum et plébiscite au cours de la discussion de 1911 sur la représentation proportionnelle. « Il n'y a pas de droit d'initiative, pas de vote, pas de référendum admissibles sans délibération préalable suffisante, explique-t-il alors. Le vote populaire sans délibération préalable est ce qu'on appelait sous l'Empire le plébiscite » (*Annales de la Chambre des députés*, session de 1911, séance du 29 mai 1911, p. 20).

20. Émile Pouget, *L'Action directe*, Paris, 1910, p. 27. « Il est absurde d'arguer que le référendum s'oppose à la méthode révolutionnaire », dit-il encore *(ibid.)*.

21. Cf. B. Malon, *Le Socialisme intégral*, Paris, 1890, t. I, pp. 405-414.

22. Paul Leroy-Beaulieu, *L'État moderne et ses fonctions* (1889), 3e éd., Paris, 1900, p. 65.

23. Maurice Block, *Dictionnaire général de la politique*, Paris, 1874.

24. Cf. les indications données sur ce point dans *Le Peuple introuvable*, *op. cit*.

25. Pour une première approche de la Constitution de 1874, voir William E. RAPPARD, *La Constitution fédérale de la Suisse*, Neuchâtel, 1948, et Roland RUFFIEUX, « Les données de l'histoire constitutionnelle », *in* Alois RIKLIN (éd.), *Manuel système politique de la Suisse*, Berne, Haupt, 1983, t. I.

26. Cf. « Le Référendum », *Revue internationale*, t. XII, 10 février 1887. Voir aussi le chapitre consacré au référendum dans son ouvrage *Le Gouvernement dans la démocratie*, *op. cit*.

27. On retiendra tout particulièrement : J.-B. BRISSAUD, « Le référendum en Suisse », *Revue générale du droit, de la législation et de la jurisprudence*, t. XII, 1888 ; M. DESLANDRES, « Du Référendum et de l'initiative populaire en Suisse », *Revue bourguignonne de l'enseignement supérieur*, vol. IV, n° 3, 1894 (fondamental) ; Théodore CURTI, « Le référendum Suisse », *Revue politique et parlementaire*, 10 août 1897. Voir également les articles et recensions dans le *Bulletin de la Société de législation comparée*.

28. Cf. Simon DEPLOIGE, *Le Référendum en Suisse*, Bruxelles, 1892, et surtout Jean SIGNOREL, *Étude de législation comparée sur le référendum législatif et les autres formes de participation directe des citoyens à l'exercice du pouvoir législatif*, Paris, 1896.

29. Voir, par exemple, *Le Temps* du 21 août 1883, ou Louis WUARIN, « L'évolution de la démocratie en Suisse », *Revue des Deux Mondes*, 1er août 1891.

30. É. VAILLANT, « Pour le gouvernement direct », art. cité.

31. Cf. Charles BURCKLI, « La législation directe par le peuple », *La Revue socialiste*, t. XVIII, septembre 1893.

32. Voir notamment aux États-Unis la somme de William Denison MCCRACKAN, *The Rise of the Swiss Referendum*, Boston, 1892 (l'auteur a publié deux ans plus tard *Swiss Solution of American Problems*), et en Grande-Bretagne Albert Venn DICEY, « Democracy in Switzerland », *The Nation*, 18 novembre 1886. Voir ultérieurement le livre important de Henry Demarest LLYOD, *A Sovereign People. A Study of Swiss Democracy*, Londres, 1907.

33. Pour une première approche de la question, voir Ver-

non Bogdanor, *The People and the Party System. The Referendum and Electoral Reform in Bristish Politics*, Cambridge University Press, 1981 ; James Meadowcroft et M. W. Taylor, « Liberalism and the Referendum in British Political Thought », *Twentieth Century British History*, vol. I, n° 1, 1990.

34. Voir notamment ses articles « Ought the Referendum to be introduced into England ? », *The Contemporary Review*, avril 1890, et « The référendum », *The National Review*, mars-août 1894.

35. Cf. Ian Bullock et Siân Reynolds, « Direct legislation and Socialism : How British and French Socialists Viewed the Referendum in the 1890s », *History Workshop*, n° 24, automne 1987.

36. Cf. « M. Balfour on the Referendum », *The Spectator*, 10 février 1894.

37. Cf., notamment, « Une question de droit constitutionnel : le référendum belge », *Revue des Deux Mondes*, 1er mai 1892. Cf. aussi la chronique législative du *Bulletin de la Société de législation comparée* (avril-mai 1892 et juin-juillet 1893).

38. Voir les développements dans les ouvrages déjà cités de Bryce, Laveleye, Signorel, etc. L'ouvrage de synthèse, précis et informé, d'Ellis Oberholtzer, *The Referendum in America* (New York, 1893), fait en outre l'objet de recensions ; cf., par exemple, Raymond Saleilles, « Le référendum en Amérique », *Revue du droit public*, t. II, septembre-octobre 1894.

39. La meilleure référence sur ces expériences est la thèse (fort recopiée ensuite !) de R. C. Benner, *De l'intervention directe des électeurs dans la gestion des affaires municipales*, Toulouse, 1897. Voir aussi Joseph Delpech, « Du référendum en droit public français et spécialement du référendum communal », *Revue du droit public*, t. XXII, avril-juin 1905 ; « Le référendum en France et le futur programme du parti progressiste » (anonyme), *Revue politique et parlementaire*, t. XIV, novembre 1897.

40. Circulaire reproduite dans Antonin Blanc, *De quelques moyens de gouvernement direct en matière municipal et spécialement du référendum communal,* Paris, 1904. Sont aussi

reproduites dans l'ouvrage deux intéressantes « Notes » émanant des services du ministère.

41. Voir, sur ce point, l'utile mise au point, critique et informée, de Jacques VIGUIER, « Premières expériences de "référendum" communal », *Revue française de droit administratif*, mai-juin 1996. Voir aussi du même auteur, « De la mauvaise utilisation du terme "référendum" au plan local », *in* Doyen ROUSSILLON (éd.), *Référendum et démocratie*, Presses universitaires de Toulouse, 1998.

42. Proposition de novembre 1892. Le référendum municipal faisait déjà partie du programme, cité, du P.O.S.R. de mai 1885, dans une formulation particulièrement exigeante. Les articles 3 et 4 notaient en effet : « Ratification des délibérations prises en Conseil non plus par les agents du pouvoir, mais dans les cas importants, comme celui du budget par exemple, par le vote populaire. Droit d'initiative législatif donné en matière communale aux citoyens et obligation par le Conseil municipal de discuter, dans un délai déterminé, les projets qui lui seront soumis avec la signature d'au moins 5 000 citoyens. »

43. Cf. *Conférence Molé-Tocqueville. Annuaire de la Conférence pour 1896*, pp. 337-353. Voir ensuite : *Annuaire de la Conférence pour 1898*, pp. 61-124 ; *Annuaire de la Conférence pour 1906*, pp. 65-72.

44. *Annales de la Chambre des députés*, session de 1890, t. II, séance du 16 juin 1890, pp. 450-461. Sur cet épisode, voir la thèse d'É. PHÉLIPPEAU , *Le Baron de Mackau en politique. Contribution à une étude de la professionnalisation politique*, Université de Paris-X, 1996. Sur le sens donné au référendum municipal dans le camp conservateur, voir aussi l'ouvrage d'un proche de Le Play, Robert de LA SIZERANNE, *Le Référendum communal*, Paris, 1893.

45. La loi du 18 juillet 1837 prévoyait que les contribuables les plus imposés délibèrent avec le conseil municipal lorsqu'il s'agissait de voter des contributions extraordinaires ou des emprunts.

46. Même un Jules Guesde n'échappe pas à cette ambiguïté. Adversaire du référendum politique, il soutient un moment le référendum municipal au nom des droits du contribuable à accepter ou refuser des impôts nouveaux

(cf. son amendement dans la discussion fiscale du 22 novembre 1895, *Annales de la Chambre des députés*, session de 1895, t. III, p. 369).

47. Ces exemples sont rapportés par Eugène DUTHOIT, *Le Suffrage de demain*, Paris, 1901, pp. 76-77.

48. Voir, sur ce point, l'importante documentation rassemblée dans la thèse d'Emmanuel GOUNOT, *Les Réformes professionnelles par le référendum patronal*, Paris, 1913. On notera que Maurice Deslandres, l'un des principaux avocats du référendum politique dans les années 1890, fut particulièrement actif pour promouvoir ce nouveau type de référendum dans les années 1910.

49. Je renvoie sur ce point à mes développements dans *La Question syndicale*, nouv. éd., Paris, Pluriel, 1999, pp. 214-225.

50. Cf. Jean JAURÈS, « La réglementation des grèves et l'arbitrage obligatoire », *La Revue socialiste*, t. XXXIII, mai 1901, et « Grève et suffrage universel ouvrier », *L'Humanité*, 12 août 1908.

51. Voir sur ce point l'intéressant article publié dans *Action française* du 12 août 1908.

52. Sur la distinction et le recouvrement des deux notions, voir Jean-Marie DENQUIN, *Référendum et plébiscite. Essai de théorie générale*, Paris, L.G.D.J., 1976.

53. Les ouvrages d'Eugène TÉNOT, *Paris en décembre 1851*, et *La Province en décembre 1851*, ont un énorme succès quand ils sont publiés (en 1868 et 1869). Victor SCHOELCHER avait édité dès 1853 à Londres *Le Gouvernement du 2 décembre*.

54. Toute l'argumentation du livre consiste à décliner les caractères les plus sommaires d'un « machiavellisme » réduit à sa définition la plus caricaturale pour décrire le Second Empire.

55. Conférence faite à Versailles, le 2 mai 1870, reproduite dans É. LABOULAYE, *Questions constitutionnelles*, *op. cit.* (*supra*, n. 20, p. 501), p. 273.

56. Cf. les célèbres caricatures sur le sujet de Cham ou de Daumier. « L'appel au peuple, c'est comme un morceau de lard au fond d'une ratière », note un publiciste dans le même

esprit (Yves Guyot, *Le Manuel du parfait bonapartiste*, Paris, 1875, p. 25).

57. *Dialogue aux enfers entre Machiavel et Montesquieu. Épilogue*, publié dans *La Cloche*, 2 mai 1870, reproduit dans M. Joly, *Le Plébiscite*, Paris, Éd. Zanzibar, 1996, p. 59. La formule se retrouve aussi dans le fameux *Manifeste* de la gauche (cf. Taxile Delord, *Histoire du Second Empire*, Paris, 1874, t. V, pp. 109-111).

58. Cf. Auguste Rogeard, *Le Plébiscite impérial*, Paris, 28 avril 1870. Cette brochure est le meilleur conservatoire de toutes les formules antiplébiscitaires de l'époque.

59. *Ibid.*, p. 6.

60. Discours contre le plébiscite prononcé le 5 avril 1870 au Corps législatif, *Discours et plaidoyers politiques de M. Gambetta*, Paris, 1881, t. I, p. 205. Sur l'attitude générale de Gambetta face au Second Empire, voir Pierre Barral, « Le bonapartisme vu par Gambetta », *in* Karl Hammer et Peter Claus Hartmann (éd.), *Le Bonapartisme, phénomène historique et mythe politique*, Munich, 1977.

61. Ce que fait par contre un Rogeard. « Un plébiscite vrai, note ainsi ce dernier, est un projet de loi formulant un vœu populaire, et présenté à la sanction populaire par une commission populaire élue à cet effet. Le plébiscite actuel formule un vœu de l'empereur, émane de l'initiative de l'empereur, et est présenté par l'empereur, à la manipulation des fonctionnaires nommés par l'empereur » (*Le Plébiscite impérial, op. cit.*, p. 23).

62. Discours cité du 5 avril 1870, p. 219. Émile Ollivier n'aura pas de mal à le mettre en difficulté sur ce point (cf. sa réponse à Gambetta, *Annales du Sénat et du Corps législatif*, Paris, 1870, t. III, pp. 307-309).

63. On pourrait d'ailleurs en dire autant de Marx qui fait essentiellement une analyse sociologique du bonapartisme.

64. Discours du 4 avril 1870, *Annales du Sénat et du Corps législatif*, Paris, 1870, t. III, p. 271.

65. *Ibid.*, p. 310.

66. Jules Favre note pareillement que cela « détruit le pouvoir parlementaire » (*ibid.*, p. 287).

67. Discours du 1er juin 1874 à Auxerre, in *Discours et plaidoyers politiques de M. Gambetta, op. cit.*, t. IV, p. 162.

68. Jules Barni, *L'Appel au peuple*, Paris, 1874, p. 29.

69. *Ibid.*, p. 33.

70. *Ibid.*, p. 32.

71. Cf. ce que dit le rapporteur, M. Guillemet, contre les référendums municipaux : « Les questions municipales, qui sont parfois très complexes, très difficiles, très délicates, qui nécessitent fréquemment l'étude d'hommes compétents, instruits, souvent spéciaux, est-il possible, dis-je, que ces questions soient tranchées sans débat par les masses, composées ordinairement d'hommes peu instruits » (*Annales de la Chambre des députés,* session de 1890, t. II, séance du 16 juin 1890, p. 452).

72. Paul Laffitte, *Lettre d'un parlementaire*, Paris, 1894, pp. 64-65.

73. « En France, écrit par exemple Malon, le référendum a été écarté sans discussion parce qu'accepté par la coalition boulangiste de 1889 » (*Le Socialisme intégral, op. cit.*, t. I, p. 413).

74. Manifeste électoral « Aux travailleurs de France », adopté par le VIIe congrès de la S.F.I.O. à Nîmes (1910), in *Compte rendu sténographique*, Paris, 1910, p. 479.

75. S.F.I.O., VIIIe congrès de Saint-Quentin (1911), « Résolution sur le programme municipal », in *Compte rendu sténographique*, Paris, 1911, p. 443.

76. Adopté en 1891, le « Programme d'Erfurt » préconise « la législation par le peuple au moyen du droit d'initiative et de veto ». On doit aussi rappeler que le fameux « Programme de Gotha », élaboré en 1875, parlait déjà de législation directe (cités dans K. Marx et F. Engels, *Critique des programmes de Gotha et d'Erfurt,* Paris, 1966, pp. 148 et 152).

77. Elles ont été reproduites dans le volume *Congrès international ouvrier socialiste tenu à Zurich du 6 au 12 août 1893*, Genève, Minkoff Reprint, 1977. Le recueil contient notamment un texte très important, « La législation directe par le peuple », présenté par Jean Allemane au nom du Cercle typographique d'études sociales de Paris. C'est le document dans lequel il formule de la façon la plus détaillée sa vision pratique du fonctionnement de cette législation directe.

78. Publié en juillet 1893 en Allemagne, le livre sera tra-

duit en 1900 en français par Édouard Berth avec une importante préface de Jean Jaurès.

79. *Parlementarisme et socialisme,* trad. franç. citée, p. 111.

80. *Ibid.*, p. 112.

81. *Ibid.*, p. 113. Il faut aussi rappeler ici que Kautsky avait théorisé le fait que c'étaient les intellectuels bourgeois et non le prolétariat qui étaient porteurs de la science (Lénine va reprendre à son compte cette vision de la conscience de classe importée dans son *Que faire ?* de 1902).

82. *Ibid.*, p. 189.

83. Jaurès écrit ainsi encore en 1898 que « le suffrage universel direct doit être appelé à la plénitude de la vie et de l'action » (« Vues politiques », *Revue de Paris,* 1er avril 1898, p. 580). Il célèbre le référendum dans ce texte et parle positivement du « référendum municipal qui commence à s'essayer dans notre pays » (p. 581).

84. Voir par exemple ceux d'Alexander M. THOMPSON, *Hail Referendum. The Shortest Way to Democracy* (1895), *The Referendum and Initiative in Practice* (1899), *The Only Way to Democracy* (1900) (*Clarion Pamphlets*, n° 7, 31 et 35).

85. J. Ramsay MACDONALD, *Socialism and Government*, Londres, 1909, t. I, pp. 91-106. Les fabiens soulignent aussi la supériorité du système représentatif. Cf. Clifford D. SHARP, *The Case against Referendum* (*Fabian Tract*, n° 55, Londres, avril 1911).

86. J. Ramsay MACDONALD, *Parliament and Revolution*, New York, 1920, p. 96.

87. Il développe longuement cette question en reprenant le sens de son hostilité au référendum dans *Socialism and Government*, *op. cit.*, t. II, pp. 1-14. Voir encore sur ce point le chapitre « Political Construction » de son *Socialism : Critical and Constructive*, nouv. éd., Londres, 1924, pp. 229-244.

88. Programme du Parti socialiste français (jaurésien), adapté à Tours le 4 mars 1902 (reproduit dans Alexandre ZÉVAÈS, *Le Socialisme en France depuis 1871*, Paris, 1908, p. 254).

89. *Ibid.*, pp. 254-255.

90. Les programmes de 1928 et 1932 demandent ainsi « l'introduction du référendum dans la constitution en vue de

corriger et de rajeunir la conception traditionnelle du parlementarisme ».

LES CHAMBRES, LA RUE ET L'OPINION

1. Jules GUESDE, « Les Chambres et la rue », *Le Cri du peuple*, 29 novembre 1884, repris dans *État, politique et morale de classe*, Paris, 1901, p. 97.

2. Pour une première vue d'ensemble, voir Georges CARROT, *Le Maintien de l'ordre en France, depuis la fin de l'Ancien Régime jusqu'à 1968*, Toulouse, 1984, 2 vol.

3. Loi du 10 avril 1831. D'après cette loi, les personnes qui participent à un attroupement sur la voie publique sont pénalement sanctionnables dès lors qu'elles n'ont pas obéi à un ordre de dispersion donné par un officier civil. Pour une vue générale de la législation en cette matière, voir Renaud BERTHON, *Le Régime des cortèges et des manifestations en France*, Paris, 1938 ; Hubert G. HUBRECHT, « Le droit français de la manifestation », *in* Pierre FAVRE (éd.), *La Manifestation*, Paris, Presses de la F.N.S.P., 1990 ; Marcel LE CLÈRE, *Les Réunions, manifestations et attroupements en droit français et comparé*, Paris, 1945 ; Marcel-René TERCINET, « La liberté de manifestation en France », *Revue du droit public*, juillet-août 1979.

4. La loi du 7 juin 1848 distingue les attroupements armés et non armés. Elle définit la forme des sommations de dispersion ainsi que la qualité des magistrats habilités à constater le caractère délictueux d'un attroupement.

5. Cf., par exemple, les indications données dans Suzanne WASSERMANN, *Les Clubs de Barbès et de Blanqui en 1848*, Paris, 1913, pp. 209-213.

6. Il faut attendre le décret-loi du 23 octobre 1935 pour que la question des manifestations soit traitée moins restrictivement que celle des attroupements tels qu'ils avaient été définis par le texte du 7 juin 1848.

7. Article 6 de la loi.

8. *Le Cri du peuple*, 9 décembre 1883. Cité par Michel OFFERLÉ, « Descendre dans la rue », *in* Pierre FAVRE (éd.), *La Manifestation*, *op. cit.*, p. 119.

9. Cf . sur ce point le chapitre « La manifestation illégitime », *in* Danielle Tartakowsky, *Le pouvoir est dans la rue. Crises politiques et manifestations en France*, Paris, Aubier, 1998. Voir aussi, du même auteur, *Les Manifestations de rue en France, 1918-1968*, Paris, Publications de la Sorbonne, 1997, ainsi que Vincent Robert, *Les Chemins de la manifestation (1848-1914)*, Presses universitaires de Lyon, 1996.

10. Cité par D. Tartakowsky, *Le pouvoir est dans la rue*, *op. cit.*, p. 20.

11. Camille Pelletan, *L'Éclair*, 22 octobre 1898 (cité par M. Offerlé, « Descendre dans la rue », art. cité, p. 119).

12. *Radical*, 30 juillet 1888, cité par D. Tartakowsky, *Le pouvoir est dans la rue*, *op. cit.*, p. 236. Voir aussi Michelle Perrot, *Les Ouvriers en grève. France, 1871-1890*, Paris, 1974, t. II, pp. 552-568.

13. *Annales de la Chambre des députés*, séance du 21 janvier 1907, session de 1907, t. I, p. 140.

14. « Je comprends que, de temps en temps — je ne m'érige pas en juge de la valeur des manifestations —, des citoyens désirent se grouper pour exercer une certaine pression morale sur l'opinion publique d'une ville ou d'un peuple, concède ainsi Clemenceau. C'est un phénomène qui se produit dans tous les pays » (*ibid.*, p. 142).

15. *Ibid.*, p. 140.

16. *Ibid.*

17. Point de vue à rapprocher, sous forme de clin d'œil, de l'ordre qu'intiment volontiers les forces de l'ordre en cas d'attroupement : « Circulez, il n'y a rien à voir. »

18. Sur l'illibéralisme conséquent de cette culture républicaine, voir Jean-Pierre Machelon, *La République contre les libertés ?*, Paris, Presses de la F.N.S.P., 1976.

19. Discours cité, p. 140.

20. Intervention du 11 février 1884 dans le cadre de la discussion d'un projet de loi précisant les modalités de l'interdiction des réunions sur la voie publique prévue par le texte de 1881 (*Annales de la Chambre des députés*, session de 1884, t. I, p. 427).

21. Cf. Jules Guesde, « Le droit à la rue », *Le Cri du peuple*, 15 février 1885 (repris dans *État, politique et morale de classe*, *op. cit.*, pp. 140-143).

22. Présentation du 9 mai 1791, *A.P.*, t. XXV, p. 681.

23. *Ibid.*

24. Cf. l'article de la loi du 29 juillet 1881 (voir l'importante circulaire d'application du 9 novembre 1881 reproduite dans J. B. DUVERGIER, *Collection complète des lois, décrets, ordonnances, règlements, op. cit.*, t. 89, pp. 313-325). Voir aussi Émile MERMET, *La Presse, l'affichage et le colportage. Histoire et jurisprudence, comprenant la nouvelle loi de 1881*, Paris, 1882.

25. Article 24 de la loi du 29 juillet 1881.

26. Ce point est développé de façon intéressante par Dominique REYNIÉ, *Le Triomphe de l'opinion publique. L'espace public français du XVIe siècle au XXe siècle*, Paris, Odile Jacob, pp. 309-325.

27. Pour un historique des débats et projets sur le droit de réunion après 1870, voir Alfred NAQUET, *Rapport fait au nom de la commission chargée d'examiner les propositions de loi : 1° de M. Louis Legrand et plusieurs de ses collègues, sur les réunions électorales ; 2° de M. Alfred Naquet, sur le droit de réunion ; 3° de M. Louis Blanc et plusieurs de ses collègues, sur les droits de réunion et d'association*, Première partie, droit de réunion, *Annales de la Chambre des députés*, session de 1879, Annexe n° 1672 au procès-verbal de la séance du 15 juillet 1879.

28. Cf., sur ce point, les analyses de D. REYNIÉ, *le Triomphe de l'opinion publique, op. cit.*, pp. 152-159. Il faut souligner que la loi du 30 juin 1881 sur la liberté de réunion oblige les organisateurs de réunions à se plier à des formalités assez contraignantes de déclaration, de déroulement et même d'horaires. La proposition de Louis Blanc d'abolir purement et simplement tous les textes antérieurs en la matière, de façon à créer une liberté absolue, n'avait pas été suivie.

29. Intervention d'Henri GIRAUD, le 11 mai 1880, *Annales de la Chambre des députés*, session de 1880, t. VI, p. 105.

30. Cette interdiction sera confirmée en 1907 dans la discussion d'un projet de la loi relatif aux libertés publiques (cf. *Annales de la Chambre des députés*, session de 1907, t. I, 29-30 janvier 1907). Pour compenser l'interdiction, la loi votée le 30 janvier 1907 prévoit que des salles municipales, lors-

qu'elles existent, doivent être mises à la disposition des organisateurs de réunions publiques.

31. Il suffit de mentionner ici les funérailles du général Lamarque en 1832 ou celles de Victor Noir en 1870 pour faire rapidement image.

32. L'expression est de V. ROBERT, *Les Chemins de la manifestation (1848-1914), op. cit.*, p. 14.

33. Pour une première approche, voir l'article synthétique de Jean-Pierre LASSALE, « Le droit de pétition dans l'évolution constitutionnelle française », *Annales de l'université de Lyon*, fascicule 22, 1962, ainsi que la thèse de Marcel RICHARD, *Le Droit de pétition. Étude de droit public interne et de droit international public*, Aix-en-Provence, 1932.

34. Cf. la thèse de Paul SAMUEL, *Du droit de pétition sous la Révolution*, Paris, 1909.

35. Article 34 du décret du 22 décembre 1789. Voir aussi le décret du 14 décembre 1789 qui supprime la permanence des assemblées communales mais accorde à titre de compensation aux citoyens le droit de se réunir en assemblées particulières pour élaborer des adresses et des pétitions.

36. L'expression est employée par A. ESMEIN dans ses *Éléments de droit constitutionnel français et comparé, op. cit.*, t. I, p. 590.

37. Voir sur ce point les indications pratiques données par André CASTALDO, *Les Méthodes de travail de la Constituante. Les techniques de l'Assemblée nationale, 1789-1791*, Paris, P.U.F., 1989, pp. 360-364.

38. Pastoret, le procureur général syndic de Paris, s'adresse, le 26 avril 1791, à l'Assemblée constituante en ces termes : « Il est une loi dont le besoin est urgent, celle sur le droit de pétition, droit qu'il ne faut pas confondre avec l'exercice des pouvoirs résultant des différentes représentations politiques [...]. Ne faudrait-il pas que les citoyens pussent les reconnaître par la manière dont ils leur sont présentés, et que les actes produits par des individus ou par des sociétés particulières, ne pussent plus se montrer sous la forme et avec l'appareil de la loi » (*A.P.*, t. XXXV, p. 352). Cette intervention est à l'origine du projet de loi présenté sur le sujet par Le Chapelier, le 9 mai 1791.

39. Cf. l'article « Sur le droit de pétition » publié dans *Le*

Moniteur du 6 avril 1791 (dans *Réimpression*, t. VIII, pp. 51-52). « Le droit de pétition, y lit-on, est un droit aussi sacré que celui de parler ou d'imprimer [...]. Mais il n'est pas moins évident que des citoyens pétitionnaires ne parlent jamais qu'individuellement et ne peuvent jamais prétendre exprimer le vœu d'autrui. Agir ou parler pour autrui, c'est représenter, et des citoyens non fonctionnaires n'ont aucune représentation à exercer. »

40. Lois des 10 et 18 mai 1791. Voir le très important rapport de Le Chapelier (*A.P.*, t. XXV, pp. 678-682).

41. Voir, notamment, les interventions de Briois-Beaumetz, Grégoire, Pétion et Robespierre les 9 et 10 mai 1791.

42. Discours du 2 mars 1820, reproduit en annexe à Pierre Claude François DAUNOU, *Essai sur les garanties individuelles*, 3e éd., Paris, 1822.

43. Voir notamment Pierre MARX, *L'Évolution du régime représentatif vers le régime parlementaire de 1814 à 1816*, Paris, 1929 ; Louis MICHON, *Le Gouvernement parlementaire sous la Restauration*, Paris, 1905, ainsi que le mémoire d'histoire du droit d'Alain THELLIEZ, *Le Droit de pétition sous la Restauration*, Paris, Faculté de droit et des sciences économiques, 1966.

44. Cf. Odile KRAKOVITCH, « Les pétitions, seul moyen d'expression laissé aux femmes ; l'exemple de la Restauration », *in* Alain CORBIN *et alii*, *Femmes dans la cité, 1815-1871*, Grâne, Créaphis, 1997.

45. M.-F. de CORMENIN, *Questions de droit administratif*, 4e éd., Paris, 1837, t. III, p. 384. « Le droit de pétition, écrit-il encore, est un droit naturel, celui des faibles, des malcontents et des opprimés de tout âge, de tout sexe, de toute condition et de tout pays » (*ibid.*, pp. 384-385).

46. Pellegrino ROSSI, *Cours de droit constitutionnel*, 2e éd., Paris, 1877, t. III, pp. 159-175.

47. « La pétition, écrit-il ainsi en 1844, c'est la presse des masses, c'est la brochure composée par tous et par chacun, c'est la voix de l'ensemble. Aujourd'hui que le droit d'association est détruit, que la presse est encore restreinte aux mains de ceux qui ont de l'argent, la pétition, c'est autre chose qu'un journal, organe d'un parti seulement ; la pétition, c'est bien mieux que l'expression individuelle d'une opinion,

d'une prétention. La pétition, si vous le voulez, c'est tout le monde, l'œuvre comme le droit de tout le monde ; c'est une édition des pensées publiques qui n'a besoin ni d'abonnés, ni d'actionnaires, ni de prôneurs, ni de beau style ; dont l'éloquence est dans l'énergique vérité des fais, la modération des paroles, le nombre des signatures, et dont le public même est l'auteur » (*Manifeste aux travailleurs*, 2 novembre 1844, repris dans LEDRU-ROLLIN, *Discours politiques et écrits divers*, Paris, 1879, t. I, p. 123).

48. « Du droit de pétition » (1851), *in* Émile DE GIRARDIN, *Questions de mon temps, 1836 à 1856*, Paris, 1858, t. X, p. 132.

49. *Ibid.*, p. 131.

50. Intervention de Colfavru, le 2 juillet 1851, *Le Moniteur universel*, 3 juillet 1851, p. 1876.

51. Voir, sur ce point, la proposition parlementaire de CHAPOT et le rapport de Quentin BAUCHART fait le 28 mai 1851 (Supplément au n° 149 du *Moniteur universel*, 29 mai 1851, pp. II-IV). Le projet ne fut repoussé que de justesse. Pour un point de vue critique, voir l'article de Victor SCHOELCHER, « Les femmes et le droit de pétition », *La République universelle*, 1er septembre 1851, pp. 251-255.

52. Intervention d'Eugène Tallon, le 23 juin 1873, *Annales de l'Assemblée nationale*, t. XVIII, p. 498. La modification du règlement est adoptée le 3 juillet 1873.

53. Cf. J. MOREAU, « Un inconnu : le droit de pétition sous la IVe République. Essai sur la notion de recours parlementaire », *Travaux juridiques et économiques de l'Université de Rennes*, t. XXI, 1958. Voir aussi Eugène PIERRE, *Traité de droit politique, électoral et parlementaire*, *op. cit.*, pp. 661-677, et Jean-Gabriel CONTAMIN, « La réception parlementaire d'une pratique politique périphérique : le droit de pétition entre réfraction et réflexion », *in* C.U.R.A.P.P., *La Politique ailleurs*, Paris, P.U.F., 1998.

54. Cf., par exemple, *Le Droit de pétition. Humbles observations d'un montagnard*, Paris, s.d. (1873).

55. Il publie *Les Lois de l'imitation* en 1890 et *L'Opinion et la foule* en 1901. Pour une première approche, voir D. REYNIÉ, « Gabriel Tarde, théoricien de l'opinion » (introduction à la réédition de *L'Opinion et la foule*, Paris, P.U.F., 1989), et

Amédée Matagrin, *La Psychologie sociale de Gabriel Tarde*, Paris, 1910.

56. Il donne ce titre à un chapitre de son ouvrage (cf. *La République américaine*, 2e éd., Paris, 1912, t. III, pp. 378-388). L'expression figure dès la première édition (1888).

57. *Ibid.*, p. 383.

58. Il note par exemple : « Dans l'Occident, l'opinion, dans la très grande acception de ce mot, gouverne » (*Leçons sur les rapports entre le droit et l'opinion publique*, *op. cit.*, p. 4). Mais il faut souligner que Bryce et Dicey ne donnent pas tout à fait la même définition de l'opinion publique.

59. J. Bryce, *La République américaine*, *op. cit.*, t. III, p. 384.

60. « Le suffrage universel, écrit Tarde, n'a peut-être de valeur, mais une valeur sérieuse, que par un côté non remarqué ; à savoir, comme un *travail intermittent de statistique politique* par lequel une nation est appelée à prendre conscience des changements qui s'opèrent dans ses vœux et ses opinions sur des questions vitales » (*Les Lois de l'imitation*, 2e éd. augmentée, Paris, 1895, pp. 117-118 ; c'est lui qui souligne).

61. La mesure de l'opinion a en outre pour avantage à ses yeux de prendre en compte les vœux de tous ceux qui n'ont pas le droit de vote. Cf. sur ce point ses développements dans « Le suffrage dit universel », in *Études pénales et sociales*, Paris, 1892.

LA RÉPUBLIQUE ET L'ATELIER

1. *Revue républicaine*, t. III, 1834, pp. 289-302. L'article est présenté comme le premier d'une série. Ils ne seront pas publiés (la revue s'arrête en 1835 avec son tome V).

2. La dénonciation de la féodalité financière se trouve alors dans la littérature ouvrière, mais est aussi développée dans les milieux légitimistes. Cf., notamment, l'ouvrage clef d'Alban Villeneuve-Bargemont, *Économie politique chrétienne*, 1834, 3 vol. Pour une vue d'ensemble du problème, se reporter à Léon Epsztein, *L'Économie et la morale au début*

du capitalisme industriel en France et en Grande-Bretagne, Paris, 1966.

3. Art. cité, p. 296.

4. *Ibid.*, p. 295.

5. Cf. les textes rassemblés par Alain FAURE et Jacques RANCIÈRE dans *La Parole ouvrière (1830-1851)*, Paris, 1976. Voir aussi les ouvrages fameux de Charles Fourier et de Louis Blanc.

6. Charles LABOULAYE, *Organisation du travail. De la démocratie industrielle*, Paris, 1848. L'auteur oppose la perspective d'une diffusion de la propriété, qu'il met en parallèle avec l'universalisation du vote, à l'idée d'une organisation centralisée du travail que défend Louis Blanc.

7. Il utilise l'expression pour la première fois en 1853. Cf. P.-J. PROUDHON, *Manuel du spéculateur à la bourse* (1853), nouv. éd., Paris, 1876, P. 408.

8. ID., *Des réformes à opérer dans l'exploitation des chemins de fer*, Paris, 1855, pp. 332 et 375. Proudhon commente notamment dans ce livre les travaux du grand civiliste Raymond-Théodore TROPLONG (*Du contrat de société civile et commerciale*, Paris, 1843, 2 vol.). L'organisation moderne des sociétés anonymes a été fixée par la loi du 24 juillet 1867. Proudhon considère que les formes juridiques antérieures de sociétés (au premier rang desquelles la commandite par actions) étaient calquées sur le modèle d'une « monarchie tempérée ».

9. P.-J. PROUDHON, *De la capacité politique des classes ouvrières* (1865), édition établie par Maxime Leroy, Paris, 1924, p. 194.

10. Cf. sur ce point central les développements dans *Du principe fédératif* (1863), ainsi que dans ses deux grands ouvrages posthumes, *Contradictions politiques. Théorie du mouvement constitutionnel au XIXe siècle* (1865), et *De la capacité politique des classes ouvrières* (1865).

11. *De la capacité politique des classes ouvrières, op. cit.*, p. 216.

12. « La démocratie politique, dit-il encore, est insuffisante : ce que nous voulons, c'est que le travailleur, non seulement ait un bulletin de vote pour nommer un représentant politique, mais soit, dans l'usine, capable de participer lui-

même à la direction des affaires de l'industrie dans laquelle il travaille » (« Le Sillon et l'action syndicale », *in* Marc SANGNIER, *Discours,* t. II, Paris, 1910, p. 71). Voir Jeanne CARON, *Le Sillon et la démocratie moderne, 1894-1910,* Paris, 1966.

13. Résolution du IVe congrès du Parti socialiste français (Tours, mars 1902). Reproduite en annexe à Alexandre ZÉVAÈS, *Le Socialisme en France depuis 1871,* Paris, 1908, pp. 254-260. C'est moi qui souligne la formule extraordinaire sur le suffrage universel déjà mentionnée au chapitre VIII.

14. *Ibid.* « De même que tous les citoyens possèdent et manient en commun, démocratiquement, le pouvoir politique, poursuit la résolution, ils doivent posséder et manier en commun le pouvoir économique et les moyens de production. Ils doivent nommer eux-mêmes les chefs du travail dans les ateliers comme ils nomment les chefs du gouvernement dans la cité et réserver à ceux qui travaillent et à la communauté tout le produit du travail » *(ibid.).*

15. Jules GUESDE, « République et socialisme », *Le Socialiste,* 4 septembre 1898. Il souligne dans cet article que la « nationalisation de la propriété » participe de l'entreprise plus large de « nationalisation de la souveraineté ».

16. *La République du travail* est le titre d'un ouvrage célèbre (publié en 1889) de Jean-Baptiste GODIN, le disciple de Fourier, fondateur du familistère de Guise.

17. Discours du 16 septembre 1919 sur la ratification du traité de Versailles, *Annales de la Chambre des députés,* session ordinaire de 1919, p. 3925.

18. Cf. Gilbert HATRY, « Les délégués d'atelier aux usines Renault », et Alain HENNEBICQUE, « Albert Thomas et le régime des usines de guerre, 1915-1917 », *in* Patrick FRIDENSON (éd.), *14-18, l'autre front,* Paris, 1977. Voir aussi John HORNE, *Labour at War : France and Britain, 1914-1918,* Oxford, Clarendon Press, 1991.

19. Cité par Gérard DEHOVE, *Le Contrôle ouvrier en France,* Paris, 1937, p. 11.

20. Article publié le 1er mai 1917 dans *La Voix du peuple.* Reproduit dans *La C.G.T. et le mouvement syndical,* Paris, 1925, pp. 156-157 (indispensable recueil de textes de la C.G.T. publié à l'occasion de son trentième anniversaire). Le programme élaboré au congrès de Clermont-Ferrand

(décembre 1917) demande pareillement pour la classe ouvrière « sa part de gestion technique dans l'organisation de la production et son droit d'intervention non seulement dans le règlement des questions de salaires, de durée de travail, d'apprentissage, d'hygiène et de sécurité, mais aussi dans l'administration et la gestion de la production » (*La Voix du peuple*, 1er février 1918).

21. Adopté en décembre 1918, il est reproduit dans *La C.G.T. et le mouvement syndical, op. cit.*, pp. 165-171. Voir à son propos Léon Jouhaux, *Le Syndicalisme et la C.G.T.*, Paris, 1920.

22. Leur position est bien résumée dans la brochure de Théophile Argence et Auguste Herclet, *Le Contrôle ouvrier et les comités d'atelier*, Paris, 1921 (n° 10 des *Cahiers du travail*).

23. Cf. *L'Information sociale* du 30 janvier 1921. L'hebdomadaire *L'Information ouvrière et sociale*, devenu en 1921 *L'Information sociale*, constitue la meilleure source d'information sur les positions et les actions patronales et syndicales de l'époque.

24. Il semble que l'expression ait été employée pour la première fois par le député des Hautes-Alpes, Georges Noblemaire, un polytechnicien administrateur du P.L.M., dans un discours du 19 février 1920 à la Chambre des députés. Voir aussi son article « Patrons de droit divin et organisation du travail », *Europe nouvelle*, 19 novembre 1921.

25. Cf. Charles Dulot, « Les monarchistes industriels », *L'Information sociale*, 22 mars 1923.

26. *Ibid.*

27. « L'industrie est monarchique », *Écho des mines et de la métallurgie* du 1er février 1923, reproduit dans *L'Information sociale* du 22 mars 1923.

28. Cf., par exemple, l'article, « La démocratie industrielle, un rapprochement historique (1848-1921) », *L'Information sociale*, 30 janvier 1921.

29. Cf. Aimée Moutet, *Les Logiques de l'entreprise : la rationalisation dans l'industrie française de l'entre-deux-guerres*, Paris, Éd. de l'E.H.E.S.S., 1997.

30. Mais l'idée est essentiellement chez eux d'envisager une gestion étatique de l'économie. Ils ne donnent donc pas

au terme de démocratie industrielle le sens qu'il prendra vingt ans plus tard.

31. Voir sur ce point les articles classiques d'Élie HALÉVY repris dans *L'Ère des tyrannies. Études sur le socialisme et la guerre*, Paris, 1938.

32. Le livre de George Douglas Howard COLE, *Self-government in Industry* est publié en 1918. Cf. la thèse qu'André PHILIP consacre au sujet : *Guild-socialisme et trade-unionisme. Quelques aspects nouveaux du mouvement ouvrier anglais*, Paris, 1923.

33. Toutes ces expériences sont amplement présentées dans la *Revue internationale du travail* (éditée à partir de 1921 par le jeune B.I.T. à Genève) et dans le *Bulletin du ministère du travail* (en France). Voir aussi quelques thèses bien documentées : André ARNOU, *La Participation des travailleurs à la gestion des entreprises. La collaboration ouvrière*, paris, 1920; Maurice FRELÉCHOUX, *Le Contrôle ouvrier dans l'industrie*, Macon, 1923; Pierre LUCIEN-BRUN, *Le Droit des travailleurs à la cogestion et au contrôle des entreprises*, Lyon, 1923; André MAGNIER, *La Participation du personnel à la gestion des entreprises*, Meulan, 1945.

34. Cf. Arthur TODD, « Vers un gouvernement constitutionnel de l'industrie », *Revue de l'Institut de sociologie (Instituts Solvay)*, novembre 1921.

35. Cf. par exemple Édouard BERNSTEIN, « La loi allemande sur les conseils d'entreprises et sa portée », *Revue internationale du travail*, février 1921. Se reporter aussi à son article plus ancien, « Des forces de la démocratie industrielle », *Le Mouvement socialiste*, 1er septembre 1899.

36. « L'objectif final du mouvement universel vers le contrôle ouvrier, écrit celui-ci, c'est de réaliser dans le domaine de la production, de la gestion des usines, des ateliers, des charbonnages et des bureaux, les principes fondamentaux de la démocratie : le gouvernement avec le consentement des gouvernés, le droit de tous à savoir comment agit ce gouvernement, à collaborer à l'établissement de ses règles et à surveiller son action; c'est le remplacement de l'autorité absolue d'un patron ou d'un groupement de financiers absentéistes par l'autorité collective de tous ceux qui prennent part

à la production» (Préface au *Manuel du sectionnaire métallurgiste belge*, s.d. [vers 1920], p. III).

37. Cité par Célestin BOUGLÉ, «Ce que la guerre exige de la démocratie française», in *Les Démocraties modernes* (collectif), Paris, 1921, p. 35.

38. Émile FAGUET, *Le Culte de l'incompétence*, Paris, 1910, p. 29.

39. Cf. l'ouvrage important de Joseph BARTHÉLEMY, *Le Problème de la compétence dans la démocratie*, Paris, 1918.

40. *Op. cit.*, p. 90.

41. Voir, pour une première approche : Stéphane RIALS, *Administration et organisation, 1910-1930. De l'organisation de la bataille à la bataille de l'organisation dans l'administration française*, Paris, 1977 ; Gérard BRUN, *Technocrates et technocratie en France (1914-1945)*, Paris, 1985.

42. Henri CHARDON, *L'Organisation de la République pour la paix*, Paris, 1927, p. XXVII.

43. *Ibid.*, p. 2. On peut aussi se reporter dans le même esprit à l'œuvre alors influente du fondateur des «universités populaires», disciple d'Auguste Comte, Georges DEHERME. Cf. notamment : *Les Forces à régler : le nombre et l'opinion publique* (1919) ; *L'Organisation d'une démocratie : le nombre, l'élite* (1921) ; *Démocratie et sociocratie* (1930).

44. Cf. Marc BOURBONNAIS, *Le Néo-saint-simonisme et la vie sociale d'aujourd'hui*, Paris, 1923.

45. Cf. Georges GUY-GRAND, *La Démocratie et l'après-guerre*, Paris, 1922.

46. «Tel est le principe du régime que nous nous efforçons de réaliser», note-t-il (*Le Syndicalisme et la C.G.T., op. cit.*, p. 18).

47. Une monumentale édition critique des *Œuvres complètes* de Proudhon, entreprise sous la direction de Célestin Bouglé et Henri Moysset, paraît ainsi à partir de 1923 (21 volumes seront publiés).

48. On ne dispose, hélas, que de minces articles sur ce personnage clef. Outre les références données dans le *Dictionnaire biographique du mouvement ouvrier*, voir Patrick ZYLBERMAN, «Maxime Leroy, analyste du déclin de la loi révolutionnaire», *History of European Ideas*, vol. XI, 1989.

49. Maxime LEROY, *Pour gouverner*, Paris, 1918, pp. 50-51.

50. *Ibid.*, p. 53.

51. Id., *Les Techniques nouvelles du syndicalisme,* Paris, 1921, p. 204.

52. *Ibid.*, p. 131. On peut aussi se reporter, dans le même esprit, à Célestin Bouglé. Cf., par exemple, « Entre citoyens et producteurs », *Revue de métaphysique et de morale*, n° 3, 1920.

53. Robert Francq, *Le Travail au pouvoir. Essai d'organisation technique de l'État démocratique*, Paris, 1920. L'auteur créa l'Ustica, l'Union des techniciens et ingénieurs proche de la C.G.T., qui prit une part très active au lancement du Conseil économique du travail.

DIFFÉRENCES ET RÉPÉTITIONS

1. Joseph Barthélemy et Paul Duez, *Traité élémentaire de droit constitutionnel*, Paris, 1926. L'ouvrage éclaire de façon très intéressante le fonctionnement pratique du régime.

2. Voir le chapitre v, « La démocratie des partis », *Le Peuple introuvable, op. cit.*

3. Union interparlementaire, *L'Évolution actuelle du régime représentatif*, Genève, 1928.

4. Voir notamment les développements de Joseph Barthélemy, « La crise de la démocratie représentative », *Revue du droit public*, t. 45, 1928, et *La Crise de la démocratie contemporaine*, Paris, 1931, ainsi que la synthèse de Laurence Lowell, « La crise des gouvernements représentatifs et parlementaires dans les démocraties modernes », *Revue du droit public*, t. 45, 1928. Voir aussi les nombreuses références données par Robert Gooch, « The Antiparliamentary Movement in France », *American Political Science Review*, vol. XXI, août 1927.

5. Cette dernière expression est d'Alexandre Marc, un des animateurs d'*Ordre nouveau*, cité par Jean-Louis Loubet del Bayle, *Les Non-Conformistes des années 30, une tentative de renouvellement de la pensée politique française*, Paris, 1969, p. 212.

6. Charles Benoist, « Les maladies de la démocratie. La parlementarite », *Revue des Deux Mondes*, 15 avril 1925.

7. Pour une synthèse sur ces différents projets, cf. Nicolas ROUSSELIER, « La contestation du modèle républicain dans les années 1930 : la réforme de l'État », *in* Serge BERSTEIN et Odile RUDELLE, *Le Modèle républicain*, Paris, P.U.F., 1922.

8. *Traité élémentaire de droit constitutionnel, op. cit.*, p. 135.

9. « Un programme constitutionnel », *Le Populaire*, 22 novembre 1927, repris dans *L'Œuvre de Léon Blum*, Paris, Albin Michel, 1972, t. III, vol. 2, p. 14.

10. Lois du 24 juin 1936.

11. « La représentation du suffrage universel direct doit rester souveraine pour les attributions essentielles de l'État », souligne sans équivoques le *Plan* adopté par la C.G.T. en 1935. Cf. Raymond VEILLARD, *Le Plan de la C.G.T.*, Annecy, 1938.

12. Le décret du 23 octobre 1935 tente d'abord de distinguer et de caractériser le cortège et la manifestation. Mais il ne définit pourtant pas encore un « droit » à la manifestation. Il se contente de donner un cadre aux pratiques en prévoyant une procédure de déclaration et d'autorisation, tout en précisant *négativement* la nature et la portée des pouvoirs de police restrictifs en la matière.

13. On peut cependant observer que le premier projet de constitution d'avril 1946 avait inscrit « le droit de défiler librement sur la voie publique » (projet globalement repoussé par le référendum de mai 1946).

14. L'expression est de D. TARTAKOWSKY à propos du tournant de 1934-1935 (*Les Manifestations de rue en France, op. cit.*, p. 801).

15. Voir tout spécialement l'ouvrage solide et documenté de Loïc BLONDIAUX, *La Fabrique de l'opinion. Une histoire sociale des sondages*, Paris, Éd. du Seuil, 1998. Consulter également Joëlle ZASK, *L'Opinion publique et son double*, livre I, *L'Opinion sondée*, livre II, *John Dewey, philosophe du public*, Paris, L'Harmattan, 1999.

16. *Le Peuple*, organe de la C.G.T., note ainsi en 1939 à leur propos qu'« un instrument nouveau est ainsi fourni à la démocratie » et appelle en conséquence le gouvernement à les prendre en compte (cité par D. REYNIÉ, *le Triomphe de l'opinion publique, op. cit.*, p. 345).

17. Il faut en fait attendre la Vᵉ République pour que la France se convertisse vraiment aux sondages, l'entrée dans l'ère de l'opinion coïncidant alors avec le déclin de la doctrine antérieure de la souveraineté parlementaire. Cf. L. Blondiaux, « Le règne de l'opinion. Chronique d'une prise de pouvoir », *Le Débat*, janvier-février 1996 (voir aussi dans le même numéro les entretiens avec Roland Sadoun et Pierre Weill).

18. Le 24 mai 1936, 600 000 manifestants défilent ainsi devant le mur des Fédérés tandis que le défilé du 14-Juillet rassemble un million de personnes. Cf. D. Tartakowsky, « Manifestations, fêtes et rassemblements à Paris, juin 1936-novembre 1938 », *Vingtième siècle*, juillet-septembre 1990.

19. Cf., à propos de cette période, le chapitre « La manifestation comme fête de la souveraineté » de l'ouvrage de D. Tartakowsky, *Les Manifestations de rue en France, 1918-1968, op. cit.*

20. « Jamais, en France, écrit alors Léon Blum, on n'a pu séparer impunément ces deux forces vivantes : l'idée républicaine, la passion révolutionnaire du peuple » (« Ils sont morts pour la République », *Le Populaire*, 24 mai 1936).

21. Viviani note par exemple à propos du traité de Versailles qu'il s'agit du « premier traité qui se présente sous l'égide de la démocratie internationale » (discours cité du 16 septembre 1919, p. 3924).

22. Pour de plus amples développements, voir le chapitre VI, « L'avènement du syndicalisme », in *Le Peuple introuvable, op. cit.*, ainsi que mon ouvrage *La Question syndicale*, nouv. éd., Paris, Pluriel, 1999.

23. La distinction formel/réel appartient au vocabulaire de Marx. Mais sans être directement appliquée par lui à la question de la démocratie.

24. Cf. « Élections et élection », *Bulletin communiste*, 24 février 1921, p. 113.

25. Cf. l'importante résolution « Le parti communiste et le parlementarisme », adoptée au IIᵉ congrès de l'Internationale communiste (juillet 1920). Reproduite dans *Manifestes, thèses et résolutions des quatre premiers Congrès de l'Internationale communiste*, Paris, 1934, pp. 66-69. Les articles sur

la question sont nombreux en 1920 dans le *Bulletin communiste.*

26. Voir sur ce point l'article bien informé de Pierre BIRNBAUM, « La question des élections dans la pensée socialiste », in *Critique des pratiques politiques,* Paris, 1978.

27. Les textes abondent qui soulignent cette conception. Pour une présentation synthétique, voir les *Thèses sur la bourgeoisie et la dictature prolétarienne* que Lénine présente au Ier congrès de l'Internationale (cf. *Manifestes, thèses et résolutions..., op. cit.,* pp. 6-10) ; les formules citées lui sont empruntées.

28. Cf. Marcel CACHIN, « Démocratie et soviétisme », *L'Humanité,* 17 août 1920.

29. La formule est employée dans le célèbre chapitre « Démocratie bourgeoise et démocratie prolétarienne » de la brochure *La Révolution prolétarienne et le renégat Kautsky,* Moscou, 1918, *in* V. LÉNINE, *Œuvres,* Moscou, t. XXVIII, 1961, p. 257.

30. Victor CAT, *Le Bloc ouvrier-paysan,* Paris, 1925, p. 22.

31. Le point a justement été souligné par Louis DUMONT dans ses *Essais sur l'individualisme,* Paris, Éd. du Seuil, 1983.

32. Max ADLER, *Démocratie et conseils ouvriers* (1919), nouv. éd., Paris, 1967, p. 54. Il souligne : « La démocratie dans un État capitaliste est dépourvue de la condition fondamentale sans laquelle l'autodétermination du peuple est impossible : *Un Peuple homogène* » (*ibid.,* souligné par lui).

33. Voir, sur ce point, les développements classiques de Kostas PAPAIOANNOU, *De Marx et du marxisme,* Paris, Gallimard, 1983, et de Claude LEFORT, *Éléments d'une critique de la bureaucratie,* Genève, Droz, 1971.

34. Cf. Guy HERMET, Alain ROUQUIÉ, Juan LINZ, *Des élections pas comme les autres,* Paris, Presses de la F.N.S.P., 1978, ainsi que George Barr CARSON Jr., *Electoral practices in the USSR,* New York, 1955.

35. Voir sur ce point Claude LEFORT, *Un homme en trop. Réflexions sur « L'Archipel du Goulag »,* Paris, Éd. du Seuil, 1976.

36. L'article 142 de la Constitution soviétique de 1936 stipule : « Chaque député est tenu de rendre compte aux électeurs de son travail ainsi que du travail du Soviet des dépu-

tés des travailleurs ; il peut être rappelé à tout moment par décision de la majorité des électeurs selon la procédure établie par la loi. » Le P.C.F. appellera dans cet esprit, en 1944, à la mise en place de procédures constitutionnelles de révocabilité des députés (cf. Georges COGNIOT, « Comment démocratiser la constitution de la France », *La Pensée*, n° 1, octobre-décembre 1944, pp. 122-123).

37. Cf., par exemple, Marcel CACHIN, « Candidats de classe », *L'Humanité*, 5 avril 1932. Voir aussi les longs développements sur ce point d'André RIBARD, *Le Peuple au pouvoir*, Paris, 1936 (une des meilleures synthèses sur la vision communiste de la démocratie).

38. Voir l'exposé archétypique de Jean BRUHAT, « Élections et démocratie en U.R.S.S. », *Démocratie nouvelle*, n° 3, 1947.

39. Cf. M. KROUTOGOLOV, « La participation du peuple soviétique à l'administration de l'État », in *Recueils de la Société Jean Bodin*, série *Gouvernés et gouvernants*, Bruxelles, 1965, t. XXVII, p. 333. Voir du même auteur et dans la même veine, *Qu'est-ce que la démocratie soviétique ?*, Moscou, 1978. Voir aussi Jean-Guy COLLIGNON, *La Théorie de l'État du peuple tout entier en Union soviétique*, Paris, P.U.F., 1967.

40. M. CACHIN, « Démocratie et soviétisme », art. cité.

41. « Dans la société communiste, note Lénine, la démocratie commencera à s'éteindre pour cette simple raison que, délivrés de l'esclavage capitaliste, des horreurs, des sauvageries, des absurdités, des ignominies sans nombre de l'exploitation capitaliste, les hommes s'habitueront graduellement à respecter les règles élémentaires de la vie en société connues depuis des siècles, à les respecter sans violence, sans contraintes, sans soumission, sans cet appareil spécial de coercition qui a un nom : l'État » (*L'État et la révolution* [1917], nouv. éd., Paris, 1964, p. 102).

42. Le léninisme-stalinisme renoue donc aussi par là avec les idéologies du gouvernement simple du XIXe siècle. Cf. la référence célèbre de Lénine à la capacité de la cuisinière à gouverner, qui radicalise ce thème.

43. Même si cette dimension « politique » n'en épuise évidemment pas le sens et n'en caractérise pas non plus de façon suffisante les institutions.

44. Sans que l'on ait besoin pour cela de réduire la pen-

sée du grand juriste à une simple apologétique du nazisme. Voir, sur cette question complexe, la mise au point d'Olivier Beaud, *Les Derniers jours de Weimar. Carl Schmitt face à l'avènement du nazisme,* Paris, Descartes et Cie, 1997.

45. Carl Schmitt, *Parlementarisme et démocratie,* Paris, Éd. du Seuil, 1988 (avec une préface de Pasquale Pasquino).

46. Schmitt note dès cette époque que « le bolchevisme et le fascisme sont certes antilibéraux, comme toute dictature, mais pas nécessairement antidémocratiques » (*Parlementarisme et démocratie, op. cit.,* p. 115).

47. Carl Schmitt, *Théorie de la constitution* (1928), Paris, P.U.F., 1993 (avec une très importante préface d'Olivier Beaud).

48. *Ibid.,* p. 371. Souligné par lui.

49. « La notion essentielle de la démocratie, c'est le peuple et non l'humanité. Si la démocratie doit rester une forme politique, il n'y a que des démocraties de peuples et pas de démocratie de l'humanité » *(ibid.).*

50. Il écrit : « La méthode du vote individuel secret n'est pas démocratique : c'est une expression de l'individualisme libéral [...]. Car poussés jusqu'à leur terme, l'élection et la votation par vote individuel transforment le citoyen — donc la figure spécifiquement démocratique, c'est-à-dire politique — en un homme privé qui, venant de la sphère du privé, exprime une opinion privée » (*ibid.,* p. 383).

51. C'est dans cette voie que Schmitt avait envisagé au début de sa vie intellectuelle le dépassement du libéralisme. Cf. son *Römischer Katholizismus und politische Form,* Stuttgart, 1923.

52. Carl Schmitt, *État, mouvement, peuple. L'organisation triadique du pouvoir,* Paris, Kimé, 1997 (traduction, introduction et commentaire d'Agnès Pilleul).

53. Parlant de la guidance, il note : « C'est un concept d'une contemporanéité immédiate et d'une *présence réelle* » (*État, mouvement, peuple..., op. cit.,* p. 58, souligné par lui).

54. *Ibid.,* p. 59. « Seule l'identité raciale peut empêcher que le pouvoir du *Führer* ne devienne tyrannie ou arbitraire », précise-t-il *(ibid.).*

55. *Ibid.,* p. 48. « La reconnaissance de la diversité de vie propre à chacun, poursuit-il, mènerait tout de suite à une

désastreuse division pluraliste du peuple allemand [...]. Chaque unité politique a besoin d'une idée unitaire de forme qui agence dans son ensemble tous les domaines de la vie publique. Même en ce sens, il n'existe pas d'État normal qui ne serait total » *(ibid.)*.

56. *Ibid.*, p. 33.

57. On se souviendra que la cinéaste Léni RIEFENSTAHL avait donné *Le Triomphe de la volonté* pour titre au film documentaire qu'elle avait réalisé en 1934 sur le congrès du N.S.D.A.P. à Nuremberg.

58. Albert THIBAUDET, *Les Idées politiques de la France*, Paris, 1932, p. 239. « La dictature, ajoutait-il, est devenue l'état normal de l'Europe et de l'Asie ; on y entre en sortant du pont de Kehl, on y demeure jusqu'au Pacifique » *(ibid.)*. Sur cette « exception française » et l'invitation à une juste appréciation de la menace fasciste dans les années 1930, voir les commentaires de Jean-François SIRINELLI dans sa synthèse, « Aux marges de la démocratie. De l'agora à la place des pas perdus », *in* Marc SADOUN, *La Démocratie en France*, t. II, *Limites*, Paris, Gallimard, 2000.

59. Cité par J.-Fr. SIRINELLI, « Aux marges de la démocratie », art. cité, p. 255.

60. Cf. Léon BLUM, « Controverse sur la dictature », *Le Populaire*, 19 juillet 1922, in *L'Œuvre de Léon Blum*, *op. cit.*, t. III, vol. 1, pp. 245-252.

61. Wilfredo PARETO, *Traité de sociologie générale* (1916), Genève, Droz, 1968, p. 1442. Voir aussi toute sa célèbre théorie de l'histoire comme « cimetière d'aristocraties » précédemment exposée dans *Les Systèmes socialistes*, publiés en 1902-1903 (Genève, Droz, 1965, 2 vol.), ainsi que *La Transformation de la démocratie* (1921), Genève, Droz, 1970. « La théorie qui voit dans nos Parlements la représentation de l'ensemble de la nation, écrit-il dans ce dernier ouvrage, n'est qu'une fiction. En réalité, les Parlements ne représentent que la partie de la nation qui domine l'autre, soit par la ruse quand prévaut le premier terme de la ploutocratie démagogique, soit par le nombre quand c'est au tour du second de prendre l'avantage » (*op. cit.*, p. 40).

62. « Des notions telles que volonté du peuple, vraie volonté du peuple n'existent plus pour moi depuis long-

temps. Ce sont des fictions », écrit Max Weber en 1908 (lettre à Roberto Michels citée par Wolfgang MOMMSEN, *Max Weber et la politique allemande, 1890-1920,* Paris, P.U.F., 1985, p. 493).

63. Cf. Roberto MICHELS, *Les Partis politiques. Essai sur les tendances oligarchiques des démocraties* (1911), Paris, 1914.

64. On ne s'étonnera pas sur ce point de l'obsession du P.C.F. à souligner que les députés du parti sont différents des autres et qu'ils échappent aux pesanteurs de la trahison représentative. Cf., par exemple, M. CACHIN, « Candidats de classe », art. cité, ou la brochure *Comment choisir des élus qui ne trahissent pas leurs engagements,* Paris, 1951.

65. J. BARTHÉLEMY et P. DUEZ, *Traité élémentaire de droit constitutionnel, op. cit.,* p. 71.

66. Une réédition de la traduction française de Charles EISENMANN (1932) a été publiée en 1988 chez Économica avec une présentation de Michel Troper. Sur la théorie kelsénienne de la démocratie, voir aussi son important article « Foundations of Democracy », *Ethics,* octobre 1955, pp. 1-101. Pour une introduction à l'auteur, se reporter à « La pensée politique de Kelsen », *Cahiers de philosophie politique et juridique de l'université de Caen,* n° 17, 1990.

67. *La Démocratie, op. cit.,* p. 89.

68. *Ibid.,* p. 93. « Il existe, écrit-il encore, une certaine connexion entre la conception métaphysico-absolutiste du monde et une attitude favorable à l'autocratie d'une part, entre une attitude favorable à la démocratie et la conception critique-relativiste du monde de l'autre » (*ibid.,* p. 91).

69. Sur le rapport entre épistémologie et politique dans les milieux du Cercle de Vienne, voir les analyses et les documents rassemblés dans les deux recueils d'Antonia SOULEZ, *Manifeste du Cercle de Vienne et autres écrits,* Paris, P.U.F., 1985, et d'Antonia SOULEZ et Jan SEBESTIK, *Le Cercle de Vienne, doctrines et controverses,* Paris, Klincksieck, 1986.

70. Karl POPPER, *La Leçon de ce siècle,* Paris, Anatolia, 1993, p. 89. Nous citons ce recueil car il contient un ensemble de textes très représentatifs de la conception poppérienne de la démocratie. Voir aussi son article « Sur la théorie de la démocratie », *Médiaspouvoirs,* n° 10, avril-juin 1988. Sur le lien épistémologie et politique chez cet auteur,

voir Alain Boyer, « Libéralisme, démocratie et rationalité », in *L'Âge de la science. Lectures philosophiques*, vol. I, *Éthique et philosophie politique*, Paris, Odile Jacob, 1988.

71. *Ibid.*, pp. 131 et 89.

72. La volonté du peuple n'est guère plus qu'« un ramassis confus de vagues impulsions mollement rattachées à des slogans tout faits et à des impressions erronées » (Joseph Schumpeter, *Capitalisme, socialisme et démocratie*, Paris, Payot, 1972, p. 334).

73. D'où sa célèbre définition : « La méthode démocratique est le système institutionnel, aboutissant à des décisions politiques, dans lequel des individus acquièrent le pouvoir de statuer sur ces décisions à l'issue d'une lutte concurrentielle portant sur les votes du peuple » (*ibid.*, p. 355). Voir tout le chapitre xxii, « Une théorie alternative de la démocratie », ainsi que la conclusion de l'ouvrage. Cf. à ce propos Lucien-Pierre Bouchard, *Schumpeter, la démocratie désenchantée*, Paris, Michalon, 2000.

74. *Ibid.*, p. 375.

75. Cf. José Ortega y Gasset, *La Révolte des masses* (1929), trad. fr., Paris, 1937.

76. L'expression est de Pierre Manent dans la conclusion de son *Tocqueville et la nature de la démocratie, op. cit.*, p. 181.

77. On attend sur ce point l'ouvrage de Gaetano Quagliariello consacré à la genèse de l'idée de référendum dans la Ve République.

78. La première mention de ce terme en français se trouve, à ma connaissance, dans une série d'articles consacrés à la Yougoslavie publiés dans *Le Monde*, entre le 1er et le 7 mars 1960, sous la plume de G. Castellan (« Yougoslavie : un protestantisme marxiste »). Le premier article porte comme sous-titre : « Le self-government : l'autogestion ouvrière ». Voir aussi, un peu plus tard, le livre remarqué d'Albert Meister, *Socialisme et autogestion : l'expérience yougoslave*, Paris, 1964. La revue de la C.F.D.T., *Formation*, publiera également en 1964 deux articles (assez positifs) consacrés à l'autogestion yougoslave, à la suite de la visite de plusieurs de ses responsables dans ce pays (nos 58 et 60).

79. Communiqué du Bureau confédéral du 16 mai 1968.

80. Cf., sur ce point, les analyses que j'ai développées dans *L'Âge de l'autogestion*, Paris, Éd. du Seuil, 1976, ainsi que dans *Pour une nouvelle culture politique*, Paris, Éd. du Seuil, 1977 (en collaboration avec Patrick VIVERET).

81. Cf. Jacques DELORS, « Vers une autogestion du quotidien », *Le Nouvel Observateur*, 12 septembre 1977. « Aujourd'hui, écrit-il, l'expérimentation sociale devient un combat contre la tentation étatique et pour une sorte d'autogestion du quotidien. » Voir aussi le dossier « Autogestion de la vie quotidienne », *Échanges et projets*, n° 6, 1975. Voir également *Vivre, produire et travailler autrement. Éléments de programme autogestionnaire proposés par le P.S.U.*, Paris, 1978.

82. Titre d'un numéro spécial conjointement publié en novembre 1977 par la revue *Faire* et *Le Nouvel Observateur* pour rendre compte d'un forum sur l'expérimentation sociale organisé par les deux publications.

83. En même temps que des réformes précises étaient accomplies dans des domaines comme celui de la démocratisation de l'entreprise avec les lois Auroux de 1982 : adoption d'un droit d'expression des salariés ; élargissement des droits syndicaux ; instauration d'une « obligation de négocier » pour les employeurs.

84. Pour Hegel, note Éric WEIL, « la politique n'est rien d'autre que la science de la volonté » (*Hegel et l'État*, Paris, Vrin, 1970, p. 32).

85. Voir sur ce point les belles pages de Pierre MANENT dans le chapitre « Le triomphe de la volonté » de *La Cité de l'homme*, Paris, Fayard, 1994. On peut se reporter aussi à la synthèse de Nicolas TENZER dans son article « Volonté » du *Dictionnaire de philosophie politique* de Philippe RAYNAUD et Stéphane RIALS (Paris, P.U.F., 1996).

86. Cf. Stéphane RIALS, « La droite ou l'horreur de la volonté », *Le Débat*, n° 33, janvier 1985.

87. Sur cette question de la découverte de l'inconscient et de la dissolution conséquente de l'image d'un homme maître et possesseur de lui-même, voir les développements intéressants de Marcel GAUCHET, *L'Inconscient cérébral*, Paris, Éd. du Seuil, 1992. Sur les problèmes et les tensions de la souveraineté individuelle dans le monde contemporain, voir

aussi Alain EHRENBERG, *La Fatigue d'être soi. Dépression et société,* Paris, Odile Jacob, 1998.

88. Il suffit de faire référence à Carl Schmitt, d'un côté, et à Lénine, de l'autre, pour faire image. La célébration commune des deux œuvres par certains mériterait d'ailleurs d'être précisément analysée.

89. Voir, par exemple, la célébration emblématique de la figure du travailleur par Ernst Jünger. « La technique, écrit-il, est le mode selon lequel la figure du travailleur mobilise le monde » (*Der Arbeiter,* cité par Jean-François KERVÉGAN, *Hegel, Carl Schmitt. Le politique entre spéculation et positivité,* Paris, P.U.F., 1992, p. 106).

90. On peut se reporter sur ce point à tous les débats sur la politique de l'emploi dans les années 1980-1990. Face à ceux qui déploraient l'absence d'une « véritable volonté politique » de mener la guerre au chômage, on a justement rappelé qu'il y avait aussi à réfléchir sur le sens de la « préférence » implicite et silencieuse pour le chômage qui résultait des comportements réels des acteurs économiques et sociaux.

91. Il faut rappeler aussi, pour reprendre la typologie d'Albert Hirschman, que la société civile s'exprime souvent par le mode de la défection *(exit),* comme c'est notamment le cas pour ce qui concerne les arbitrages de marché, alors que la société politique vit davantage dans l'univers de la prise de parole *(voice).*

92. Cf. encore récemment Benjamin BARBER, *Strong Democracy. Participatory Politics for a New Age,* Berkeley, University Press of California, 1984.

93. Cf. sur ce point les développements de Jean-Marie DONEGANI et de Marc SADOUN, *La Ve République, naissance et mort, op. cit.,* ainsi que la discussion de leurs thèses, notamment par Guy CARCASSONNE et Bernard MANIN, dans l'ensemble consacré par *Le Débat* à cet ouvrage (n° 106, septembre-octobre 1999).

94. Carl SCHMITT, *Théologie politique,* Paris, Gallimard, 1988.

95. Voir sur ce point les développements de Patrick RILEY qui a montré de façon convaincante que Rousseau a emprunté à Malebranche l'idée de volonté générale, celle-ci

qualifiant chez lui la modalité d'intervention de Dieu dans l'histoire (*The General Will before Rousseau. The Transformation of the Divine into the Civic,* Princeton University Press, 1986).

Conclusion

LES VOIES NOUVELLES DE LA SOUVERAINETÉ DU PEUPLE

1. C'est le thème central d'ouvrages comme *La Route de la servitude* (1944) ou *La Constitution de la liberté* (1960). Cette perspective présuppose bien sûr, ce qui est hautement contestable, qu'il n'y a pas de différence entre libéralisme économique et libéralisme politique (cf. sur ce point mon introduction, « Le marché et les trois utopies libérales », à la réédition de 1999 de *Le Capitalisme utopique, op. cit.*).

2. Soulignons que de nombreux mouvements radicaux ont de fait également congédié la question du politique en se situant presque exclusivement sur le terrain des droits. Voir les développements éclairants de Philippe RAYNAUD, « Les nouvelles radicalités. De l'extrême gauche en philosophie », *Le Débat*, n° 105, mai-août 1999.

3. Soulignons là, en outre, que si le problème était seulement de retrouver une volonté forte, le moyen ne serait probablement pas la démocratie. Les leçons de Carl Schmitt sont sur ce point assez édifiantes pour être méditées.

4. Cf. les multiples propositions de cette nature qui ont été émises au moment de la tenue de la réunion de l'Organisation mondiale du commerce à Seattle en décembre 1999.

5. Adrien LEZAY, *Qu'est-ce que la Constitution de 93 ?*, Paris, an III, p. 10. La division des pouvoirs politiques particuliers est dans ce cadre la condition d'un pouvoir social réel plus fort.

6. Je préfère l'expression de « citoyenneté sociale » à celle de « citoyenneté civile » utilisée par Catherine COLLIOT-THÉLÈNE (« L'ignorance du peuple », *in* Gérard DUPRAT, *L'Igno-*

rance du peuple : essais sur la démocratie, Paris, P.U.F., 1998), cette dernière pouvant laisser supposer qu'elle n'est pas aussi « politique » que la forme de citoyenneté exprimée par le vote. Mais la perspective est la même.

7. Il suffit de se reporter aux bibliographies des manuels usuels pour prendre la mesure de l'immense littérature consacrée à ces questions.

8. Cf. Dominique Turpin, « Les juges sont-ils représentatifs ? Réponse : oui », *Commentaire*, été 1992. Voir également sur ce point les célèbres débats de la période révolutionnaire.

9. Il conviendrait en outre de développer, ce que nous ne pouvons faire ici, la question de la représentativité d'*ordre moral* qu'ont certains acteurs dans leur fonction d'alerte sur des urgences, des situations inaperçues de détresse, etc.

10. Notamment le refus d'un contrôle de constitutionnalité des lois.

11. Édouard Laboulaye, *Questions constitutionnelles*, Paris, 1872, p. 373.

12. Il y aurait beaucoup à dire à ce sujet, tant sur l'usage de fait déclinant de la procédure référendaire que sur les hésitations entourant la question de son extension aux problèmes de société. Faute de pouvoir développer ici cette question, nous renvoyons, pour une première approche des problèmes, à quelques réflexions pertinentes sur ces sujets : Gérard Conac et Didier Mauss (éd.), *Le Référendum, quel avenir ?*, Paris, Éd. S.T.H., 1990 ; Francis Hamon, « Actualité du référendum », *Le Débat*, septembre-octobre 1997 ; Laurence Morel, « Le référendum, état des recherches », *Revue française de science politique*, octobre 1992 ; Stéphane Rials, « L'avenir du référendum en France », *La Revue administrative*, novembre-décembre 1979 ; Serge Sur, « Un bilan du référendum en France », *Revue du droit public*, n° 3, 1985.

13. On notera que cette vision toujours fortement discutée a été adoptée comme allant de soi à l'intérieur de la notion de « jugement démocratique » (par un jury populaire jugeant « au nom du peuple français ») avec le principe de la possibilité d'un appel des verdicts de cours d'assises adopté en février 2000. On pourrait aussi interpréter dans cette perspective d'une « démocratie prudentielle » le fait de la cohabitation qui résulte d'expressions contrastées de la volonté populaire.

14. Claude Émeri écrit justement à ce propos que « la crainte du gouvernement des juges est d'autant plus manifeste qu'elle repose sur une sacralisation de l'élection comme source du pouvoir » (« Gouvernement des juges ou veto des sages ? », *Revue du droit public*, mars-avril 1990, p. 336).

15. On peut cependant noter sur ce point les réflexions qui tranchaient de Sismondi. Partant du fait que la pleine souveraineté ne peut être qu'un attribut de l'unanimité (puissance et liberté se superposant alors parfaitement), il avait appréhendé les institutions de régulation et de contrôle des pouvoirs comme des systèmes prudentiels reliant principe démocratique de majorité et impératif philosophique d'unanimité. Cf. ses *Recherches sur les constitutions des peuples libres*, Droz, 1965 (voir l'ensemble du chapitre II, « De la souveraineté du peuple »). Mais la plupart des grands auteurs libéraux des années 1830 préféreront déconstruire la notion de souveraineté proprement dite.

16. Ernest Renan, *La Monarchie constitutionnelle en France*, Paris, 1870, p. 127.

17. Le caractère *indirect* de la démocratie représentative a une fonction positive propre. Il vise, au minimum, à distinguer la décision et la délibération, et à élargir conséquemment la participation à la délibération (alors que la démocratie directe accroît la participation à la décision, en réduisant de fait la participation à la délibération). Voir, sur ce point, les remarques profondes de George Kateb, *The Inner Ocean; Individualism and Democratic Culture*, Ithaca, Cornell University Press, 1992 (chapitre « The Moral Distinctiveness of Representative Democracy »), et de Robert Dahl, *Democracy and its Critics*, New Haven, Yale University Press, 1989 (chapitre « Democracy, Polyarchy and Participation »).

18. Cela va donc plus loin que la « démocratie différée » *(deferred democracy)* évoquée par Iris Marion Young, qui consiste seulement à segmenter les diverses phases de la proposition, de la délibération et de la décision, dans une perspective finalement proche de celle de Condorcet (voir son article « Deferring Group Representation », *Ethnicity and Group Rights*, revue *Nomos*, vol. XXXIX, New York University Press, 1997).

19. La bibliographie sur la question est considérable. Citons les ouvrages les plus importants : Christopher ATERTON, *Teledemocracy. Can Technology Protect Democracy?*, Beverly Hills, Sage Publications, 1987 ; Jeffrey ABRAMSON, Christopher ATERTON, Garry ORREN, *The Electronic Commonwealth : the Impact of Media Technologies on Democratic Politics*, New York, Basic Books, 1988 ; Christal Darryl SLATON, *Televote. Expanding Citizen Participation in the Quantum Age*, New York, Praeger, 1992.

20. Cf. « The Future of Democracy », *The Economist*, 17 juin 1995, et « Happy 21st Century Voters. A Survey of Democracy », *The Economist*, 21 décembre 1996.

21. Cf. Francis BALLE, « Mythes et réalités de la démocratie électronique », *Connaissance politique*, n° 2, mai 1983, et Michael SCHUDSON, « The Limits of Teledemocracy », *The American Prospect*, automne 1992.

22. Un Charles MAURRAS parlait ainsi de « l'immense capital matériel et moral, indivis » et notait : « La nécessité de tenir et de sauver ce fruit du labeur de nos morts peut donc servir à désigner ce qu'il est licite de commander et d'interdire, d'exclure et de garder » (*Discours préliminaire de l'enquête sur la monarchie, in* Ch. MAURRAS, *Dictionnaire politique et critique*, Paris, 1932, t. V, p. 405). Il parlait sur cette base de « la volonté injustifiée du souverain électeur » *(ibid.)*.

23. J'emploie cette expression de préférence à celle de démocratie continue, forgée par Léo HAMON (« Du référendum à la démocratie continue », *Revue française de science politique*, août-octobre 1984) et reprise par Dominique ROUSSEAU (*La Démocratie continue*, Bruxelles, Bruylant, 1995), même si les deux notions présentent des points communs.

24. Voir, sur cette question décisive, la contribution suggestive de Stephen HOLMES, « Precommitment and the Paradox of Democracy », *in* Jon ELSTER et Rune SLAGSTAD, *Constitutionalism and Democracy*, Cambridge University Press, 1988.

25. Victor HUGO, *Choses vues*, édition établie par Hubert Juin, t. III (1849-1869), Paris, Gallimard, 1972, p. 352.

26. Cf. F. ZAKARIA, « De la démocratie illibérale », art. cité.

27. La perspective atomistique n'étant d'ailleurs pas tant fondée anthropologiquement que justifiée historiquement,

comme condition du désengagement de la société de corps. Voir sur ces questions les mises au point salutaires d'Alain Renaut, *L'Ère de l'individu. Contribution à une histoire de la subjectivité*, Paris, Gallimard, 1989.

28. Je me permets de renvoyer sur ce point aux deux articles que j'ai consacrés à la question : « Mais où est donc passée l'autogestion ? », *Passé présent*, n° 4, 1984 ; « Formation et désintégration de la galaxie "auto" », in *L'Auto-organisation, de la physique au politique*, sous la direction de Paul Dumouchel et de Jean-Pierre Dupuy, Paris, Éd. du Seuil, 1983.

29. Le changement de tonalité avec les approches des années 1970 est très sensible dans le rapport remis par Jean Auroux, alors ministre du Travail, sur *Les Droits des travailleurs* (La Documentation française, septembre 1981). « Citoyens dans la cité, les travailleurs doivent l'être aussi dans leur entreprise », lit-on dans son introduction (p. 3). La démocratie économique est désormais assimilée à la réalisation d'une « entreprise de droit ». Le rapport va même jusqu'à noter qu'« il n'est pas question de remettre en cause dans le secteur privé l'unité de direction et de décision dans l'entreprise » (p. 4), tandis que le mot d'autogestion n'est pas prononcé une seule fois.

30. Cf. les remarques éclairantes de Jean Combacau, « Pas une puissance, une liberté : la souveraineté internationale de l'État », *Pouvoirs*, n° 67, 1993.

31. Par quoi on retrouve d'ailleurs la perspective aristotélicienne classique. Cf. sur ce point Cornelius Castoriadis, *Les Carrefours du labyrinthe*, Paris, Éd. du Seuil, 1978, et Pierre Manent, *La Cité de l'homme, op. cit.*

32. Expression forgée par analogie avec celle de *state failures* ou de *market failures*.

33. Cette distinction essentielle entre régulation et institution serait à développer pour penser la question européenne ou la notion de fédéralisme.

34. Cf. sur ce point Daniel Cohen, *Richesse du monde et pauvreté des nations*, Paris, Flammarion, 1997 ; Allen Buchanan, *Secession. The Morality of Political Divorce*, Boulder, Westview Press, 1991 ; Alberto Alesina et Enrico Spolaore, « On the Number and Size of Nations », *The Quarterly Journal of Economics*, novembre 1997.

INDEX

DU MÊME AUTEUR

Aux Éditions Gallimard

LE MOMENT GUIZOT, « Bibliothèque des sciences humaines », 1985.

LE SACRE DU CITOYEN. Histoire du suffrage universel en France, « Bibliothèque des histoires », 1992 ; Folio histoire n° 100.

LE PEUPLE INTROUVABLE. Histoire de la représentation démocratique en France, « Bibliothèque des histoires », 1998 ; Folio histoire n° 118.

Chez d'autres éditeurs

L'ÂGE DE L'AUTOGESTION, Éd. du Seuil, 1976.

POUR UNE NOUVELLE CULTURE POLITIQUE (en collaboration avec Patrick Viveret), Éd. du Seuil, 1977.

LE CAPITALISME UTOPIQUE. Histoire de l'idée de marché, Éd. du Seuil, 1979.

LA CRISE DE L'ÉTAT-PROVIDENCE, Éd. du Seuil, 1981.

MISÈRE DE L'ÉCONOMIE, Éd. du Seuil, 1983.

LA QUESTION SYNDICALE, Calmann-Lévy, 1988.

LA RÉPUBLIQUE DU CENTRE OU LA FIN DE L'EXCEPTION FRANÇAISE (en collaboration avec François Furet et Jacques Julliard), Calmann-Lévy, 1988.

L'ÉTAT EN FRANCE DE 1789 À NOS JOURS, Éd. du Seuil, 1990.

LA MONARCHIE IMPOSSIBLE. Histoire des Chartes de 1814 et 1830, Fayard, 1994.

LA NOUVELLE QUESTION SOCIALE. Repenser l'État-Providence, Éd. du Seuil, 1995.

LE NOUVEL ÂGE DES INÉGALITÉS (en collaboration avec Jean-Paul Fitoussi), Éd. du Seuil, 1996.

POUR UNE HISTOIRE CONCEPTUELLE DU POLITIQUE. Leçon inaugurale au Collège de France faite le jeudi 28 mars 2002, Éd. du Seuil, 2003.

LA CONTRE-DÉMOCRATIE. La politique à l'âge de la défiance, Éd. du Seuil, 2006.

LA LÉGITIMITÉ DÉMOCRATIQUE. Impartialité, réflexivité, proximité, Éd. du Seuil, 2008.

POUR UNE SOCIÉTÉ DES ÉGAUX, Éd. du Seuil, 2010.

Composition et impression CPI Bussière
à Saint-Amand (Cher), le 9 février 2012.
Dépôt légal : février 2012.
1er dépôt légal dans la collection : octobre 2003.
Numéro d'imprimeur : 120478/4.
ISBN 978-2-07-030162-1./Imprimé en France.

242876